Aufsatz Overbeck
S. 147 ff

Braunschweigische
Wissenschaftliche Gesellschaft

Jahrbuch 2012

J. Cramer Verlag · Braunschweig
2013

Das vorliegende Jahrbuch ist bei der Braunschweigischen Wissenschaftlichen Gesellschaft
und im Buchhandel erhältlich
Preis: € 20,00

Gedruckt mit Hilfe von Forschungsmitteln
des Landes Niedersachsen

Braunschweigische Wissenschaftliche Gesellschaft
Fallersleber-Tor-Wall 16 · D-38100 Braunschweig
Postfach 3329 · D-38023 Braunschweig
Telefon: (05 31) 1 44 66 · Fax (05 31) 1 44 60

http://www.bwg-nds.de

Für die Redaktion verantwortlich:
Dietmar Brandes
Claus-Artur Scheier

ISSN 0931-1734
ISBN 978-3-934656-32-1

Gesamtherstellung:

J. Cramer Verlag · Am Hasengarten 23 A · D-38126 Braunschweig
2013
Printed in Germany

INHALTSVERZEICHNIS

Organe der BWG 7

Klaus Gahl: Bericht zum 8. Bioethik-Symposium „Selbstbestimmtes Leben im Alter – Informatik als Segen oder Bedrohung?" 9

PLENARVERSAMMLUNGEN

21.01.2012 in Braunschweig
            Joachim Ehlers: Heinrich der Löwe als Ritter 16
            Claus Artur Scheier: Schlusswort zur Neujahrssitzung der BWG 37

10.02.2012 in Braunschweig
            Thomas Sonar: Die Königlich-Preussische Akademie der Wissenschaften unter Friedrich 39

09.03.2012 in Braunschweig
            Udo Peil: Die chromatische Tonleiter – Mathematik und Physik 54

13.04.2012 in Braunschweig
            Hans Kloft: Kometenfurcht und Kometenwein 66

08.06.2012 in Braunschweig
            Ulrich Reimers: Avifaunistik in der Region Braunschweig ... 92

07.07.2012 in Braunschweig
            Thomas Turek: Herausforderung Energiewende: Wie können erneuerbare Energien gespeichert werden? 95

19.10.2012 in Braunschweig
            Stefan Tangermann: Die Entstehung des Lebens

            Hans-Joachim Fritz: Wie vollständig ist die naturwissenschaftliche Erklärung der Entstehung des Lebens
              Fritz, Hans Joachim (2009): Am Anfang....., in: Evolution. Zufall und Zwangsläufigkeit der Schöpfung. Im Auftrag der Akademie für Wissenschaften zu Göttingen und der Georg-August-Universität Göttingen, hg. von Norbert Elsner, Hans-Joachim Fritz, Stephan R. Gradstein und Joachim Reitner, Göttingen, S. 71-98

            Joachim Ringleben: Gott als Grund des Lebens 97

16.11.2012 in Hannover
Stefan Schimmels: Forschungsarbeiten am Forschungszentrum Küste

KLASSENSITZUNGEN

Klasse für Mathematik und Naturwissenschaften

10.02.2012 in Braunschweig
Karl-Heinz Glaßmeier: Über erdmagnetische Variationen und ihre möglichen Auswirkungen auf die Atmosphäre 105
Otto Richter: UV Strahlung in aquatischen Ökosystemen 109

09.03.2012 in Braunschweig
Reinhold Haux: Assistierende Gesundheitstechnologien: Ansätze – Beispiele – Probleme 113

14.04.2012 in Braunschweig
Dietmar Brandes: Adonis vernalis und andere Steppenrelikte vor unserer Haustür 116

08.06.2012 in Braunschweig
Henning Hopf: Aromatische Moleküle mit schalenförmiger Struktur: ein Ausflug in die molekulare Architektur 119

Klasse für Ingenieurwissenschaften

10.02.2012 in Braunschweig
Christian Müller-Schloer: Organic Computing – Von Balinesischen Wassertempeln, Ameisen und selbst-modifizierendem Code 135

09.03.2012 in Braunschweig
Rolf Radespiel: PhDCube – Initiative der NTH zur Förderung der Promotion in den Grundlagen des Ingenieurwesens 137

13.04.2012 in Braunschweig
Marcus Magnor: 3D Kino – Knoff-Hoff aus dem Rechner 139

08.08.2012 in Braunschweig
Hansjörg Kutterer: Beobachtung des Systems Erde mit geodätischen Methoden – Das Globale Geodätische Beobachtungssystem GGOS 141

Klasse für Geisteswissenschaften

10.02.2012 in Braunschweig
Walther Ludwig: Türkisches und persisches Latein? Sultan Murad III. und Schah Mohammed Khodabanda als Autoren in Reusners Epistolae Turcicae 143

09.03.2012 in Braunschweig
Bernhard Overbeck: Johann Alexander Döderlein (1675–1745) und die „vaterländische" Numismatik 147

13.04.20.12 in Braunschweig
Ulrich Menzel: Die Ordnung der Welt 166

08.06.2012 in Braunschweig
Tilmann Borsche: Humboldts These von der Individualität der Einzelsprache. Metapher oder Terminus?
Tintermann, Ute & Jürgen Traband (2012): Wilhelm von Humboldt: Universalität und Individualität, Verlag Wilhelm Fink, München, S. 83-93

FEIERLICHE JAHRESVERSAMMLUNG am 11. Mai 2012

Carl Friedrich Gauß-Kolloquium „Architektur als Wissenschaft"

Joachim Ganzert, Hannover
Architektur als die Wissenschaft angemessener Wahrnehmung bzw. der Wahrnehmung von Angemessenheit 190

Ferdinand Stracke, München
Städtebau, eine Positionsbestimmung: Ein Beitrag zum Thema Architektur – Wissenschaft 207

Antonio Becchi: Architectus omnibus armis ornatus. Sind die Waffen des Architekten nur Spielzeuge? 215

Gerd de Bruyn: Stuttgart
Scienza speculativa oder: das "Geheimnis des Ganzen". Zur architektonischen Einheit von Wissenschaft, Kunst und Technik 226

Cord Meckseper: Architektur – Wissenschaft: Glasperlenspiele und das leibhaftige Einhorn 237

Festversammlung im Altstadtrathaus

Der Präsident der BWG, *Joachim Klein*
Begrüßung und Bericht 245

Der Oberbürgermeister der Stadt Braunschweig, *Dr. Gert Hoffmann*

Harmen H. Thies, Braunschweig
Laudatio zur Verleihung der Carl-Friedrich-Gauß-Medaille 2012 an
Prof. Dr. Werner Oechslin 253

Werner Oechslin
Der Drang der Architektur zur (strengen) Wissenschaft 259

Urkunde und Lebenslauf des Preisträgers 277

Der Vizepräsident der BWG, *Claus-Artur Scheier*
Schlusswort zur Jahresversammlung der BWG............................ 279

PERSONALIA

Todesfälle.. 281
Nachrufe 282
Zuwahlen 292

Die Organe der BWG 1943 – 2012

Konstituierende Sitzung:	30.11.1943	
Eröffnungssitzung:	09.12.1943	[siehe Abhandlungen der BWG **21** (1969), 8]
Erste Satzung:	1944	[siehe Abhandlungen der BWG **1** (1949), 169]
Zweite Satzung:	1953	[siehe Abhandlungen der BWG **5** (1953), 212]
Dritte Satzung:	1971	[siehe Abhandlungen der BWG **22** (1970), 291]
Vierte Satzung:	1993	[siehe Jahrbuch der BWG (2007), 10]
Fünfte Satzung:	2008	[siehe Jahrbuch der BWG (2009), 10]
Sechste Satzung:	2010	[www.bwg-nds.de/über-die-bwg/satzung]

Präsidenten

1943-45: Fritz Gerstenberg; 1946-48: Gustav Gassner; 1949-50: Hans Herloff Inhoffen; 1951-53: Eduard Justi; 1954-56: Leo Pungs; 1957-59: Max Kohler; 1960-62: Hans Kroepelin; 1963-66: Paul Koeßler; 1967-70: Hermann Blenk; 1971-77: Karl Gerke; 1978-80: Herbert Wilhelm; 1981-86: Karl Heinrich Olsen; 1987-92: Gerhard Oberbeck; 1993-95: Werner Leonhard; 1996-1999: Norbert Kamp; seit 2000: Joachim Klein

Generalsekretäre

1943-45: Ernst August Roloff; 1946-48: Wilhelm Gehlhoff; 1949-50: Eduard Justi; 1951-53: Hermann Schlichting; 1954-1959: Hans Herloff Inhoffen; 1960-61: Hellmut Bodemüller; 1962-64: Hans Joachim Bogen; 1965-69: Hermann Schaefer; 1970-71: Karl Gerke; 1972-73: Arnold Beuermann; 1974-80: Karl Heinrich Olsen; 1981-82: Ulrich Wannagat; 1983-85: Hans Joachim Kanold; 1986-88: Egon Richter; 1989-91: Harmen Thies; 1992-94: Ulrich Wannagat; 1995-97: Helmut Braß; 1998-2000: Elmar Steck; 2001-2010: Claus-Artur Scheier

Vizepräsidenten
BIS 2011 GENERALSEKETÄRE

2011-2012: Claus-Artur Scheier, seit 2011 Klaus P. G. Gahl, seit 2013 Dietmar Brandes

Vorsitzende der Klassen

BIS 1954 SEKRETÄRE DER ABTEILUNGEN

Mathematik und Naturwissenschaften

1943-47: G. Cario; 1948-50: P. Dorn; 1951-53: H. H. Inhoffen; 1954-57: P. Dorn; 1958-60: H. Kroepelin; 1961: H. Poser; 1962-64: H. Hartmann; 1965-66: H. Schumann; 1967-72: M. Grützmacher; 1973-76: U. Wannagat; 1977-80: H. R. Müller; 1981-84: E. Richter; 1985-89: O. Rosenbach; 1990-91: St. Schottlaender; 1992-94: H.-J. Kowalsky; 1995-97: H. Tietz; 1998-1999: K. Schügerl; 2000: G. Müller; 2001-2003: J. Heidberg; 2004-2006: E. Winterfeldt, seit 2007: Th. Hartmann; seit 2013: H.-D. Ehrich

Ingenieurwissenschaften

1943-48: E. Marx; 1949-53: L. Pungs; 1954-56: O. Flachsbart; 1957-60: W. Hofmann; 1961-64: H. Hausen; 1965-70: G. Wassermann; 1971-77: H. W. Hennicke; 1978-79: Th. Rummel; 1980-83: M. Mitschke; 1984-93: R. Jeschar; 1994-96: H.-G. Unger; 1997-2000: E. Stein; 2001-2005: M. Lindmayer; 2006-2008: P. Wriggers; 2009-2011: U. Peil; seit: 2011: J. Müller.

Bauwissenschaften

1943-48: ?; 1949-53: Th. Kristen; 1954-62: F. Zimmermann; 1963-67: A. Pflüger; 1968-69: J. Göderitz; 1970-73: W. Wortmann; 1974: K. H. Olsen; 1975-78: H. Duddeck; 1979-83: W. Höpcke; 1984-93: J. Herrenberger; seit 1994: vereinigt mit der Klasse für Ingenieurwissenschaften

Geisteswissenschaften

1943-48: W. Jesse; 1949-53: W. Gehlhoff; 1954-57 (Obmann): W. Jesse; 1958-61 (Obmann): H. Glockner; 1962-68 (Obmann): H. Heffter; 1969-78: A. Beuermann; 1979-87: M. Gosebruch; 1988-89: H. Boeder; 1990-91: G. Maurach; 1992-1998: C.-A. Scheier; 1999: G. Maurach; 2000: C.-A. Scheier; 2001-2010: H.-J. Behr; seit 2011: K. Alpers

Veranstaltungen der BWG

8. Bioethik-Symposium Braunschweig

„Selbstbestimmtes Leben im Alter – Informatik als Segen oder Bedrohung?"*

– so das Thema des 8. Bioethik-Symposiums der Braunschweigischen Wissenschaftlichen Gesellschaft in Kooperation mit der Akademie für Ethik in der Medizin, Göttingen, am 8.2.2012. Wieder ein zunehmend wichtiges Problemfeld angesichts der wachsenden medizin-technischen Möglichkeiten assistierter Gesundheitsüberwachung einerseits und der steigenden Zahl bedürftiger Menschen, denen solche Technologien zugute kommen können.

Prof. Dr. Reinhold Haux, Geschäftsführender Direktor des Peter-Ludwig-Reichertz- Instituts für Medizinische Informatik der TU Braunschweig und der Medizinischen Hochschule Hannover (PLRI), bot zunächst einen kurzen Einblick in die weltweite demographische Entwicklung der Lebenserwartung: um 1950 in Deutschland 67,5 und in der Welt 44,7 Jahre über 78,7 bzw. 66,4 im Jahr 2000 und 85,4 bzw. 76,3 Jahre in 2050 mit einer Zunahme der > 65jährigen von 2000 bis 2050 in Deutschland von 16,3 % auf 30,9 %; betrug 1950 der Altersquotient der Zahl der < 65jährigen zu der der > 65jährigen in Deutschland 6,9 und in der Welt 11,7, so um 2000 4,2 bzw. 9,1; für 2050 sind Quotienten von 1,8 bzw. 3,9 zu erwarten. Mit dieser Altersverschiebung ist ein weltweiter Wandel von akuten zu chronischen Erkrankungen verbunden, darunter eine Steigerung altersdementer, großenteils pflegebedürftiger Personen um 140 % von heute bis zum Jahre 2030. Diese Zahlen machen deutlich, welche Versorgungskosten auf die Gesellschaft weltweit zukommen. Deshalb sind Vorkehrungen für die Betreuung älterer und hochbetagter Menschen unausweichlich. An die Informationstechnologie (IT) stellt sich damit die Frage, ob und in welchem Maße und in welcher Weise sie hier beitragen kann. Kann sie nachhaltige Bedingungen für ein weitgehend selbständiges Leben älterer Personen in deren vertrauter Umgebung durch assistierende Gesundheitstechnologien (AGT) schaffen, ohne zu inakzeptabler Beeinträchtigung und psychisch belastender Kontrolle zu führen und ohne die Würde und die Grundrechte der Personen (Grundgesetz Art. 1, Abs. 1 und 2) zu verletzen? Ziel ist individuell eine Erhöhung der Lebensqualität und gesellschaftlich eine ökonomische Entlastung der Solidargemeinschaft.

Datenquellen sind die zu überwachende Person selbst und ihre mit Sensoren und Kameras ausgestattete Wohnung. So lassen sich physiologische Parameter

---

* Vorgelegt von Klaus P. G. Gahl am 14.08.2012

(Herz- und Atemfrequenz, Hautwiderstand) und Bewegungen und der aktuelle Aufenthaltsort im Wohnbereich erfassen. Durch Übermittlung der gemessenen Signale zu einer „Zentrale" (ärztlicher Notdienst oder Rettungseinsatzzentrale) sind z.B. Änderungen im Tag-Nacht-Verhalten (ein häufiges Frühsymptom sich entwickelnder Altersdemenz) oder Gangunsicherheiten (bei sturzgefährdeten Personen) oder häusliche Unfälle schnell zu beobachten und ggf. durch rasche Hilfe zu überwinden. Schon der überwachten Person können ihr selbst bislang unbemerkte Änderungen der täglichen Aktivitäten oder abnorme Schwankungen physiologischer Parameter „rückgekoppelt" deutlich werden. Mitbewohner oder Pflegepersonen werden aufmerksam und gewinnen Informationen zu sich anbahnenden Notfallsituationen. So zeigte sich z.b. in einer Studie, dass in 80 und mehr % durch Beschleunigungssensoren eine Sturzgefährdung frühzeitig erkannt werden konnte. Nach einer Cochrane-Übersichtsarbeit ermöglicht „Telemonitoring" bei Herzinsuffizienz-Patienten durch frühzeitiges ärztliches Eingreifen eine Reduktion der Krankenhaus-Wiederaufnahme und eine Senkung der Mortalität. Allerdings gibt es zu diesem Krankheitsbild Studien mit sehr unterschiedlichen Ergebnissen.

Steckt derzeit die medizinische und medizintechnische Erforschung des Potentials der AGT noch in den Anfängen mit einem starken Antrieb durch die wachsenden Erfordernisse und die zügige Entwicklung der IT und der Rechnerprogramme und -kapazitäten, so hinkt die Realisierung, die Implementierung der nötigen Überwachungssysteme in privaten Wohnungen gefährdeter Personen oder in Wohnheimen den jetzt schon bestehenden Möglichkeiten weit hinterher. Darüber hinaus sind Kooperation und Verbundtechnologien in großem Umfang erforderlich. Derzeit ist das PLRI in einem Niedersächsischen Forschungsverbund „Gestaltung altersgerechter Lebenswelten" (GAL) und im Projekt „eHealth-Braunschweig" beteiligt mit dem Ziel, Informations- und Kommunikationstechnik zur Gewinnung und Aufrechterhaltung von Lebensqualität, Gesundheit und Selbstbestimmung in der zweiten Lebenshälfte zu entwickeln.

Zu bedenken sind neben der technischen Einrichtung die sozialen, ökonomischen und psychologischen Voraussetzungen und Konsequenzen, die in intensiver Öffentlichkeitsarbeit bekannt und vertraut gemacht werden müssen. Auch bedarf es der medizinischen und psychosozialen Langzeit-Evaluation.

Mit der Gestaltung altersgerechter Lebenswelten (GAL) durch AGT eröffnen sich zudem neue Forschungsbereiche: Verbesserung der Qualität und der Stabilität der Datenübertragung, der Analyse der inkohärenten und multimodalen Datenquellen, der Repräsentation, Speicherung und Architektur sensor-erweiterter Informationssysteme. Medizinisch stellen sich präventive und post-stationär rehabilitative Aufgaben und vielleicht die Erkennung früher Stadien progredienter neuromuskulärer Erkrankungen – die Interaktion neuer Versorgungsformen und neuer Lebensweisen. Haux zog das Fazit aus der Sicht der Informatik: AGT können einen Beitrag zu selbstbestimmtem Leben im Alter und zu effizienter Gesundheitsversorgung leisten – verbunden mit einem schrittweisen Wandel in den Lebensweisen und Versorgungsformen. Dazu ist inter- und multidisziplinäre Kooperation erforderlich. Aspekte der informationellen Selbstbestimmung und des Datenschutzes sind zu berücksichtigen.

Auf der Basis ihrer umfangreichen Erfahrung in der klinischen Geriatrie konzentrierte sich **Prof. Dr. med. Elisabeth Steinhagen-Thiessen**, Forschungsgruppe Geriatrie der Charité Universitätsmedizin Berlin, auf die vielfältigen Probleme, die der demographische Wandel mit dem Rückgang der Geburtenrate, den älter werdenden Erstgebärenden („aging at the bottom") und der immer höheren Lebenserwartung („aging at the top") der deutschen Gesellschaft stellt: die zunehmende Zahl von Patienten mit Herz-, Kreislauf- und Gefäßerkrankungen (mit oder ohne Schlaganfall), mit eingeschränkter Mobilität und folglicher Sturzgefährdung, mit zunehmend eingeschränkten kognitiven und praktischen Fähigkeiten, mit wachsender Pflegebedürftigkeit, der Polymorbidität und Polymedikation und nicht zuletzt mit der mangelnden Information über Prävention und Einbußen in alltagspraktischen Aufgaben.

Wenn auch etwas willkürlich sind die „jungen Alten" (zwischen 70 und 85) von den „Hochaltrigen" (>85jährigen) zu unterscheiden wegen des unterschiedlich aktivierbaren Potenzials motorischer und kognitiver Funktionen. Auch hier zeigt sich ein gesellschaftlicher Wandel, indem die „jüngeren Alten" spontan oder durch Unterstützung noch an Lebensqualität gewinnen können; unter den „Hochaltrigen" nimmt die Beeinträchtigung durch involutive, teils degenerative, teils durch zusätzliche Krankheiten bedingte Prozesse zu. Fortschreitende Altersdemenzen werden zu einem vorrangigen Problem. Sterben und Tod ereignen sich immer häufiger unter schweren körperlichen und geistigen Abbauprozessen (extreme Abmagerung = Kachexie, spastische Lähmungen, Sprach- und Sprechstörungen, Inkontinenzen, oft mit terminal subakut hinzukommenden Prozessen wie Lungenentzündung, Harnwegsinfekt u.a.). Zu den Erschwernissen der körperlichen Pflege kommt die wechselseitige psychische Belastung.

So stellt sich die Aufgabe, die Lebensqualität zu verbessern und einen würdevollen Lebensabend zu ermöglichen, die Gestaltung altersgerechten Lebens (GAL) auch mit Hilfe AGT. Hier konnte sich Frau Steinhagen-Thiessen auf den Vortrag von Herrn Haux stützen. Ihr ging es dann um die Evaluation der verschiedenen Maßnahmen: was sagen die Patienten? In Fokusgruppen wurden sie z. B. nach Stärken und Schwächen der optischen Sturzsensoren befragt: 44 % der Befragten wünschten sich in allen Bereichen ihrer Wohnung (Bad, Toilette, Küche, Wohn- und Schlafzimmer und Flur), ca. 20 % dagegen keinerlei optische Sensoren in der Wohnung. Vergleichszahlen für die Überwachung mit Beschleunigungssensoren wurden jetzt nicht angegeben. Die Akzeptanz erweist sich auch abhängig vom Leidensdruck und von den Informationen über Sinn und Zweck der Geräte und von der zusätzlichen Betreuung durch Pflegepersonen oder einen Arzt/eine Ärztin.

Die Entscheidung zur Nutzung von medizinischer IT sollte stets individuell getroffen werden: abhängig von der Art der Krankheit und dem Grad der Einschränkung, vom paramedizinischen und sozialen Umfeld. Sie kann selbstbestimmtes Leben im Alter und den längeren Verbleib in der eigenen Wohnung fördern. Auch kann sie durch Vermeidung von Krankenhausbehandlungen oder der Unterbringung in Pflegeheimen die Nutzung vorhandener Ressourcen verbessern. Zu achten ist selbstverständlich auf eine gute, einfühlsame und verständliche Information und Aufklärung über die Handhabung und den Nutzen der Geräte. Die Techniken werden v. a. dort akzeptiert, wo sich der Nutzen schnell erschließt. Sie ermöglichen oder unterstützen die Verbesserung der Mobilität, fördern die Rehabilitation und die kognitiven Leistungen. Den funktionellen Einbußen im Alter können dann *Selektion* selbst- oder fremdgestellter Anforderungen, die *Optimierung* noch vorhandener Fähigkeiten und die *Kompensation* durch alternative oder ausgleichende Lösungen gerecht werden.

Der lebhafte und durch die vielen positiven Erfahrungen überzeugende Vortrag von Frau Steinhagen-Thiessen nahm den Zuhörern viele Bedenken gegen die (Gefahr der) telemetrischen Gesundheitstechnologien, die auch zur weiteren Einschränkung der persönlichen Betreuung durch Pflegekräfte oder Ärzte führen kann.

Über juristische Aspekte der neuen AGT zur Förderung selbstbestimmten Lebens im Alter (Ambient assisted living = AAL) sprach **Prof. Dr. Bernd-Rüdiger Kern**, Lehrstuhl für Bürgerliches Recht, Rechtsgeschichte und Arztrecht an der Juristenfakultät der Universität Leipzig. Der vielblumige Strauß der Regularien umfasst zahlreiche Facetten von der Einwilligung in die Anwendung und Implementierung entsprechender „Überwachungssysteme" über deren enge, aber leicht zu überschreitende Zweckbindung, die Schweigepflicht und das Haftungsrecht bis hin zu Fragen der Vergütung – ein weites Spektrum rechtlicher Fragen. Relevante Rechtsbeziehungen vertraglicher oder haftungsrechtlicher Art betreffen das Verhältnis der Nutzer zu den Dienstleistungsanbietern und zu den unterstützenden (Privat-) Personen, zu den überwachenden Ärzten oder Ärztinnen, dem Krankenhaus oder zu weiteren einbezogenen (para-) medizinischen (Pflege-) Personen bis hin zum Verhältnis zu den Kranken- bzw. Pflegekassen.

AAL muss auch hohen Anforderungen an die verfassungsrechtlichen Grundlagen des Datenschutzes und der Datensicherheit bezüglich der Datenverarbeitung und -nutzung durch Drittpersonen genügen. Dem behandelnden Arzt/der Ärztin bzw. dem Krankenhaus obliegt die Aufgabe der Begründung und Überwachung des Einsatzes von AGT und deren „Informationen". Telemetrische Medizin birgt die Gefahr, dass das Vertrauen in die Technik die unmittelbare Betreuung der Patienten durch den Arzt/die Ärztin lockert oder durch „Techniker" ersetzt. Entsteht dem überwachten Patienten daraus ein körperlicher oder ein durch Verletzung des Datenschutzes oder der Persönlichkeitsrechte verursachter Schaden, ist die "verantwortliche Stelle" (Arzt, Meldestelle o. a.) schadensersatzpflichtig (nach § 7 des Bundes-Datenschutzgesetzes BDSG); die Ersatzpflicht entfällt, sofern die nach den Umständen des Falles gebotene Sorgfaltspflicht beachtet wurde. Bedingungen und Umfang des Haftungsrechtes sind im § 8 BDSG geregelt. AAL-Systeme unterliegen auch dem Medizinproduktegesetz (MPG).

Die Arzthaftpflicht regelt „Schäden" aus Verletzungen des Behandlungsvertrages oder aus datenschutzrechtlich unerlaubten Handlungen. Auch bei Nutzung telemetrischer GT ist der Arzt/die Ärztin zu gewissenhafter medizinischer Behandlung und Versorgung gemäß den Standards (ggf. den Leitlinien) der aktuellen Medizin verpflichtet. Es wird zu beachten sein, dass durch telemetrische Überwachung der „Standard" für AAL verbessert werden kann.

Das in der üblichen direkten Arzt-Patienten-Beziehung mögliche Vertrauensverhältnis ist in dem komplexen Kontext der Telemedizin unter strenger Beachtung der Sorgfaltspflicht aller Beteiligten aufgehoben. Das ärztliche Berufsrecht erfordert die Gewährleistung unmittelbarer Betreuung der überwachten Person durch den Arzt/die Ärztin und untersagt die ausschließliche Beratung und Behandlung über Print- oder Kommunikationsmedien (§ 7 MBO-Ä).

Bezüglich der ärztlichen Vergütung enthalten weder das Sozialgesetzbuch SGB V noch die Gebührenordnung für Ärzte bislang eine Abrechnungsnummer für die entsprechende Versorgung. Die Schweigepflicht umfasst auch den Umgang mit den Informationen aus und im Zusammenhang mit der Nutzung von AGT.

Aus Kerns klarem Vortrag wurde deutlich, welchen umfangreichen juristischen Regelwerkes die Nutzung der wachsenden Möglichkeiten apparativer Gesundheitsüberwachung angesichts der personellen und technischen Komplexität bedarf.

Über die den juristischen Regelungen der Nutzung von AGT-Systemen impliziten ethischen Aspekte hinaus (den vielfältigen Schutzrechten liegt ja die Achtung der Würde der Person zugrunde) ist doch die explizite ethische Dimension der apparativen Gesundheitsüberwachung näher in den Blick zu nehmen. Das tat in besonnener, klarer Weise **Priv.-Doz. Dr. theol. Arne Manzeschke**, Institut für Technik, Theologie und Naturwissenschaften München.

Ausgehend von technikphilosophischen Überlegungen über Sinn und Zweck und über soziale und psychologische Risiken, die der Technikeinsatz gerade für betagte Menschen birgt, sieht Manzeschke informatorische Ermöglichungstechnologien in unterschiedlichen Formen, darunter auch die in den vorausgegangenen Vorträgen von Haux und Steinhagen-Thiessen des „ambient assisted living". Jedoch werde mit den für die Zwecke der Gesundheitsüberwachung genutzten Informations- und Kommunikationstechnologien der (Körper des) Kranke(n) direkter, subtiler und objektiver normiert als durch bestehende soziale Normierungen; das könne zum Verlust der leiblichen und sozialen Selbsterfahrung und damit zum Verlust notwendiger kritischer Reflexion führen. So habe diese Technik über die individuellen hinaus auch sozialpolitische Implikationen, deren Folgen möglicher gesellschaftlicher Kohärenzauflösung zu bedenken sind, wenn soziale Verantwortung durch technische Systeme wohl nicht unbedingt ersetzt, aber doch stark präformiert wird; dadurch könnten menschliche Entscheidungen tatsächlich ersetzt und das Verantwortungsverhalten der Betroffenen verändert werden. Für derartige soziotechnische Transformationsprozesse ist eine umfassende sozialwissenschaftliche und ethische Begleitforschung erforderlich.

Ziele der AGT seien die möglichst lange Unterstützung selbstbestimmter Lebensführung, gesellschaftlicher Teilhabe, die Sicherung im alltäglichen Leben und die Vermeidung sozialer Isolation. Diese Ziele sind von Seiten der Entwickler, Anbieter, der Versicherer und der Gesundheitspolitik mit ökonomischen Erwartungen verknüpft, die u.U. drohen, die persönlichen Belange und gesellschaftlichen Konsequenzen zu verdecken. Zu bedenken sind die körperliche Invasivität wie der Eingriff in persönliche (Vitalitäts-) Daten der Lebensführung. Die informierte Einwilligung ("informed consent") setzt – zumal bei eingeschränktem Verständnis für die ad hoc und prospektiv sich ergebenden Folgen – eine sorgfältige Aufklärung voraus. AAL verlangt auch die Neuorientierung der Einschätzung von Fürsorge erfordernder Pflegebedürftigkeit und altersgemäßer, zu akzeptierender Einschränkung der Selbständigkeit. Diese darf nicht einer von der technischen Machbarkeit her bestimmten Beurteilung zum Opfer fallen. Die ethischen Probleme des technologischen Arrangements des AAL, das die Herausforderung der zunehmend älteren Bevölkerung und die damit immer stärker belastende Gesundheitsversorgung zu bewältigen sucht, betreffen den Einzelnen und die Gesellschaft auf verschiedenen Ebenen: von der Achtung der Autonomie und der sozialgerechten Bedürfnisse, der Leiblichkeit und Zeitlichkeit des Menschen in verantwortlicher Mitmenschlichkeit. Es bedarf der besonnenen Vermittlung von Selbstbestimmung und Fürsorge gerade für alte Menschen mit nachlassenden kognitiven, sensorischen und motorischen Fähigkeiten. Seitens der apparativ telemetrischen Gesundheitsüberwachung ist die einerseits zulässige, andererseits notwendige Reduktion der Kontrolle gesundheitsrelevanter Datenübermittlung abzuwägen gegen eine sorgfältige individuelle Beachtung des unterschiedlichen Prozesses des allmählichen Ablebens. Die Systemlogik der AAL darf nicht vorherrschen in der menschlichen Betreuung der überwachten Personen.

Das BMFB hat eingedenk der sozialen und gesundheitspolitischen Chancen und der persönlichen Risiken eine ethische Begleitforschung altersgerechter Gesundheitsassistenzsysteme beauftragt, u. a. zur Erarbeitung von ethisch begründeten Handlungsempfehlungen, die am Institut TTN München unter der Leitung von Arne Manzeschke durchgeführt wird.

Manzeschkes besonnen kritische Überlegungen haben den weiten Horizont der notwendigen Reflexion der hier vorgestellten AGT deutlich gemacht: von den individuellen psychischen Problemen technischer Überwachung über den sozioökonomischen Konflikt kaum noch zu erbringender Betreuung und Versorgung bis zu der Änderung des Menschenbildes in unserer Gesellschaft.

Schlusswort:

„Selbstbestimmtes Leben im Alter" – so die Überschrift des Symposiums – betrifft nicht nur die Fragen um die Gestaltung des Lebensendes, um Sterbebegleitung und Sterbehilfe, sondern auch Fragen möglicher Gestaltung weitgehend selbständiger Lebensführung in der eigenen Wohnung. Die vier Vorträge wie auch die lebhafte Diskussion haben deutlich gemacht, wie hier vielfältige Fortschritte der Medizin im Allgemeinen und der Gesundheitsversorgung im Besonderen in diesem neuen Feld der Behandlung und Betreuung älterer Personen mittels assistierender Gesundheitstechnologien nicht ohne informationstechnische, rechtliche und ethische Reflexionen in die Praxis umzusetzen sind. Bei gebotener Zurückhaltung und Skepsis dürfen wir durchaus zuversichtlich die neuen Möglichkeiten der Versorgung gefährdeter Personen wahrnehmen. Über die materiellen, ökonomischen Fragen, die im engeren Sinne medizinischen Aufgaben (die Frage der Symptomeinschätzung und der Bedürftigkeit und des potentiellen Nutzens) und die rechtliche Schutzwürdigkeit hinaus reicht das Feld der angesprochenen Möglichkeiten in grundsätzliche menschliche Fragen der Arzt-Patient- wie der mitmenschlichen Beziehungen. Das Thema berührt zentral auch unsere grundlegende Gefährdung in der Endlichkeit und der Nicht-Versicherbarkeit menschlicher Existenz.

Heinrich der Löwe als Ritter*

JOACHIM EHLERS
Am Wieselbau 9, D-14169 Berlin

Josef Fleckenstein
(1919–2004)
in memoriam

In den letzten Jahren hat die Erforschung der europäischen Hofkultur wesentliche Fortschritte gemacht; mit vielfach neuen Fragestellungen entwickelt sie sich interdisziplinär und international, mit beachtlichen Resultaten. Die epochenspezifischen Schwerpunkte liegen allerdings deutlich im Spätmittelalter und in der Frühen Neuzeit, denn dort findet sich reiches Material etwa zum Hof der Herzöge von Burgund, zur päpstlichen Kurie in Avignon oder zu den Großhöfen von Wien und Versailles. Für das 12. und 13. Jahrhundert ahnen wir zwar eine auch schon damals klar konturierte Kulturlandschaft[1], wir können sie aber nur dann durch

---

[*] Der Vortrag wurde am 21.01.2012 vor der Plenarversammlung der Braunschweigischen Wissenschaftlichen Gesellschaft gehalten.

[1] Charles Stephen Jaeger, The Origins of Courtliness. Civilizing Trends and the Formation of Courtly Ideals, 939–1210. Philadelphia 1985. Joachim Bumke, Höfische Kultur. Literatur und Gesellschaft im hohen Mittelalter, 2 Bde. München 1986. Jean Flori, Essor de la chevalerie, XIe-XIIe siècles. Genf 1986. Peter Ganz, Heinrich der Löwe und sein Hof in Braunschweig, in: Dietrich Kötzsche (Hg.), Das Evangeliar Heinrichs des Löwen. Kommentar zum Faksimile. Frankfurt am Main 1989, S. 28–41. Ursula Peters, Fürstenhof und höfische Dichtung. Der Hof Hermanns von Thüringen als literarisches Zentrum. (Konstanzer Universitätsreden 113) Konstanz 1989. Hedda Ragotzky/Horst Wenzel (Hg.), Höfische Repräsentation. Das Zeremoniell und die Zeichen. Tübingen 1990. Joachim Bumke, Höfische Kultur. Versuch einer kritischen Bestandsaufnahme, in: Beiträge zur Geschichte der deutschen Sprache und Literatur 114 (1992), S. 414–492. Peter Ganz, Friedrich Barbarossa: Hof und Kultur, in: Alfred Haverkamp (Hg.), Friedrich Barbarossa. Handlungsspielräume und Wirkungsweisen des staufischen Kaisers. (Vorträge und Forschungen 40) Sigmaringen 1992, S. 623–650. Karl Leyser, Friedrich Barbarossa – Hof und Land, in: ebd., S. 519–530. Werner Paravicini, Die ritterlich-höfische Kultur des Mittelalters. München 1994. Ders. (Hg.), Alltag bei Hofe. Sigmaringen 1995. Bernd Schneidmüller (Hg.), Die Welfen und ihr Braunschweiger Hof im hohen Mittelalter. Wiesbaden 1995. Peter Johanek, Höfe und Residenzen, Herrschaft und Repräsentation, in: Eckhard Conrad Lutz (Hg.), Mittelalterliche Literatur im Lebenszusammenhang. Fribourg 1997, S. 45–78. Malcolm Vale, The Princely Court. Medieval Courts and Culture in North-West Europe. Oxford 2001. Karl-Friedrich Krieger, Der Hof Kaiser Friedrichs III. – von außen gesehen, in: Peter Moraw (Hg.) Deutscher Königshof, Hoftag und Reichstag im späteren Mittelalter. (Vorträge und Forschungen 48) Stuttgart 2002, S. 163–190. Werner Paravicini, Menschen am Hof der Herzöge von Burgund. Stuttgart 2002. Wilhelm Weise, Der Hof der Kölner Erzbischöfe in der Zeit Friedrich Barbarossas. (Studia Humaniora 38) Düsseldorf 2004. Thomas Zotz (Hg.), Fürstenhöfe und ihre Außenwelt. Aspekte gesellschaftlicher und kultureller Identität im Spätmittelalter. Würzburg 2004. Werner Rösener, Die ritterlich-höfische Kultur des Hochmittelalters und ihre wirtschaftlichen Grundlagen, in: Johannes Laudage/Yvonne Leiverkus (Hg.), Rittertum und höfische Kultur der Stauferzeit. Köln 2006, S. 111–135. Joachim Ehlers, Heinrich der Löwe. München 2008, S. 229–268 (Hof und Herrschaft) und S. 269–316 (Patron und Stifter). Vergleichende Überblicke: Andreas Bihrer, Curia non sufficit. Vergangene, aktuelle und zukünftige Wege der Erforschung von Höfen im Mittelalter und in der frühen Neuzeit, in: Zeitschrift für historische Forschung 35, 2008, S. 235–272. Werner Rösener, Leben am Hof. Königs- und Fürstenhöfe im Mittelalter. Ostfildern 2008. Joachim Ehlers, Hofkultur – Probleme und Perspektiven, in: Werner Paravicini (Hg.), Luxus und Integration. Materielle Hofkultur Westeuropas vom 12. bis zum 18. Jahrhundert. München 2010, S. 13–24.

neue Wegenetze erschließen, wenn es uns gelingt, die vielfach disparat überlieferten Ausschnitte einer sehr viel komplexeren Wirklichkeit logisch nachprüfbar miteinander zu verbinden. Aussichtslos sind solche Bemühungen keineswegs, denn wir dürfen für das Hochmittelalter zwar nicht mehr auf die Entdeckung neuer, massiver Quellenbestände hoffen, wir können uns aber an die Weisheit Jacob Burckhardts halten, daß im Thukydides eine Tatsache allerersten Ranges stehen kann, die erst in hundert Jahren jemand bemerken wird[2].

Der Text, zu dessen aufmerksamer Betrachtung ich Sie einladen möchte, hat zwar keineswegs thukydideische Qualität, aber er liegt seit immerhin zwei Generationen gut ediert vor den Augen der gelehrten Welt, ohne daß sich in dieser Zeit jemand an seiner Analyse versucht hätte. Ich will mich deshalb um einen Kommentar bemühen und auf einige Bezüge und Anknüpfungspunkte hinweisen, die sich aus dem Dokument ergeben, eine Rekonstruktion seines zeitgenössischen Kontextes vorschlagen, um den Quellenwert zu erschließen.

Worum geht es also?

Zwischen 1154 und 1180 schrieb Heinrich der Löwe an König Ludwig VII. von Frankreich einen Brief[3], der in kopialer Überlieferung des späten 12. Jahrhunderts in einer Handschrift erhalten ist, die sich heute in der Vatikanischen Bibliothek befindet[4].

Der weitaus größte Teil dieses vatikanischen Codex besteht aus einer von mehreren Kopisten nach 1176/77 geschriebenen Sammlung von insgesamt 549 Briefen an König Ludwig VII. und an dessen Kanzler Hugo von Champfleury; die Absender sind Papst Alexander III., mehrere Kardinäle, französische, englische und deutsche Erzbischöfe, Bischöfe und Äbte (unter diesen Bernhard von Clairvaux), ferner der Ordensmeister der Templer Bertrand de Blanquefort, Kaiser Friedrich Barbarossa sowie die Könige Amalrich von Jerusalem und Geza II. von Ungarn, außerdem Laienfürsten, Grafen, Adlige und Stadträte[5].

---

[2] Jacob Burckhardt, Weltgeschichtliche Betrachtungen. (Gesammelte Werke 4). Basel 1978, S. 15.

[3] Die Urkunden Heinrichs des Löwen, Herzogs von Sachsen und Bayern, bearbeitet von Karl Jordan (MGH Laienfürsten- und Dynastenurkunden der Kaiserzeit 1). Stuttgart 1941/49 [= UU HdL], Nr. 117. Joachim Ehlers, Der Brief Heinrichs des Löwen an König Ludwig VII. von Frankreich, in: Retour aux sources. Textes, études et documents d'histoire médiévale offerts à Michel Parisse. Paris 2004, S. 239–252.

[4] Reg. Vat. Lat. 179, fol. 209. Zu den Schreibern: Françoise Gasparri, Scriptorium et bureau d'écriture de l'abbaye Saint-Victor de Paris, in: Jean Longère, L'abbaye parisienne de Saint-Victor au Moyen Age. Paris 1991, S. 119–139; hier S. 128ff..

[5] Gunnar Teske, Die Briefsammlungen des 12. Jahrhunderts in St. Viktor/Paris. Bonn 1993, S. 38, 48, 346–409.

Sammelstelle dieser Briefe kann nur die königliche Kanzlei gewesen sein[6], und dieser Befund einer sicheren Empfängerüberlieferung genügt, um Zweifel an der Echtheit des herzoglichen Schreibens auszuräumen, das sich in diesem Codex findet. Es gab für den französischen Königshof schlechthin kein Motiv, das schon vorhandene umfangreiche Material durch einen erfundenen Brief ausgerechnet Heinrichs des Löwen zu vermehren.

Eine zuverlässige Datierung des Briefes ergibt sich aus dieser Überlieferung allerdings nicht; die einzigen sicheren Anhaltspunkte sind der Tod des Empfängers am 18. September 1180 und die Titulatur „Herzog von Bayern und Sachsen" (*dux Bawarie atque Saxonie*) des Absenders; sie ist seit der Zuerkennung des bayerischen Dukats durch Fürstenspruch auf dem Goslarer Hoftag Ende Mai/Anfang Juni 1154 möglich und wurde von Heinrich dem Löwen auch sogleich gebraucht[7].

Was aber steht nun in diesem Brief?

Vor einiger Zeit, schreibt der Herzog, habe er den Sohn eines seiner Leute in Begleitung eines Gesandten (desselben übrigens, der eben jetzt diesen Brief überbringt) an den Hof Ludwigs VII. geschickt; nun will er dem König für die freundliche Aufnahme des jungen Mannes danken, bittet um dessen Rücksendung nach Sachsen mit sicherem Geleit in den Grenzen des Königreichs und bietet als Gegenleistung an, daß Ludwig junge Leute, von denen er möchte, daß sie „unser Land und unsere Sprache" kennenlernen, zu ihm schicken möge, damit er sich ihnen gegenüber ebenso wohlwollend erweisen könne wie es der König von Frankreich dem Knaben aus Heinrichs Umfeld gegenüber getan habe[8].

---

[6] Françoise Gasparri, L'écriture des actes de Louis VI, Louis VII et Philippe-Auguste. Genf 1973, S. 117. Dies., Manuscrit monastique ou registre de chancellerie? A propos d'un recueil épistolaire de l'abbaye de Saint-Victor, in: Journal des Savants 1976,131–140. Dies., La chancellerie du roi Louis VII et ses rapports avec le scriptorium de l'abbaye de Saint-Victor de Paris, in: Storia e letteratura 140 (= FS Giulio Battelli 2), 1979,152–158. Dietrich Lohrmann, Papsturkunden in Frankreich, N.F., 8: Diözese Paris I. (AAW Göttingen, Phil.-hist.Kl., 3. Folge, Nr. 174.) Göttingen 1989, S. 69. Teske (wie Anm. 5); S. 165.

[7] J.F. Böhmer, Regesta Imperii IV: Ältere Staufer. Zweite Abteilung: Die Regesten des Kaiserreiches unter Friedrich I., 1152 /(1122)-1190. Neubearbeitet von Ferdinand Opll, Nr. 224. U HdL 27, 1154 Juni 3, Goslar, or.; in der vor 1154 ausgestellten, ebenfalls original überlieferten U HdL 23 für das Kloster Katlenburg ist die ursprüngliche Intitulatio durch Rasur getilgt und durch *dei gratia dux Bawarię et Saxonie* ersetzt worden. Die UU HdL 18 von 1152 und 21 von 1153 mit dem doppelten Herzogstitel sind kopial überliefert, ebenso die beiden Briefe an Wibald von Stablo aus 1150/U HdL 14 und 1151/U HdL 16). Erstbeleg aus der Reichskanzlei ist D F I 138 (1156 Mai 10: ... *dilecti cognati nostri Heinrici ducis Bawarię et Saxonię*).

[8] *Excellentie vestre ingentes gratiarum actiones referimus, quoniam fidelissimi nostri filium, quem per presentem portitorem literarum dilecte maiestati vestre transmisimus, uti decuit virtutem vestram, et clementer accepistis et clementius hactenus tenuistis. ...Rogo igitur excellentiam vestram ...ut, si quid in omni ditione mea est, quod excellentie vestre placeat, ipse imperetis, et si quos habetis pueros, quos vel terram nostram vel linguam addiscere vultis, nobis transmittatis; ...Igitur que bono iam celebrata sunt studio, optimo rogo peragantur exitu, et iam prefatum puerum et presentem nuntium nostrum omni occasione posthabita per regnum vestrum auctoritate vestra conduci precipientes eos nobis transmittatis.*

Ob Heinrich der Löwe Ludwig VII. persönlich gekannt hat, weiß man nicht[9], doch stört das unsere Überlegungen wenig, denn für Aufenthalte junger Leute im fremden Land und dort gewährten Schutz war persönliche Bekanntschaft ihrer Patrone keine zwingende Voraussetzung.

Viel wichtiger ist zunächst eine begründbare Antwort auf die Frage, mit welcher Absicht der Herzog den Knaben denn nach Frankreich geschickt haben mag. Die Formulierung „Ihr habt ihn freundlich aufgenommen und bis jetzt noch freundlicher bei Euch behalten" (*et clementer accepistis et clementius hactenus tenuistis*) deutet ja nicht unbedingt auf einen Studienaufenthalt, es könnte sich ebensogut, ja noch wahrscheinlicher, um Erziehung am Hof gehandelt haben. In diese Richtung weist auch Heinrichs Kompensationsvorschlag, nämlich die Vermittlung von Kenntnissen seines Landes und seiner Sprache an junge Franzosen, denn Gelegenheit zum Studium konnte der sächsische Herzog einem französischen Gast nicht bieten.

Spezielle Ausbildung für den höheren Hofdienst und Ansehen guter Erziehung waren damals üblich[10], ob aber Ludwig VII. vom Angebot Heinrichs des Löwen Gebrauch gemacht hat, ihm junge Leute zum Sprachstudium zu schicken, weiß ich nicht und möchte es bezweifeln, denn noch für das Spätmittelalter sind solcherart Aufenthalte nicht nachweisbar. Es kam aber vor, daß zumindest Hochadelssöhne aus den frankophonen romanischen Reichsteilen solche Reisen gemacht haben, denn Graf Balduin V. von Hennegau (1171–1195) schickte einen seiner Söhne an den Hof Kaiser Heinrichs VI., damit er die deutsche Sprache und die Umgangsfor-

---

[9] Die in einem Rotulus aus Polling erwähnte Begegnung anläßlich des geplanten Herrschertreffens in St-Jean-de-Losne am 29. August 1162, *cui interfuit Fridericus imperator R(omanorum) et Ludewicus rex Francię et Heinricus dux Saxonię et B(awarie)*: U HdL 54, war bekanntlich nicht zustande gekommen: RI 4,2.2 (wie Anm. 7), Nr. 1138. 1168 (Oktober) ging Heinrich der Löwe zusammen mit den Ebff. Christian von Mainz und Philipp von Köln als Gesandter zu Heinrich II. und Ludwig VII. (Quellen: Die Regesten der Erzbischöfe von Köln im Mittelalter, Bd. 2: 1100–1205. Bearbeitet von Richard Knipping. Bonn 1901, Nr. 915–917), doch ist nicht sicher, ob die Gesandten außer mit dem englischen auch mit dem französischen König zusammengetroffen sind: Wolfgang Georgi, Friedrich Barbarossa und die auswärtigen Mächte. Frankfurt am Main 1990, S. 258f. Gervasius von Canterbury berichtet jedenfalls, *quod religiosus Francorum rex eorum, utpote scismaticorum et excommunicatorum, noluit colloquio participare*: Gervasius von Canterbury, Chronica, ed. William Stubbs (Rolls Series 73.1). London 1879, S. 205. Das schließt eine Begegnung „am Rande" natürlich nicht aus, denn es ging immerhin um den Versuch des Kaisers, einen Frieden zwischen Heinrich II. und Ludwig VII. zu vermitteln und das Schisma zu beenden. Ob aber Heinrich der Löwe außer bei Heinrich II. auch bei Ludwig VII. gewesen ist, bleibt ungewiß: Georgi 1990, S. 266f.

[10] Zwischen 1155 und 1164 forderte Friedrich Barbarossa in einem Brief an Ebf. Eberhard von Salzburg die Gewährung eines Studienurlaubs für seinen Verwandten, den Salzburger Kanoniker H., damit dieser sich das für den Hofdienst erforderliche Wissen aneignen könne: D F I 448. Westliche Laienfürsten behielten mitunter ihre Erzieher noch im Erwachsenenalter bei sich: D F I 81a (1154 Juni 17) für Herzog Gottfried von Löwen testiert als letzter der Laienzeugen dessen *pedagogus* Heinrich; vgl. RI 4,2.1 (wie Anm. 7), Nr. 225.

men des Hofes erlerne[11], und 1421 endlich läßt ein leibhaftiger Franzose, der adlige Guilbert de Lannoy, auf der Durchreise ins Heilige Land einen Verwandten beim Hochmeister des Deutschen Ordens auf der Marienburg zurück, *pour apprendre alemant*[12]. Im übrigen unterscheidet sich der Brief Heinrichs des Löwen von ähnlichen Schreiben an Ludwig VII. dadurch, daß er keine Empfehlung enthält, sondern den Dank für Aufenthaltsgewährung und die Bitte um Geleit für den Rückweg.

Man kann auch das als Indiz für Hoferziehung werten, aber die Entscheidung würde natürlich wesentlich leichter fallen, wenn die Identität des jungen Frankreichreisenden bekannt wäre, von dem ja nur gesagt wird, er sei der Sohn eines *fidelissimus*, eines besonders Getreuen, des Herzogs gewesen. Als solche aber kommen so viele Personen in Frage[13], daß auch eine systematische Suche wenig erfolgversprechend ist, denn wir haben kaum spezifizierende Angaben, die hier weiterführen könnten.

Immerhin aber ist sicher, daß der Herzog sich Personal systematisch herangezogen und dabei auf die Söhne ministerialischer Familien zurückgegriffen hat. Der Chronist Arnold von Lübeck mißbilligt jedenfalls, daß seit 1180, also nach dem Prozeß gegen Heinrich den Löwen und der über ihn verhängten Reichsacht, viele seiner Gefolgsmänner von ihrem gestürzten Herrn abfielen, und er kritisiert besonders, daß unter diesen auch Leute waren, die der Herzog aufgrund der treuen Dienste ihrer Väter von klein auf erzogen hatte (*a cunabulis ab eo educati fuerant*), und er nennt ausdrücklich Heinrich von Weida, Lupold von Herzberg und Ludolf von Peine[14]. Hier gibt es also eine historiographische Bestätigung für den im Brief erwähnten Zusammenhang zwischen *fidelitas* des Vaters und *educatio* des Sohnes durch den Herzog und auf den Löwen trifft zu, was Richard Southern als die wesentliche Regierungsleistung König Heinrichs I. von England konstatierte: Er schuf sich Männer, und er hatte sie, mit den Worten eines anglonormannischen Chronisten, aus dem Staub erhoben und über Grafen gesetzt[15]. Daß sie die Prüfung auf Loyalität in der Krise großenteils nicht bestehen würden, entsprach königlichen Erfahrungen von den Merowingern über die Karolinger zu den Herrschern des Hochmittelalters und weit darüberhinaus, blieb aber das unvermeidliche Risiko monarchischer Herrschafts- und Staatsbildung.

---

[11] ... *ad discendam linguam theutonicam et mores curie*: La Chronique de Gislebert de Mons, ed. Léon Vanderkindere. Büssel 1904, S. 234.

[12] Werner Paravicini, Die Preußenreisen des europäischen Adels 1. (Beihefte der Francia 17,1) Sigmaringen 1989, S. 267.

[13] Joachim Ehlers, Heinrich der Löwe. Eine Biographie. München 2008, S. 237ff. und 243ff.

[14] Arnoldi Chronica Slavorum 2.17, ed. Georg Heinrich Pertz (MGH SS rer.Germ. 14). Hannover 1868.

[15] Richard W. Southern, King Henry I., in: Ders., Medieval Humanism and Other Studies. Oxford 1970, S. 206–233; hier S. 211f. The Ecclesiastical History of Orderic Vitalis, ed. Marjorie Chibnall, Bd. 2. Oxford 1969, S. 164.

Warum aber verhielt sich Heinrich der Löwe so? Welche Funktion hatte sein Hof, wieso hat er ihn gebraucht?

Als Herzog von Sachsen regierte Heinrich der Löwe keinen Flächenstaat mit festen Institutionen für die Verwaltung und mit geregelten Zuständigkeiten; Sachsen war kein Bezirk des römisch-deutschen Reiches, kein Land, sondern ein historischer Raum, in dem geistliche und weltliche Adelsgewalten um Autorität, Rechte und Einkünfte konkurrierten. Der Herzog war nicht einmal der einzige Reichsfürst in Sachsen, Reichsfürsten waren auch die Erzbischöfe von Bremen und Magdeburg, die Bischöfe von Halberstadt, Hildesheim, Minden, Münster, Osnabrück, Paderborn und Verden; der sächsische Adel wahrte seine alten Rechte und wollte zwischen sich und dem König keine potente Mittelinstanz dulden[16]. Wenn Heinrich der Löwe genau das anstrebte, mußte er auf der Basis des welfischen Eigengutes und welfischer Rechte Zentralität schaffen, möglichst viele loyale Personen an sich binden, solche Bindung attraktiv gestalten und sich selbst als zweifelsfrei herrschaftsberechtigten und -tauglichen Fürsten darstellen. Dem diente der Hof, nach international anerkannten Normen geformt, versehen mit einem Kern administrativ, militärisch und zivilisatorisch kompetenter Leute, die es vielfach aber erst heranzubilden galt.

Daraus ergibt sich Antwort auf die Frage, warum der Herzog den jungen Mann nach Frankeich geschickt hat, denn Frankreich und die Niederlande waren Ursprung und Vorbild der westeuropäischen Hofkultur, der ritterlichen Zivilisation als der ersten eigenständigen Laienkultur im nachantiken Europa, der weltlichen Ethik einer hochmilitarisierten Aristokratie, deren Angehörige sich ohne regulierende Staatsgewalt im Konkurrenzkampf behaupten mußten[17]. Diese ritterliche Lebensform entwickelte integrierende Kraft, indem sie Krieg und Gewalt, christliche Lebensform, Ansprüche aristokratischer Existenz und intellektuelle

---

[16] Joachim Ehlers, Heinrich der Löwe und der sächsische Episkopat, in: Ders., Ausgewählte Aufsätze, hg. Martin Kintzinger/Bernd Schneidmüller. (Berliner Historische Studien 21) Berlin 1996, S. 451–488. Ernst Schubert, Geschichte Niedersachsens vom 9. bis zum ausgehenden 15. Jahrhundert (Geschichte Niedersachsens 2,1). Hannover 1997, S. 3–904; hier bes. S. 83–476. Bernd Schneidmüller, Die Welfen. Stuttgart 2000, bes. S. 149ff. und 180ff. Jutta Schlick, König, Fürsten und Reich, 1056–1159. (Mittelalter-Forschungen 7) Stuttgart 2001, bes. S. 26ff. und 131–178. Diana Zunker, Adel in Westfalen. Strukturen und Konzepte von Herrschaft (1106–1235). (Historische Studien 472) Husum 2003.

[17] Joachim Bumke, Studien zum Ritterbegriff im 12. und 13. Jahrhundert. Heidelberg 21977. Benjamin Arnold, German Knighthood, 1050–1300. Oxford 1985. Maurice Keen Das Rittertum. Zürich 21999. Josef Fleckenstein, Vom Rittertum im Mittelalter. Perspektiven und Probleme. Goldbach 1997. Ders., Rittertum und ritterliche Welt. Berlin 2002. Philippe Contamine, Les chevaliers. Paris 2006. Joachim Ehlers, Die Ritter. Geschichte und Kultur. München 2006. David Crouch, Chivalry and Courtliness: Colliding Constructs, in: Peter Cross/Christopher Tyerman (Hg.), Soldiers, Nobles and Gentlemen. Woodbridge 2009, S. 32–48. Richard W. Kaeuper, Holy Warriors. The Religious Ideology of Chivalry. Philadelphia 2009. Martin Aurell, Le chevalier lettré. Savoir et conduite de l'aristocratie aux XIIe et XIIIe siècles. Paris 2011. Michael Prestwich, Ritter. Darmstadt 2011.

Herausforderungen aufeinander bezog und daraus Qualitäten ableitete, die als verbindlicher Wertekanon den Ritter ausmachten: Treue (*loyauté*) als Vasall, Freigebigkeit (*largesse*) als Herr, Tapferkeit (*prouesse*) als Krieger und höfisches Verhalten (*courtoisie*). Französisch war die Fachterminologie dieser Oberschichtenkultur, die im Ideal des Gentleman und Kavalier bis in die Anfangsjahre des 20. Jahrhunderts weitergelebt hat. Französisch hat auch Heinrich der Löwe für seine diplomatischen Missionen gebraucht, und seine Gemahlin Mathilde war als Tochter König Heinrichs II. von England frankophon erzogen worden, denn ihre beiden Elternteile waren Franzosen und beherrschten ein Reich, dessen Führungsschicht seit der normannischen Eroberung von 1066 Französisch sprach[18].

Natürlich hätte ein junger Sachse auch beim Herzog von Burgund oder beim Grafen von Champagne eine höfische Erziehung bekommen können, aber Heinrich der Löwe suchte die Ebene der Könige, kam er doch selbst aus einer königsfähigen Familie, wollte unter den deutschen Fürsten der Erste sein und betonte immer wieder seinen Rang als Enkel Kaiser Lothars von Süpplingenburg und Schwiegersohn des Königs von England.

Rittertum und ritterliche Verhaltensnormen konnten aber nur unter besonderen Bedingungen zum verbindenden Element der westeuropäischen Hofkultur werden. Voraussetzung für deren Homogenität war permanente Kommunikation der Höfe und ihrer Träger, und der hier zu besprechende Brief erlaubt uns Einblick in die Praxis.

Wir wissen bis jetzt, daß der Herzog junge Leute erziehen ließ, mindestens einen von ihnen nach Frankreich geschickt hat und solche Reisen mit Hilfe begleitender Gesandter (*nuntii*) organisierte, von deren Tätigkeit wir auch sonst hören.

Im Jahre 1166 empfing König Heinrich II. von England einen Gesandten Heinrichs des Löwen, einen Mann namens Simon, für den die Anweisung erging, *Symoni nuntio ducis de Saxonia ad se vestiendum et pro expensa sua* Geld auszuzahlen[19]. Solche Kleidergaben gehörten zum höfischen Empfangszeremoniell, denn sie zeigten neben dem Reichtum des schenkenden Herrn die an seinem Hof üblichen kunsthandwerklichen Standards. Wir können den Vorgang aber außerdem als Beleg für Wertschätzung betrachten, die Heinrich II. seinem künftigen Schwiegersohn

---

[18] Frank Barlow, The Feudal Kingdom of England, 1042–1216. Harlow 51999. Robert Bartlett, England Under the Norman and Angevin Kings, 1075–1225. Oxforf 2000. Judith A. Green, The aristocracy of Norman England. Cambridge 1997. W.L. Warren, Henry II. London 42000. Ralph V. Turner, Eleanor of Aquitaine. Queen of France, Queen of England. New Haven 2009.

[19] The Great Roll of the Pipe [im Folgenden PR] for the Fifth – Thirty-Fourth Years of the Reign of King Henry the Second, A.D. 1158/59 – A.D. 1187/88, Hg. The Pipe Roll Society. London 1884–1925; hier PR 13 Hen. II,2.

demonstrieren wollte, denn außer Simon ließ er Gesandte des byzantinischen Kaisers und des schwedischen Königs einkleiden, nicht aber Boten des Königs von Ungarn[20]. In der zweiten Septemberhälfte 1167 holten sächsische Gesandte die Königstochter Mathilde als Braut Heinrichs des Löwen auf der Insel ab[21], 1176 brachten Herzog Heinrichs Gesandte Joscius und Thiedleb zweitausend Wachskerzen als Geschenk an den englischen Hof[22], 1180 erwiderte der Löwe eine Gabe seines Schwiegervaters, der ihm zwanzig Rüstungen geschickt hatte, durch die Sendung von zwanzig Jagdfalken und eines Falkners, der diese Tiere betreute[23]. Ganz am Rande erfahren wir hier aus einer englischen Hofrechnung, daß Heinrich der Löwe die Falknerei betrieb (wobei ich auf die hochkomplizierte Infrastruktur nur verweisen kann, die das voraussetzte, vom Import der wertvollen Tiere aus Island und Skandinavien über Pflege und Abrichtung bis zur Ausbildung wirklich kompetenter Falkner[24]); auch daß Heinrich ein Jäger war, erfahren wir angesichts der provinziellen Stumpfheit deutscher Quellen in Fragen herrschaftlicher Sachkultur nur aus englischen Texten: Jagden mit seinem Schwiegervater in den Forsten von Clarendon während des Exils, das schnelle Pferd mit dem Jagdhund als Hochzeitsgeschenk Heinrichs II. für seine Tocher, die so etwas in Braunschweig offenbar gut gebrauchen konnte[25].

Die hier erwähnten Gesandten waren Spezialisten für bestimmte Länder, Routen und Aufgaben, denn der in unserem Brief erwähnte *nuntius* mit dem Rückholauftrag war ja, wie wir dort gelesen haben, schon für den Hinweg nach Paris zuständig gewesen. Als ebenso sprach- wie weltkundige Vertreter ihres Herrn gingen diese Leute nach Frankreich und England, Vorläufer der Herolde und *persevanten*, deren Amtsbezeichnung sich seit dem ersten Drittel des 13. Jahrhunderts von Westen nach Osten verbreitete. Deshalb ist das im Ursprung ja germanische Worte „Herold" – aus dem altsächsischen Männernamen Heriold (altnordisch Harald) abgeleitet – im Deutschen eine Rückentlehnung; es ist zunächst über fränkisch *hariwald = Heerführer ins Französische gekommen und taucht dort erstmals gegen 1175 als *herald* bei Chrétien de Troyes im Sinne von „Bote" oder „Ausrufer" auf und ist seit der Mitte des 14. Jahrhunderts als Lehnwort *heralt/herolt* im Deutschen

---

[20] Sybille Schröder, Macht und Gabe. Materielle Kultur am Hof Heinrichs II. von England. (Historische Studien 481) Husum 2004, S. 230f.
[21] PR 13 Hen II,12.
[22] PR 22 Hen II,11.
[23] PR 25 Hen II, 94 (Rüstungen), PR 26 Hen II,150 (Falken).
[24] Robin S. Oggins, The Kings and Their Hawks. Falconry in Medieval England. New Haven 2004.
[25] Clarendon: Giraldus Cambrensis, De principis instructione liber 2,26, ed. George F. Warner, Giraldi Cambrensis Opera 8 (Rolls Series 21.8). London 1891, S. 207. Pferd und Hund: PR 13 Hen II,5. PR 14 Hen II,7,15,50,60f.,97,100,117,157,198,208. Überblick: Werner Rösener (Hg.), Jagd und höfische Kultur im Mittelalter. (Veröffentlichungen des Max-Planck-Instituts für Geschichte 135) Göttingen 1997.

nachweisbar, ebenso wie die Bezeichnung *persevant* aus französisch *poursuivant* für den „nachfolgenden", den rangminderen, noch auszubildenden Herold, aber das Amt ist als solches sicher älter. Wir fassen es zumindest dem Aufgabenfeld nach in unserem Brief, der zugleich als Legitimations- und Beglaubigungsschreiben des herzoglichen *nuntius* an den französischen Hof zu lesen ist; der älteste ausdrückliche Beleg für einen deutschen Herold ist übrigens erst das Geldgeschenk an einen *heraldus* namens Hertelinus aus der Jahresrechnung für 1277 König Eduards I. von England[26].

Konsequenterweise mußte sich Heinrich der Löwe als das Zentrum seines Hofes auch persönlich im Sinne der Zeit modern und attraktiv darstellen, die Anforderungen ritterlich-höfischer Kultur möglichst perfekt erfüllen und das auch sichtbar machen. Das umso mehr, als sein Hof nicht vom Adel, sondern von Ministerialen dominiert wurde, im Sinne des „Sich Männer Schaffens" ausgesuchte Leute unfreien Rechtsstandes, deren Ehrgeiz sie zum Dienst trieb, verbunden mit der Hoffnung, wenn schon nicht in die Freiheit entlassen zu werden so doch in den Lebensformen adelsgleich zu sein[27]. Ministerialen sind infolgedessen die eifrigsten und im Detail genausten Verfechter der ritterlichen Zivilisation, denn sie ist Chance zum Aufstieg und Nachweis seines Gelingens.

Diese Selbstdarstellung betrifft zunächst die militärische Seite des Rittertums, die Grundlage aller Lebensform des Reiterkriegers. Herzog Heinrich hatte eine ausgeprägte Affinität zu aggressiver Gewalt, mit der er seine Herrschaft in Sachsen durchsetzte und sich mit dem Löwenstandbild auf dem Braunschweiger Burgplatz[28]

---

[26] Paravicini, Ritterlich-höfische Kultur (wie Anm. 1), S. 77ff. (mit Literatur).

[27] Herwig Lubenow, Die welfischen Ministerialen in Sachsen. Diss.Ms. Kiel 1964. Thomas Zotz, Die Formierung der Ministerialität, in: Stefan Weinfurter (Hg.), Die Salier und das Reich 3. Sigmaringen 1991, S. 3–50. Claus-Peter Hasse, Die welfischen Hofämter und die welfische Ministerialität in Sachsen. (Historische Studien 443) Husum 1995. Jan Ulrich Keupp, Dienst und Verdienst. Die Ministerialen Friedrich Barbarossas und Heinrichs VI. (Monographien zur Geschichte des Mittelalters 48) Stuttgart 2002, bes. S. 3 ff. (Forschungsstand) und 17ff. (Rechtsstellung und Dienst). Karl Borchardt, Der Aufstieg der Ministerialen - ein deutscher Sonderweg?, in: Volker Herzner u.a. (Hg.), Oben und unten – Hierarchisierung in Idee und Wirklichkeit der Stauferzeit. Speyer 2005, S. 35–49. Ehlers, Heinrich der Löwe (wie Anm. 13), S. 246ff.

[28] Gerd Spies (Hg.), Der Braunschweiger Löwe. Braunschweig 1985 (darin u.a. Hans Drescher, Zur Gießtechnik des Braunschweiger Burglöwen, S. 289–428). Norberto Gramaccini, Zur Ikonologie der Bronze im Mittelalter, in: Städel-Jahrbuch, N.F. 11, 1987, S. 147–170. Otto Gerhard Oexle, Die Memoria Heinrichs des Löwen, in: Dieter Geuenich (Hg.), Memoria in der Gesellschaft des Mittelalters. (Veröffentlichungen des Max-Planck-Instituts für Geschichte 111) Göttingen 1994, S. 128–177; hier S. 135ff. Werner Hechberger, Staufer und Welfen, 1125–1190. Köln 1996, S. 115ff. Dirk Jäckel, Der Herrscher als Löwe. Ursprung und Gebrauch eines politischen Symbols im Früh- und Hochmittelalter. Köln 2006. Heraldik: Michel Pastoureau, Figures de l'héraldique. Paris 1966, S. 58ff. Symbolik: Jacques Voisenet, Bêtes et hommes dans le monde médiéval. Le bestiaire des clercs du Ve au XIIe siècle. Turnhout 2000. Ikonographische Tradition: Peter Seiler, Richterlicher oder kriegerischer Furor? Untersuchungen zur Bestimmung der primären Bedeutung des Braunschweiger Burglöwen, in: Johannes Fried/Otto Gerhard Oexle (Hg.), Heinrich der Löwe. Ostfildern 2003, S. 135–197.

ein Denkmal errichtete, als stellvertretendes Bildnis seiner selbst: „Ich, Heinrich von Braunschweig, bin der Löwe" hat er mit einer Münzumschrift von sich gesagt, *Heinricus de Brunswic sum leo*[29]. In Rom hat er nach der Kaiserkrönung Friedrich Barbarossas am 18. Juni 1155 in mehrstündigem harten Kampf den Aufstand der römischen Bürger gebrochen, in späteren Jahren die Slawen in Mecklenburg unterworfen und sich großer Koalitionen seiner sächsischen Gegner erwehrt[30].

Als Kämpfer mit großem persönlichen Mut entsprach Heinrich damit der Forderung nach *prouesse*, als Fürst war er Gönner und Patron der Dichter, denen die ritterlichen Werte ihre Ausgestaltung, Vitalität und Validität verdankten. Deshalb hörte man den Vortrag solcher Texte an den Höfen keineswegs nur zur Unterhaltung, sondern in erster Linie zur Selbstvergewisserung: So sind unsere Vorbilder, und so sind auch wir, denn in ihrem Tun und Reden, ihrer Kleidung und Bewaffnung erkennen wir uns wieder.

Heinrich griff auch hier sehr hoch: Mit dem Rolandslied seines Hofklerikers Konrad wurde der Gipfel des christlichen Rittertums zum Thema, der Heidenkampf, und Heinrich der Löwe ist der erste Laienfürst, dessen Name als Anreger und Patron einer Dichtung in der Volkssprache ausdrücklich genannt wird[31].

Der altbekannte Stoff dieser Dichtung geht historisch auf den Spanienfeldzug Karls des Großen im Jahre 778 zurück, bei dem die Nachhut des fränkischen Heeres unter Führung des Markgrafen Roland von der Bretagne in einem Pyrenäental von den muslimischen Angreifern vernichtet worden ist; dieses Thema ist später zur französischen *Chanson de Roland* verarbeitet worden,

---

[29] Jürgen Denicke, Die Brakteaten der Münzstätte Braunschweig, Teil 1: Heinrich der Löwe. Braunschweig 1983, S. 22, Nr. 4a. Jochen Luckhardt/Franz Niehoff (Hg.), Heinrich der Löwe und seine Zeit. Herrschaft und Repräsentation der Welfen 1125–1235. Bd. 1. München 1995, S. 80 und 82, Nr. B 9 II d. Gesamtüberblick bei Walter Kühn, Die Brakteaten Heinrichs des Löwen. Minden 1995.

[30] RI 4,2.1 (wie Anm. 7), Nr. 319 (Rom). Ehlers (wie Anm. 13), S. 149ff. (Slawen) und 141ff. (sächsischer Krieg). Hans-Otto Gaethke, Herzog Heinrich der Löwe und die Slawen nordöstlich der unteren Elbe. (Kieler Werkstücke A 24) Frankfurt am Main 1999. Kritisch dazu Jürgen Petersohn, Emmehard von Mecklenburg und Heinrich der Löwe, in: Fried/Oexle (wie Anm. 28), S. 281–291. Holger Berwinkel, Die sächsischen Kriege Heinrichs des Löwen, in: Braunschweigisches Jahrbuch für Landesgeschichte 90, 2009, S. 11–44.

[31] Das Rolandslied des Pfaffen Konrad, ed. Dieter Kartschoke. Stuttgart 1993. Joachim Bumke, Mäzene im Mittelalter. München 1979, S. 85. Jeffrey Ashcroft, Magister Conradus Presbiter: Pfaffe Konrad at the Court of Henry the Lion, in: Donald Maddox/Sara Sturm-Maddox (Hg.), Literary Aspects of Courtly Culture. Cambridge 1994, S. 301–308. Dieter Kartschoke, Deutsche Literatur am Hof Heinrichs des Löwen?, in: Fried/Oexle (wie Anm. 28), S. 83–134; hier S. 86ff.

von der Konrad eine Handschrift vorlag[32]. Die Anregung zum Transfer der *Chanson* ins Deutsche kam von der Herzogin Mathilde, deren Mutter, Eleonore von Aquitanien, für ihr literarisches Patronat ebenso bekannt ist wie ihr Vater, König Heinrich II. von England; auch Mathildes Halbschwestern aus der ersten Ehe ihrer Mutter mit König Ludwig VII. von Frankreich, die Gräfinnen Maria von Blois-Champagne und Alix von Blois-Chartres, haben Dichter gefördert, ebenso Mathildes Bruder Richard Löwenherz, der auch selbst Verse machte[33]. Die Orientierung an westeuropäischen Mustern brachte die künftig prägenden Vorstellungen von Stil und Wert aristokratischen Lebens nach Sachsen, zentrale Themen der französischen Dichtung wie Loyalität des Vasallen und Heiliger Krieg führte Konrad dem Braunschweiger Hof plastisch vor Augen.

Als Kapellan des Herzogs war der nachdichtende Übersetzer mit der Denkweise des Hofes intim vertraut und setzte sie poetisch um. Etwa ein Drittel der 9.016 Verse des Rolandsliedes entfallen auf teilweise sehr realistische Berichte von Kämpfen gegen die Muslime, auf Beschreibungen von Waffen, Rüstungen und Pferden, gut für die Ohren der Ritter im Publikum des Dichtervortrages,

---

[32] Karl-Ernst Geith, Carolus Magnus. Studien zur Darstellung Karls des Großen in der deutschen Literatur des 12. und 13. Jahrhunderts. (Bibliotheca Germanica 19) Bern 1977. Bumke (wie Anm. 31), S. 155f und 238. Henning Krauß, Romanische Heldenepik, in: Klaus von See (Hg.), Neues Handbuch der Literaturwissenschaft 7. Wiesbaden 1981, S. 145–180. Karl Bertau, Das deutsche Rolandslied und die Repräsentationskunst Heinrichs des Löwen, in: Joachim Bumke (Hg.), Literarisches Mäzenatentum. Darmstadt 1982,S. 331–370; hier S. 334ff. Dieter Kartschoke, in die latine bedwungin. Kommunikationsprobleme im Mittelalter und die Übersetzung der ‚Chanson de Roland' durch den Pfaffen Konrad, in: Beiträge zur Geschichte der deutschen Sprache und Literatur 111,1989, S. 196–209. Joachim Bumke, Geschichte der deutschen Literatur im hohen Mittelalter. München 1990, S. 60ff. Karl-Ernst Geith, Karlsdichtung im Umkreis des welfischen Hofes, in: Schneidmüller (wie Anm. 1), S. 337–346; hier 340ff. L. Peter Johnson, Die höfische Literatur der Blütezeit (1160/70–1220/30). (Geschichte der deutschen Literatur von den Anfängen bis zum Beginn der Neuzeit, hg. Joachim Heinzle. Bd. 2,1.) Tübingen 1999, bes. S. 11ff. Eckart Conrad Lutz, Zur Synthese klerikaler Denkformen und laikaler Interessen in der höfischen Literatur. Die Bearbeitung einer Chanson von Karl und Roland durch den Pfaffen Konrad und das Helmarshauser Evangeliar, in: Ders./Ernst Tremp (Hg.), Pfaffen und Laien – ein mittelalterlicher Antagonismus? Freiburg (Schweiz) 1999, S. 57–76. Ders., Herrscherapotheosen,Chrestiens Erec-Roman und Konrads Karls-Legende im Kontext von Herrschaftslegitimation und Heilssicherung, in: Christoph Huber u.a. (Hg.), Geistliches in weltlicher und Weltliches in geistlicher Literatur des Mittelalters. Tübingen 2000, S. 89–104. Bernd Bastert (Hg.), Karl der Große in den europäischen Literaturen des Mittelalters. Tübingen 2004. Rita Lejeune/Jacques Stiennon, Die Rolandssage in der mittelalterlichen Kunst. 2 Bde. Brüssel 1966.

[33] Rolandslied (wie Anm. 31), Epilog, 9020–9025. Rita Lejeune, Rôle littéraire d'Aliénor d'Aquitaine et de sa famille, in: Cultura neolatina 14,1954, S. 5–57. Reto R. Bezzola, Les origines et la formation de la littérature courtoise en Occident (500–1200). Bd. 3,1: La cour d'Angleterre comme centre littéraire sous les rois Angevins (1154–1199). Paris 1963, S. 3ff. (Heinrich II.), 207ff. (Richard Löwenherz), 247ff. (Eleonore), 374ff. (Maria von Blois-Champagne). Dominica Legge, Anglo-Norman Literature and its Background. Oxford 1963, S. 44ff. Jean Flori, Richard Cœur de Lion. Le roi-chevalier. Paris 1999, S. 442ff.

für Männer, die solche Erlebnisse gehabt und Gegner getötet hatten, die wieder kämpfen und wieder töten würden, weil sie professionell dafür bestimmt waren[34]. Als ihr Herr schließlich selbst zum Höhepunkt christlichen Rittertums strebte, indem er sich im Königreich Jerusalem als Heidenkämpfer bewähren und darstellen wollte, mußten sie ihm folgen, versehen mit der Aussicht auf die Märtyrerkrone für den Fall ihres Todes im Heiligen Land. Heinrichs des Löwen Jerusalemfahrt im Jahre 1172 wird immer wieder als Pilgerreise mißverstanden, obwohl er dabei offenkundig ganz andere Ambitionen hatte, wie schon aus der Größe des ihn begleitenden Aufgebots hervorgeht[35]. Die Kölner Königschronik spricht von ungefähr 500 Panzerreitern, Arnold von Lübeck nennt 1.200 Bewaffnete[36], und beide Zahlen ergänzen sich, denn der Ritter brauchte mindestens einen assistierenden Knappen, mit dessen Hilfe er in zeitaufwendiger Prozedur einsatzbereit gemacht werden mußte, ehe er gerüstet das Schlachtroß besteigen, Helm, Schwert und Lanze übernehmen konnte. Die feste Verbindung von Pferd, Reiter, Schild und Lanze war die wichtigste kriegstechnische Neuerung seit der zweiten Hälfte des 11. Jahrhunderts, denn die gesamte Energie aus der Geschwindigkeit des Anrennens und der Masse aus dem Gewicht von Pferd, Reiter und Bewaffnung konzentrierte sich in der Lanzenspitze und verlieh dem Stoß große Wucht, die den Gegner aus dem Sattel warf oder sogleich tötete[37].

---

[34] Peter Czerwinski, Die Schlacht- und Turnierdarstellungen in den deutschen höfischen Romanen des 12. und 13. Jahrhunderts. Zur literarischen Verarbeitung militärischer Formen des adligens Gewaltmonopols. Diss.Ms. Berlin 1975.Will Hasty, Art of Arms. Studies of Aggression and Dominance in Medieval German Court Poetry. Heidelberg 2002. Keupp (wie Anm. 27), S. 437ff. Kartschoke (wie Anm. 31), S. 119ff. Malte Prietzel, Kriegführung im Mittelalter. Handlungen, Erinnerungen, Bedeutungen. Paderborn 2006. Hans-Henning Kortüm, Krieg und Krieger 500-1500. Stuttgart 2010.

[35] Johannes Fried, Jerusalemfahrt und Kulturimport. Offene Fragen zum Kreuzzug Heinrichs des Löwen, in: Joachim Ehlers/Dietrich Kötzsche (Hg.), Der Welfenschatz und sein Umkreis. Mainz 1998, S. 111–137. Definition: Ernst-Dieter Hehl, Was ist eigentlich ein Kreuzzug?, in: Historische Zeitschrift 259,1994, S. 297–336. Hans Eberhard Mayer, Geschichte der Kreuzzüge. Stuttgart 81995, S. 19f. Deutsche Pilger/Kreuzfahrer: Reinhold Röhricht, Die Deutschen im Heiligen Lande. Innsbruck 1894. Marie-Luise Favreau-Lilie, The German Empire and Palestine: German pilgrimages to Jerusalem between the 12th and 16th century, in: Journal of Medieval History 21,1995, S. 321–341. Itinerar Heinrichs des Löwen: Einar Joranson, The Palestine Pilgrimage of Henry the Lion, in: James L. Cate/Eugene N. Anderson, Medieval and Historiographical Essays in Honor of James Westfall Thompson. Fort Washington, N.Y. 1938, S. 146–225. Wolfgang Georgi, Lebensstationen eines Herzogs: Die Pilgerfahrten Heinrichs des Löwen nach Jerusalem und Santiago, in: Ders. (Hg.), Reisen und Wallfahren im hohen Mittelalter. Göppingen 1999, S. 94–127. Ehlers (wie Anm. 13), S. 198ff.

[36] Chronica regia Coloniensis, ed. Georg Waitz (MGH SSrerGerm 18). Hannover 1880, S. 123. Arnoldi [Lubicensis] Chronica Slavorum 1.3, ed. Georg Heinrich Pertz (MGH SSrerGerm 14). Hannover 1868, S. 17.

[37] Alwin Schultz, Das höfische Leben zur Zeit der Minnesinger 2. Prag 1880, S. 1ff. (Waffen, Technik und Gebrauch). Bumke (wie Anm. 1) 1, S. 210ff. Lutz Fenske, Der Knappe: Erziehung und Funktion, in: Josef Fleckenstein (Hg.), Curialitas. Studien zu Grundfragen der höfisch-ritterlichen Kultur. (Veröffentlichungen des Max-Planck-Instituts für Geschichte 100) Göttingen 1990, S. 55–127; hier bes. S. 96ff., 103ff.

Durch die mitgeführten Pferde wurde der Aufzug Heinrichs des Löwen erheblich vergrößert, denn der Ritter brauchte außer dem eigens für den Kampf abgerichteten, gepanzerten und auch nur bei dieser Gelegenheit gerittenen *dextrarius* (mittelhochdeutsch *ros*) für Marsch und Reise den *palefridus* (mittelhochdeutsch *pfert*) sowie den weniger wertvollen *runcinus* als Saumtier zum Transport von Rüstung, Lanze, Schild und Gepäck[38]. Heinrichs Heer, denn von einem solchen muß man füglich sprechen, umfaßte demnach mindestens 1.500 Menschen und sehr viele Pferde, war entschieden zu groß für eine Pilgerreise, entsprach vielmehr der durchschnittlichen Stärke fürstlicher Aufgebote zu den Italienzügen Friedrich Barbarossas.

Zur Pilgerreise passen auch nicht die Waffen, die der Herzog als Geschenke für die Templer und Johanniter ins Heilige Land mitgenommen hat, so daß wir nicht zweifeln müssen: Er wollte dort einen Feldzug gegen die Muslime führen und am würdigsten Schauplatz christlicher Ritterschaft den Willen Gottes im Kampf für Christenheit und Kirche vollstrecken. Nur mit Mühe haben ihn König Amalrich und die Templer davon abgebracht, denn provozierende Vorstöße mußten die schon damals äußerst kritische Lage des fünfzehn Jahre später untergehenden Königreichs Jerusalem unnötig verschärfen[39]. Für Heinrich den Löwen war damit der Sinn seines Unternehmens hinfällig geworden; er trennte sich abrupt von seinem Gefolge und verließ das Heilige Land.

In das gleiche sächsisch-französische Beziehungsfeld wie der Brief des Herzogs an Ludwig VII. und das Rolandslied des Klerikers Konrad gehört nun auch die Gestaltung des Stoffes von Tristan und Isolde, sehr wahrscheinlich durch Eilhart, 1189 mit dem zweiten Namensglied „von Oberg" Zeuge in einer Urkunde Bischof Adelogs von Hildesheim, der einer Kapelle in Oberg (sö. Peine) Pfarrechte verlieh[40]. Seiner Stellung in der Zeugenliste nach war Eilhart Ministeriale

---

[38] Herbert Kolb, Namen und Bezeichnung des Pferdes in der mittelalterlichen Literatur, in: Beiträge zur Namensforschung 9,1974, S. 151–166. Beate Ackermann-Arit, Das Pferd und seine epische Funktion im mittelhochdeutschen ‚Prosa-Lancelot'. Berlin 1990 (auch zur Realienkunde). Anne Hyland, The medieval warhorse from Byzantium to the crusades. Phoenix Mill 1994. John Clark (Hg.), The medieval horse and its equipment, c. 1150-c. 1450. London 1995. Gertrud Blaschitz, Das Pferd als Fortbewegungs- und Transportmittel in der deutschsprachigen Literatur des 12. und 13. Jahrhunderts, in: Medium Aevum Quotidianum 53, 2006, S. 17–43.

[39] Reinhold Röhricht, Geschichte des Königreichs Jerusalem, 1100–1291. Innsbruck 1898, S. 333ff. René Grousset, Histoire des croisades et du royaume Franc de Jérusalem, Bd. 2. Paris 1935, S. 564ff. Joshua Prawer, Histoire du royaume latine de Jérusalem, Bd. 1. Paris 1969, S. 450ff. Mayer (wie Anm. 35), S. 99ff. Georgi (wie Anm. 9), S. 222ff. Jonathan Phillips, Defenders of the Holy Land. Relations between the Latin East an the West. 1119–1187. Oxford 1996, bes. S. 200ff.

[40] Urkundenbuch des Hochstifts Hildesheim und seiner Bischöfe. Erster Theil: Bis 1221. Hg. Karl Janicke. Leipzig 1896, S. 446f., Nr. 470.

Heinrichs des Löwen[41], dem Patronatsherren von Oberg, das auf seinem Grund und Boden lag.

Bis zu diesem Zeitpunkt hatten die Oberg zwar nicht zu den prominenten Mitgliedern der herzoglichen *familia* gehört[42], aber zwischen 1196 und 1207 findet sich Eilhart in angesehener Position im Gefolge des Pfalzgrafen Heinrich und König Ottos IV. (also der Söhne Heinrichs des Löwen)[43]; seine letzte Spur ist die Nennung *Eilhardus de Oberch* als Inhaber des Zehnten zu Oberg im Güterverzeichnis des Grafen Siegfried II. von Blankenburg zwischen 1209 und 1227[44]. Ein weiteres Mitglied der Familie, Johannes, erscheint 1190 als letzter der geistlichen Zeugen in einer Urkunde Heinrichs des Löwen für das Zisterzienserkloster Riddagshausen[45]; vielleicht hat dieser Johannes damals schon das Kanonikat an der vornehmen Stiftskirche St. Blasius in Braunschweig besessen, als dessen Inhaber er von 1197 an belegt ist[46].

---

[41] Berno, Dekan des Hildesheimer Domstifts; Bruno, Kellerar; Gottfried, Propst von St. Blasius/Braunschweig und Kanoniker am Hildesheimer Domstift; Ludold, Propst von Heiligkreuz/Hildesheim; Eilbert, Propst von Oelsburg; Tetmar, Kanoniker am Hildesheimer Domstift; Magister Gerung von Heiligkreuz/Hildesheim; Ministerialen des Bf. von Hildesheim Lippold von Escherde, Lippold von Stöckheim, Eilhart von Ilsede, Truchseß Ernst; Johannes von Oberg (de Obergen) mit seinen Söhnen Eilhart und Johannes, Bernhard von Oberg mit seinem Sohn Dietrich; Edelger von Schmedenstedt, Propst Gerhard von Steterburg.

[42] Detlev Hellfaier, Studien zur Geschichte der Herren von Oberg bis zum Jahre 1400. Hildesheim 1979, S. 14f.

[43] 1196 Zeuge in einer Urkunde des Pfgfn. Heinrich für Riddagshausen: Albertus Magnus August Frhr. von Campe (Bearb.), Regesten und Urkunden des Geschlechtes von Blankenburg-Campe, Bd. 1. Berlin 1892, S. 56, Nr. 85. Hellfaier (wie Anm. 42), S. 15 m. Anm. 73. – 1197 im Gefolge des Pfgfn. Heinrich: Campe 1892, S. 60, Nr. 93. Hellfaier 1979, S. 15 m. Anm. 74. – 1202 Zeuge im D O IV für Hz. Heinrich von Sachsen (Erbteilung Ottos mit seinen Brüdern Heinrich und Wilhelm in Paderborn): Johann Friedrich Böhmer, Regesta Imperii V: Jüngere Staufer. Die Regesten des Kaiserreiches unter Philipp, Otto IV., Friedrich II., Heinrich VII., Conrad IV., Heinrich Raspe, Wilhelm und Richard, 1198-1272. Bearbeitet von Julius Ficker/Eduard Winkelmann. Bd. 1. Innsbruck 1881, Nr 222. Reihenfolge der ministerialischen Zeugen: Konrad von Weiler, kgl. Truchseß; Simon von Achen, Kämmerer; Ludolf von Esbeck mit Bruder Baldwin; Basilius von Osterode; Friedrich von Volkmarode, Marschall; Eilard von Oberge; Ludolf von Bortfeld; Otrave von Rottorf; Erewicus von Utissen; Hartung von Rotenkirchen. – 1202 Zeuge in D O IV für seinen Bruder Wilhelm (Erbteilung wie vor): RI V.1, Nr. 223. – 1203 Zeuge im D O IV für Riddagshausen (Eilhard von Oberge): RI V.1, Nr. 229. – 1206 Zeuge im D O IV für St. Blasius/Braunschweig (Eilard von Oberge): RI V.1, Nr. 236. – 1207 Zeuge im D O IV für die Kirche St. Johannes in Katlenburg (Elard von Oberge): RI V.1, Nr. 237. – 1207 Zeuge im D O IV für Propst Otto von Marienwerder (Eilard von Oberghe): RI V.1, Nr. 238.

[44] G. Bode/G.A. Leibrock, Das Güterverzeichniß und das Lehnsregister des Grafen Sigfrid II. von Blanckenburg aus den Jahren 1209–1227, in: Zeitschrift des Harz-Vereins für Geschichte und Alterthumskunde 2, 1869, 71–94; hier S. 87.

[45] U HdL (wie Anm. 3) 126.

[46] Campe (wie Anm. 43), S. 60, Nr. 93. Ernst Döll, Die Kollegiatstifte St. Blasius und St. Cyriacus zu Braunschweig. (Braunschweiger Werkstücke 36) Braunschweig 1967, S. 301. Beispiele für ministerialische Kanoniker an den Domstiften von Magdeburg, Halberstadt, Hildesheim, Minden, Münster, Osnabrück und Paderborn sowie in St. Simon und Judas in Goslar bei Hellfaier (wie Anm. 42), S. 19.

Die Familie hatte also Beziehungen sowohl zu Heinrich dem Löwen als auch zu den Hildesheimer Bischöfen, deren Verbindungen mit der Pariser Gelehrtenkultur sich in der zweiten Häfte des 12. Jahrhunderts deutlich verdichtet haben, und besonderes Interesse hat Eilhart seit je als mutmaßlicher Verfasser des Tristrant erregt, des ersten Versromans in deutscher Sprache, der einen frankokeltischen Stoff (Matière de Bretagne) bearbeitet hat[47]. Etwas früher als Ulrich von Zatzikoven (um 1200), Ulrich von Türheim (in der ersten Häfte) und Berthold von Holle (um die Mitte des 13. Jahrhunderts) wäre Eilhart von Oberg einer der wenigen Dichter, für die es urkundliche Zeugnisse gibt[48], und neben Heinrich von Veldeke der erste Epiker mit Herkunftsnamen. Sein Ministerialenstatus schließt Bildung zum *litteratus* keineswegs aus[49], doch muß zunächst geklärt werden, ob dieser Eilhart von der Zeitstellung her überhaupt als Dichter des Tristrant in Frage kommt. Wann ist der Roman verfaßt worden?

Das erste ins Deutsche transponierte Stück französischer Dichtung war das Alexanderepos des Alberic von Besançon in der Bearbeitung des Klerikers Lamprecht (um 1150?), dicht gefolgt vom Rolandslied unseres Klerikers Konrad (das um 1170 entstanden ist), dem Eneasroman Heinrichs von Veldeke und dem Trierer Floyris[50]. In diesen Werkzusammenhang gehört Eilharts Tristrant, wobei dessen Mischung moderner und archaischer Techniken sowohl für eine Frühdatierung (das hieße: um 1170) als auch zugunsten eines späteren Ansatzes (1185/95) ins Feld geführt wird[51].

---

[47] Gute Inhaltsangabe bei Hadumod Bußmann, Einleitung, in: Eilhart von Oberg, Tristrant. Synoptischer Druck der ergänzten Fragmente mit der gesamten Parallelüberlieferung. Hg. Hadumod Bußmann. Tübingen 1969, S. VII–LXIV; hier S. XXII–XXVI, auch Bumke (wie Anm. 32), S. 70. Vgl. Tristan und Isolde im europäischen Mittelalter. Hg. Danielle Buschinger/Wolfgang Spiewok. Stuttgart 1991, S. 113–189.

[48] Bumke (wie Anm. 32) 2, S. 45.

[49] Hartmann von Aue betont für sich Doppelkompetenz als ministerialischer Ritter und *litteratus*: Ein *ritter sô gelêret was / daz er an den buochen las / swaz er dar an geschriben vant*; Hartmann von Aue, Der arme Heinrich. Hg. Ernst Schwarz. Darmstadt 1967, 1–5. Wolfram von Eschenbach war persönlich zwar illitterat (*ine kann decheinen buochstap*: Wolfram von Eschenbach, Parzival. Hg. Gottfried Weber. Darmstadt 1981, II,115,27; *swaz an den buochen stêt geschriben, / des bin ich künstelôs beliben*: Wolfram von Eschenbach, Willehalm. Hg. Walter Johannes Schröder/Gisela Hollandt. Darmstadt 1973, I,2,19f.), läßt aber den Einsiedler Trevrizent, einen ehemaligen Ritter, sagen *doch ich ein leie wære, / der wâren buoche mære / kund ich lesen unde schrîben …*: Wolfram, Parz. IX, 462,11–13.

[50] Bumke, Kultur (wie Anm. 1), S. 120. Johnson (wie Anm. 32), S. 240ff.

[51] Johnson (wie Anm. 32), S. 277f.; ebd. S. 242 über die geringe Aussagekraft der immer wieder angeführten Vergleiche des Isaldemonologs bei Eilhart von Oberg (Tristrant [2398–2598]. Edition diplomatique des manuscrits et traduction en français moderne avec introduction, notes et index par Danielle Buschinger. Göppingen 1976) und des Monologs der Lavinia bei Heinrich von Veldeke (Eneasroman [284,36–286,14]. Hg. Dieter Kartschoke. Stuttgart 1986).

Wir wissen nicht, ob es schon eine kohärente keltische Tristan-Sage gegeben hat; die Bearbeitungen der Materie durch Eilhart und spätere Autoren bis hin zu Gottfried von Straßburg gehen letztlich allesamt auf eine verlorene altfranzösische Tristan-Dichtung zurück, die nicht lange nach der Mitte des 12. Jahrhunderts möglicherweise am Hof Eleonores von Aquitanien entstanden ist[52], der Gemahlin erst Ludwigs VII. von Frankreich, danach König Heinrichs II. von England und seit 1168 Schwiegermutter Heinrichs des Löwen. Unabhängig von der Frage, ob man demnach Eilharts Tristrant um 1170 datieren kann, wäre der Text auf konkrete Hinweise darauf zu untersuchen, ob der Verfasser sein Werk hätte schreiben können, ohne Sachsen je verlassen zu haben.

Eilhart von Oberg sagt mehrfach, daß er eine schriftliche Vorlage benutzt habe, und er beruft sich außerdem auf zuverlässige mündliche Mitteilungen[53], über deren Gestaltung aber nichts bekannt ist, außer der Tatsache, daß sie notwendigerweise aus Frankreich oder dem anglonormannischen Gebiet kommen mußten. Dafür hätte Eilhart allerdings nicht dort gewesen sein müssen, denn solche Kenntnis

---

[52] „Es spricht viel dafür, daß erst ein französischer Dichter des 12. Jahrhunderts die Romanhandlung geschaffen hat": Bumke (wie Anm. 32) 2, S. 71. Johnson (wie Anm. 32), S. 276. Vgl. Bußmann (wie Anm. 47), S. IX. Buschinger/Spiewok (wie Anm. 47), S. 8.

[53]
H	D
33 daß ich uch ôn all valschait hie künd die rechten wârhait, 35 die ich in sinem bůch vand wie der her Tristrand zů der welt kam, und wie er sin end nam, …	alz ich daz an dem buche vant wie der edele here Trystrant czu desir werlde irst bequam, und sin ende wedir nam, …
[Eilhart (ed. Buschinger), S. 4] 1806 so ich eß in dem bůch laß, sust hab ich die red vernomen.	alz ich an dem buche laß, ouch habe ich die rede vornommen.
[Eilhart (ed. Buschinger), S. 142] 4576 doch sagt das bůch blôß und ouch die lut fur wâr	idoch so sait unß daz buch und och die luthe gancz vor war
[Eilhart (ed. Buschinger), S. 360] 4682 (so icht recht hab vernomen)	(ab ich daz recht habe vornomen)
[Eilhart (ed. Buschinger), S. 368] 4730 daß sprauchen fur wâr die, die eß in biechern hond gelesen, – eß mag wol wâr wesen –	deß warin do, alzo sprechen die, die ez an dem buche han gelesin. – daß mag wol ungelogin wesin –
[Eilhart (ed. Buschinger), S. 372] 6140 (do hort ich sagen fur wâr)	(daß horte ich sagin vor war)
[Eilhart (ed. Buschinger), S. 482] 6500a	unß sait daß buch vor ware
[Eilhart (ed. Buschinger), S. 512]	

H = Heidelberg, Universitätsbibliothek Cod. Pal. Germ. 346 (1460/75). D = Dresden, Sächsische Landesbibliothek, Ms. 42 (1433)

war auch am Hof Heinrichs des Löwen zu erwerben, der mindestens seit 1165 feste Kontakte zu Heinrich II. von England hatte[54]. Hieraus und durch angloangevinische Kleriker im Entourage der Herzogin Mathilde ergaben sich nicht nur persönliche Beziehungen, das hier schon erwähnte rege Gesandtschaftswesen mit dem Austausch wertvoller Geschenke, sondern es folgte eine intensive Rezeption westlicher Hofkultur durch einen Fürsten, dessen ausgeprägten Sinn für Repräsentation zahlreiche bis heute erhaltene Zeugnisse der Architektur, Skulptur, Buchmalerei und Goldschmiedekunst, Literatur- und Wissenschaftsförderung hinreichend klar belegen[55].

Weil Eilhart von Oberg seine Dichtung gewiß nicht als freier Schriftsteller zustande gebracht hat, sondern im Auftrag und mit Förderung eines Hofes gearbeitet haben muß[56], kann der Gönner eigentlich nur Heinrich der Löwe gewesen sein, jedenfalls wäre nach allem, was wir wissen, die Beweislast für eine andere Zuordnung schwer

---

[54] Jens Ahlers, Die Welfen und die englischen Könige, 1165–1235. Hildesheim 1987, S. 22ff. Abwegig deshalb Ludwig Wolff/Werner Schröder, Art. „Eilhart von Oberg", in: Die deutsche Literatur des Mittelalters. Verfasserlexikon 2. Berlin 21980, Sp. 410–418; hier Sp. 410: „Im östlichen Sachsen könnte der Dichter schwerlich mit der frz. Tristan-Dichtung bekannt geworden sein."

[55] Joachim Ehlers, Anglonormannisches am Hof Heinrichs des Löwen? Voraussetzungen und Möglichkeiten, in: Ehlers/ Kötzsche (wie Anm. 35), S.205–217. Schröder 2004, S. 81ff. Zur Kultur des angevinischen Hofes: Ulrich Broich, Heinrich II. als Patron der Literatur seiner Zeit, in: Studien zum literarischen Patronat im England des 12. Jahrhunderts. Hg. Walter F. Schirmer/Ulrich Broich. Opladen 1962, S. 27–203. John Lally, The Court and Household of King Henry II, 1154–1189. Diss. Liverpool 1969. Elizabeth A.R. Brown, Eleanor of Aquitaine: Parent, Queen, and Duchess, in: Eleanor of Aquitaine. Patron and Politician. Hg. William W. Kibler. Austin, Texas 1976, S. 9–34. Egbert Türk, Nugae curialium. Le règne d'Henri II Plantagenêt (1154–1189) et l'éthique politique. Genf 1977. Martin Aurell (Hg.), La cour Plantagenêt (1154–1204). Poitiers 2000. Rezeption durch Heinrich den Löwen: Heinrich der Löwe und seine Zeit (wie Anm. 29). Ehlers (wie Anm. 13), S. 249ff. und 294ff. Architektur: Harmen Thies, Der Dom Heinrichs des Löwen in Braunschweig. Braunschweig 1994. Martin Möhle, Der Braunschweiger Dom Heinrichs des Löwen. Braunschweig 1995. Ingo Pagel, Von imperialer Musterarchitektur zu territorialherrlichem Selbstbewußtsein. Kirchenbaukunst im Zeichen des Herrschaftswandels im norddeutschen Raum zwischen 1100 und 1300. Diss. Köln 1996.Buchmalerei: Franz Jansen, Die Helmarshausener Buchmalerei zur Zeit Heinrichs des Löwen. Hildesheim 1933. Horst Fuhrmann/Florentine Mütherich (Hg.), Das Evangeliar Heinrichs des Löwen und das mittelalterliche Herrscherbild. München 1986. Elisabeth Klemm, Das Evangeliar Heinrichs des Löwen. Frankfurt am Main 1988. Dietrich Kötzsche (Hg.), Das Evangeliar Heinrichs des Löwen. Kommentar zum Faksimile. Frankfurt am Main 1989. Martin Gosebruch/Frank N. Steigerwald (Hg.), Helmarshausen und das Evangeliar Heinrichs des Löwen. Göttingen 1992. Renate Kroos, Welfische Buchmalereiaufträge des 11. bis 15. Jahrhunderts, in: Schneidmüller (wie Anm. 1), S. 263–278. Liturgisches Gerät: Ehlers/Kötzsche (wie Anm. 35). Literatur und Wissenschaft: Joachim Ehlers, Literatur, Bildung und Wissenschaft am Hof Heinrichs des Löwen, in: Ingrid Kasten u.a. (Hg.), Kultureller Austausch und Literaturgeschichte im Mittelalter. Sigmaringen 1998, S. 61–74.

[56] … es gibt keine Anhaltspunkte dafür, daß im 12. Jahrhundert die Übertragung eines französischen Epos von einer anderen gesellschaftlichen Instanz als der Hofgesellschaft angeregt worden wäre": Bumke (wie Anm. 32) 2, S. 61f.

zu tragen[57]. Auch Eilharts Sprache liefert keine Gegenargumente, denn sie ist, soweit nach den um 1200 entstandenen Fragmenten überhaupt auf die originale Fassung geschlossen werden kann, regional nicht spezifizierbar, sondern richtete sich eher nach dem Ziel möglichst allgemeiner Verständlichkeit[58].

Das wiederum entsprach genau den Bedürfnissen eines landsmannschaftlich heterogen zusammengesetzten Hofes, an dem wir außer Sachsen auch Schwaben und mindestens einen Vertreter der Reichsromania mit Studium in Paris treffen, abgesehen vom frankophonen Personal der Herzogin Mathilde, und es kam den Wünschen seines Herrn nach weiter Ausstrahlung entgegen. Die Datierungsfrage bleibt in diesem Zusammenhang unberührt, denn sowohl frühe als auch späte Entstehung vertragen sich mit der Annahme eines welfischen Mäzenats, sei es, daß der Herzog in den sechziger oder siebziger Jahren den jungen Eilhart nach Frankreich geschickt oder ihm den Stoff auf andere Weise vermittelt hat (wie z.B. dem Kleriker Konrad die französische *Chanson de Roland*), sei es, daß dies erst in späteren Jahren geschehen ist.

Auch Eilhards häufige Verweise auf persönlich rezipierte mündliche Überlieferung und sein Gebrauch französischer Wörter, die er überwiegend als Fachausdrücke für Gegenstände höfischer Kultur verwendet, lassen sich aus der Personalstruktur des Welfenhofs und der internationalen Terminologie der Ritterschaft erklären. Eine systematische Auswertung der 9.750 leider nicht durchweg spannend zu lesenden Verse des Tristrant ergab hinsichtlich des Wortgebrauchs interessante Befunde:

Bemerkenswert ist Eilharts *turnay* für das altfranzösische *tornoi*, denn die frühesten literarischen Belege für das aus dem Französischen entlehnte Wort finden sich bei Heinrich von Veldeke und Eilhart von Oberg[59], die als erste deutsche Dichter einen Herkunftsnamen tragen und auch durch ihren Wortgebrauch eng verbunden sind.

---

57 Undiskutabel ist der von ihm selbst als „Thesengebäude" (S. 275) charakterisierte Versuch von Volker Mertens, Jordan von Blankenburg als Auftraggeber nachzuweisen: Volker Mertens, Eilhart, der Herzog und der Truchseß. Der ‚Tristrant' am Welfenhof, in: Tristan et Iseut, mythe européen et mondial. Hg. Danielle Buschinger. Göppingen 1987, S. 262–281. Das kann schon deshalb nicht überzeugen, weil Mertens von normativen Vorstellungen über Themen ausgeht, die zur Persönlichkeit Heinrichs des Löwen „passen" oder auch nicht: „Kein Indiz verrät, was einen potentiellen Auftraggeber n i c h t interessierte": Johnson (wie Anm. 32), S. 273. Gleichwohl sind Bernd Ulrich Hucker, Kaiser Otto IV. Hannover 1990 (der S. 367, Anm. 43 den Faden gleich weiterspinnt) und Hasse (wie Anm. 27), S. 38 auf den Vorschlag eingegangen.

58 Texte bei Bußmann (wie Anm. 47); vgl. ebd. S. Xff. und Johnson (wie Anm. 32, S. 273f.

59 Bumke (wie Anm. 1), S. 111. Eilhart unterscheidet *torney* von *stryte*, also das Kampfspiel vom ernsthaften Kampf, eine Differenzierung, die sich in Frankreich wohl um die Mitte des 12. Jhs. ergeben hat: Der „Erec" Chrestiens de Troyes (1170) „ist ... der erste datierbare französische Text, in dem *tornoi* ohne allen Zweifel ‚Turnier' bedeutet": Ulrich Mölk, Philologische Aspekte des Turniers, in: Josef Fleckenstein (Hg.), Das ritterliche Turnier im Mittelalter. (Veröffentlichungen des Max-Planck-Instituts für Geschichte 80) Göttingen 1985, S. 163–174; hier S. 168.

H	**D**	**afrz.**	**nhdt.**
aubentur: 5047	ebinthure: 5047 abinture: 5075	aventure	Abenteuer
buckellere: 5872		bocler	Schild
buckenlär: 6412		botiller	Mundschenk
cumpanie: 5245	cumpany: 5245	compaignie	Gesellschaft
cyclat: 2079		ciclaton	Seidenmantel
daspereß: 2080		diaspre	bunter Seidenstoff
floriert: 6588		floré	geblümt
garzon: 8233 gardiôn: 8310	garzin: 7127	garçon	junger Mann
harnasch: 751, 1466, 1851, 5483, 5850	harnasch: 751, 1466, 5483	harnage, harnaschier	Harnisch
	kofirture: 761	coverture	Rüstung
pavelon: 6556	paulun: 6556	paveillon/pavillon	Zelt
schapperune: 8234		chaperon	Kappe
schevalier: 5061, 5093	schevalier: 5061	chevalier	Reiter, Ritter
serpent: 1600, 1688, 1785 serpant: 1619, 644c, 1655, 1747, 1791, 1894, 2209	serpand: 1599, 1603 serpant: 1646, 1655, 1747, 1791, 1894, 2209	serpent	Schlange, Drache
turnay: 1335	torney: 1335	tornoi	Turnier

Mehr als auf diese gleichwohl beachtenswerte Tatsache kommt es indessen auf den Realitätsbezug ihrer Sprache an, in unserem Falle also darauf, ob Eilhart denn am Hof Heinrichs des Löwen Turniere gesehen haben kann. Das ist in der Tat so gut wie sicher, denn zumindest für das Jahr 1178 ist ein solches Kampfspiel bezeugt. Eine chronikalische Notiz aus dem Kloster Doberan berichtet nämlich von einem herzoglichen Hoftag in Lüneburg, der mit einem Turnier verbunden war, bei dem der Abodritenfürst Pribislaw tödlich verunglückte und anschließend im Lüneburger Benediktinerkloster St. Michael bestattet wurde. Pribislaw war ein wichtiger und prominenter Mann in der Umgebung Heinrichs des Löwen, er hatte den Herzog 1172 ins Heilige Land begleitet und im Jahr zuvor auf Anregung Bischof Bernos von Schwerin das Zisterzienserkloster Doberan gegründet. Im Jahre 1215 ließ Pribislaws Sohn Heinrich Borwin die Gebeine seines Vaters aus dem Lüneburger Michaelskloster nach Doberan überführen und dort feierlich wieder bestatten. Am 3. April 1856 hat dann der Schweriner Archivar Georg Carl Friedrich Lisch in Doberan das als Pribislaws Bestattungsort geltende Grab geöffnet und ein Skelett gefunden, dessen Kopf an der rechten Schläfe kreisrund durchstoßen war[60].

Solche tödlichen Unfälle bei Kampfspielen sind keine Seltenheit gewesen, weil im 12. Jahrhundert auch in Deutschland mit scharfen Waffen turniert wurde. Zum Jahre 1175, also nahezu gleichzeitig mit dem Lüneburger Hoftag Heinrichs des Löwen, berichtet die im Chorherrenstift auf dem Petersberg bei Halle geschriebene Lauterberger Chronik, daß der Sohn des Markgrafen Dietrich von der Lausitz *in exercitio militari, quod vulgo tornamentum vocatur* durch einen Lanzenstoß ums Leben gekommen war. So weit, fügt der Chronist hinzu, sei dieser schändliche Brauch „in unserer Gegend" (*in partibus nostris*) verbreitet gewesen, daß innerhalb eines Jahres sechzehn Ritter getötet worden seien und Erzbischof Wichmann von Magdeburg alle Teilnehmer an Turnieren pauschal exkommuniziert habe. Erst auf Bitten des Vaters und seiner Verwandten, die mit ihrem adligen und ministerialischen Gefolge vor einer Provinzialsynode in Halle auf den Knien lagen und unter Tränen mit lautem Klagen versicherten, daß der Verunglückte vor seinem Tod noch gebeichtet, gebüßt und die Kommunion empfangen habe: Erst nach diesem Auftritt erlaubte der Erzbischof das christliche Begräbnis für den Sohn des Markgrafen Dietrich[61].

---

60 ... *ipse* (Pribislaw) *Luneborgh proficiscitur, ubi tunc principes curiam sollempnem habuerunt, ibique in torneamento Iesus, heu, obiit et ibidem in castro apud Benedictinos sepelitur*: Georg Carl Friedrich Lisch (ed.), Die Doberaner Genealogie, in: Jahrbücher des Vereins für meklenburgische Geschichte und Alterthumskunde 11,1846,1–35; hier S. 10. Die Aufzeichnungen wurden um 1370 dem zu Anfang des 14. Jhs. angelegten Doberaner Kopialbuch vorgeschaltet. Über Pribislaw Arnold von Lübeck (wie Anm. 36) 1,1. Doberan: Reinhard Schneider, Art. „Doberan", in: Lexikon des Mittelalters 3,1986,Sp. 1148. Manfred Hamann, Mecklenburgische Geschichte. (Mitteldeutsche Forschungen 51) Köln 1968, S. 85ff. Überführung von Lüneburg nach Doberan: Lisch (wie oben), S. 12. Grablege und Memoria Pribislaws in Doberan: Ilka S. Minneker/Dietrich W. Poeck, Herkunft und Zukunft. Zu Repräsentation und Memoria der mecklenburgischen Herzöge in Doberan, in: Mecklenburgische Jahrbücher 111,1999,17–47; hier S. 17ff. Graböffnung: Georg Carl Friedrich Lisch, Das Grab des meklenburgischen Fürsten Pribislav in der Kirche zu Doberan, in: Jahrbücher des Vereins für meklenburgische Geschichte und Alterthumskunde 22,1857,206–212.

61 Chronicon Montis Sereni, ed. E. Ehrenfeuchter. (MGH SS 23) Hannover 1874, S. 138–226; hier S. 155f.

Das hier beschriebene Problem war in der Tat sehr ernst und ist nie wirklich gelöst worden[62], aber mit seiner Erörterung würden wir uns nun endgültig zu weit von unseren wenigen Zeilen aus der zweiten Hälfte des 12. Jahrhunderts entfernen. Immerhin hoffe ich, daß aus der erreichten Distanz umso klarer geworden ist, in welch weitgespannten europäischen Kontext der Brief Heinrichs des Löwen an den König von Frankreich gehört.

Dieser Kontext zeigt den mittelalterlichen Hof als Versuch, Maßstäbe für die Selbstorganisation einer Gesellschaft zu setzen, die im nie endenden Kampf um Status und Prestige individuelle Höchstleistungen verlangen, erbringen und belohnen mußte. Diese gesellschaftlichen Bedingungen lassen Herrschaftsformen und Hofkultur einer herausragenden Fürstengestalt des europäischen Hochmittelalters sehr viel konkreter erkennen und beurteilen als die herkömmliche Würdigung reichs- und territorialpolitischer Verdienste, die der Herzog selbstverständlich hatte, aus denen allein sich aber noch kein genaues Bild seiner historischen Persönlichkeit ergibt. Das Schreiben verweist zusammen mit historiographischen Nachrichten auf ein konsequentes Erziehungswerk, mit dem Heinrich geeigneten Nachwuchs für die Beherrschung und Verwaltung eines Fürstenstaates heranziehen wollte, den er in Norddeutschland zu bilden gedachte.

Zentrum dieses welfischen Staates war von vornherein der Herzogshof, aus europäischen Dimensionen konzipiert, an königlichen Maßstäben orientiert und entsprechend organisiert, mit starker Außenwirkung durch bildkünstlerisches und literarisches Patronat. Läßt man sich von den Argumenten für eine Zuordnung des Tristrant Eilharts von Oberg zu diesem Hof überzeugen (oder meinetwegen auch: verführen), mindestens aber zu weiteren Überlegungen anregen, so wird die Bedeutung des heinricianischen Hofes für die Geschichte der deutschen Literatur um einiges klarer, ebenso wächst aber auch das Bewußtsein für die mit Heinrichs des Löwen Sturz 1180 verlorengegangenen Akkulturationspotentiale, für den Abbruch einer eben begonnenen, vielversprechenden Kontinuität höfischer Zivilisation in Norddeutschland und für die mit diesem Zusammenbruch verbundenen Substanzverluste.

---

[62] Sabine Krüger, Das kirchliche Turnierverbot im Mittelalter, in: Fleckenstein (wie Anm. 59), S. 401–422.

Schlußwort zur Neujahrssitzung der BWG am 21. Januar 2012

CLAUS-ARTUR SCHEIER

Für zweierlei, meine sehr verehrten Damen und Herren, haben wir Herrn Ehlers heute zu danken – zum einen für das Porträt einer der großen Gestalten des 12. Jahrhunderts, mit der Braunschweigs Geschichte und noch Braunschweigs Gegenwart auf innigste verbunden ist; zum andern für die weiten historischen Prospekte, die anstelle des sonst leicht assoziierten Goldgrunds die geistige Landschaft jenes faszinierenden Jahrhunderts im Licht moderner Geschichtswissenschaft aufleuchten ließen. Das ist über das engere Thema des Vortrags hinaus von Bedeutung.

Vom „Mittelalter", *medium aevum*, hatte zuerst das 14. Jahrhundert gesprochen, der Humanismus besann sich gegen die längst institutionalisierte Scholastik zurück auf die Antike. In der Tat hatte die Renaissance begonnen, die Fundamente für ein anderes wissenschaftliches Denken auszumessen – das technische Resultat hieß zuletzt industrielle Revolution. An deren Vorabend entdeckte die Romantik das inzwischen sehr fern gerückte und unverständlich gewordene „Mittelalter" wieder, und der Historismus des 19. Jahrhunderts tat nach Kräften das Seine, all das, was noch bekannt war oder von der jungen Mediävistik wieder entdeckt wurde, Schicht um Schicht mit den chemischen Farben seiner rapide sich ideologisierenden Phantasie zu übermalen. Der ideologische Beisatz ist inzwischen extrahiert, aber die Bilder haben sich niedergeschlagen und haften, die Medien versäumen noch heutzutage selten, Beiträge jeder Art zum Mittelalter mit Reproduktionen historistischer Gemälde zu illustrieren. Wie soll dem die Einbildungskraft des Laien entkommen, auch wenn er kein Liebhaber „mittelalterlicher" Jahrmärkte und ihrer Schaustellungen ist? In diesem Sinn war das 12. Jahrhundert, gewiß die hohe Zeit des Rittertums, so gar nicht mittelalterlich.

Vom 11. bis zur Mitte des 14. Jahrhunderts – ich schöpfe hier und im folgenden aus Karl-Heinz Ludwigs Geschichte der Technik im hohen Mittelalter – verdoppelte sich die Bevölkerungszahl Westeuropas auf rund 54 Millionen. Damit einher ging eine „im Kulturvergleich hervorragende technisch-zivilisatorische Entwicklung", getragen einerseits von den aufstrebenden städtischen Kräften, dem Fernhandel, der sich etablierenden Finanzwirtschaft, anderseits – in unsrer Region allenthalben noch sichtbar, um nur an Riddagshausen oder Walkenried zu erinnern – von den aufblühenden Orden, namentlich den Zisterziensern. In Bernhards Todesjahr 1153 zählte das von ihm gegründete Clairvaux rund 700 Mönche und war im Begriff, zu einer der großen Eisenproduktionsstätten für den offenen Markt zu werden, die Anzahl der Zisterzienserklöster war auf 343 gestiegen und nahm weiter zu.

Wohl waren die Zisterzienser Mönche strenger Observanz, aber ihr Orden war noch kein Bettelorden, sie standen, wo nicht nach heutigen Begriffen mitten im Leben, so doch mitten in der Arbeit: Weinbau, Viehzucht, Textilwirtschaft und der innovative Wasserbau – wieder ist Riddagshausen ein naheliegendes Beispiel – mit der Erschließung weiträumiger neuer Kulturflächen sind Beispiele und Zeugnisse einer, mit Max Weber gesprochen, rationalen Ökonomie.

Von den technischen Neuerungen der Zeit sei nur die Nockenwelle erwähnt, die die Umwandlung von rotierenden in lineare Bewegungen, die Mechanisierung von Auf- und Abbewegungen beziehungsweise Hin- und Herbewegungen und damit eine bis dahin unbekannte Effizienz für den Betrieb von Hämmern, Blasebälgen, Sägen und anderen Werkzeugen ermöglichte.

Nockenwellen freilich pflegen uns unbeschadet ihrer unschätzbaren Nützlichkeit selten vor dem inneren Auge zu stehen und befördern unsern Blick kaum in die Tiefe der Welt. Anders die Kathedralgotik und die konzeptualistische Logik, deren Anfänge wir mit zwei großen Namen ebenfalls des 12. Jahrhunderts verbinden, Abt Suger von St. Denis und Petrus Abaelardus. Pierre Abaelard lehrte sein durch und durch rationales *Sic et Non* in Paris, das begonnen hatte, seine Straßen zu pflastern und noch im selben Jahrhundert Universitätsstadt wurde.

Diese Erinnerung, meine Damen und Herren, mag uns Herrn Ehlers auch *akademisch* danken lassen mit einem Vers aus der damals international aktuellen Scholaren- oder Vagantendichtung:

> Applaudamus igitur
> Rerum novitati

- bleiben wir dem Neuen gewogen! In diesem zuversichtlichen Sinn darf ich Ihnen ins junge Jahr hinein alles Gute wünschen und Sie jetzt herzlich in die Räume unsrer Wissenschaftlichen Gesellschaft einladen.

Die Königlich-Preussische Akademie der Wissenschaften unter Friedrich*

THOMAS SONAR

Hildebrandstraße 35, D-38112 Braunschweig

Akademien sind Ideen des antiken Griechenlands; Platons Akademie in Athen ist vielleicht die erste Approximation an das, was Akademien heute sind. Es ist erstaunlich, dass die Idee der Akademien nicht vor dem 17. Jahrhundert fruchtbar wurde, dann aber brach sich die Idee Bahn. Im November 1660 wurde die *Royal Society of London for Improving Natural Knowledge* in England gegründet, die französische *Académie des sciences* folgte 6 Jahre später. Gottfried Wilhelm Leibniz war Mitglied beider Akademien und empfand es als Makel, dass der deutsche Sprachraum – Deutschland gab es noch nicht – keine solche Institution der Bildung und Forschung hervorgebracht hatte. Wir wissen, dass sich Leibniz schon als 21jähriger mit der Idee einer Societät der Wissenschaften trug und er grübelte und plante daran fast bis zu seinem Tode.

1684 heiratete Sophie Charlotte, Tochter der hannoverschen Kursfürstin Sophie und intelligente Gesprächspartnerin Leibnizens, den brandenburgischen Kurprinzen Friedrich. Sofort beginnt Leibniz wieder mit der Planung einer Akademie, denn Sophie Charlotte, ist nicht zuletzt seines Einflusses und seiner Erziehung wegen, den Wissenschaften aufgeschlossen. Im Frühjahr 1697 fasst Sophie Charlotte den Plan, ein Observatorium in Berlin zu errichten und wird damit zur Urmutter der kommenden Akademie. Aber es sind noch politische Komplikationen zu überwinden, bevor dem Kurfürsten in Oranienburg am 19. März 1700 eine Denkschrift über die Gründung einer Académie des Sciences und eines Observatoriums überreicht werden kann. Noch am selben Tag gibt der Kurfürst den Befehl, beides einzurichten.

Über 10 Jahre sollte es dauern, bis die Societät schließlich mit der Einweihung des Observatoriums 1711 starten konnte. Bis dahin gab es finanzielle Probleme, der Hof verschlang alles und die Societät musste für ihre Existenz weitgehend selbst aufkommen – heute würde man von Drittmitteln sprechen. Leibniz regte den Kalenderverkauf durch die Societät an, er machte Experimente mit Seidenraupen in Hannover um der Societät durch das Seidenmonopol Einkünfte zu gewährleisten, aber es blieb nicht genug Geld in der Kasse. Immerhin konnten

---

* Der Vortrag wurde am 10.02.2012 vor der Plenarversammlung der Braunschweigischen Wissenschaftlichen Gesellschaft gehalten. Der Beitrag beansprucht dabei keinerlei Orginalität, sondern basiert wesentlich auf den Informationen in Adolf Harnack – Geschichte der Königlich Preußischen Akademie der Wissenschaften zu Berlin, Berlin 1901.

hervorragende Wissenschaftler aufgenommen werden, aber da die Societät nichts bezahlen konnte, blieb sie eine tote Hülle. Als sich dann auch noch die Seele der Societät, Leibniz, aus Berlin zurückziehen musste, dämmerte sie nur noch dahin.

Als Friedrich I. am 25. Februar 1713 nach langer Krankheit starb und ihm der Kronprinz Friedrich Wilhelm I. folgte, begann die schlimmste Zeit für die gelehrte Societät. Schon als Kronprinz hatte Friedrich Wilhelm die Societät gehasst; alle Gelehrsamkeit war ihm ein Dorn im Auge, insbesondere weil sie nicht praktisch nutzbar war. Ebenso verabscheute er das Latein und die Philosophie. Friedrich Wilhelm wollte sparen und die ungeliebte Societät sollte gefälligst mitsparen. Er verlangte Miete für das Observatorium und drängte darauf, das militärische Medizinalwesen und Erfindungen im Technischen voranzutreiben, woran er die Existenz der Societät knüpfte.

Leibniz fügte sich von Hannover aus in das Unvermeidliche und riet dazu, tatsächlich kriegswissenschafliche und technische Abhandlungen aufzunehmen, aber die Societät bewegte sich keinen Zentimeter – man schien auf einen deus ex machina gewartet zu haben, der aber nicht erschien. Schlimmer noch, das Direktorium der Societät machte eine Eingabe bei Friedrich Wilhelm, Leibniz abzusetzen, da er seit 1711 nicht mehr in Berlin gewesen sei und seine ihm zustehende Korrespondenz-Entschädigung von 600 Talern jährlich sowie eine noch rückständige Summe von 1800 Talern unter den Mitgliedern des Direktoriums aufzuteilen. Auf solche Possen hatte Friedrich Wilhelm gewartet, der nun die Gehälter des Direktoriums halbierte. Als Leibniz 1716 in Hannover starb hielt niemand in Berlin eine Gedenkrede auf ihn.

Friedrich Wilhelm bestätigte mehrere Jahre lang die Rechte der Societät nicht, aber er löste sie wenigstens nicht auf. Dafür verhöhnte er die für ihn nutzlosen Gelehrten wo er konnte und setzte seine Hofnarren als Präsidenten ein. Der erste von Friedrich Wilhelm eingesetzte Präsident war ab 1718 der Oberzeremonienmeister Jacob Paul Gundling, der dem Trunk anheim gefallen war und im Tabakskollegium Ziel derber Späße wurde. Nach seinem Tod 1731 ließ ihn der König zum Spott in einem Faß begraben. Dann wurde ein weiterer Spaßmacher des Königs, ein gewisser Fassmann, Präsident. Er fiel schnell in Ungnade und floh aus Berlin, woraufhin Friedrich Wilhem der Societät den Befehl gab, das fällige Gehalt an sämtliche königliche Narren zu verteilen.

Dann wurde 1732 der unsägliche Narr Graben zum Stein, ein entsprungener Mönch, zum Präsidenten bestimmt. Von 1713 bis 1740 sind die einzigen Regungen der Societät 5 ziemlich dünne Bändchen von Miscellanea, und selbst diese wurden ihr von Friedrich Wilhelm unter Druck abgepresst, der schließlich am 31. Mai 1740 versarb. Friedrich II. betritt die Bühne der Weltgeschichte und die Societät kann nun endlich aufatmen.

„Die Wissenschaften und Künste sind auf den Thron gestiegen" - So begrüßte die Gemeinde der europäischen Philosophen um Voltaire den jungen König. Bereits

seit vier Jahren korrespondierte Friedrich lebhaft mit diesen Philosophen und er wollte und sollte sie und die Dichter nicht enttäuschen. *„Ich bewege mich zwischen zwanzig Beschäftigungen und beklage nur die Kürze des Tages, der vierundzwanzig Stunden mehr haben müßte. Ich versichere Euch, daß mir das Leben Eines, der nur für die Erkenntniß und für sich selber lebt, unendlich viel begehrenswerter erscheint als das Leben des Mannes, dessen einzige Beschäftigung sein darf, für das Glück der Anderen zu sorgen. Ich arbeite mit beiden Händen, mit der einen für die Armee, mit der andern für das Volk und die schönen Künste.",* schreibt Friedrich an Voltaire, und zu den Künsten rechnet er auch die Wissenschaften, die, davon ist er fest überzeugt, nur an Akademien gedeihen können. Schon als Kronprinz hatte er über eine neue Akademie nachgedacht; nun war die Frage, wie er diese neue Akademie an die alte Societät anbinden konnte. Friedrich fordert einen Bericht über den Zustand der Societät an und orientiert sich europaweit über die Möglichkeiten, die eine gut funktionierende Societät bietet. Schon am 11. Juni 1740 schreibt er an die Societät, dass der unsägliche Befehl des Vaters, sämtliche königliche Narren zu finanzieren, aufgehoben ist: *„Ich habe resolviret, daß in dem Etat von nun an die odiöse Ausgabe „Vor die sämtlichen Königlichen Narren" cestiren soll ... Ich werde auch noch ferner vor obgedachte Societät alle Vorsorge tragen und derselben von Meine Hulde und Protection reelle* marque *zu geben nicht ermangeln."*

27 Jahre lang hatte Friedrich Wilhelm I. die Societät belastet, nun brechen neue Zeiten an. Aber die Helden der Gründungszeit waren entweder verstorben oder alt geworden. Präsident Jablonski z.Bspl. hatte das Schicksal der Societät bereits seit 40 Jahren begleitet und war ein Greis. Nicht nur fehlten junge kluge Köpfe, sondern auch die Verfassung der Societät und ihre Einrichtung entsprach nicht mehr dem Geist der neuen Zeit. Weder die neue Wolffsche Philosophie, weder die französische, noch die englische Philosophie waren in Berlin rezipiert worden. Die Societät war keine Gelehrtenrepublik, sondern wurde durch das Direktorium an der kurzen Leine gehalten und bevormundet. Unter Friedrich Wilhelm hatte nur die medizinische Abteilung Aufschwung genommen und die Societät erschien dieser Abteilung untergeordnet. Außerdem mangelte es an Esprit, Anmut, Ironie und Charme; während man in schwerfälligem Latein dozierte, brillierten die Mitglieder der englischen und der französischen Philosophenschaft bereits in ihren Landessprachen.

Friedrich, der Frankophone par excellence, reagierte auf diese Veränderungen und wandte sich schriftlich an die bekanntesten europäischen Koriphäen, um sie nach Berlin zur Gründung einer neuen Gelehrtenrepublik einzuladen. Als erster wurde der Italiener François Algarotti berufen, der Verfasser des berühmten Werkes *Newtonianisme pour les dames* und ein Eleve Voltaires. Dieser erste Griff des Königs erwies sich als Missgriff. Später wird Friedrich ihn den „unbeständigen Schmetterling" nennen. In Zeiten, in denen Friedrich die Gesellschaft von Voltaire noch entbehren musste, war Algarotti ein kenntnisreicher Gesellschafter des

Königs, aber als der König Algarottis Hoffnungen auf eine glänzende Karriere nicht erfüllte, ließ er sich nicht dauerhaft an Berlin fesseln.

Voltaire war noch unerreichbar, aber er versuchte doch schon aus der Ferne, seine Hände auf die neue Akademie zu legen. Dies um so mehr, als Friedrich ihm von einem Traum berichtet hatte, in dem er, Voltaire, der Regent einer Gelehrtenrepublik war. In Wissenschaft und Philosphie waren Maupertuis und Wolff die Helden der Zeit. Maupertuis war mit einer Expedition nach Lappland gereist und hatte experimentell durch die Messung der Krümmung der Erde nachgewiesen, dass die Erde an den Polen abgeplattet ist. In der neuen Akademie sollten Wolff und Newton – letzterer vertreten durch Maupertuis – nebeneinander herrschen, zur Instruktion aller. Vorlesungen sollten von allen Akademiemitgliedern gehalten werden. Schon dachte Friedrich an einen Palast für die Akademie mit einem neuen Observatorium; der Platz dafür war schon gefunden und die Finanzkammer mit der Prüfung des Bauvorhabens beauftragt. Maupertuis, der in Frankreich keine ihm gemäße Stellung fand, schrieb der König persönlich an. Wolff saß in Marburg und Friedrich ermunterte den Propst Reinbeck, den großen Denker für Berlin zu gewinnen. Eigenhändig schreibt Friedrich an Reinbeck: *„Ich bitte ihn, sich um des Wolffen Mühe zu geben. Ein Mensch, der die Wahrheit sucht und sie liebet, muß unter aller menschlichen Gesellschaft werth gehalten werden; und glaube Ich, daß er eine Conquete im Lande der Wahrheit gemacht hat, wo Er den Wolff hierher persuadieret."*

Aber Wolff war vorsichtig. Er hatte schon gehört, dass er sich die Leitung der neuen Akademie mit Maupertuis teilen sollte, den er als französischen Philosophen nicht sonderlich schätzte. Die englisch-französische Aufklärung war ihm ein Greuel, Newton und Newtonianer waren in seinen Augen keine Philosophen, sondern nur Mathematiker, und noch dazu war er mit ganzer Seele Universitätsprofessor. Als solcher nun an der Akademie *„Kadeten zu informiren"* kam für ihn einer Degradierung gleich. So bat er den König, ihn nach Halle als Professor und Vizekanzler zu versetzen und Friedrich kam dem Gesuch unwillig nach, um sich Wolff doch noch für einen späteren Ruf an die Akademie warm zu halten.

Wolff kam jedenfalls nicht; ebenso lehnten der Leydener Mathematiker und Philosoph s'Gravesande und der Pariser Mechaniker Baucanson ab. Es blieben Friedrich immerhin Maupertuis und der Schweizer Euler, der von der Petersburger Akademie kam und bereits einen Ruf als ausgezeichneter Mathematiker besaß. Euler kam im Sommer 1741, Maupertuis wurde im September 1740 nach Schloß Moyland bei Kleve eingeladen, wo der König zum ersten Mal auch Voltaire begegnete. Voltaire war nicht amüsiert, auch Maupertuis zu sehen und versuchte vergebens, ihn dazu zu bringen, den Ruf des Königs abzulehnen. Maupertuis folgte schließlich Friedrich nach Berlin, Voltaire musste zu seiner Geliebten zurück. Er hatte darauf gesetzt, Präsident der neuen Akademie zu werden und gleichzeitig französischer Gesandter am preussischen Hof.

Nie hat er Maupertuis verziehen, dass er gegen seinen Rat und Widerstand nach Berlin gegangen ist, und er schüttete beißenden Spott über Maupertuis aus, wo immer er konnte – wir werden noch darauf zurückkommen.

Maupertuis war kein einfacher Mann: hochfahrend, brüsk und starrköpfig, aber Friedrich wusste mit ihm umzugehen und ihn in Berlin zu halten. Die Einrichtung einer Akademie verzögert sich aber noch: im Dezember 1740 zieht Friedrich in den ersten Schlesischen Krieg. Der König hat Angst, seinen in Berlin untätig herumsitzenden Maupertuis wieder zu verlieren, also lädt er ihn ins Lager ein, und Maupertuis, der seine Karriere als Soldat begonnen hatte, folgt dem Ruf gerne. In der Schlacht bei Wollwitz am 10. April 1741 wird Maupertuis von den Österreichern gefangen und ausgeplündert, aber als man feststellt, welchen berühmten Vogel man da im Käfig hat, wird er ausgesprochen zuvorkommend behandelt und nach Wien geschickt, wo er sich bei der Kaiserin vorstellt, ehrenhaft entlassen wird und nach Berlin zurückkehrt. Da er dort weiterhin nichts zu tun fand, wandte er sich zurück nach Paris, wo er populärwissenschaftliche Werke publizierte, 1742 zum Direktor der Académie des Sciences avancierte, und 1743 auf Vorschlag Montesquieus unter die vierzig Unsterblichen der Académie Française aufgenommen wurde.

Die alte Societät dämmerte derweil weiter vor sich hin. Jablonski und einige andere Ältere waren gestorben, aber als Friedrich siegreich aus dem Feld zurückkehrte, wollte man ihm doch zeigen, dass noch nicht alles Leben aus der Leibnizschen Gründung gewichen war: Man überreichte dem König einen neuen Band der Miscellanea, der letzte, den die alte Societät herausbrachte und nicht der schlechteste! Er enthält allein 5 Beiträge von Euler und ebenso viel vom Chemiker Pott. Durch Friedrichs Eroberungen gab es nun neuen Absatzraum für den Kalender der Societät, so dass sich die Einnahmen sprunghaft steigerten. Der von Euler empfohlene Astronom Johannes Kies wurde am 22. November 1742 eingestellt, aber ohne Maupertuis wollte der König die neue Akademie nicht starten. Es war Euler, der den König in einem Schreiben daran erinnerte, dass immer noch die neue Akademie darauf wartete, gegründet zu werden. Euler schätzte die Einnahmen der alten Societät auf ca. 20 000 Taler und wollte davon hervorragende Wissenschaftler gewinnen. Friedrich war der Brief unbequem. Er antwortete Euler: *„Ich glaube, Ihr seid so sehr an die abstracten großen Zahlen der Algebra gewöhnt, daß Ihr Euch an den elementaren Regeln des Calculs versündiget. Sonst könntet Ihr Euch nicht einbilden, daß der Kalendervertrieb in Schlesien einen so großen Gewinn abwerfe."* Euler schrieb zurück: *„Ich wollte nur beweisen, daß die Einnahmen der Societät beinahe ausreichen, um eine Akademie der Wissenschaften einzurichten, und Dr. Lieberkühn wird besser als ich die Solidität meines Projects erweisen können."* Hierauf erwiderte Friedrich nun nichts mehr, aber mit Eulers Initiative war ein gewisser Bann gebrochen und man begann nun, die Idee einer neuen Akademie aus der Societät heraus ohne den König in Angriff zu nehmen.

Zu Hilfe kamen dabei mehrere glückliche Umstände. Männer von Welt waren aus dem Ausland nach Berlin gekommen, die in ihrer Heimat unterdrückt waren und eine Karriere wünschten. Auch Talente zweiten oder dritten Grades mit französischer Bildung waren nach Berlin umgesiedelt, wie etwa der weitgereiste Kaufmannssohn Bielfeld, der Französisch parlierte wie ein Franzose und sich im Freundesumfeld des weisen Cabinettsecretärs Jordan bewegte. Im Winter 1741/42 kam der Provencale Marquis d'Argens mit seiner Freundin, der Herzogin von Württemberg nach Berlin und wurde königlicher Kammerherr. Er hatte einen guten Ruf als Gegner der Kirche und des Christentums und wurde nach dem zweiten Schlesischen Krieg von Friedrich mit allen literarischen Belangen der Akademie betraut. d'Argens ist es auch, der sich im Sommer 1743 an den König wendet mit der Absicht, ohne Maupertuis eine neue Akademie zu gründen. Die Antwort des Königs ist längst nicht so scharf wie seine Absage an Euler, aber der König rät zur Geduld. Im Oktober 1742 wurde Joseph du Fresne de Francheville durch Jordans Vermittlung in den preußischen Staatsdienst übernommen, der sich in Frankreich als Literat unmöglich gemacht hatte. Er war als Historiker, Naturforscher, Philosoph und Dichter gleichermassen unbedeutend, konnte sich aber in allen Fragen von Prosa und Poesie äußern und französische Oden vortragen. Solche Männer drängten nun auf die Gründung einer neuen Akademie.

Weiterhin traten auch in militärischen und diplomatischen Kreisen gebildete Männer hervor, die sich an Friedrich ein Beispiel nahmen und nicht nur mit dem Schwert, sondern auch mit der Feder Ruhm suchten. Sie waren offen für die Wissenschaften, beobachteten die politische Entwicklung in ganz Europa und liebten die schöne Literatur. Sie wollten nach dem Muster des französischen „Club de l'Entresol" eine wissenschaftlich-literarische Gesellschaft gründen. An der Spitze dieser Männer standen der Staatsminister Kaspar Wilhelm von Borcke, einer der ersten Shakespeare-Übersetzer, und der Generalfeldmarschall Samuel Graf von Schmettau, dessen steile Karriere ihn von einem Landsknechtdasein zum österreichischen Feldmarschall brachte, der 1741 in preußische Dienste trat. Durch diesen merkwürdigen Mann, der 1744 in Ungnade fallen wird und der der Kopf der „Société de Berlin" war, kam die Frage der Reorganisation der alten Societät richtig in Fluss.

Der dritte glückliche Umstand bestand in der Unzufriedenheit der Mitglieder der alten Societät.

Im Juli 1743 setzten sich von Borcke und von Schmettau zusammen, um eine „Société Littéraire" als dauerhafte Fortsetzung der lose bestehenden literarischen Vereinigungen zu gründen. Jordan und Bielfeld wurden beauftragt, Mitglieder zu werben, d'Argens war stark interessiert an der Neugründung und schon bald war die neue Gesellschaft etabliert.

Sechzehn „Membres honoraires" wurden aufgenommen: von Schmettau, von Borcke, Großmarschall Graf von Gotter, die drei Minister von Viereck, Graf von

Podewils und Graf von Münchow, der Generalmajor von Goltz, von Pölnitz, von Keyserlingk, der Leiter der Schauspiele von Swerts, Bockerodt, von Knobelsdorff, Graf von Finckenstein, der Generaladjutant von Borcke, der Oberst Stille und Duhan de Jandun. Zwanzig ordentliche Mitglieder wurden hinzugewählt, von denen 10 aus der alten Societät stammten: Euler, Pott, Lieberkühn, Marggraf, Ludolff, Raudé, Kies, Eller, von Jariges, Gleditsch (alle aus der Societät), d'Argens, Achard sen. und jun., Formey, Pelloutier, Humbert, Jordan, Bielfeld, Francheville und Sack.

Endlich mischten sich die alten Klassen, Wissenschaftler, Diplomaten, Generale, Historiker, Naturforscher, Diplomaten und Literaten reichten sich die Hand und die aufgenommenen Freunde Friedrichs waren die Versicherung, dass der König die Gründung sicher nicht in Frage stellen würde. Schon am 1. August 1743 fand die erste Sitzung statt und es wurden d'Argens, Sack und von Jariges zu Vorständen bestimmt, die die Statuten ausarbeiten sollten. In der zweiten Sitzung am 8. August wurden die Statuten geprüft und angenommen. D'Argens hielt eine Rede über „den Nutzen der litterarischen Gesellschaften" und Francheville rezitierte eine schwülstige Ode auf „die Errichtung der Berliner Societät".

Mit den neuen Statuten zog eine demokratische Verfassung ein; rein Unterhaltendes wurde ausgeschlossen und Philosophie, Mathematik, Naturgeschichte, Geschichte, Literatur und Kritik wurden als Zielwissenschaften benannt. Vom 1. August 1743 bis zum 16. Januar 1744 fanden 21 Sitzungen statt. Euler berichtete über die Lösung mechanischer Probleme und über Astronomie, Pott sprach über chemische Untersuchungen von Steinen und Erden, Francheville über die Geschichte der Kunst, Marggraf über Metallösungen, Jordan über das Leben Herodots, usw., nur um die Bandbreite der Interessengebiete hier abzustecken. Am 8. Oktober 1743 war laut Protokoll Voltaire zugegen, der auf Einladung Friedrichs zum zweiten Mal für ein paar Wochen nach Berlin gekommen war, aber er konnte nicht bleiben.

Wie auch immer, die Beteiligten sahen in der „Nouvelle Société littéraire" genau die neue Akademie, die Friedrich verheissen hatte. An die alte Societät wurde offenbar gar nicht mehr gedacht. Insbesondere Schmettau und Euler wünschten wohl, sie möge leise abscheiden, allerdings war ja gerade noch ein Band der Miscellanea erschienen, ein Staatsminister stand ihr vor und sie besaß noch das Kalenderprivileg, aus dem reiche Einkünfte flossen – ganz im Gegensatz zur neuen literarischen Gesellschaft, die über nicht mal einen Pfennig verfügte. Dann gab es noch das Argument der Tradition, denn schließlich war die alte Societät ein Werk des großen Leibniz gewesen, aber solche Argumente waren früher wie heute nicht so kraftvoll wie monetäre.

Am 2. November 1743 legte der Minister von Viereck dem König endlich den Untersuchungsbericht zur Lage der alten Societät vor, den Friedrich selbst angefordert hatte. Der Direktor der historisch-philologischen Klasse war verstorben und musste ersetzt werden. Der Direktor der mathematischen Klasse, de Vignol, war 95 Jahre alt und erbat sich vom König, ihm einen jüngeren Direktor zuzuordnen und Euler kam dafür ins Gespräch.

Diesen Untersuchungsbericht legte Friedrich nun Schmettau vor, der umgehend einen Vorschlag zur Zusammenführung der neuen und alten Akademie machte. Friedrich reagierte und setzte eine Kommission zur Zusammenführung ein und sich selbst stellte er als Protector der neuen Akademie zur Verfügung. Da kein Modus zur Zusammenlegung verfügt worden war, mussten Kämpfe entstehen. Euler und seine Fraktion hätten die alte Societät am liebsten aufgehoben und unter einem neuen Namen mit der neuen vereinigt, andere verlangten die Aufnahme aller Mitglieder der alten Societät in die neue Gesellschaft, die dann als „Nouvelle Société littéraire" weiterarbeiten sollte.

Der König war unzweifelhaft auf Schmettaus Seite, aber der Widerstand gegen eine völlige Auflösung der Leibnizschen Societät aus den Reihen der Minister wirkte dagegen. Man einigte sich auf einen Kompromiss: Die beiden philologischen Klassen der Gesellschaften wurden zu einer zusammengelegt, eine neue philosophische Klasse sollte gegründet werden, die auch die Physik aufnehmen sollte, die damit von der Medizin getrennt wurde, die nun eine eigene Klasse bilden sollte. Demnach hätte man vier Klassen: Mathematik, Medizin, Philosophie (mit Physik) und Philologie (mit den Belles-Lettres). Jede Klasse sollte 5 oder 6 Stellen besitzen, große Herren konnten als „membra honoraria" beitreten, einige sollten als „Curatores" die Einnahmen überwachen und die interne Organisation der Klassen steuern.

Statt Klassentreffen sollten sich alle Mitglieder der neuen Akademie einmal wöchentlich (jeweils Donnerstag) im Schloß treffen, wo dann die Vorträge der Klassenmitglieder stattfinden sollten. Das Problem war nur, dass beide Gesellschaften, die alte und die „Nouvelle Société littéraire", zusammen 34 Mitglieder hatten, aber in der neuen nur 24 Stellen projektiert waren. Der Schmettausche Entwurf enthielt hier die vage Formulierung: *„Die habilsten Mitglieder aus beiden Societäten sind für die neue Akademie auszuwählen; solches kann aber nur der König selbst thun auf Vorschlag der Curatores."*

In Gutachten hierzu wurde recht pietätlos argumentiert, nur solche Mitglieder der alten Societät zu übernehmen, die sich der reinen Wissenschaft widmeten und nicht den Anwendungen. Einige Mitglieder der alten Societät wurden recht offen als unnütz benannt, so heißt es etwa: *„Daß Köhler ein unnützes Membrum sei, ist ohnedies klar."* In weiteren Gutachten wurde der Schmettausche Kompromiss überhaupt angegriffen und man verlangte mehr und/oder andere Klassen.

Schmettau war unzufrieden mit dieser divergierenden Situation. Er erinnerte: *„Sr. Maj. Willensmeinung ist, eine ganz neue Académie des Sciences zu errichten, welche in der Welt brilliren soll."* Also sollten nur solche Mitglieder aufgenommen werden, die wirklich exzellent waren. *„Bei der Akademie sind nur solche Sachen abzuhandeln, welche ganz besondere Untersuchungen nöthig haben, dem Publico nützlich sind und auf Schulen und Universitäten nicht tractiert werden können. Nur soviele Mitglieder sind aufzunehmen, als aus den Fonds rechtschaffen besoldet werden können, damit sie mit Lust arbeiten."* und *„nicht Crethi und Plethi sind aufzunehmen, damit die Akademie nicht in Verachtung gerathe."*, schrieb Schmettau.

Ein neuer Kompromiss wurde geschlossen, der am 20. Dezember 1743 von allen zehn Kommissionsmitgliedern unterzeichnet wurde. Die zu begründende Königliche Akademie der Wissenschaften wird darin als die „vereinigten Societäten" bezeichnet und damit die Frage der Aufhebung der alten Societät klug umschifft. Als Aufgaben der neuen Akademie war alles das zugelassen, was auch anderenorts bearbeitet wurde. Es wurde festgelegt, dass die neue Akademie *„alle die Vorwürfe zusammenfassen soll, womit die zu London und Paris aufgerichteten Societäten und Académie's des sciences, des inscriptions et des belles lettres beschäftigt sind."*

Explizit ausgeschlossen wurde die geoffenbarte Theologie, die bürgerliche Rechtsgelehrsamkeit und die bloße Poesie und Beredsamkeit. Die feste Zahl von 24 Ordinarien wurde gar nicht mehr erwähnt, sondern man legte fest, dass dem König eine Liste von Kandidaten mit deren Charakterisierung vorgelegt werden sollte und man ihm die Auswahl überlassen wollte.

Allerdings erhielt Friedrich eine geschickt formulierte Aufforderung, wie er vorzugehen habe. Von den 14 Mitgliedern der alten Societät, die nicht auch in der „Nouvelle Société littéraire" waren, stellte man 6 in die Hauptliste ein, nämlich Grischau, Wagner, Hering, Küster, Heinius und Stubenrauch und erklärte sie damit implizit der Aufnahme in die neue Akademie für würdig.

Die Mediziner Buddeus, Ludolff sen., Sproegel, Schaarschmidt und Pallas wertete man geschickt ab, vermutlich, weil man die Medizin eigentlich gar nicht dabeihaben wollte, aber man stellte dem König die Aufnahme anheim. Die drei Mediziner Carita, Horch und Ritter nannte man überhaupt nicht. Die 16 Ehrenmitglieder der „Nouvelle Société littéraire" sollten als solche in die neue Akademie übergehen, aber auch die 84 auswärtigen Mitglieder der alten Societät sollten sämtlich übernommen werden – damit war deutlich klargemacht, dass die neue Akademie die alte Societät weiterführen würde. Vier Curatoren waren dem König ebenfalls vorgeschlagen worden. Kitzlig war die Frage der Sprache. Friedrich liebte das Deutsche nicht, aber eine der Kernaufgaben der alten Societät war die Pflege gerade dieser Sprache.

Friedrich billigte den gesamten Entwurf noch Ende Dezember, aber weder er noch Schmettau waren recht zufrieden, zumal die Finanzen noch nicht klar geregelt waren. Am Vortag des königlichen Geburtstages, am 23. Januar 1744, fand die

Eröffnungssitzung der neuen Akademie im Schloss statt. Der König fehlte - es waren ihm zu viele Kompromisse und Maupertuis, sein ausgewählter Präsident, war nicht im Amt.

Die Leitung der neuen Akademie war schwerfällig: 4 Curatoren, ein Vizepräsident, vier Direktoren, fünf Sekretäre, ein Schatzmeister – denn Maupertuis fehlte und so konnte kein Präsident eingesetzt werden. Noch ernannte sich Friedrich auch nicht zum Protektor, was ein klares Warnsignal war, dass der König den Zustand noch nicht als endgültig akzeptierte. Auch hätte er sich die drei Akademiesprachen Deutsch, Lateinisch und Französisch gefallen lassen müssen, was der Frankophile nicht hinnehmen wollte.

Bis zum Ausbruch des zweiten Schlesischen Krieges im Frühjahr 1744 arbeitete Schmettau unermüdlich weiter daran, die neue Akademie in ein funktionierendes Gebilde zu überführen und die sich schnell offenbarenden Anfangsprobleme zu überwinden. Wir dürfen mit einigem Recht vermuten, dass er die Hoffnung hegte, doch noch Präsident der neuen Akademie werden zu können. Aber der König hatte seine Akademie doch nicht ganz aus den Augen gelassen. Als der Astronom Raudé stirbt schlägt Schmettau dem König vor, die freiwerdenden 200 Taler Lieberkühn zu geben, aber Firedrich antwortet aus dem Feld: *„Nein der Eilers (Euler) wirdt einen aus Rußland verschreiben der Habil ist und Profeser in Rodé Seiner Stelle werden kan."*

Als Friedrich kurz nach der Schlacht von Hohenfriedberg am 4. Juni 1745 die Nachricht erhält, dass Maupertuis die Erlaubnis bekommen habe, Frankreich zu verlassen und nach Berlin zu kommen, greift der König entschlossen zu und schreibt: *„Das Opfer, das Ihr mir bringt, ist groß; was kann ich thun, Euch Euer Vaterland, Eure Freunde und Eure Eltern zu ersetzen!"*.

Friedrich gab Order, Maupertuis ein enormes Gehalt von 3000 Talern auszubezahlen. Die neue Akademie, gerade dabei, den ersten Band ihrer Abhandlungen herauszugeben, wurde zudem angewiesen, sämtliche Publikationen in französischer Sprache zu publizieren. Auch legte der König fest, dass jährlich Lebensberichte über die verstorbenen Mitglieder der Akademie zu publizieren seien, ganz nach dem Vorbild der französischen Akademie.

Schon im Oktober 1745 wollte Maupertuis mit dem König über Details der Akademieeinrichtung verhandeln, aber vor Abschluss des Dresdner Friedens war Friedrich nicht wieder in Berlin.

Am 3. Januar 1746 konnte Friedrich Maupertuis endlich von Potsdam aus begrüßen. Maupertuis hatte inzwischen die Konstruktion der neuen Akademie unter die Lupe genommen und er hatte erkannt, dass, wollte er als Präsident etwas bewegen, er auch Vorgesetzter der vier Curatoren werden musste. Außerdem erbat er sich, sich von der Finanzverwaltung der Akademie vollständig fernhalten zu dürfen.

Friedrich stimmte allen Wünschen natürlich zu, allein die vier Curatores lehnten es rundheraus ab, dass sich ein Ausländer, und zudem noch ein Wissenschaftler, zu ihrem Vorgesetzten machen wollte. Sie traten zurück, aber Friedrich nahm ihre Demission nicht an und zwang sie, sich in ihr Schicksal zu fügen. Maupertuis wurde zum Präsidenten ernannt, ärgerte sich aber noch über die schwerfälligen Statuten der Akademie und Friedrich beauftragte ihn, neue zu erstellen. Maupertuis arbeitete schnell und legte dem König kurze, präzise Statuten vor, die der König an zwei Stellen eigenhändig ergänzte: Der Präsident wurde über alle Mitglieder gesetzt, auch die Ehrenmitglieder, und er erhielt das alleinige Recht, Pensionen zu verleihen. Damit war die neue Akademie streng autokratisch dem Präsidenten vollständig unterworfen. Die neuen Statuten traten nach der Lesung am 2. Juni 1746 in Kraft und blieben es viele Jahrzehnte lang.

Schon am 11. Mai ließ der König folgende Order an Viereck ergehen: *„Mein lieber Geheimbder Etats-Ministre von Viereck! Nachdem Ich aus eigner Bewegung resolvirt habe, daß wenn forthin bey der Academie der Wissenschaften zu Berlin Pensiones erlediget und vacant werden, alsdann der Präsident von Maupertuis lediglich und allein die Wiedervergebung sothaner Pensionen Mir vorschlaget, auch mir deshalb seinen Bericht erstatten soll, So befehle ich hierdurch, daß Ihr gedachter Academie solches zur Nachricht und Achtung bekannt machen, auch das deshalb erforderliche außfertigen lassen, und zu meiner Unterschrift einsenden soll. Ich bin Euer Wohlaffectionirter König."*.

Mit der Ernennung des Präsidenten Maupertuis und der Verabschiedung der neuen Statuten löste nun auch Friedrich sein Versprechen ein und wurde zum Protector der „Académie des sciences et belles-lettres". Die vier Klassen blieben bestehen, aber die Struktur innerhalb der Klassen wurde verändert. Die Zahl der Ehrenmitglieder wurde auf 16 beschränkt, die der auswärtigen blieb unbeschränkt. Die ersten von der neuen Akademie gewählten Auswärtigen waren d'Alembert, Voltaire und Condamine, in der zweiten Sitzung waren es 18, darunter Linné und Montesquieu. Die Akademie war eingerichtet! Friedrich schrieb: *„Maupertuis ist unser Palladium und die schönste Eroberung, die ich in meinem Leben gemacht habe!"*.

Maupertuis litt allerdings an einer Lungenkrankheit, die ihn zum Hypochonder gemacht hatte. Wie ein Vater hörte sich Friedrich die beständigen Gesundheitsklagen seines Präsidenten an, empfahl ihm Ärzte, legte persönlich seine Diät fest und vergaß über die Krankheit Maupertuis's seine eigenen Beschwerden. Friedrich war stolz auf seinen Präsidenten und auf seine Akademie. Schon am 10. April 1746 reichte der König höchstselbst eine eigene Arbeit bei der Akademie ein und verfasste eine Ode auf die Neugründung. Nirgends in der Geschichte sind Wissenschaftler je wieder so angesehen gewesen wie unter Friedrich, allerdings hat er auch verstanden, sie aus den Belangen des Staatswesens herauszuhalten. Dass die Akademie nicht nur der Aufklärung, sondern auch dem Protestantismus verpflichtet war, entspricht ganz dem Zeitgeist der Epoche. Die Akademiker sollen nicht wie Theologen wirken, aber sie sollen auch nicht ausschließen, dass ein System der Religion nicht auch schließlich beweisbar sein kann. Ein großer Teil der Friedrich'schen Philosophen haben sich daher auch intensiv mit religionsphilosophischen Fragen befasst.

Der Satz: *„Die Religionsphilosophie verbannen, das bedeutet, sich auf eine Akademie der Sonnette und Madrigale zurückziehen"*, war anerkanntes Credo der Akademie und ihres Präsidenten. So verwundert es vielleicht nicht, wenn bald eine Klasse für spekulative Philosophie zu den vier schon existierenden hinzu kam. Die vier Sitze in der neuen Klasse waren für Metaphysik (inklusive Kosmologie, natürliche Theologie, Psychologie und Logik), Naturrecht, Moral und für Geschichte und Kritik der Philosophie eingerichtet. Fast fünfzig Jahre lang blieb diese Klasse bestehen, die in London und Paris kein vergleichbares Gegenstück kannte.

Im Winter 1748/49 schrieb Maupertuis an den König eine Zusammenfassung des Zustands der Akademie: *„Unsere Chemiker stechen alle Chemiker Europas aus; unsere Mathematiker können es mit den Mathematikern aller anderen Akademieen aufnehmen; unsere Astronomie, ausgestattet mit guten Instrumenten, fängt an sich zu entwickeln; aber unsere beiden Klassen der speculativen Philosophie und der Belles-Lettres leiden an äußerster Schwäche und wären vielleicht ohne die so kräftige und mächtige Hülfe, die Ew. Majestät selbst ihnen gewährt haben, bereits an Entkräftung gestorben."*

Es spricht für Maupertuis, dass er mit allen Kräften versuchte, die beiden schwächelnden Klassen in Laufe der weiteren Entwicklung zu stärken. Allerdings erlebte Maupertuis auch schwere Stunden, wobei er sich seine größte Demütigung selbst zu verdanken hatte. Er stand seit einiger Zeit mit dem hervorragenden Mathematiker Samuel König in Verbindung, der sich mit Arbeiten zur Mechanik einen Namen gemacht hatte. König war ein glühender Anhänger der Leibnizschen und damit der Wolffschen Philosophie und ein Verteidiger der Monadenlehre, die Leute wie Euler, Maupertuis und Merian aber ablehnten. Maupertuis glaubte, ein neues Prinzip gefunden zu haben, nach dem die Natur organisiert sei, das Prinzip der kleinsten Wirkung, heute sagen wir: Hamiltonsches Prinzip, und er publizierte diese Entdeckung. Im Winter 1750/51 kam Samuel König nach Berlin und präsentierte offen und unbefangen ein Manuskript zur Publikation, in dem sich eine scharfe, aber wesentlich richtige Kritik des Maupertuisschen Prinzips befand. Das Prinzip, jedenfalls so, wie es Maupertuis dargestellt hatte, war falsch, der Beweis völlig unzureichend und die gewählten Beispiele gar nicht passend. Zudem hatte sich Maupertuis dazu verstiegen, in seinem Prinzip den einzig gültigen Existenzbeweis Gottes' zu sehen. Das war aber nicht das Schlimmste, denn das wurde von König nur angedeutet. Schlimmer war, dass König nachweisen konnte, dass das Maupertuissche Prinzip in seiner richtigen Form und Formulierung bereits von

Gottfried Wilhelm Leibniz ausgesprochen wurde, und zwar in einem Brief an den Mechaniker Jacob Hermann aus dem Jahr 1707. Das betreffende Briefstück war der Königschen Abhandlung in Kopie beigelegt.

Dabei wollte König Maupertuis gar nicht des Plagiats beschuldigen, sondern erwartete naiverweise eine konstruktive Diskussion und Zusammenarbeit mit Maupertuis. Er wollte, dass Maupertuis das Manuskript las um darüber zu entscheiden, ob es gedruckt werden sollte oder nicht. Maupertuis, schon durch die Idee eines Widerspruchs gegen sein Prinzip auf das tiefste beleidigt, gab das Manuskript ungelesen an König zurück und erlaubte den Druck. Die Arbeit erschien im Märzheft der Nova Acta Eruditorum des Jahres 1751 und Maupertuis drehte durch. Unter seiner Ägide sprach die Akademie Samuel König das Misstrauen aus und forderte ihn auf, das Original des Leibniz-Briefes beizubringen. Auch Friedrich II. selbst schrieb Briefe in die Schweiz, um des Originals dieses Briefes habhaft zu werden, aber der Brief fand sich nicht. König hatte damit keinen Originalbeleg, sondern nur die Abschrift, die aber unzweifelhaft echt ist, wenn vielleicht auch der Adressat nicht Hermann war, sondern vermutlich Varignon.

Maupertuis hätte zufrieden sein können, aber er setzte nach. Er zwang die Akademie an Samuel König zu schreiben, zwar sei Maupertuis nun zufrieden, nicht jedoch die Akademie, die König für einen Fälscher halte. Immer noch blieb König ruhig und versuchte der Akademie seine Intentionen zu erklären und für die Abschrift des Briefes zu bürgen. Am 13. April ließ Maupertuis die Akademie feststellen, dass der Leibniz-Brief eine Fälschung sei. Eine besonders unrühmliche Rolle spielte dabei der Mathematiker Euler, der Leibnizens philosophische Größe nicht verstand und nicht glauben konnte, Leibniz sei auch ein großer Mechaniker gewesen. Nun riss jedoch dem König Friedrich der Geduldsfaden. Er forderte in einem „Appell an das Publicum", doch bitte Maß zu halten. Maupertuis' vorgeblicher Sieg begann, sich in eine Niederlage zu verwandeln.

Seit Juli 1750 war Voltaire zu Besuch bei Friedrich, und er hatte selbst ein Auge auf den Präsidentenstuhl der Akademie geworfen und beschloss, Maupertuis zu vernichten. Im Herbst 1752 wurde ein Brief publiziert, der angeblich von einem Berliner Akademiker stammte, der einem Pariser Kollegen den Streit zwischen König und Maupertuis erläutern wollte. In diesem (gefälschten!) Brief wird ganz klar im Sinne von Samuel König argumentiert, mehr noch: Maupertuis wird des Plagiats beschuldigt. Der Autor des Briefes war – Voltaire!

Friedrich war ebenso entrüstet wie Maupertuis beleidigt. Er lies seinen Zorn über die Berliner Akademiker heraus und schrieb: *„Komödianten, auf der Bühne stellen sie erhabene Gefühle dar, und im Foyer stiften sie Händel an und beschimpfen sich."* Friedrich ahnte wohl, dass Volaire hinter der Intrige steckte und schrieb höchstselbst einen Verteidigungsbrief, der weite Verbreitung finden sollte und in dem Maupertuis über alle vernünftigen Maße gelobt wurde. Das konnte Voltaire nicht auf sich beruhen lassen, aber der Streit mit König bot nicht mehr genug Zündstoff.

Nun hatte der arme Maupertuis aber 1752 eine höchst seltsame Sammlung von Abhandlungen in Briefform vorgelegt, und hier fand das Schandmaul Voltaire seine Munition. Maupertuis sprach vom Stein der Weisen, den es zu finden gelte, von seherischen Fähigkeiten der Seele, er schlägt vor, ein Loch zum Mittelpunkt der Erde zu graben, und anderer Unfug mehr. Voltaire legte seine Spottschrift „Diatribe du Docteur Akakia, Médecin du Pape" selbst Friedrich vor und las ihm daraus vor - eine Kühnheit sondergleichen.

Friedrich verbrannte das Manuskript eigenhändig und verbot Voltaire, es zu publizieren. Dieser jedoch hatte es bereits drucken lassen! Friedrich zwang ihn, Abbitte zu leisten, und lies die gesamte Auflage vernichten. Voltaire hingegen schickte ein Exemplar ins Ausland, wo es nun tausendfach gedruckt und mit großer Schadenfreude gelesen wurde.

Friedrichs Zorn war schrankenlos. Er schrieb an Voltaire: *„Wenn Eure Werke Statuen verdienen, so verdient Eure Aufführung die Galeere."* Er sprach von Voltaire als von einem Mann mit „infamsten Charakter". Obwohl der König später wieder auf Annäherungskurs zu Voltaire ging, wollte dieser nicht mehr in Berlin bleiben und ging nach Leipzig, von wo aus er giftige Schmähbriefe gegen Maupertuis schrieb, aus der Akademie austrat und den König von Preussen, den er früher als „Salomo des Nordens" gelobt hatte, nun als „Dionysius von Syrakus" bezeichnete.

Maupertuis war ein gebrochener Mann und krank. Er ging nach Frankreich in ein wärmeres Klima, Euler übernahm die Akademie in Vertretung. Friedrich kam mit dem protestantischen Mathematiker nicht klar, er wollte d'Alembert nach Berlin holen, aber Maupertuis kam im Juli 1754 nach Berlin zurück und ging am 7. Juni 1756 erneut auf eine Erholungsreise, von der er nicht mehr wiederkehrte. Der siebenjährige Krieg brach aus, sein Urlaub musste verlängert werden, da er Berlin nicht mehr erreichen konnte, und er hielt sich bei seinem Freund Johann Bernoulli in Basel auf, bei dem er am 27. Juli 1759 starb.

Friedrich hatte sich inzwischen verändert. Die Begeisterung für die Akademie und seine gelehrten Männer war stark abgekühlt. Einige Akademiker gingen nach Petersburg. Die Memoires wurden eingestellt. Dennoch ging das Akademieleben weiter; 1760 wurden 9 auswärtige Mitglieder aufgenommen, darunter Lessing. Der König hatte die Wahlen bestätigt; vermutlich jedoch ohne sie geprüft zu haben. Mit der Wahl Lessings hatte die Akademie endlich die Pflege der deutschen Literatur aufgenommen, aber der König mißbilligte diese Wahl, denn Voltaire hatte Lessing beim König früher verleumdet und zudem war Lessing einer dieser verhassten deutschen Literaten.

Friedrich geriet in Wut und er entzog der Akademie das Recht, Mitglieder zuzuwählen. 22 Jahre lang, bis zu seinem Tod, hat der König das Wahlrecht in der Akademie für sich alleine beansprucht. Im Jahr 1763 ging der siebenjährige Krieg endlich zu Ende. Euler hatte 10 Jahre lang die Geschäfte geführt und erwartete nun, offiziell die Präsidentschaft zu erlangen, aber Friedrich bemühte sich wieder um d'Alembert, um die Akademie zu erneuern. Euler war der weitaus berühmtere der beiden Männer, aber das kümmerte Friedrich nicht – schließlich war d'Alembert Franzose und Euler Schweizer, das genügte.

Aber d'Alembert war nicht geneigt, die Präsidentschaft zu übernehmen. Friedrich zahlte ihm schon seit längerem eine gute Pension von 1200 Talern, aber mehr als ein heimlicher Präsident aus der Ferne wollte d'Alembert nicht sein. So erklärte sich Friedrich selbst zum stellvertretenden Präsidenten und nahm alle Geschäfte an sich. Nach dem Weggang des frustrierten Eulers nach Petersburg empfahl d'Alembert dem König den Mathematiker LaGrange, der auch aufgenommen wurde. Überhaupt kümmerte sich d'Alembert als heimlicher Präsident um alle Belange der Berufung. Er schlug insbesondere Wissenschaftler vor, die sich auf der Flucht befanden oder in Bedrängnis gerieten – sei es durch ihre Religionszugehörigkeit oder aus politischen Gründen. Friedrich hat solche Exilanten immer gerne aufgenommen und ihnen ein neues Betätigungsfeld eröffnet.

D'Alembert starb am 29. Oktober 1783 und nun war Friedrich seines letzten Freundes beraubt. Mit dem alten König alterte auch die Akademie. Neue Berufungen wurden kaum getätigt – viele Stellen blieben leer. Nur noch die physikalische und die mathematische Klasse behaupteten ihre führende Stellung. Friedrich starb am 17. August 1786. Eine Gedächtnisrede auf den großen König ist in der Akademie nicht vorgetragen worden. Dem Minister Herzberg blieb es vorbehalten, die Akademie neu zu organisieren und sie in ein neues Zeitalter zu führen.

Die chromatische Tonleiter – Mathematik und Physik*

UDO PEIL

Försterkamp 9, D-38302 Wolfenbüttel

1. Einleitung

Wieso spielen wir auf der uns bestens bekannten diatonischen oder auch chromatischen Tonleiter? Gibt es hierfür Gründe, oder ist die Tonleiter eher zufällig entstanden und hat sich bewährt? Diesen Fragen soll im Folgenden nachgegangen werden. Dabei wird eine physikalische und dann auch eine mathematische Betrachtung vorgenommen.

Ein hörbarer Ton erklingt immer dann, wenn ein Schwingungserzeuger häufiger als 20mal pro Sekunde, d.h. mit mindestens 20 Hz schwingt. Schwingungserzeuger können dabei sein: Saiten eines Streichinstrumentes, die Luftsäule eines Blasinstrumentes oder eine schwingende Zunge, wie bei der Mundharmonika oder dem Akkordeon.

Eine schwingende Saite schwingt zwischen zwei Grenzlage hin und her. Die Frequenz der Schwingung wird bestimmt durch die Saitenvorspannung S, die Saitenmasse m und die freischwingenden Länge der Seite l. Es gilt:

$$f = \frac{1}{l} \cdot \frac{1}{2} \sqrt{\frac{S}{m}} \quad [Hz] \tag{1}$$

Bei einer Saite mit vorgegebener Vorspannung S und Masse m hängt die Frequenz also nur noch von der Saitenlänge ab. Die Saite schwingt in sog. Naturtönen, gelegentlich auch Obertöne genannt. Gleichung (1) macht deutlich, dass 1/n-tel der freien Saitenlänge zu einer n-fachen Frequenz führt. In Bild 1 sind die Verhältnisse dargestellt.

Die Frequenzverhältnisse zwischen den verschiedenen Saitenschwingungen sind die Intervalle unseres diatonischen Tonsystems:

$f_2 / f_1 = 2 /1$ ist eine Oktave
$f_3 / f_2 = 3 /2$ ist eine Ouinte
$f_4 / f_3 = 4 /3$ ist eine Ouarte

---

* Der Vortrag wurde am 09.03.2012 vor der Plenarversammlung der Braunschweigischen Wissenschaftlichen Gesellschaft gehalten.

$f_5/f_4 = 5/4$ ist eine gr. Terz
$f_6/f_5 = 5/4$ ist eine kl. Terz

usw. Die hierbei entstehenden Intervalle nennt man auch Naturtonreihe. In Bild 2 ist sie auch im Notensystem dargestellt, hier allerdings nicht auf eine Grundfrequenz des c von 131 Hz sondern auf 100 Hz bezogen, damit die Abhängigkeiten sofort deutlich werden. Das c wird also in Bild 2 fälschlicherweise mit 100 Hz statt 131 Hz angegeben.

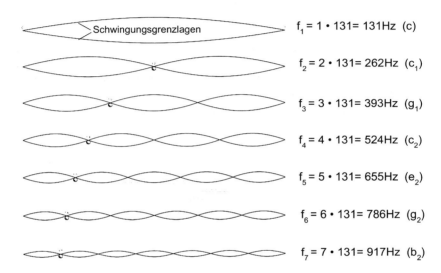

Bild 1: Naturtöne von Saiten und deren Frequenzen.

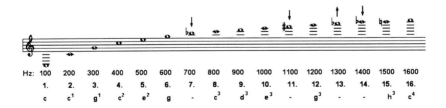

Bild 2: Naturtonreihe.

Man erkennt deutlich, dass die Frequenzen der Naturtöne mit gleichmäßigen Abständen ansteigen. Aus diesen Naturtönen setzt sich der Klang einer Saite zusammen. Je mehr Naturtöne mitschwingen, desto heller und schärfer wird der

Klang empfunden. Nur wenn eine Saite genau in der Form eines Naturtones erregt wird, z.B. durch ungleich starkes Anzupfen entsprechend der in Bild 1 dar-gestellten Amplituden, erklingt nur dieser eine Naturton. Wenn anders angezupft wird, und das ist die Regel, erklingen viele Obertöne, ggf. sogar alle. Was für das Anzupfen gesagt wurde, gilt in gleicher Weise auch für das Anstreichen z.B. einer Geige. Wenn der Geigenbogen an einer beliebigen Stelle der Saite angesetzt wird, werden nahezu alle Obertöne angeregt. In Bild 3 ist die Messung der beteiligten Obertöne einer Geigensaite dargestellt. Man erkennt deutlich den gleichmäßigen Abstand der Obertöne und den unterschiedlichen Beteiligungsbeitrag der einzelnen Obertöne. Die Amplitude des Grundtons ist kleiner als die der Obertöne. Der Ton klingt also relativ scharf. Ein Grund dafür, dass sich die Geige im Klang immer durchsetzt [Peil, 2009]

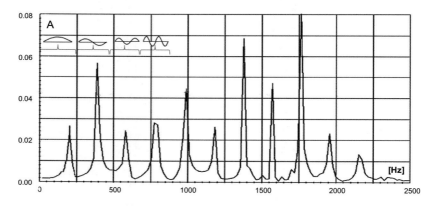

Bild 3: Gemessenes Obertonspektrum einer Geigensaite.

Auf dieser Eigenart der gleichmäßigen Obertonabstände baut die Tonleiter auf. Pythagoras hat ca. 500 v.C. die erste Tonleiter entwickelt. Hierbei ging er nur von den beiden Frequenzabständen 3:2 (Quinte) und 2:1 (Oktave) aus.

Beginnend bei einem Grundton wurde zu diesem die Quinte bestimmt, d.h. die Frequenz steigt um den Faktor 3:2 = 1,5. Zu dieser Quinte wurde wiederum deren Quinte bestimmt, indem die neue Frequenz ebenfalls wieder mit dem Faktor 3:2 = 1,5 multipliziert wird. Bezogen auf den Grundton hat die neue Quinte nunmehr die Frequenz $f_1 \cdot 3/2*3/2 = f1 \cdot (3/2)^2$. Wenn dieser Prozess fortgesetzt wird, erreicht man nach der 12. Quinte den Ton his (vgl. Bild 4). Dieser entspricht in unserem Tonsystem dem Ton c, der allerdings 7 Oktaven über dem Ausgangston liegt. Musikalisch gesprochen, sind wir einmal rechtsherum durch den gesamten Quintenzirkel gewandert. Die Frequenz des Tons His ergibt sich dann in Bezug zu dem Grundton zu $f_{His}=f_1 \cdot (3/2)^{12}$. Zum gleichen Ton kommen wir, wenn wir 7 Oktaven aufeinander stapeln: $f_{c7}=f_1 \cdot 2^7$ (bei der Oktave wächst die Frequenz jeweils um den Faktor 2), vgl. Bild 4. Zwischen beiden Zieltönen klafft eine Differenz von ca. 1,4%. Ein Unterschied der deutlich hörbar ist. Der Quintenzirkel schließt sich nicht exakt.

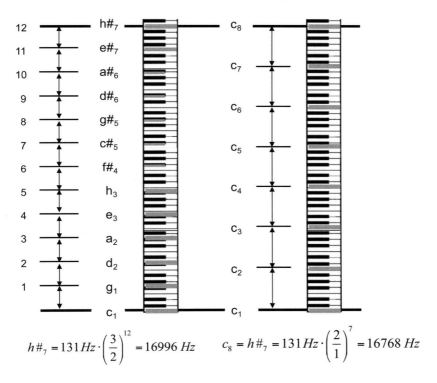

$$h\#_7 = 131\,Hz \cdot \left(\frac{3}{2}\right)^{12} = 16996\,Hz \qquad c_8 = h\#_7 = 131\,Hz \cdot \left(\frac{2}{1}\right)^7 = 16768\,Hz$$

Bild 4: Darstellung an der Klaviatur.

Laufen wir durch den ganzen Quintenzirkel und beachten, dass beim Überqueren der Oktave der Faktor ½ zu multiplizieren ist, um den Ton wieder in den Oktavraum zu verschieben, ergibt sich:

$$\left(\frac{3}{2}\right)^{12} \cdot \left(\frac{1}{2}\right)^7 = \frac{531441}{524288} = 1{,}0136 \approx 1{,}04$$

Hätte sich der Quintenzirkel nach 12 Sprüngen exakt geschlossen, hätte sich die Zahl 1 ergeben. Man nennt den Fehler das „Pythagoreische Komma".

Das Nichtschließen des Quintenzirkels, d.h. das pythagoreische Komma ist natürlich ein höchst misslicher Zustand, der den Instrumentenbauern, insbesondere den Orgelbauern große Probleme bereitet hat. Es wurde unterschiedliche Korrekturstimmungen entwickelt, bei denen der Fehler von 1,4% unterschiedlich „verschmiert" wurde. Bekannt ist die sog. Werckmeister-Stimmung. geschaffen vom Orgelbauer Andreas Werckmeister aus Halberstadt. Er hat mehrere Stimmungen entwickelt. Eine war die sog. wohltemperierte Stimmung, für die Johann Sebastian Bach Kompositionen durch alle Tonarten geschrieben hat (Das wohltemperierte Klavier), um zu zeigen, dass alle Tonarten bei dieser Stimmung gut klingen. Wenn man diesen Fehlerausgleich nicht vornimmt, klingen Tonarten mit vielen Vorzeichen furchtbar verstimmt. Heute spielen wir mit der sog. gleichschwebenden Stimmung, bei der der Fehler gleichmäßig auf alle Intervalle verschmiert wird. Kein Intervall stimmt also richtig hierbei, aber wir haben uns daran gewöhnt. Die wohltemperierte Stimmung ist schwierig zu stimmen, erst 1917 gab es eine Anleitung zum Klavierstimmen.

Zur klassischen Tonleiter kommt man also dann, wenn man wenn beim Quintenstapeln die Oktave überschritten wird, jeweils um eine Oktave nach unten geht, d.h. die Frequenz durch 2 teilt.

Bei aller Musik geht es in der Regel immer um das Zusammenklingen mehrerer Stimmen. In Bild 5 ist dargestellt, wie sich die Obertöne, die zu jedem Ton gehören, überlagern, wenn ein Grundton zusammen mit seiner Quinte gespielt wird, [Helmholtz, 1913].

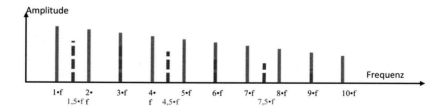

Bild 5: Grundton und Quinte jeweils mit Obertönen.

Man erkennt, dass viele Obertöne zusammenfallen, einige sind relativ weit voneinander entfernt. Dies ist im Zusammenklang günstig, wie wir gleich sehen werden.

Beim Zusammenklang von Grundton und großer Terz ist die Situation nicht mehr ganz so günstig, vgl. Bild 6:

Die chromatische Tonleiter – Mathematik und Physik 59

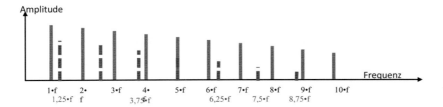

Bild 6: Grundton und große Terz jeweils mit Obertönen.

Man erkennt, dass hierbei die Obertöne deutlich näher zueinander liegen, was zu einem nicht so schönen Zusammenklang führt, wie ihn die Quinte bietet. Aus diesem Grunde war die Terz auch im Mittelalter zunächst als ein unreines Intervall angesehen und wurde tunlichst vermieden.

Bei der Empfindung von Konsonanz und Dissonanz spielt der Tonabstand der Töne und aller ihrer Obertöne eine wichtige Rolle. In Bild 7 ist dies dargestellt [Pierce, 1999]:

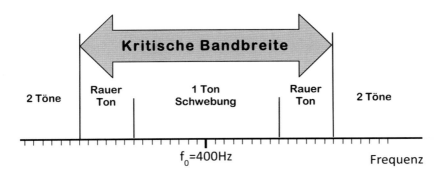

Bild 7: Kritische Bandbreite beim Erklingen benachbarter Töne.

Sehr enge Tonabstände führen zu einer Schwebung, die Amplitude schwankt periodisch, der Ton „wabbert". Die Schwebung wird z.B. von Orgelbauern als Hilfe zum Stimmen verwendet, wenn die Schwebung zwischen zwei Tönen verschwunden ist, der Ton also nicht mehr „wabbert", sind die beiden Pfeifen exakt gestimmt. Wird der Tonabstand größer, entsteht ein rauher Ton, der als sehr unangenehm wahrgenommen wird. Alte Telefonklingeln nutzten diesen Effekt aus, um Aufmerksamkeit zu erregen. Erst wenn ein hinreichend großer Frequenzabstand vorliegt, ist unser Ohr in der Lage, die beiden Töne getrennt wahrzunehmen, der Zusammenklang ist angenehm. Der Frequenzabstand innerhalb dessen die Klangwahrnehmung als unangenehm zu bezeichnen ist, wird kritische Bandbreite genannt. Töne innerhalb der kritische Bandbreite erzeugen also Unwohlseinsgefühle beim Hörer.

Die kritische Bandbreite ist nun kein fester Wert, sondern auch selbst von der Frequenz des Ausgangstones abhängig. Bild 8 zeigt die Abhängigkeiten [Pierce, 1999].

Man entnimmt dem Diagramm, dass bei tiefen Tönen auch die kleine Terz unterhalb, d.h. innerhalb der kritischen Bandbreite liegt, Ganzton und Halbton ohnehin. Dieser Effekt ist leicht überprüfbar wenn auf dem Klavier in der Basslage eine Terz angeschlagen wird. Die Terz kling „brummelig" und unschön. Ein Grund dafür, dass Komponisten solche Kombinationen vermieden haben. Die linke Hand wird i.a. immer mit größeren Tonabständen bedacht.

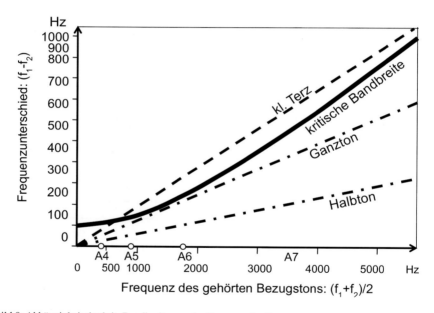

Bild 8: Abhängigkeit der krit. Bandbreite von der Frequenz des Bezugstones.

Wenn man nun Töne zusammen spielt und für jeden einzelnen Grund- und Oberton prüft, ob Töne innerhalb der kritischen Bandbreite liegen, ergibt sich ein Kriterium für einen harmonischen Klang: Je weniger Grund- und Obertöne bei der Kombination innerhalb der kritischen Bandbreite liegen, desto harmonischer ist der Klang. Im Folgenden werden die Töne systematisch miteinander kombiniert, d.h. ausgehend von einem Grundton wird ein zweiter Ton betrachtet, der dann langsam schrittweise seinen Frequenzabstand zum Grundton erhöht. Man kann dies für eine endliche Zahl von Obertönen in einer Exceltabelle durchführen, indem ein Ton mit seiner Obertonreihe vorgegeben wird und ein weiterer Ton mit variablem Frequenzabstand dazu betrachtet wird. Es werden die entstehenden Tonkombinationen betrachtet und die Töne gezählt, die innerhalb der kritischen Bandbreite liegen. Die Anzahl der Töne, die in die kritische Bandbreite fallen, wird als Maßstab für die Disharmonie verwendet. Je höher die Anzahl, desto unharmonischer diese Tonkombination. In Bild 9 ist das Ergebnis dargestellt [Pierce, 1999].

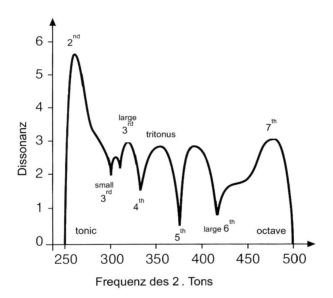

Bild 9: Dissonanz bei zwei Tönen unterschiedlichen Tonabstands.

Man erkennt, dass sowohl die Tonika und die Oktave perfekt zusammenklingen (Dissonanz = 0), was nicht verwundert, da bei gleichen Tönen auch die Obertöne exakt passen, bei Oktaven liegt der Grundton des zweiten Tones exakt auf dem ersten Oberton des unteren Tones, alle anderen Obertöne sind zwangsläufig deckungsgleich.

Man erkennt weiterhin, dass die Disharmonie bei den Tönen unserer diatonischen Tonleiter ein Minimum einnimmt, lediglich die Sekunde und die Septime zeigen große Disharmonien, was bekannt ist.

Da Flöten nur wenige Obertöne anregen (daher der etwas gleichförmige, sinusförmige Klang), entstehen auch bei Septimen und Sekunden weniger Konflikte mit den Obertönen (was nicht klingt, kann nicht den Zusammenklang stören). Septime oder Sekunden klingen also bei Flöten deutlich angenehmer als z.B. bei Oboen, die ein großes Obertonspektrum haben. Klarinetten haben theoretisch nur die ungraden Obertöne 1,3,5,7,... obwohl sich in Praxis zumindest die oberen geraden Obertöne einstellen. Auch hier gilt die Regel, was nicht obertonmäßig klingt, kann nicht stören. Ein Grund sicherlich für den Erfolg der Arrangements von Glenn Miller mit einer Klarinette im Saxophonsatz.

Unsere diatonische Tonleiter: C D E F G A H C verwendet ganz bestimmte Intervalle aus den zwölf Tönen einer Oktave.

Bildet man alle hiermit möglichen **Tonkombinationen** so erhält man:

- 2 kleine Sekunden (gr. Septimen)
- 5 große Sekunden (kl. Septimen)   8 dissonante Intervalle
- 1 Tritonus
- 4 kleine Terzen (gr. Sexten)
- 3 große Terzen (kl. Sexten)   13 konsonante Intervalle
- 6 Quarten (Quinten)

Bei allen anderen Auswahltönen aus den 12 ist dies deutlich ungünstiger!

Dies ist ein wesentlicher Grund dafür, dass sich die diatonische Tonleiter zusammen mit der chromatischen durchgesetzt hat.

Der konsonante Zusammenklang basiert letztlich auf dem ganzzahligen Frequenzverhältnis der Obertöne. Wenn dies nicht mehr gegeben ist, klingt es sehr unschön. Deshalb gibt es im Orchester auch nur Streich- und Blasinstrumente, die ein exakt gleiches gleiches Obertonverhalten zeigen. Bei anderen Instrumenten, wie z.B. der Glocke ist das ganzzahlige Obertonverhältnis nicht mehr gegeben, so dass viel mehr Reibungen auftreten, da die Obertöne nahezu zwangsweise innerhalb der kritischen Bandbreite liegen. Ein Grund dafür, dass zweistimmige Glockenspiele musikalisch gesehen oft nur schwer zu ertragen sind. Bei einstimmiger Musik spielt all dies keine Rolle, da kein Zusammenklang vorhanden ist. Bei Glockenspielen gibt es allerdings durch das Nachklingen der Glocken oft dennoch Überlagerungen, die uns die Ohren klingen lassen.

Mathematischer Versuch einer Annäherung:

Über alle Tonlagen hinweg hat das geschulte Ohr ein sicheres Empfinden für die Quinte und die Oktave, diese sollten deshalb möglichst stimmen. Es stellt sich also die Frage: Wieviel Töne muss man in eine Oktave einschalten, damit die Quinte möglichst genau getroffen wird [Hartfeldt, 2002]? Ziel ist es also nach m Quintensprüngen aufwärts und n Oktavsprüngen abwärts wieder zur Grundfrequenz zu gelangen. Mathematisch formuliert bedeutet dies; Gesucht sind m und n so, dass

$$\left(\frac{3}{2}\right)^m \cdot \left(\frac{1}{2}\right)^n = \frac{3^m \cdot 1^n}{2^m \cdot 2^n} = \frac{3^m}{2^{m+n}} = 1 \qquad \text{tritonus}$$

Exakt lässt sich die Bedingung nicht erfüllen, weil eine 3er Potenz niemals gerade ist. Wir suchen also eine möglichst gute Näherung.

$$3^m = 2^{m+n}$$
$$m \cdot \log 3 = (m+n) \cdot \log 2 \qquad (3)$$
$$\text{oder}$$
$$\frac{m+n}{m} = \frac{\log 3}{\log 2} \approx \frac{0{,}4771}{0{,}3010} = \frac{4771}{3010}$$

Wir suchen eine Näherung mit geraden Zahlen für m und n, Es gibt kein Klavier mit einer gebrochenen Anzahl (z.B. 87,667) an Tasten. Um zu einer Näherung zu kommen, wird das Ganze als Kettenbruch entwickelt [Hartfeldt, 2002]:

$$\frac{4771}{3010} = 1 + \frac{1761}{3010} = 1 + \cfrac{1}{\cfrac{3010}{1761}} = 1 + \cfrac{1}{1+\cfrac{1249}{1761}} = 1 + \cfrac{1}{1+\cfrac{1}{1+\cfrac{1}{2+\cfrac{1}{2+\cfrac{1}{3+\ldots}}}}}$$

Wenn der entstehende Bruch einen kleineren Zähler als Nenner hat, es also nicht mehr festgestellt werden kann, wie oft der Nenner in den Zähler passt, wird der Bruch mit Vertauschung von Zähler und Nenner in seinen Nenner geschoben.

Die verschiedenen Stufen der Kettenbruchentwicklung liefern folgende Näherungswerte:

1. $\quad 1 \quad =1$

2. $\quad 1+\dfrac{1}{1} = \dfrac{2}{1}$

3. $\quad 1+\dfrac{1}{1+\dfrac{1}{1}} = \dfrac{3}{2}$

$$\text{4.} \quad 1+\cfrac{1}{1+\cfrac{1}{1+\cfrac{1}{2}}} = \dfrac{8}{5} \tag{4}$$

5. $\quad 1+\cfrac{1}{1+\cfrac{1}{2+\cfrac{1}{2}}} = \dfrac{19}{12}$

6. $\quad 1+\cfrac{1}{1+\cfrac{1}{1+\cfrac{1}{2+\cfrac{1}{2+\cfrac{1}{3}}}}} = \dfrac{65}{41}$

Die 5. Näherungsstufe liefert:
$$\frac{m+n}{m} \approx \frac{19}{12}, \; also \; m = 12 \tag{5}$$

Quintensprünge, gleich Halbtöne innerhalb einer Oktave. Teilt man die Oktave also in 12 Halbton-Intervalle, so ist die Bedingung, dass Quinten und Oktaven gut getroffen werden näherungsweise (gut) erfüllt. 12 Ouintensprünge ergeben letztlich 12 (Halb)töne, die in die Oktave eingeschachtelt werden müssen. Dazu gehören 19-12 = 7 Oktavsprünge. All das ist in der Musizierpraxis beherrschbar. Bei der 4. Näherung würden nur 5 Zwischentöne entstehen, das sind viel zu wenig. Bei der 6. Stufe hätte man 41 Töne für eine Oktave, ein für die Musizierpraxis sehr unhandlicher Wert.

Zum gleichen Ergebnis der 12 Quint- und 7 Oktavsprünge sind wir auch vorher bei der Herleitung der pythagoreischen Tonleiter gekommen.

5. Zusammenfassung

Die Musik die wir heute in unterschiedlichsten Stilrichtungen hören, basiert letzlich auf Abhängigkeiten, die physikalischer und mathematischer Natur sind. Wesentliche Voraussetzung für das harmonische Zusammenspiel ist die gleichmäßige Obertonreihe mit Obertönen, die durch ganze Zahlen beschrieben werden können. Beim Anschlagen oder Anstreichen einer Saite bzw. beim Anblasen eines Tones entstehen neben dem Grundton, der die Tonhöhe ausmacht, auch eine zumindest theoretisch unbegrenzte Zahl von Obertönen, die im Ganzzahlabstand aufgereiht werden, die den sog. Klangcharakter des Tones ausmachen. Es wird gezeigt, dass unsere diatonische und chromatische Tonleiter zu einem Minimum an Dissonanzen von zwei gleichzeitig klingenden Tönen führt.

Literatur

SPITZER, M., 2002: Musik im Kopf. Schattauer Verlag, Stuttgart 2002

HARTFELDT, C., W. EID & H. HENNING, 2002: Mathematik in der Welt der Töne. Magdeburg, den 10. Oktober 2002. In: http://www.math.uni-magdeburg.de/reports/2002/musik.pdf

HELMHOLTZ, Hv., 1913: Die Lehre von den Tonempfindungenals pysikalische Grundlage für die Theorie der Musik. 6. Auflage, Vieweg & Sohn, Braunschweig, 1913.

PEIL, U., 2009: Wind and Music. In: European and African Conference on Wind Engineering, Firenze University Press, 2009, K45–K65.

PIERCE, J.R., 1999: The nature of musical sound. In: Deutsch (Ed) The psychology of Muisc. 2nd ed. San Diego, Academic press, p. 1–23.

Kometenfurcht und Kometenwein

Hans Kloft

Charlottenburger Straße 11, D-28211 Bremen

Es war kalt und klar. Über den schmutzigen, halbdunklen Straßen und über den schwarzen Dächern wölbte sich der dunkle Himmel mit zahllosen Sternen. Pierre blickte empor und empfand nichts von der demütigenden Nichtigkeit alles Irdischen, wenn er sie mit der hohen und reinen Stimmung seiner Seele verglich. Als sie auf den Arbeitsplatz gelangten, breitete sich das ungeheure Gewölbe des tiefdunklen Sternenhimmels vor Pierres Augen aus. Fast in der Mitte des Himmelsraumes über den Pretschistjenka-Boulevard stand, von Sternen umringt und fast erdrückt, aber von allen durch seine Erdennähe unterschieden, mit weißem Licht und weit nach oben sich erstreckendem Schweif, der große helle Komet des Jahres 1812 am Himmel – jener Komet, der, wie die Leute meinten, große Schrecken und das Ende der Welt ankündigte. Allein in Pierres Seele erweckte das leuchtende Gestirn mit dem langen Strahlenschweif kein Gefühl der Furcht. Pierre blickte im Gegenteil mit tränenfeuchten Augen zu dem hellstrahlenden Stern empor, der mit unerhörter Geschwindigkeit die unermesslichen Räume in einer Parallellinie durchflogen zu haben schien, um dann plötzlich wie ein in die Erde gedrungener Pfeil sich an dem schwarzen Himmel eine Stelle zu erwählen und haltzumachen. So stand er da, energisch den Schweif in die Höhe gehoben, mit seinem weißen Licht unter den zahllosen anderen blinkenden Sternen glitzernd und gleißend. Pierre hatte das Gefühl, als ob dieser Stern genau das zum Ausdruck brachte, was in seiner mit Mut und Rührung erfüllten und zu neuem Leben erwachten Seele vor sich ging."

Der Passus aus Tolstois „Krieg und Frieden" umreißt trefflich den Gegenstand und die Spannweite unseres Themas: Als Ziel- und Endpunkt steht der große Komet des Jahres 1811/12, die bedeutendste Erscheinung seiner Art im 19. Jahrhundert, der also vor ziemlich genau 200 Jahren am Himmel erschienen ist und in dem Helden Pierre die erhabendsten Gefühle weckten, Gefühle, die ihn nach seinem Besuch bei der geliebten jungen Gräfin, Natascha Rostow, bewegten und die ihn die innige Verbindung von Makro- und Mikrokosmos, von Weltall und Menschenschicksal tief empfinden ließ. Und dieser Konnex von Gestirnen und

---

* Der Vortrag wurde am 13.04.2012 vor der Plenarversammlung der Braunschweigischen Wissenschaftlichen Gesellschaft gehalten.

*Der große Komet, der 1811 gesichtet wurde, brachte dem Lieblingsjahrgang Goethes seinen Namen ein: „Kometenwein".
Unser Bild zeigt eine zeitgenössische englische Radierung.*

Abb. 1.

humaner Welt, seit den Chaldäern im Vorderen Orient gesehen und aufgezeichnet, betrifft ja nicht nur den Einzelnen, sondern ganze Gesellschaften und Epochen: Der große Komet von 1811/12 war den meisten Menschen der Zeit ein Vorbote für ein großes Ereignis, ein Verhängnis, das an dem kleinen Korsen Napoleon und seinem großen, waghalsigen Russlandfeldzug im Nachhinein festgemacht wurde. Hatte der Komet sein Scheitern nicht vorgezeichnet? Und schließlich ist das Jahr 1811 mit dem größten Wein des Jahrhunderts verbunden: der Kometenwein, dem Johann Wolfgang von Goethe neben anderen Poeten seine Referenz erwies – im Dichten und nicht weniger im Trinken, eine bewundernswerte Doppelung, die den Olympier im gewissen Sinne erdete und ihn bis auf den heutigen Tag liebens- und bedenkenswert machte.

Damit sind die drei Aspekte benannt, die unserem Thema die Richtung geben: Zum Ersten die naturwissenschaftliche Seite, der Komet als Gegenstand der Astrophysik und Astromechanik, ein zentraler Gesichtspunkt, auf den deshalb in unserem Rahmen kurz einzugehen ist, weil sowohl Wilhelm Olbers (1758–1840) wie auch Friedrich Wilhelm Bessel (1784–1846), die astronomischen Bremer Lokalgrößen, ihre ganz großen Verdienste um die Erklärung der Kometen und ihrer Bahnen besitzen. *„Kometenastronomie"*, schreibt Olbers seinem Freund, dem Mathematiker Johann Carl Friedrich Gauß (1777–1855), *„ist immer mein Lieblingsfach gewesen."*

Zum anderen stellt das Auftauchen eines Kometen für die Menschen jeder Epoche ein außergewöhnliches Naturereignis dar, das verstanden und gedeutet werden will: Nicht allein im Sinne der naturwissenschaftlichen Astronomie, sondern, über Jahrhunderte hinweg, als ein Zeichen des Himmels, im Mittelalter als Wort Gottes, der eben nicht allein durch die Bibel zu den Menschen spricht, sondern eben auch durch seine Handschrift am Firmament. Was will uns der liebe – nein, der zürnende Gott durch den Kometen sagen, und wie sollen wir Menschen darauf antworten?

Die Geschichte des Kometen bezeichnet damit nicht zuletzt ein religiöses und kulturgeschichtliches Phänomen ersten Ranges, das Lehrschriften, Bilder und Dichtungen hervorgebracht hat, eine imponierende Hinterlassenschaft, die historisch verstanden werden will.

„Die Sterne lügen nicht" – unter diesem Titel fand 2008 eine große Ausstellung in der Herzog August Bibliothek zu Wolfenbüttel statt mit einer enormen Präsentation von Bild- und Buchmaterialien, besonders aus der Frühen Neuzeit. Die Ausstellung machte noch einmal überdeutlich, dass die gängige Unterscheidung von Astronomie – als streng naturwissenschaftliches Vorgehen – und Astrologie, als vorwissenschaftliches Denken, als religiös-magischer Aberglauben nicht weit trägt und fließende Übergänge existieren. Kopernikus, Keppler und Newton, die als astronomische Heroen gelten, besitzen eben auch eine astrologische Seite. Und es ist durchaus nicht so, dass im Verlauf der Geschichte der religiös fundierte Gestirnglaube, die Astrologie, von der rational argumentierenden Astronomie abgelöst wurde. Beide existierten schon, wie wir sehen werden, in der Antike nebeneinander und haben sich in dieser Doppelfunktion praktisch bis auf unsere Tage durchgehalten. Das kluge Buch Kocku von Stuckrads *„Geschichte der Astrologie"*, ist für diesen Sachverhalt ein gutes Beispiel. Von Stuckrad plädiert am Schluss des Buches für eine *„hermeneutische Evidenz der Astrologie"*, weil viele Menschen den Sternen vertrauen und auf ihre vorgebliche Botschaft bauen; so wird das astrale Fürwahrhalten zu einem Gegenstand der empirischen Sozialforschung. Das ist nicht ganz unproblematisch. Mit dieser Methodik könnte man auch eine Geschichte der Engel schreiben, was in dem einen wie in dem anderen Falle das Problem der Verobjektivierbarkeit von individuellen Überzeugungen und die Frage nach der Grenze von Wissenschaft aufwirft.

Dem ist hier nicht weiter nachzugehen. Der dritte Gesichtspunkt betrifft den vorgeblich wohltätigen Einfluss des Kometen auf den Weinjahrgang 1811, ein hochgeschätzter und hochgerühmter Vertreter seiner Gattung, der in der Literatur der Zeit seinen Nachhall gefunden hat, bei Jean Paul, bei Johann Peter Hebel, bei Matthias Claudius und natürlich, in ganz besonderer Weise, bei Goethe. Mit ihm findet eine Tour d'Horizon literarisch und vinologisch ihre Abrundung, beendet mit einem kurzen Satyrspiel am Schluss.

I.

Was den astro-physikalischen Aspekt des Kometen betrifft, so beschränkt sich der Historiker hier in aller Kürze auf die notwendigsten Informationen. Der Name kommt bekanntlich aus dem Griechischen: κόμη (kómē) meint das Haar, κομήτης (kométes) ist der Behaarte, der Stern also, der auf seinem Kopf lange Haare trägt, die sozusagen seinen Schweif bilden. Blickt man auf den schematischen Aufbau, so unterscheidet man einen relativ kleinen Kern, den man sich in der Art eines riesigen schmutzigen Schneeballs vorstellt, bestehend aus Wassereis und feinen Staubpartikelchen. Gerät dieser auf seiner Bahn in die Nähe der Sonne, beginnt, wie man gesagt hat, der Schneeball „abzudampfen" und bildet eine Hülle, die Koma genannt wird. Bei weiterer Annäherung an die Sonne stoßen Kern und Hülle Staub- und Wasserteilchen aus, die den Schweif bzw. mehrere Schweife bilden, die unter dem Einfluss der Sonne leuchten und auch eine gewaltige Länge aufweisen können. 300 Mio. Kilometer hat man für den Schweif des Kometen des Jahres 1843 errechnet. 100 Mrd. Tonnen für den Kern des Kometen Halley, auf den noch zurückzukommen ist. Dies sind Größenordnungen, die erst im Vergleich mit den übrigen Himmelskörpern eine genauere Vorstellung erlauben, aber eben doch die Furcht verständlich machen, was geschehen könnte, wenn ein solches Ungeheuer sich der Erde nähert.

Kometen kommen „*aus der Tiefe des Raumes*", sie sind Fossile, die man aufgrund nachgewiesener chemischer Bestandteile nahe an der Urzeit der Entstehung unseres Sonnensystems gesetzt hat. Den „*kosmischen Mutterleib*" der Kometen, um es einmal so zu bezeichnen, stellt die sogenannte „*Oortsche Kometenwolke*" dar, die wie eine riesige Kugelschale um das Sonnensystem liegt. Erst wenn sie von dort in das Sonnensystem gelangen, gewinnen sie Energie und nehmen Fahrt auf. Kometen besitzen eine ganz geringe Dichte, viele zerfallen und werden nicht alt, andere bewegen sich auf periodischen Bahnen und kommen zu bestimmten Zeiten wieder. Der berühmte Komet Halley, der nach dem Entdecker seiner Umlaufbahn Eduard Halley (1656–1742) benannt ist, kehrt alle 76 Jahre wieder, eine Zeitspanne, die Halley aus den Kometenerscheinungen der Jahre 1531, 1607 und 1682 geschlossen hatte. Seine Vorhersage: der Komet erscheint wieder 1758/59, ist dann in der Tat 16 Jahre nach seinem Tode eingetroffen.

Nicht nur mit seiner Entdeckung des Kometenzyklus hat Halley, Freund und Zeitgenosse Newtons, Astronomiegeschichte geschrieben, ein Zyklus, der die Aufmerksamkeit der Himmelsforscher auf die Jahre 1835, 1910 und 1985 gelenkt hat. Die letzte Erscheinung ist mit der internationalen Halley Watch verbunden gewesen, wozu die USA, Japan und die UdSSR Programme beisteuerten, vor allem die ESA, die mit Hilfe einer Ariane-Rakete eine Messsonde quer durch die Flugbahn des Kometen schickte und wertvolle Daten zur Erde brachte, die vor allem die Morphologie und die Rotation des Kometen klarer werden ließ.

Kometenbahnen

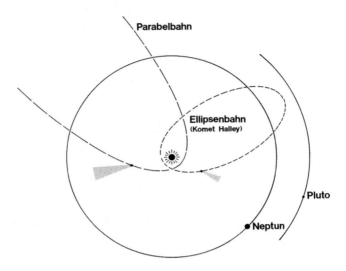

Abb. 2.

Der Halley'sche Komet – er hat wie kein anderer die Gemüter der Menschen bewegt. Auf Halleys Schultern steht Wilhelm Olbers, der als erster die Kometen der Jahre 1796 und 1815 entdeckte und dem großen Kometen von 1811 mehrere Artikel widmete. Olbers hat Kometenbahnen berechnet, Theorien über den Aufbau des Schweifes und des Kernes entwickelt und in der Zusammensetzung von diskreten Teilchen und Nebeltröpfchen die moderne Auffassung des schmutzigen Schneeballs vorweggenommen. Die Beobachtungen, die er 1811 in der berühmten Sternwarte zu Lilienthal bei J.H. Schroeter durchführte, brachten Erkenntnisse, die Olbers wie folgt zusammenfasste:

- Der Schweif ist von der Sonne weg gerichtet – er kann mehrere Millionen km lang werden
- Kometen haben oft mehrere Schweifäste unterschiedlicher Länge und Krümmung
- Die Schweifmaterie ist so fein verteilt, dass Sterne durch sie hindurch scheinen
- Schweife können pulsieren – sich schnell in Helligkeit und Ausdehnung verändern
- Der Kopfbereich (Koma) variiert in Helligkeit, Ausdehnung und Kondensationsgrad
- Der „Kopfschleier" wird zuweilen abgestoßen – der „Lichtnebel" geht in den Schweif über

Die Schlussfolgerungen Olbers' lauteten:
- die Sonne treibt die Schweifmaterie in den Weltraum
- Kometen haben einen kleinen Kern geringer Masse – fest und/oder flüssig
- Der Kern ist von einer „Atmosphäre" oder „Lichthülle" umgeben
- Der Kern ist der Beobachtung verborgen, da er von der Helligkeit der Koma überstrahlt wird
- Die Kometen erzeugen ihr „eigenes" Licht – sie reflektieren kaum Sonnenlicht
- Das Abstoßen der Materie vom Kern basiert auf „tellurischer Elektrizität" und auf „Galvanismus"
- Die abstoßende Kraft ist im gesamten Weltraum vorhanden

Neben Olbers hat Friedrich Wilhelm Bessel (1784–1846), Autodidakt und Schüler von Olbers, ab 1810 Professor für Astronomie in Königsberg, die Kometenastronomie entscheidend vorangebracht und aus genauen Beobachtungen des Halley'schen Kometen im Jahre 1835 wichtige Schlussfolgerungen gezogen, welche die Zusammensetzung des Kernes und des Schweifes betrafen, vor allem auch die genaue Umlaufbahn. Darauf ist hier nicht näher einzugehen.

So brachten die Kometenerscheinungen des 19. Jahrhunderts gewaltige Erkenntnisfortschritte, die den besseren Beobachtungsmöglichkeiten durch leistungsfähigere Teleskope und besseren mathematischen, physikalischen und chemischen Kenntnissen geschuldet waren, ein Wissensprozess, der bis auf unsere Tage fortdauert. Erst kürzlich meldeten die Zeitungen, dass die Analyse des Wassers des Kometen mit der Bezeichnung 103P/Hartly 2 einen kühnen Schluss zuließen: Kometen haben in der Frühzeit des Sonnensystems offensichtlich als Wasserlieferanten der Erde gedient. So jedenfalls die Vermutung des Max Planck Instituts für Sonnensystemforschung. Beobachtung, Analyse und Theoriebildung greifen in der modernen Astronomie Hand in Hand und werden weitere Fortschritte zeitigen.

II.

Wir kommen damit zu einem weiteren Gesichtspunkt: Die Kometenfurcht bzw. die Reaktion auf diese extreme Himmelserscheinung, welche die Menschen von je her fasziniert haben. Wir alle kennen das Weihnachtsevangelium wie es bei Matthäus (2, 1–2) aufgezeichnet ist: Geleitet von einem Stern kommen die Weisen, Magoi, aus dem Morgenland, der sie zum neugeborenen König der Juden leitet. Und siehe, *„der Stern ... ging vor ihnen her, bis er über dem Ort, wo das Kind war, ankam und stille stand. Da sie aber den Stern sahen, hatten sie eine überaus große Freude. Und sie gingen in das Haus, fanden das Kind mit Maria, seiner Mutter, fielen nieder und beteten es an."*

Die gelehrten Spekulationen, die sich an den Bericht des Matthäus über die Magoi und ihren Stern entwickelt haben, gehen in die Hunderte. Für unseren Zusammenhang sind drei Aspekte wichtig: Die Sterndeuter waren mit hoher Wahrscheinlichkeit in Mesopotamien zu Hause. Dort hatte sich aus der genauen Beobachtung des Himmels eine erste Astrologie entwickelt, die zusammen mit einer ägyptischen Tradition auf die Himmels- und Sternenbeobachtung in Griechenland und Rom eingewirkt hat.

Zum Zweiten geschehen bei der Geburt und beim Tod bedeutender Herrscher „prodigieuse Dinge", wie Zedlers Lexikon des 18. Jahrhunderts unter dem Stichwort Kometen berichtet. Der Topos kehrt beim Perserkönig Kyros, bei Alexander dem Großen, bei Cäsar und Augustus wieder. Und zum Dritten wird der Stern von Bethlehem, hinter dem sich möglicherweise eine Konjunktion von Jupiter, Mars und Saturn zum Jahre 7 v. Chr. verbirgt, wie schon Kepler 1604 vermutete, seit dem Mittelalter als Komet interpretiert und in wundervollen Tafelbildern abgebildet, welche die Heiligen Drei Könige und ihre Ankunft im Stall festhalten.

Dass Kometen etwas Gutes verheißen, gilt nicht nur in der Antike als Ausnahme. Bedeutendes Beispiel neben dem Stern von Bethlehem ist das sog. Sidus Julium, der hell leuchtende Komet, der nach Cäsars Ermordung im Jahre 44 v. Chr. etwa eine Woche lang am Himmel zu sehen war. Es war die ingeniöse Strategie seines Adoptivsohns Octavian, des späteren Kaiser Augustus, die herkömmliche Deutung als Unglücksboten in ein positives Signum umzudeuten. Er nimmt die Volksmeinung auf, die glaubte, dass die Seele Cäsars an den Himmel versetzt und unter die unsterblichen Götter aufgenommen worden sei. Octavian veranlasst den Bau eines Tempels, in dem der Komet, d. h. der vergöttlichte Cäsar, verehrt wird; er richtet eine Priesterschaft ein, die Spiele zu Ehren der Ahnmutter der julischen Dynastie, der Venus genetrix, organisierte und lässt eine Statue Cäsars, geschmückt mit einem Stern, auf dem Forum aufstellen (Kienast 216, 228f.).

Abb. 3.

So findet die Inszenierung eines neuen Gottes, des Divus Julius, einen herausragenden Platz im Herzen der Stadt und setzt sich mit der Divinisierung des toten Augustus fort, der auf dem Marsfeld verbrannt wurde, von wo er in Gestalt eines Adlers in den Himmel aufstieg, so jedenfalls hat es ein römischer Ritter eidlich bezeugt, wofür er von der Augustusgattin reichlich belohnt wurde (Bleicken 666f.). Dass mit der Vergöttlichung des Vaters auch ein helles, zukunftsverheißendes Licht auf den Sohn, den divi filius, fiel, war besonders für Octavian/Augustus ein hochwillkommener Neben-, vielleicht sogar der Haupteffekt des religiöspolitischen Schauspiels.

III.

Kometen kündigen gewaltige Veränderungen an. Das Auftauchen des gestirnten Cäsar am Himmel im Jahr 44 deutete ein Priester (haruspex) mit Namen Vulcatius zudem als Übergang vom 9. zum 10. Weltalter (Schwabl 1186). Noch Shakespeare erwähnt den Kometen in seinem Julius Cäsar:

„Kometen sieht man nicht, wenn Bettler sterben.
Der Himmel selbst flammt Fürstentod herab." (II 2, 30f.)

Die Vorzeichen setzen sich fort. Kurz vor dem Tode des greisen Augustus im Jahre 14 n. Chr. gab es eine totale Sonnenfinsternis, daneben waren blutig rote Kometen am Himmel zu sehen, wie Cassius Dio berichtet (LVI 29,2).

Kometen sind Vorboten von Herrschaftswechsel: *mutant sceptra cometae* (Stat. Theb. I 708). Im Jahre 60 n. Chr. verband das römische Volk das Auftreten eines Kometen mit einer *mutatio regis* und ventilierte als Nachfolger Neros den Rubellius Plautus, der mit der julischen Dynastie verwandt war (Tac. Ann. XIV 22, 1ff.). Nur vier Jahre später verband sich der Komet am Himmel mit anderen Vorzeichen: Häufige Blitzeinschläge, Missgeburten bei Mensch und Tier, die anzeigten, dass die Welt in Unordnung war. Der tief beunruhigte Nero fragte die zuständige Priesterschaft um Rat: Ja, lautete die Antwort der Haruspices, ein anderer strebe danach, Haupt der Welt zu werden; aber das Vorhaben werde vereitelt. All dies waren Anzeichen, dass der Kosmos tief gestört war, und ein hinzugezogener Astrologe mit Namen Balbillus riet zu einem archaischen religiösen Entsühnungsakt: Den Zorn der Götter durch die Tötung eines vornehmen Römers zu besänftigen, mit dem Getötetem gleichsam als Sündenbock das kosmische Unheil ins Grab zu nehmen. Diese barbarische Form der Entsühnung, die sog. *expiatio* (Wissowa 543ff.), wendet Nero, so berichtet es Sueton (Suet. Ner. 36), auf die Mitglieder der Pisonischen Verschwörung an und ließ 19 Personen, unter ihnen den vornehmen Calpurnius Piso hinrichten.

Sachliche Hintergründe und Intentionen der Autoren Tacitus und Sueton zum Jahre 64 n. Chr., die das Auftreten des Kometen im Jahre 64 n. Chr. mit der Beseitigung der neronischen Fundamentalopposition verbinden und dies in der Form einer religiösen Entsühnung geschehen lassen, können hier auf sich beruhen bleiben. Die böse Geschichte unterstreicht nachdrücklich die allgemeine Kometenfurcht im Volk, die scheinbare Ankündigung von Unheil, von Krankheit, Seuche, Hungersnot, von militärischen Eroberungen und Niederlagen; von ihnen ist die antike Überlieferung zu den Kometenerscheinungen voll.

IV.

Aber es gibt gewichtige Gegenbeispiele, die einen umfänglichen Kometendiskurs der Zeit offen legen und die zumindest in ihrer Tendenz genannt werden sollen. Naturfragen, *naturales quaestiones*, nennt der kaiserzeitliche Philosoph Seneca eine umfängliche Erörterung von Natur- und Weltphänomenen, von Erde und Wasser, von Regen und Blitz, von Hagel und Schnee, von Erdbeben und Himmelserscheinungen. Das siebte Buch „De Cometis" enthält nicht nur eine Auseinandersetzung mit den Kometentheorien seiner Vorgänger, mit Demokrit, Aristoteles und Artemidor, die er versucht, auf einen rationalen Kern zurückzuführen. Für ihn bieten die Kometen ein seltenes Weltspektakel, *rarum mundi spectaculum*, das Bewunderung verdient. Die Erscheinungen weisen Anfang und Ende auf, kennen Gesetzmäßigkeiten und Wiederkehr nach gewaltigen Intervallen. Auch wenn vieles noch unbekannt ist: *„Die Zeit wird kommen, wo das, was noch verborgen ist, ans Licht kommt, später und durch sorgfältige Beobachtung"* (nat. quaest. VII 25,3f.).

Die optimistische Aussicht auf größeres Wissen in der Zukunft bindet der stoische Weise an menschliche Verehrung (*verecundia*) und Bescheidenheit. Nicht alles hat Gott den Menschen bereitgestellt; vieles, ja der größere Teil der Welt bleibt verborgen. Bei der Naturerkenntnis ergeht es den Menschen wie bei den Mysterien. Ihr heiliges Gut offenbart die Natur nicht auf einmal. Als Eingeweihte, *initiati*, befinden wir uns bestenfalls im Vestibül, in der Vorhalle des Heiligtums, eine spätere Epoche wird tiefer schauen als wir dies können (nat. quaest. VII 30, 3ff.).

Nicht Furcht angesichts der abnormen Naturerscheinungen, sondern Staunen und Ehrfurcht, ein Sicheinfügen in eine göttliche Weltordnung, dies sind die Ziele, die Seneca mit seiner Erörterung der Kometen verbindet. Auch sie sind letzten Endes Bestandteile eines auf Harmonie aufgebauten Kosmos, den der Mensch kraft seines Verstandes mit der Zeit zunehmend klar erkennen wird.

Dem Philosophen tritt nur wenig später der ältere Plinius in seiner Naturgeschichte (*naturalis historia*) zur Seite, der nüchtern und empirisch berichtet, was es mit den Kometen auf sich hat (n. h. II 89ff.). Die Kometen, Haarsterne, wie sie die Römer nennen, schrecken gewöhnlich durch ihren blutig roten Schweif und ihr struppig-haariges Aussehen. Auch sie weisen, wie Plinius nach dem astronomischen Schriftgut ausführt, verschiedene Formen auf:

pogoniae – Bartsterne

acontiae – Pfeilsterne

xiphiae – Schwertsterne

discei – Scheibensterne

pithei – Fasssterne

lampadiae – Fackelsterne

Diese Morphologie der Kometen hat Plinius von seinen Vorgängern übernommen, zum Teil auch aus eigener Anschauung skizziert und mit historischen Ereignissen gemäß seiner Vorlage verbunden. Die Form signalisiere als Vorbedeutung, worauf sich der kommende Schaden beziehe. Die Flötengestalt gelte den Musikern. Drei- und Vierecke verweisen auf Gelehrtentum. Treten Kometen in der unteren Region, den Schamteilen von Sternbildern auf, ist dies ein Anzeichen von Unzucht und verdorbenen Sitten. Der Komet im Sternbild Schlange verweise auf eine bevorstehende Vergiftung.

Das, was Plinius hier (n.h. II 92) referiert, sind wertvolle Beispiele, wie das einfache Volk die Himmelszeichen liest, in der Regel den Zusammenhang erst im Nachhinein herstellt, wie beim Giftmord an Claudius im Jahre 54 n. Chr., der durch einen Kometen scheinbar angekündigt wurde (Suet. Claud. 46).

Aber so naiv sieht der Naturhistoriker Plinius den Himmel und seine Sterne explizit nicht: Die Himmelskörper sind uns nicht zugeteilt, Menschen und Gestirne laufen auf je eigenen Bahnen. Mit dem Himmel haben wir keine so bedeutende Gemeinschaft: *non tanta caelo societas nobiscum est* (n. h. II, 8ff.).

So kennt der antike Kometendiskurs, wenn wir ein vorläufiges Fazit ziehen wollen, also beide Stränge: Astrologie und Astronomie, Sternenglauben mit einer speziellen Interferenz von Makro- und Mikrokosmos auf der einen, empirische Naturerkenntnis auf der anderen Seite. Auch sie enthält einen wichtigen ethischen Impetus: den Menschen von Furcht zu befreien und ihn zu ermuntern, der menschlichen Verstandeskraft größeres Vertrauen zu schenken.

V.

Diese doppelte Sternen- und Kometeninterpretation der Antike hat insbesondere in der Frühen Neuzeit und in der anschließenden Epoche der Aufklärung bedeutende Auswirkungen gezeigt. Es ist freilich zunächst daran zu erinnern, dass die periodische Laufbahn des Kometen Halley zwei eminent wichtige Quellen der

Abb. 4.

Kunstgeschichte illustrieren helfen: Auf dem berühmten Teppich von Bayeux aus der zweiten Hälfte des 11. Jahrhunderts überbringen Boten dem angelsächsischen König Harald die Botschaft vom Erscheinen eines Kometen, eines Unglücksboten, wie die Schlacht von Hastings 1066 zeigen sollte, in welcher Harald dem Normannenfürsten Wilhelm unterlag, dabei Herrschaft und Leben verlor.

Der Halley'sche Komet des Jahres 1301 diente Giotto di Bondone (1266–1337) dazu, den illustrativen Schweifstern mit dem Stern von Bethlehem zu verbinden und schuf damit eine Bildtradition, die das beliebte Sujet durch die Anbetung der Heiligen Drei Könige bis weit in die Neuzeit hinein bestimmte.

Der Adressatenkreis dieser wundervollen mittelalterlichen Kunstwerke war klein. Dies änderte sich mit der Erfindung der Buchdruckerkunst, dem Aufkommen von Flugschriften, auch der umfänglicher gewordenen Korrespondenz der Gelehrten, welche die gewaltigen Fortschritte in der Astronomie und die astrologischen Deutungen vermehrt unter die Leute brachte. Es muss in diesem Zusammenhang bei der Namensnennung von Nikolaus Kopernikus (1473–1543), Johannes Kepler (1571–1630), Tycho Brahe (1646–1601) und Galileo Galilei (1664–1642) bleiben. Johannes Hevelius (dt. Hewelcke, 1611–1687) aus Danzig verdient als Astronom deshalb eine besondere Beachtung, weil er in seinem weit verbreiteten Werk *Cometographia* (Danzig 1668) die Kometenanalyse des Plinius aufgenommen und nach neuesten Erkenntnissen ergänzt hatte, die ihm leistungsfähige Teleskope lieferten.

Abb. 5.

Ein herrlich illustriertes Exemplar eines *Theatrum Cometicum* des polnischen Astrologen und Theologen Stanislaw Lubieniecki (1623–1675), gedruckt in Amsterdam 1668, besitzt die Herzog August Bibliothek in Wolfenbüttel. Das Buch enthält dessen umfangreiche Korrespondenz mit den bedeutendsten astronomischen Autoritäten anlässlich der Kometen der Jahre 1664 und 1665. Das Frontbild gibt in umfangreicher Programmatik Lubienieckis astronomische und religiöse Überzeugung wieder.

Die Gestalt auf der Erdkugel (? Gottvater) hält in der Rechten das Buch ratio (Vernunft), in der Linken das Buch *relevatio* (Offenbarung), zugeordnet einem

Kometen und der Zuchtrute Gottes, auf der anderen Seite ein Palmzweig und ein Regenbogen. Den Fraugestalten ist das Motto beigegeben: *Scientia non sine prudentia*, Wissenschaft ist nicht ohne Klugheit zu haben. Darüber ließe sich lange nachsinnen.

VI.

Für den Historiker mindestens ebenso interessant sind die im 16. und 17. Jahrhundert massenhaft gedruckten Schriften und Flugblätter, welche die Kometen in den Heilsplan Gottes einstellten und in ihnen eine *Vox Dei* an das durchweg sündige Volk sahen. Aus dem im Großen und Ganzen gut aufgearbeiteten Material will ich nur wenige signifikante Beispiele vorführen:

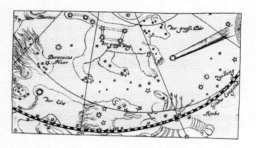

Abb. 6.

Die Abbildung des Kometen im Jahre 1682 aus Frankfurt verbindet sich mit der Aufforderung zur Buße und zur Umkehr (Comets 137). Dies ist das gängige Muster, es begegnet in vielen eindrucksvollen Darstellungen zum Jahre 1618, in dessen Winter ein heller Komet praktisch über ganz Europa gesichtet und natürlich auf die Kriegsereignisse bezogen wurde, die dreißig Jahre dauern sollten. Die Masse der einzelnen Flugschriften und Bußpredigten hat man mit einer spezifisch lutherischen Frömmigkeitsbewegung im 16. und 17. Jahrhundert zusammengebracht und einen wachen Sinn für ein kommendes apokalyptisches Zeitalter konstatiert. In diesen Zusammenhang gehören auch die dunklen Prophezeiungen des famosen Nostradamus, auf den ich nicht näher eingehen will. Ihnen allen ist gemeinsam: Gott spricht zu uns nicht nur durch die Bibel. *„In kritischen Situationen greift er auch zur großen Leinwand des Himmels, um seinen Zorn unmissverständlich auszudrücken"* (Die Sterne, 181).

Gottes Botschaft liegt für jeden Christenmenschen offen auf der Hand; deshalb soll man das Aus- und Nachklügeln über die Beschaffenheit und die Bewegung des Kometen ruhig im Dunkeln belassen. Ein protestantischer Pfarrer aus Ulm lässt sich anlässlich des Kometen von 1618 folgendermaßen vernehmen:

„Man soll den Cometen nicht ansehen, wie das Kalb ein neu Thor ansiehet, - ihm zu Gefallen, mehr aus Fürwitz, als bewegendem Herzen, einen Abend oder zween nachgehen, - sehen, wie er formirt und beschaffen, - uns auf den Marktplatz und andere Gassen stellen, - hinauf gen Himmel gaffen, - uns, wie er so ein seltsamer Stern sei, wie er einen so langen Schwantz oder Schweiff habe, verwundern; oder auch, woher er entstehe, was seine Ursachen in der Natur seyen, an den Natur-Kündigern und Himmels-Lauf-Erfahrnen sorglich erforschen, - wann folgends solcher Vorwitz gebüßt, uns mehr und ferner darüber nicht mehr bekümmern. Nein, damit ist es nicht ausgerichtet; Sondern, wann wir den strahlenden Cometen oder Schwantzstern, so eben, wie ein langer Kehr-Besen oder Ruten gestaltet und firmirt, ob unsern Augen Flammen sehen, da sollen wir uns anders nichts einbilden, als wann wir unsern Herrn und Gott im Himmel, wie einen zornigen Vater, mit einer Rute vor seinen Kindern, vor uns stehen sehen, - der da mit dieser seiner feurigen, zwitschernden, funckelnden Ruten, bald hinder uns her zu wischen träue, - uns unser langverdientes, wolverschuldetes Product abzuzahlen, und um unser vielfältigen schweren Sünden willen, der Gebühr nach heimzusuchen und zu straffen. Das sollen wir heibey bedenken, und nicht, aus was verborgener Krafft der natur der Comet geschehe, vorwitziglich allein nachgrübeln. Es ist genug, daß du Gottes Zorn erkennest, und dein Leben besserst. (Griesser 132).

Man muss sich angesichts der frühneuzeitlichen Kometentraktate vor Augen halten, dass im 16. und 17. Jahrhundert der Kreis der Partizipanten sehr viel größer geworden ist als zu früheren Zeiten, nicht zuletzt deshalb, weil sich der mediale Resonanzboden, um es einmal so zu bezeichnen, durch den Buchdruck enorm verbreitet hat. Dem Auftauchen des gewaltigen Kometen des Jahres 1680/81, dem in der Kometenliteratur eine überragende Rolle zukommt, begegnet der „*edle hochweise Rath der Stadt Lübeck*" mit einer „*christlichen Anordnung*" und setzt für den 10. Februar einen Buß- und Bettag fest. Wie in Bremen, so übt auch in Lübeck der Rat das Kirchenregiment aus, das Summepiskopat des protestantischen Landesherrn; er kann so die Stadtbevölkerung per Edikt zum Kirchgang, zum Gottesdienst, zum Gebet und zur Buße verpflichten.

Nachdem der Gerechte und durch unsere vielfältige Sünde höchsterzürnete GOTT nicht allein täglich in seinem Worte / sondern auch eine Zeithero durch unterschiedliche Wunder und Zeichen im Himmel und auff Erden / uns mit grosser Straffe dräuet / absonderlich durch den jüngsten am 18. Decembr: abgewichenen Jahres erschienenen entsetzlichen ungewöhnlichen Cometen und Schweiff-Stern / unß noch für Unglück warnet und zur Busse leitet / Alß hat ein Hochw. Rath so wol auß eigenem Getrieb schuldiger Gottesfurcht / wie auch dem löblichen Exempel benachbarter Fürsten und anderer Städte zufolge / dessenthalben in dieser Stadt und dero gantzem Territorio, *einen ofentlichen Hochfeyerlichen Buß- und Beht-Tag auff zukünfftigen 10. Tag des Monaths Februarii / alß den Donnerstag vor dem Sonntage* Qvinqvagesimææ, *anzusetzen und zu begehen hochnöthig und heilsam befunden ..."*

Dabei werden die Prediger ermahnt, den Kometen in der rechten Weise den Zuhörern vor Augen zu stellen. Weder sollen sie ihn als „*blosse ewige Wercke der Natur*" verachten, wie dies die „*epikureischen Naturalisten tun, darauß endlich Atheisten werden*"; noch sollen sie die Zuhörer ängstigen, noch weniger „*aus verbotenem Fürwitz nach der Spezial-Bedeutung derselben sorgfältig forschen und scrupulieren*", was Gottesmacht und Allwissenheit allein vorbehalten sei.

Angezeigt sind dagegen Gottesfurcht, ruhiges Verhalten und Abwarten, dass der Komet und seine Schrecken gnädig vorüber gehen.

VII.

So faszinieren Kometen die Zeitgenossen im 16. und 17. Jahrhundert weiterhin, ihre Bilder erreichen ein immer größeres Publikum. Aber der naturwissenschaftliche Diskurs beginnt allmählich die Überhand zu gewinnen. Den Kometen des Jahres 1744 deutet „*ein redlicher Württemberger, ein anonymer Uranophilus*", wie es im Vorwort des kleinen Traktates heißt, „*nach dem Exempel rechtschaffener Gelehrter, um dem gemeinen Manne Vorurtheile zu benehmen, die er in Betrachtung des Kometen hat.*" (Vorwort)

Und der „redliche Württemberger" fährt fort:

„*Der Endzweck, warum die Cometen an dem Himmel stehen, und dorten herumschweben, ist wohl vornehmlich dieser, daß man bey so vielen und und macherley aufgeführten Schauspielen auf dem prächtigen Welt-Theatro die Majestät und*

Herrlichkeit des Schöpfers immer mehr bewundern und im Glauben demüthigst verehrten soll." (18)

Abraham Gotthelf Kästner (1719–1800), berühmter Mathematiker an der Universität Göttingen und Lehrer von Olbers, verfasste aus gleichem Anlass ein philosophisches Lehrgedicht auf den Kometen des Jahres 1744:

Mein Lied beschreibt den Stern, der weit von unsern Kreisen,

Nur selten sich uns naht, uns Kopf und Schweif zu weisen;

Und wenn er sich so tief in unsre Welt verirrt,

Des Weisen Neugier reizt, des Pöbels Schrecken wird.

O möchte mir davon ein solches Werk gelingen!

Wie, wenn es Opitz wagt, Vesuvens Brand zu singen,

Und durch sein Beyspiel zeigt, auch so ein Vers sey schön,

Der nur Gelehrte reizt, den Kinder nicht verstehn. (Kästner 69)

Und Kästner fährt fort: Was der Komet sei, seine Ordnung, seine Bahn und seine periodische Wiederkehr, das haben berühmte Forscher von Aristoteles bis Newton herauszufinden versucht, mit Gründen der Vernunft, gegen den naiven Glauben. Und noch ist alles nicht geklärt, man darf zweifeln und spekulieren: könnte er nicht auch Wasser auf die Erde bringen?

...

Vielleicht, daß ein Komet, wenn er zu uns sich senkt,

Mit frischer Feuchtigkeit die trocknen Welten tränkt.

So zweifelt Newton hier, und darf man es jetzt wagen,

Wo Newton zweifelnd spricht, was Sichres schon zu sagen?

Denn Himmel und Natur schließt nach und nach sich auf:

Nur wenig kennen wir von der Kometen Lauf,

und ihren wahren Zweck, wohin sie sich entfernen,

Wie lang' ihr Umlauf währt, das mag die Nachwelt lernen.

(Kästner I 76)

VIII.

Und damit gelangen wir nun endlich zur eindrucksvollsten Himmelserscheinung des 19. Jahrhunderts, dem Komet von 1811/12, dem Vorboten für den katastrophalen Russlandfeldzug Napoleons, wie es die immer klugen Propheten im Nachhinein gesehen haben. Sommer und Winter des Jahres 1811 zeitigten ein ideales Wetter für den Wein. Die Rheingauer Weinchronik, deren Originalhandschrift in Bremen liegt, berichtet zum Jahr 1811/12:

In diesem Jahre stand ein Komet, der von einem Astronomen zu Viviers am 25. März, zu Marseille am 11. April mit dem Fernrohr entdeckt wurde und den man in Paris bis zum 20. Oktober beobachtete. Ein Astronom von Bremen versicherte, dass er in der letzten Hälfte August wieder zum Vorschein komme, viel heller als im Frühjahr erscheine und mit freiem Auge zu sehen sei. Es traf zu, und der Komet blieb bis in den Dezember sichtbar. Das gute Wetter vom März bis November schrieben viele dem Kometen zu.

...

Die Herbstwitterung war, wie bereits erwähnt, vortrefflich. Der Most fing daher schon in den Bütten an zu gären. An der Güte des Weines brauchte man nicht zu zweifeln. Er war süss und stark. Hätten wir aber vor dem Herbst einen durchweichenden Regen und faule Trauben gehabt, so würde der Wein eine größere Delikatesse bekommen haben. Man hatte sich auf viel Wein eingerichtet, aber man machte viel mehr als man geschätzt hatte.

Die Ernte war also reich und von optimaler Qualität. Und so reüssierte der Elfer besonders bei seinen literarischen Verehrern. Als Goethe im Herbst des Jahres 1814 von Wiesbaden, wo er zur Kur weilte, in den Rheingau zusammen mit Freunden aufbrach, da genoss er den köstlichen Tropfen nicht nur beim berühmten St. Rochus-Fest zu Bingen, dem ersten großen Volksfest der Gegend nach Beendigung der Franzosenherrschaft, sondern hat ihn bei vielen anderen Gelegenheiten, vor allem in Rüdesheim, getrunken:

„Nun muss denn wohl, im Angesicht so vieler Rebhügel, des Elfers in Ehren gedacht werden. Es ist mit diesem Weine wie mit dem Namen eines großen und wohltätigen Regenten, er wird jederzeit genannt, wenn auf etwas Vorzügliches im Lande die Rede kommt; ebenso ist auch ein gutes Weinjahr in aller Munde. Ferner hat denn auch der Elfer die Haupt-Eigenschaft des Trefflichen: er ist zugleich köstlich und reichlich."

Und der Weinkenner Goethe lässt sich vor Ort gerne über die Vorzüge der einzelnen Lagen berichten:

„Und so konnte es denn nicht fehlen, dass der Hauptgegenstand alles Gesprächs der Wein blieb, wie er es gewesen. Da erhebt sich denn sogleich ein Streit über den Vorzug der verschiedenen Gewächse, und hier ist es erfreulich zu sehen, dass die Magnaten unter sich keinen Rangstreit haben. Hochheimer, Johannesberger, Rüdesheimer lassen einander gelten, nur unter den Göttern minderen Ranges herrscht Eifersucht und Neid." (MA XI 2,95 und 104f.)

Gute Weine sind für Goethe Fürsten, denen man seine Referenz zu erweisen hat, eine Hochachtung, die sich im Trinkgenuss und in seiner Dichtung ausspricht und die erst dadurch voll verständlich werden, wenn man das Thema: Goethe und Wein in den lebensgeschichtlichen und regionalen Kontext stellt. Hier gilt es freilich, sich kurz zu fassen und an Bekanntes zu erinnern.

Der Wein hat Goethe von der Wiege bis zur Bahre begleitet. Als er durch die Ungeschicklichkeit der Amme schwarz und ohne Lebenszeichen auf die Welt kam, da legten sie ihn, wie Bettina von Arnim berichtet, in eine flache hölzerne Mulde, in der das Fleisch gepökelt wurde, und rieben ihm die Herzgrube mit Wein ein.

„*… ganz an deinem Leben verzweifelnd. Deine Großmutter stand hinter deinem Bett; als du zuerst die Augen aufschlugst, rief sie hervor: Rätin, er lebt.*" (Bockholt 12)

So brachte die heilende Kraft des Weines Goethe ins Leben, eine lange Spanne von 82 Jahren, an deren Ende auch wiederum der Wein steht. Als ihn sein Diener Friedrich am Vormittag des 23. März 1832 in seiner letzten Stunde ein Glas Wasser und Wein reichte, bemerkte er tadelnd: „*Du hast mir doch keinen Zucker in den Wein getan?*", dann erst kommt der berühmte Satz: „*Mach doch den Fensterladen im Schlafzimmer auf, damit mehr Licht hinein.*" Wie immer, gibt es um die *ultima verba*, die letzten Worte, die man quasi als Vermächtnis ansieht, unter den Fachleuten Streit. Aber wir lassen es bei unserer Version.

Der Wein als Klammer seines Lebens wird in Einzelheiten konkret, wenn man die Haushaltsabrechnungen Goethes zu Rate zieht; 1829 etwa gibt er bei einem geschätzten Jahreseinkommen von 10.000 Talern ca. 2.200 Taler für den Weinkonsum aus, also über 20%. Würde man einen modernen Vergleich wagen, dann wären dies bei einem angesetzten Monatsgehalt von 5.000 Euro ein Betrag von 1.000 Euro für den Wein. Er hat Würzburger, Wertheimer, Mosel, den französischen Burgunder und Bordeaux, daneben Champagner getrunken und verschmähte auch den Dornburger Roten nicht, der östlich von Weimar, oberhalb des Saaletales wuchs. Er ließ ihn aus den bekannten Weinhäusern der Zeit kommen, von Zapf in Sahl, von Ramann in Erfurt und eben auch aus dem Bremer Ratskeller. Er trank in guten Zeiten bis zu drei Flaschen täglich, ein beachtliches Quantum, das er erst gegen Ende des Lebens reduzierte, im Haus am Frauenplan kräftig sekundiert von seiner Frau Christiane, dem „trinkfrohen Naturkind" und seinem Sohn August, dem „vortrefflichen Juvenil", wie Goethe schrieb, der kräftig, ja im eigentlichen Sinne ohne Maß trank und 1830 bereits mit vierzig Jahren starb. „*Er habe sich in den Tod getrunken,*" notiert nüchtern E. Kleßmann (Christiane 145) und formuliert damit nur ein allgemeines Urteil über den unglücklichen Filius.

„*Augusten schmeckt der Melnicker vortrefflich*", heißt es in einem Brief von 1807 an Christiane, „*es ist so ein Wasserweinchen, das leicht hinunter schleicht und von dem man viel trinken kann.*"

Abb. 7.

Über den Weinkonsum der Familie hat sich Kleßmann in seiner lesenswerten Biographie kenntnis- und verständnisvoll ausgelassen:

Christiane vertrug wohl nicht viel, Goethe desto mehr. „Er konnte fürchterlich trinken", bemerkte der Herzog Karl August einmal bewundernd. Wie sehr, demonstrierte Goethe mit 78 Jahren in aller Öffentlichkeit beim Fest der Armbrustschützengilde in Weimar. Mit Staunen beobachtete dabei der Maler Wilhelm Zahn: „Eine große Gesellschaft war versammelt, und der edle Wein floß in Strömen. Alle tranken tapfer, aber der alte Goethe am tapfersten. Mit innigem Behagen sah er einen nach dem andern matt werden und kläglich abfallen. Ihm allein konnte der Wein nichts anhaben. Wie ein siegender Feldherr überblickte er das Schlachtfeld und die niedergetrunkenen Reihen." (Kleßmann 143)

IX.

Der Wein als literarischer „Produktionsfaktor" – Goethe selbst spricht von den „produktiv machenden Kräften des Weines" – dazu ließe sich eine ganze Fülle Goethischer Dichtungen anführen, von seiner Straßburger Zeit über die volkstümlichen Weinlieder, bis hin zum zweiten Teil des Faust, wo „Dionysos sich aus Mysterien enthüllt" und der Wein schlimme Folgen zeitigt (Faust II, 10023ff., MA XVIII 1,282).

So nimmt es nicht Wunder, dass die außergewöhnliche Qualität des Kometenweins, „des Elfers", Goethes Geschmack und Sensibilität in besonderer Weise herausforderte. Der Rheingauer des Jahrgangs 1811 bildet gleichsam den Cantus firmus seines Verhältnisses zu Marianne von Willemer, der Sulaika aus dem West-Östlichen Diwan, ein Verhältnis, das einen ganz eigenen Stellenwert in Goethes poetischem Schaffen und nicht minder in seinem Liebesleben besaß. Goethe weilt in den Jahren 1814 und 1815 längere Zeit im Hause des gebildeten Frankfurter Bankiers Johann Jakob von Willemer, der 1814 als Witwer die 24 Jahre jüngere Marianne geheiratet hatte (Bockholt 71ff.). Im gut bestückten Haushalt genoss Goethe den Elfer mit vollen Zügen, und er versäumte auch bei seiner Abreise nicht, um eine Nachsendung des köstlichen Getränkes nach Weimar zu bitten, die Jacob von Willemer 1814 in einem 12er Pack mit folgendem Begleitschreiben versah:

„Verzeihen Sie, hochverehrter Freund, dass ich den Namen (des Fuhrmanns) nicht früher als in Antwort auf Ihr Schreiben vom 14. Dezember aus Jena anzeige. Sollte Kälte oder ander Unglück den Wein beschädigen, oder auch nur ein Apostel von den Zwölfen schadhaft geworden und von Gott abgefallen sein, so bitte ich, es ja zu melden; denn es steht ein Reservekorps bereit, gerüstet und marschfertig, das gleich aufbrechen kann. Wenn Ihnen der Wein so wohl behagt als Ihre Güte mir und der Kleinen wohlgetan, so war es uns beiden vergönnt, große Freude zu stiften." (Bockholt 74)

1816 versah Willemer die Weinsendung mit folgendem Gedicht:

Es stellen die Zwölf sich wieder ein

und möchten gern getrunken sein,

sie kommen wie die drei Könige aus der Fern

zu ihrem lieben gnädigen Herrn,

es nehme der Herr sie freundlich auf

und verflechte sie in seines Lebenslauf.

Goethe bedankte sich artig und höflich, überging freilich geflissentlich den dichterischen Begleittext (Bockholt 77).

Ein Jahr vorher weilte Goethe anlässlich seines Geburtstags bei den Willemers, den er im Kreis von Freunden feierte mit gutem und altem Wein, den 1748er und 1749er, vor allem mit dem 1811er, dem er kräftig zusprach. Boisserée, der berühmte Kölner Kaufmann und Kunstsammler, notierte in sein Tagebuch: *„Der alte Elfer Rheinwein und die feuchte Luft haben ihm zugesetzt. Jetzt trinkt er nur noch Bacharacher."* Goethe selbst notiert in sein Tagebuch zum 29.08.1815: *„Nicht wohl, im Bett geblieben."* (Bockholt 67f.)

Das hielt nicht lange. Antonie Brentano, die Gattin von Franz Dominicus Brentano (1765–1844), deren Landgut in Winkel Goethe gerne besuchte, bezeugt seine Vorliebe:

"Von einem guten Rheinwein konnte er aber ganz fürchterlich viel trinken, besonders von dem Elfer, und mein Mann machte ihm oft eine große Freude mit dem Geschenk eines Fässchen Weines." (MA XI 1,1, 465)

Der Wein des Jahrgangs 1811 verbindet Goethes Dichtung und Leben. Er prägt das „Buch des Schenken" im West-Östlichen Diwan und findet seinen schönsten Ausdruck im sog. Ghasel, einer aus dem Persischen stammenden Gedichtsform, die in heimische Gefilde verpflanzt wird.

Wo man nur Guts erzeigt überall

,s ist eine Flasche Eilfer.

Am Rhein und Main, im Neckarthal

Man bringt nur lächelnd Eilfer.

Und nennt gar manchen braven Mann

Viel seltener als den Eilfer.

Hat er der Menschheit wohlgetahn,

ist immer noch kein Eilfer.

...

Drum eil ich in das Paradies

Wo leider nie vom Eilfer

Die Gläubigen trinken. Sey er süs

Der Himmelswein: Kein Eilfer

Geschwinde Hafis, eile hin

Da steht im Römer: Eilfer

(MA XI 1,1, 139f., 465ff.)

Die tiefsinnige Begegnung von Orient und Okzident, von welcher der West-Östliche Diwan spricht, setzt gegen den südlichen Himmelswein, den der gläubige Moslem im Paradies erhalten soll, den Kometenwein aus deutschen Landen. Er ist für Goethe real und im wahrsten Sinne optimal.

X.

Die literarische Nobilitierung des 1811er durch Goethe lässt sich nur schwer übertreffen. Tolstoi haben wir genannt. Johann Peter Hebel und Matthias Claudius treten hinzu. Jean Pauls Alterswerk „Der Komet" geht zwar auf den berühmten

Wein im Vorwort ein, überträgt aber im weiteren Fortgehen lediglich die äußere Form: Kern und Schweif auf die Handlung. Dazu schmückt der Elfer ein opulentes Festmahl im Rahmen großer „Superweine", wie Paul selbst sagt.

Ein gutes Jahrzehnt später lässt in der Zauberposse „Der böse Geist Lumpazivagabundus" (1833) Johann Nestroy den Schuster Knieriem ein Kometenlied vortragen. Knieriem, der versoffene Handwerker, ist ein gläubiger Astralfanatiker, der aufgrund subtiler astronomischer Deduktionen, wie es heißt, den Zusammenstoß des Kometen mit der Erde erwartet. *„Diese Berechnung ist so klar wie Schuhwichs."* Das folgende Couplet lautet:

Es is kein' Ordnung mehr jetzt in die Stern',

D'Kometen müßten sonst verboten wer'n;

Ein Komet reist ohne Unterlaß

Um am Firmament und hat kein' Paß;

Und jetzt richt't a so a Vagabund

Und die Welt bei Butz und Stingel z'grund;

Aber lass'n ma das, wie's oben steht,

Auch unt' sieht man, dass 's auf'n Ruin losgeht.

Abends traut man ins G'wölb sich nicht hinein

Abb. 8.

Vor Glanz, denn sie richten 's wie d' Feentempel ein;
Der Zauberer Luxus schaut blendend hervur,
Die böse Fee Krida sperrt nacher 's G'wölb' zur.
Da wird einem halt angst und bang,
Die Welt steht auf kein' Fall mehr lang.

XI.

Nestroys Couplet, das offensichtlich den Kometen Biela des Jahres 1826 literarisch umsetzt, schlägt den Bogen zu unserem iocosen, *„nachhaltigen Abgang"*, wie er einem guten Wein wohl ansteht. Die Erscheinung des Kometen Halley im Jahre 1910 wurde zwar auch zum Teil mit Ängsten erwartet, geriet aber in der Bevölkerung zu einem großen Spektakel und zu einem zeitgenössischen Medienereignis.

Auf vielen Postkarten wurde der Komet phantasievoll und witzig in Szene gesetzt. Das Weingut Jean Buscher aus Bechtheim in Rheinhessen kreierte im Rückgriff auf den 1811er hundert Jahre später einen Kometenwein, ein verkaufswirksamer

Abb. 9. Mit freundlicher Genehmigung: Weingut Jean Buscher.

Gag, den die geschäftstüchtigen Winzer im Herbst 2011 erneuerten und zum Jubiläum auf einer spektakulären Verkostung die alten Flaschen des Jahrgangs 1910 aus der Schatzkammer holten.

Der Komet Halley aus dem Jahre 1910 beschäftigte aber auch das deutsche Militär, wie ein Tagesbefehl in einer preußischen Kaserne belegt:

Der Oberst gibt folgenden Befehl an seinen diensttuenden Offizier: „Morgen abend gegen 20 Uhr ist von hier aus der Halleysche Komet sichtbar. Dieses Ereignis tritt nur alle 75 Jahre ein. Veranlassen Sie, daß sich die Leute auf dem Kasernenplatz in Drillichanzügen einfinden. Ich werde ihnen dann diese seltene Erscheinung erklären. Falls es regnet, können wir nichts sehen und die Leute müssen sich dann im Kasernenkino einfinden. Dort werde ich ihnen Filme dieser Erscheinung zeigen."

Der diensthabende Offizier gibt den Befehl wie folgt an seinen Kompanieführer weiter: „Auf Befehl des Herrn Oberst wird morgen um 20 Uhr der Halleysche Komet über unserem Gebiet erscheinen. Lassen Sie die Leute, wenn es regnet, in Drillichanzügen heraustreten. Anschließend marschieren Sie zum Kino, wo diese seltene Erscheinung stattfinden wird. Es handelt sich um eine Erscheinung, die nur alle 75 Jahre eintritt."

Der Kompanieführer gibt den erhaltenen Befehl wie folgt an seinen Leutnant weiter: „Auf Befehl des Herrn Oberst ist morgen abend um 20 Uhr Dienst im Drillichanzug. Der berühmte Halleysche Komet wird im Kino erscheinen. Falls es regnet, wird der Oberst einen anderen Befehl geben, etwas, das nur alle 75 Jahre eintritt."

Des Leutnants Befehlsübermittlung an seinen Feldwebel: „Morgen um 20 Uhr wird der Herr Oberst im Kino zusammen mit dem Halleyschen Kometen auftreten. Ein Ereignis, das nur alle 75 Jahre eintritt. Falls es regnet, wird der Herr Oberst dem Kometen die Anweisung geben, hier bei uns zu erscheinen."

Daraufhin nun der Befehl des Feldwebels an einen Unteroffizier: „Wenn es morgen um 20 Uhr regnet, wird der 75 Jahre alte General Halley im Drillichanzug und in Begleitung des Herrn Oberst seinen Kometen durch unser Kasernenkino fahren lassen."

Die hübsche Geschichte, die oft kolportiert wurde, lässt sich durchaus ernsthaft in verschiedene Richtungen hin ausdeuten. Geschichte vom Hörensagen – diese Problematik habe ich mit Studierenden anhand des Kometen Halley des Jahres 1910 gerne erörtert.

Wir schließen mit einer Überlegung, die recht eigentlich in die Kommunikationswissenschaft gehört: Was will uns der Komet sagen – was hat er in der Zeit seines Erscheinens den jeweiligen Menschen bedeutet? Das war und ist nicht allein eine Sache der astrophysikalischen Forschung, sondern eben auch der menschlichen

Abb. 10.

Rezeption und Verständigung in Wort, Schrift und Bild. *„Der gestirnte Himmel über mir"*, das ist der eine Pol, der Makrokosmos, dem der andere, der Mikrokosmos, wie Kant sagt: *„Das moralische Gesetz in mir"* entspricht. Wahrnehmung und Verarbeitung – challenge and response – an diesem weiten Spannungsfeld arbeiten wir noch heute.

Literaturangaben

Allgemein zu den astronomischen und astrologischen Fragen:

COUPER, H. & N. HENBEST: Die Geschichte der Astronomie, München 2008.

HEITZMANN, CH., Hg.: Die Sterne lügen nicht: Astrologie und Astronomie im Mittelalter und in der Frühen Neuzeit, Wolfenbüttel 2008 (zit.: „Die Sterne").

VON STUCKRAD, KOCKU: Geschichte der Astrologie, München 2007.

BIEGEL, G., G. OESTMANN & K. REICH, Hgg.: Neue Welten: Wilhelm Olbers und die Naturwissenschaften um 1800, Braunschweig 2001.

YEOMANS, D.K.: Comets: A Chronological History of Observation, Science, Myth and Folklore, New York u.a. 1991 (zit.: Comets).

GRIESSER, M.: Die Kometen im Spiegel der Zeiten, Bern-Stuttgart 1985 (zit.: Griesser).

FERRARI D'OCCHIEPPO, K.: Der Stern von Bethlehem, Giessen 1942.

Zu den antiken Verhältnissen:

TAUB, L.: Ancient Meteorology, London 2003.

GUNDEL, W.: RE XI 1, 1921, 1143ff. s.v. Kometen.

SCHWABL, H.: RE Supl. XV, 1978, 783ff, s.v. Weltalter.

WISSOWA, G.: Religion und Kultus der Römer, München 1911.

BLEICKEN, J.: Augustus, Berlin 1998.

KIENAST, D.: Augustus, Prinzeps und Monarch, Darmstadt 1999.

Literarische Zeugnisse:

GOETHE, J.W.: Sämtliche Werke, Hg. von K. Richter u.a., München 2006 (zit. als: Münchener Ausgabe, MA).

TOLSTOI, L.: Krieg und Frieden, Köln 2009, das Zitat 788f.

PAUL, J.: Der Komet I–III, Berlin 1820–22.

Beschreibung und Nachricht von dem Neuen Kometen des jetztlaufenden Jahres 1744..., hg. von Uranophilo, einem Württemberger, Stuttgart 1744 (ND Stuttgart 1985).

KÄSTNER, ABRAHAM GOTTHELF: Gesammelte Poetische und Prosaische Schönwissenschaftliche Werke (1841) I, Frankfurt 1971, 69ff.

BOCKHOLT, W.: „Da hab ich mich ja umsonst besoffen", Goethe und der Wein, Warendorf 2002.

KLESSMANN, E.: Christine, Goethes Geliebte und Gefährtin, Frankfurt 1995.

Zu danken habe ich meinem Freund Hans-Wolf Jäger für literarische Hinweise, Peter Heinitz für die Montage der Bilder, Claudia Haase für die zügige Fertigstellung des Manuskripts.

Avifaunistik in der Region Braunschweig[*]

ULRICH REIMERS

Kollwitzstraße 28, D-38159 Vechelde

Avifaunistik ist ein Begriff, den man in kaum einem Lexikon findet. Natürlich ist er eine Ableitung des Begriffes Avifauna, der die Gesamtheit aller in einer Region lebenden Vogelarten bezeichnet. Avifaunistik ist damit die wissenschaftliche Erfassung der Vogelarten, die als Brutvögel oder als regelmäßige oder seltene Gäste in einem Gebiet vorkommen.

In der Region Braunschweig ist es die Arbeitsgemeinschaft AviSON (Avifauna Süd-Ost-Niedersachsen), die sich der Aufgabe widmet, ein qualitatives und quantitatives Bild dieses Vorkommens zu zeichnen [NABU]. Durch nahezu tägliche Beobachtungstätigkeit von Mitgliedern dieser Arbeitsgemeinschaft, insbesondere aber durch die Teilnahme an internationalen, nationalen und Bundesland-weiten Erfassungsprogrammen gelingt es, die Bestände, insbesondere aber auch Bestandsveränderungen der Vogelwelt zu dokumentieren.

Die Beschäftigung mit der Vogelwelt in unserer Region hat eine lange Tradition. So existiert unter der Überschrift „Ornithologische Literatur Ostfalens" eine Dokumentation der ca. 2500 Veröffentlichungen zu diesem Thema, deren älteste aus dem Jahr 1742 stammt [Pasz2012].

Unter Einsatz von E-Mail und IT wird es möglich, die von den Beobachterinnen und Beobachtern mitgeteilten Meldungen zu einer jeweils aktuellen Gesamtdarstellung zu verdichten, die alljährlich in der Schriftenreihe „AVES Braunschweig" publiziert wird [AVES]. Beispielsweise basiert der Bericht über das Vorkommen der Vogelarten im Jahr 2011 auf etwa 17.000 Beobachtungsmeldungen und dürfte damit in Deutschland seines Gleichen suchen.

Man mag nun fragen, welchen Sinn eine derart aktive Beobachtungstätigkeit haben mag. Natürlich ist es zum einen die Freude am Beobachten und Entdecken, welche die Avifaunistinnen und Avifaunisten motiviert. Es ist zum Beispiel schon etwas ganz Besonderes, wenn im Juni 2011 in der Okeraue nördlich Braunschweig ein Langzehen-Strandläufer gesehen wird und es sich herausstellt, dass diese Art, die als Brutvogel diskontinuierlich in der sibirischen Subarktis und auf den Kurilen vorkommt, noch nie zuvor in Deutschland beobachtet wurde [Jort2011]. Auch die Tatsache, dass Avifaunistik mit einer Tätigkeit „draußen" startet, gehört zu den

---

[*] Kurzfassung des am 08.06.2012 vor der Plenarversammlung der Braunschweigischen Wissenschaftlichen Gesellschaft gehaltenen Vortrags.

Avifaunistik in der Region Braunschweig

Rotmilan (Milvus milvus) im Flug.

Gründen, warum diese Wissenschaft so viele Anhänger findet. Daneben aber dient insbesondere die Erfassung der Brutvogelbestände dem Natur- und Umweltschutz, wie das folgende aktuelle Beispiel zeigt.

Der Rotmilan (Milvus milvus) ist ein Charaktervogel unserer Region. Man erkennt ihn im Fluge relativ leicht an dem tief gegabelten Schwanz (siehe Abbildung). Zu verwechseln ist er nur mit dem Schwarzmilan, dessen Flügel auf der Unterseite jedoch kein Weiß zeigen. Wenig bekannt ist die Tatsache, dass Deutschland, und insbesondere auch Niedersachsen, für diese Art eine erhebliche Verantwortung tragen, denn von den weltweit etwa 21.000 Brutpaaren leben ca. 11.800 in unserem Land [Mebs2006]. Gerade Rotmilane gehören zu den Vogelarten, die durch Windräder gefährdet sind, da sie während ihres charakteristischen, relativ langsamen, Segelflugs von den Rotoren erschlagen werden können. Die Niedersachsen-weite quantitative Bestandsaufnahme des Brutvorkommens des Rotmilans, an der sich die Mitglieder von AviSON im Frühjahr 2012 beteiligten, lieferte daher einen Beitrag zur Planung der Vorranggebiete für neue Windenergie-Anlagen, die eben nicht in Regionen ausgewiesen werden dürfen, in denen der Rotmilan eine besonders hohe Bestandsdichte besitzt.

Die quantitative Erfassung der Brutvogelbestände basiert auf Methoden, die von Art zu Art verschieden sein müssen. Tatsächlich sind diese Methoden Art-spezifisch in einem Werk dokumentiert [Meth2005], welches das Resultat langjähriger wissenschaftlicher Arbeit insbesondere auch der Staatlichen Vogelwarten darstellt. Unter Verwendung der hier dokumentierten Vorgehensweisen erarbeiteten die Avifaunisten Deutschlands in den Jahren 2005 bis 2008 die Datengrundlage für den Atlas Deutscher Brutvogelarten (ADEBAR), der im Jahr 2013 erscheinen soll. Dieses Werk wird für alle in unserem Land vorkommenden Brutvogelarten eine quantitative Dokumentation des Brutvorkommens auf der Basis sogenannter Messtischblatt-Quadranten, also auf Flächen von etwa 25 km^2, dokumentieren. Diese Gemeinschaftsleistung hunderter Avifaunistinnen und Avifaunisten dürfte als epochal zu bezeichnen und in absehbarer Zeit kaum zu wiederholen sein.

Literatur

[NABU] Website http://niedersachsen.nabu.de/tiereundpflanzen/vogelschutz/avison/, letzter Zugriff 09.02.2013.

[Pasz2012] PASZKOWSKI, W.: Ornithologische Literatur Ostfalens. 2012. Online abrufbar von der unter [NABU] dargestellten Website.

[AVES] Arbeitsgemeinschaft Avifauna Süd-Ost-Niedersachen (Hrsg.): AVES Braunschweig. Online abrufbar von der unter [NABU] dargestellten Website.

[Jort2011] JORTZICK, V.: Langzehen-Strandläufer (Calidris subminuta) in der Braunschweiger Okeraue nördlich von Rieselgut Steinhof. AVES Braunschweig 2 (2011), S. 35–36.

[Mebs2006] MEBS, TH. & D. SCHMIDT: Die Greifvögel Europas, Nordafrikas und Vorderasiens. Franckh-Kosmos Verlags GmbH 2006.

[Meth2005] SÜDBECK, P. & H. ANDRETZKE et al. (Hrsg.): Methodenstandards zur Erfassung der Brutvögel Deutschlands. Mugler Druck-Service GmbH. 2005.

Herausforderung Energiewende: Wie können erneuerbare Energien gespeichert werden?*

THOMAS TUREK

Institut für Chemische Verfahrenstechnik, TU-Clausthal
Leibnizstraße 17, D-38678 Clausthal-Zellerfeld

Die „Energiewende", d.h. die Umstellung der Energieversorgung auf „erneuerbare" Energien, ist wegen der Endlichkeit der fossilen Energieträger und insbesondere wegen der damit verbundenen Emissionen von Kohlenstoffdioxid unumgänglich. Angesichts der Zunahme der Weltbevölkerung und des steigenden Lebensstandards in den Entwicklungs- und Schwellenländern muss für das Jahr 2050 mit einem globalen jährlichen Energiebedarf von mehr als 1000 Exajoule (entsprechend einer Leistung von mehr als 30 Terawatt) gerechnet werden. Würde dieser Energiebedarf wie gegenwärtig zu mehr als 80% aus fossilen Quellen gedeckt werden, käme es zu einem drastischen Anstieg der Kohlenstoffdioxidkonzentration in der Atmosphäre und einem daraus resultierenden Temperaturanstieg mit unkalkulierbaren Folgen.

Die Solarenergie stellt mit einer mittleren globalen Strahlungsleistung von 167000 Terawatt eine praktisch unerschöpfliche Energiequelle dar. Eine weitere wichtige erneuerbare Energie ist die Windenergie mit ebenfalls sehr großem Ausbaupotenzial. Die technischen Voraussetzungen zur Nutzung von Solar- und Windenergie sind grundsätzlich gegeben, auch wenn die Kosten zukünftig noch deutlich reduziert werden müssen. Ein noch nicht gelöstes Problem stellt jedoch der fluktuierende Anfall dieser Energieformen dar. Für das zukünftige Energiesystem müssen deshalb eine Reihe von Speichertechnologien auf unterschiedlichen Zeit- und Mengenskalen entwickelt werden.

Bei der Nutzung der Solarenergie ist zwischen der Solarthermie und der sogenannten Fotovoltaik zu unterscheiden. Bei solarthermischen Kraftwerken werden flüssige Medien durch Konzentration der Solarstrahlung auf hohe Temperaturen gebracht. In einem anschließenden konventionellen Kreislaufprozess wird dann elektrische Energie erzeugt. Das Speicherproblem lässt sich in einfacher Weise durch Bereitstellung eines ausreichend großen, gut isolierten Behälters für die flüssigen Medien (z.B. Salzschmelzen) lösen, weshalb sich die Solarthermie hervorragend für die Bereitstellung von Grundlaststrom eignet. Allerdings kann

---

* Kurzfassung des am 07.07.2012 vor der Plenarversammlung der Braunschweigischen Wissenschaftlichen Gesellschaft gehaltenen Vortrages.

Solarthermie nur in Regionen mit sehr hoher und konstanter Solarstrahlung, also in der Regel in Wüstenregionen, wirtschaftlich genutzt werden. Die Herausforderung besteht also eher im Transport der elektrischen Energie vom Ort der Bereitstellung zu den Nutzern (z.B. Nordafrika – Europa im Desertec-Projekt).

Wesentlich komplexer ist die Frage der Speicherung elektrischer Energie, die fluktuierend bei der Fotovoltaik und der Windenergie anfällt. Elektrische Energie kann direkt und mit hohem Wirkungsgrad nur für sehr kurze Zeiten und in kleinen und mittleren Größenordnungen gespeichert werden, beispielsweise in Doppelschichtkondensatoren (Supercaps) oder in supraleitenden magnetischen Energiespeichern (SMES). Für die Speicherung größerer Energiemengen und/oder zur Speicherung über längere Zeiträume muss elektrische Energie zunächst in andere Energieformen umgewandelt werden, wobei allerdings mehr oder weniger große Wirkungsgradverluste auftreten. Relativ geringe Verluste entstehen bei der Speicherung elektrischer Energien in Schwungrädern (Rotationsenergie) und in sogenannten Pumpspeichern (potenzielle Energie von Wasser), allerdings sind die Kapazitäten derartiger Speicher begrenzt.

Die besten Entwicklungsmöglichkeiten bestehen in der Weiterentwicklung von elektrochemischen und chemischen Energiespeichern. Elektrochemische Energiespeicher stehen als unterschiedliche wieder aufladbare Batterien zum Teil schon seit längerem kommerziell zur Verfügung (z.B. Blei- und Lithium-Ionen-Akkumulatoren). Insbesondere bei den modernen Lithium-Ionen-Batterien besteht noch erhebliches Potenzial zur Verbesserung der Leistungsfähigkeit und zur Senkung der Kosten. Darüber hinaus werden gegenwärtig weitere Batterietypen entwickelt, mit denen zukünftig auch größere Energiemengen gespeichert werden könnten. Dazu gehören Durchflussbatterien (Redox-Flow-Batterien), in denen elektrische Energie beispielsweise in Vanadiumsalzlösungen gespeichert wird oder Zink-Luft-Batterien, die durch die Nutzung von preiswertem, umweltfreundlichem und langfristig verfügbarem metallischem Zink als Energieträger zukünftig besondere Bedeutung erlangen könnten.

Zur Speicherung sehr großer Energiemengen über lange Zeiträume von Wochen bis Jahren muss elektrische Energie in energiereiche chemische Verbindungen umgewandelt werden. Der erste Schritt stellt dabei die Elektrolyse von Wasser zur Erzeugung von Wasserstoff dar. Durchaus denkbar ist eine zukünftige „Wasserstoffökonomie", in der Wasserstoff gespeichert, verteilt, genutzt (z.B. für die Heizung von Gebäuden oder in Automobilen mit Brennstoffzellenantrieb) und gegebenenfalls auch rückverstromt wird. Dies setzt jedoch die Bereitstellung einer völlig neuen Infrastruktur für diesen Energieträger voraus. Alternativ kann der erzeugte Wasserstoff durch chemische Umsetzung mit kohlenstoffhaltigen Gasen auch zu synthetischem Erdgas umgesetzt werden. Dieser zusätzliche Schritt ist zwar mit weiteren Verlusten verbunden, es könnte aber die vorhandene Infrastruktur verwendet werden, weshalb dieser Weg zur Speicherung elektrischer Energie („Power to Gas") gegenwärtig besonders intensiv untersucht wird.

Gott als Grund des Lebens[1]

JOACHIM RINGLEBEN

Theologische Fakultät
Platz der Göttinger Sieben 2, D-37073 Göttingen

1. Vorbemerkung

1.Eine *Vorbemerkung* scheint angebracht. Theologie ist keine einfache Glaubensrede, sondern ein gedanklicher Versuch, das argumentative Potential der christlichen Überlieferung vernünftig zu entfalten, also mit einem gewissen Anspruch auf Allgemeinverständlichkeit nachvollziehbar zu machen – nachvollziehbar übrigens auch für den Theologen selber.

Das gilt auch für den Bezug auf die grundlegenden biblischen Texte. Sie werden hier nicht positivistisch vorausgesetzt als etwas, an das man erst soz. „glauben" müsse, um überhaupt weiterreden zu können. Sondern auch die Texte der Bibel werden daraufhin befragt, was sie an systematisch-theoretischen Perspektiven enthalten bzw. eröffnen und wie ihr Gehalt denkend, d.h. allgemeinheitsfähig, erschlossen werden kann.

Theologisch geht es also um die Frage, ob sich aus den Glaubenszeugnissen der h.Schrift ein systematisch stimmiges Gesamtkonzept vernünftig erheben läßt.

2. Zum Begriff des Lebens

Man darf ohne Übertreibung feststellen, daß „Leben" der zentrale Begriff im Neuen Testament und in der Bibel überhaupt ist, der selbst den Gottesbergriff noch prägt (s.u. 5.).

Dabei ist eine Besonderheit im Sprachgebrauch zu beachten. Keine besondere Rolle spielt der griechische Terminus für Leben, nämlich βίος (vgl. „Biologie"); er bezeichnet in der Bibel die einfache, organische Lebendigkeit, sowie die Subsistenzmittel zum Lebensunterhalt (vgl. Lk 15,12), etwa auch Nahrung, sodann die Lebensdauer oder -geschichte (vgl. „Biographie"). Bios, das ist *vita, quam vivimus*: das Leben, das wir unmittelbar an uns haben, indem wir äußerlich lebendig sind.

---

[1] Der Vortrag wurde am 19.10.2012 vor der Plenarversammlung der Braunschweigischen Wissenschaftlichen Gesellschaft gehalten.

Der andere Begriff, der theologisch der wichtigste ist, heißt ζωή. Er hat gerade nichts mit unserer „Zoologie" zu tun, sondern zielt auf die gegenwärtige Lebensganzheit, spezifisch das Leben des Menschen, also das Leben, das wir führen (*vita, qua vivimus*), in dem wir uns selber er-leben sowie die Anderen und die Welt[2]. Zum Leben im Sinne der ζωή gehört auch, daß wir um die Endlichkeit unseres Daseins, also den eigenen Tod, wissen, und religös ist die ζωή immer auch ein Leben „vor Gott"; nur im Blick darauf kann die Frage nach „wahrem" Leben oder gar „ewigem Leben" gestellt werden. Dieser Begriff des Lebens als ζωή herrscht im Neuen Testament auffällig vor, insbes. auch im Johannesevangelium.

Natürlich gibt es kein Leben ohne biologisches Leben (im Sinne von βίος), aber es ist in unserem Selbstverständnis als Menschen doch nur basales Moment an der ζωή, d.h. am Leben als leibhaftiger, menschlicher Lebensführung. Einen dritten biblischen Begriff für das Leben, ψυχή, kann ich hier übergehen[3]; wir haben es im Folgende allein mit Leben als ζωή zu tun.

3. Schöpfung

Die biblischen Schöpfungsaussagen konzentrieren sich an zwei Stellen. Die erste ist Gen 1,1: „Am Anfang schuf Gott Himmel und Erde" bzw. Gen 1,3: „Und Gott sprach: Es werde Licht!". Die zweite grundlegende Aussage steht im Joh-Prolog: „Am Anfang war das Wort (λόγος), und das Wort war bei Gott, und Gott war das Wort. ... Alle Dinge sind durch dasselbe geworden" (Joh 1,1 u.3).

Das heißt: im Übergang vom AT zum NT wird die quasi-mythologische Aussage: „Gott schafft durch sein Wort" neu interpretiert durch die christliche Aussage: Gott schafft im Wort bzw. (griech.) Logos[4]. Das bedeutet zweierlei. Die Schöp-

---

2 Vgl. die klassischen Formulierungen für die eigene Lebenskonkretion, auf die sich der Glaube an den Schöpfer bezieht, bei M. Luther im Kleinen Katechismus: „Ich gläube, daß mich Gott geschaffen hat sampt allen Kreaturn, mir Leib und Seel, Augen, Ohren und alle Gelieder, Vernunft und alle Sinne gegeben hat und noch erhält, dazu Kleider und Schuch, Essen und Trinken, Haus und Hofe, Weib und Kind, Acker, Viehe und alle Güter, mit aller Notdurft und Nahrung dies Leibs und Lebens reichlich und täglich versorget, wider alle Fährlichkeit beschirmet und für allem Ubel behüt und bewahrt, und dies alles aus lauter väterlicher, göttlicher Güte und Barmherzigkeit ohn alle mein Verdienst und Wirdigkeit, des alles ich ihm zu danken und zu loben und dafür zu dienen und gehorsam zu sein schüldig bin; das ist gewißlich wahr." (Die Bekenntnisschriften der evangelisch-lutherischen Kirche, Göttingen 1967[6], 510f.). Der spezifisch religiöse Sinn des Schöpfungsglaubens ist hier unübertrefflich zum Ausdruck gebracht.

3 Er bedeutet übrigens nicht „Seele" im griechischen Sinne (oder dem der „Psychologie"), sondern wird spezifisch semitisch verstanden, etwa als individuelle Lebendigkeit, Selbsthaftigkeit des Lebens o.ä.

4 Der Philosoph Br.Liebrucks schreibt: „Dieses Erschaffen des Menschen wie des Kosmos ist in dem ersten *Wort* mitgeteilt ‚Es werde Licht'. Gott ist noch nicht als der Begriff ausgesprochen, sondern als der Logos des Grundes. Er steht noch als Substanz hinter dem Wort, ... Erst im Evangelium des Johannes heißt es: Gott *war* das Wort." (Sprache und Bewußtsein, Band 6/2 (1974), 146).

fungsaussage meint: ἐν ἀρχῇ , im Anfang und bevor noch etwas Endliches (Geschaffenes) zu sein begann, war immer schon der Logos, das göttliche Wort, d.h. in Ewigkeit. Zweitens bedeutet es: was existiert, existiert im Wort, d.h. logoshaft bzw. sinnhaft verfaßt.

Wir dürfen die Schöpfungsaussage also folgendermaßen wiedergeben:

> Am Anfang war der Sinn[5].

Am Anfang war der Sinn - dies ist eine Aussage über die Wirklichkeit im Ganzen, ihre Arché und ihr Telos, A und Ω.

Das ist etwas Anderes als eine quasi-naturwissenschaftliche Erklärung im heutigen Sinn. „Erklären" ist für uns die Domäne der methodisch exakt verfahrenden Wissenschaften, insbes. der Naturwissenschaft. Die Sprachform des Mythos hingegen bietet nicht eine Geschichte, die der ätiologischen Erklärung von Natur und Mensch in ihrem Verhältnis dienen soll[6]. Ein Mythos ist nicht so etwas wie eine letztbegründende, strenge Ableitung aus einem Prinzip, sondern er „erzählt" eben, d.h. er artikuliert in sprachlicher Weise bestimmte menschliche Erfahrungen, z.B. die Erfahrung des gegenwärtigen Ursprungs oder des Unendlichen im Endlichen. So kann auch die alttestamentliche Schöpfungsgeschichte der Genesis als ein Mythos gelesen werden.

Beachten wir aber: die Genesis versucht, Grundbestimmungen der Wirklichkeit namhaft zu machen wie: Raum, Licht, Wasser, Ordnung etc., die Leben ermöglichen[7]. So artikuliert der sog. Priesterschriftliche Schöpfungsbericht (Gen 1,1 – 2,3; ca 500 v.Chr.) durch Grundunterscheidungen die Bedingungen von Leben im Nacheinander, und das kulminiert in der Erschaffung des Menschen (Gen 1,27; vgl. 2,7)[8].

Gipfelt das Schöpfungswerk im Menschen, so bedeutet das im Horizont unserer These: Am Anfang war der Sinn, systematisch das Folgende. Zur sinnhaften Grundierung aller Wirklichkeit gehört das Auftreten einer Sinn vernehmenden und Sinn voraussetzenden Instanz, d.h. des seiner selbst bewußten Menschen. Im sinnbezogenen Wesen des Menschen kommt der an sich seiende Sinn der Welt-

---

5   Vielleicht würde ein Naturwissenschaftler hier auch von „Information" sprechen.
6   Vgl. dazu B.Liebrucks, Sprache und Bewußtsein, Band 7 (1979), 68.
7   So hatte sie zur Zeit ihrer Abfassung u.a. *auch* eine quasi-naturwissenschaftliche, d.h. weisheitliche Intention.
8   Nebenbei sei erwähnt, daß die Erschaffung des Menschen als Mann *und* Frau geschieht, d.h. im lebendigen Zueinander des Unterschieds der Geschlechter, so daß erst sie beide *zusammen* als „Ebenbild" Gottes und seiner Lebendigkeit gelten (Gen 1,27).

wirklichkeit *zu sich*, wird als solcher bewußt und ausgearbeitet[9]. Der Mensch ist die existierende Vernunft der Schöpfung.

Das schließt auch noch die Möglichkeit der Sinnhaftigkeit wissenschaftlicher Erklärung von etwas ein, z.B. die Erklärung der Entstehung und Entfaltung des Lebens überhaupt. Denn „Leben" ist nie nur *Gegenstand* des Erkennens, weil der Erkennende selber *lebt* und nur als Lebender selber erkennt[10].

Das ist so, weil zum Leben – in qualitativ ausgezeichneter Weise – bewußte Selbstbezüglichkeit gehört. Diese kulminiert in bestimmter Hinsicht in der Ausbildung von Wissenschaften, die nach dem Leben und seiner Entstehung „naturwissenschaftlich" fragen. Kurz gesagt: βίος ist *nur* unter den Bedingungen von ζωή überhaupt Thema wissenschaftlicher Erklärung. Also auch die Möglichkeit des intelligenten Lebens, sich selber zu thematisieren und frei zu erforschen, muß noch aus dem Leben überhaupt verständlich gemacht werden, wenn anders der Anspruch, das Leben aus seinem Grunde zu begreifen, vollständig eingelöst werden können soll.

Insofern entspricht auch eine Theologie oder Philosophie des Lebens der Gottebenbildlichkeit des Menschen.

4. Anfang

Genauso wichtig wie die Frage: *Was* am Anfang war, ist die andere, was denn überhaupt *Anfang* besagt; das ist auch eine philosophische Frage. Diese Frage nach dem Anfänglichsein des Anfangs, über deren Problematik und Tragweite die Autoren von Gen 1,1, wo es heißt: bereschit bara elohim (Am Anfang schuf Gott), sicher nicht im Klaren waren, führt bekanntlich die prinzipielle Schwierigkeit bei sich, daß über jeden möglicherweise zu nennenden Anfang – sei es „Gott" oder der „Urknall" – wieder hinausgefragt werden kann und muß: nämlich, was denn „davor" gewesen sei, also der wahre Anfang. Ähnliches gilt, versteht man das „am Anfang" der Schöpfungsgeschichte zeitlich-chronologisch; dann ergeben sich erhebliche Schwierigkeiten, dieses Anfangen mit Gottes Ewigkeit zu vereinbaren[11].

Ich rede hier statt von Anfang lieber von Gott als *Grund* des Lebens. Man könnte auch „Ursprung" sagen, aber dann geriete man in die schwierige Aufgabe zu

---

9   Indem sich am Orte des erkennenden Menschen aus der Wirklichkeit Sinn entgegenkommt, kann man dem sog. „anthropischen Prinzip" durchaus etwas abgewinnen.

10 Luther nennt bei der geschöpflichen Ausstattung des Menschen ausdrücklich auch die Vernunft; s.o. Anm.2.

11 Das betrifft auch die klassische Lösung Augustins: „non est mundus factus in tempore, sed cum tempore" (De civ.Dei XI,6; MPL 41,322).

klären, was denn der Begriff Ursprung eigentlich besagt und wie er in den Naturwissenschaften und wie in der Theologie verstanden werden müßte.

Mit der Rede vom „Grund" von etwas (z.B. des Lebens) scheint mir die Frage, was bei einem solchen wirksamen Grund denn „herauskommt" bzw. wie es sich aus ihm entwickelt und *wozu*, notwendig immer mit zu bedenken zu sein. Erst, wenn man diese Dimension, und zwar als konstitutiv für die in Rede stehende Sache, mit einbezieht, kommt der wahre, tragende Grund von etwas heraus; d.h. vom Ende her ist erst der Anfang „im Grunde" zu begreifen.

Vom Ende, d.h. soz. vom Ergebnis her, kommt es an den Tag, was es mit dem Grund des Ganzen auf sich hat, wofür er eigentlich Grund ist. Das „Ergebnis" der Begründung muß dann in seiner ganzen, unreduzierten Komplexität genommen werden, und d.h. wiederum: einschließlich seiner eigenen wissenschaftlichen Erklärung.

Die theologische Ursprungsfrage (also die Frage nach Gott als Schöpfer und Grund des Lebens) kann demnach nicht gestellt und beantwortet werden, ohne von vornherein die Frage nach dem Ziel der Schöpfung im Blick zu haben, also die Frage: warum und wozu will Gott das Leben? (s.u. 5.)

Die Theologie darf sich – um Gottes und des Menschen willen – auf keinen Fall auf die Frage nach einem Anfang (im abstrakten Sinne eines zeitlichen Beginns des Universums) beschränken lassen[12]. Sie muß vielmehr den Anfang der Schöpfung vom Ende, ihrer Vollendung her denken, um dabei Gottes Ewigkeit nicht zu vergessen[13].

Gemäß dem theologischen Grundsatz: „das Ende der Dinge ist der Grund, aus dem die Dinge in ihrer Wahrheit erkannt werden"[14] besagt das für den Ursprung des geschaffenen Lebens das Folgende[15]. „Schöpfung" heißt nicht: Gott gibt einem Anderen neben oder außer sich, sondern (im zeitlichen Sinne) *vor* sich Wirklichkeit, er läßt es sich vorher und *auf* sich (d.h. ihn) zu sein. Insofern gilt,

---

12 Die Orientierung an einem eindimensional gerichteten und graphisch darstellbaren Zeitpfeil ist ein aus methodischen Gründen zweckmäßiges, aber abstraktes „Modell"; sie trifft nicht die Wirklichkeit und Wahrheit der Zeit. Schon die sprachliche Dialektik eines einzigen (gesprochenen) Satzes gehorcht einer anderen Logik, die für das Theologumenon der Schöpfung im Wort spezifisch angemessener ist, wie ich andernorts gezeigt habe.

13 Für Gott sind Anfang und Ende lebendig eins.

14 Th.Siegfried, Die Idee der Vollendung, Theol.Bl 6 (1927),85. Vgl. auch W.Pannenbergs Postulat „das Eschaton als den schöpferischen Ursprung des Weltprozesses überhaupt zu denken" (Systematische Theologie, Band III (1993), 171).

15 Ich nehme hier Formulierungen aus meinem Aufsatz: Gott und das ewige Leben, in: Arbeit am Gottesbegriff I (2004), 315f auf.

daß Gott *in* der geschaffenen Welt und Geschichte ist und zugleich noch nicht in ihr ist, d.h. er ist „in" ihr nur in der Weise seines tätigen sich von ihr Unterscheidens. Gottes Schaffen ist sein sich etwas Voraussetzen. Als der Voraussetzende ist Gott unabhängig und frei von seiner Schöpfung und hängt darin nur von sich selber ab. Als aus ihr auf sich zugehend und zu sich kommend gehört sie (als vergehende) zu seinem Leben.

Gott ist der absolute Anfang von allem; aber dies nur, sofern er als die Rückkehr zu sich ist. „Am Anfang" schuf Gott, das heißt, er setzt sich Himmel und Erde, die Zeit und das Leben voraus, um „am Ende" er selbst zu sein, Alles in Allem (1Kor 15,28). „Anfang" als Beginn der Zeit ist nur Gottes Sichvorlaufen bzw. das Sichvorlaufen der Ewigkeit. So war also „vor der Zeit" ihr Ende, und ihr Beginn ist ihr Zuendegehen als Auf-sich zu-Gehen der Ewigkeit (vgl. Röm 8,20). „Ende" im absoluten Sinn ist die Ewigkeit selber als vollkommenes Beisichsein Gottes in seinem Leben. Gottes ewiges Leben ist die Einheit von Anfang und Ende, die zugleich ihre Entzweiung ist. *Als* der Letzte ist Gott auch schon der Erste (Jes 44,6; 48,12; vgl. Apc 1,11.17; 2,8).

Insofern besagt Gottes Ewigkeit nicht, daß er dem Anfang der Welt zeitlich voraus ist (als eine gleichsam vorzeitig schon fertige Ewigkeit), sondern daß er seinem zeitlichen Mit-sich-Anfangen „voraus" ist, es immer ewig überholt hat. Indem er selbsttätig mit der Schöpfung „anfängt" zu sein , d.h. auf sich zu zu werden, *ist* er immer schon er selbst in Ewigkeit. Er ist als dieser Gegenstoß in sich ewig in sich bewegt und lebendig: die schöpferische Einheit von Jetzt und Immer.

5. Gott

Eine der wesentlichen biblischen Gottesprädikationen ist: Gott als „lebendiger Gott". Diese Eigenschaft Gottes, lebendig zu sein, kommt aus dem AT, aber sie hat im NT eine entscheidende Neuqualifizierung erfahren. Gott ist hier absolut „der Lebendige", weil er in der Auferweckung Jesu von den Toten seine schöpferische Lebensmacht erwiesen und den Tod in sein Leben „hineinverschlungen" hat (1Kor 15,54). Das Christusereignis ist der sachliche Grund dafür, daß die Rede vom lebendigen Gott nicht mehr eine bloße Metapher ist.

Eine weitere wichtige Näherbestimmung findet sich im Johannesevangelium; dort heißt es mit einer bedeutungsschweren Formulierung: „Gott hat das Leben *in sich selbst*" (ἐν ἑαυτῷ; 5,26a). Damit wird Gott absolutes, aus sich selber entspringendes und in sich gründendes, *ewiges* Leben zugesprochen. Er hat das Leben nicht so wie alle Lebewesen sonst, nämlich als eine abtrennbare Eigenschaft, sondern hat es „in sich", d.h. er *ist* selber das Leben, das er lebt.

Enger kann man den Begriff des Lebens (ζωή) nicht mit dem Gottesbegriff zusammendenken. Um diesen Begriff göttlicher Lebendigkeit philosophisch genauer auszuarbeiten, müßte man die Frage nach dem Status von „Selbstbewegung" angehen, wozu hier nicht Zeit ist. Aber wenn zum Lebensbegriff ein Sichregen und Sichbewegen, Reaktionsfähigkeit, überhaupt ein sich von sich her als lebendig Zeigen gehört, kann die Frage, wie Selbstbewegung *logisch* zu denken ist, nicht ausgeklammert bleiben.

Theologisch gilt also: Gott ist der schöpferische Grund des Lebens, weil er in sich selber ewiges Leben, der schlechthin lebendige Gott ist. Schöpfung ist demnach als ein Weitergeben dieses Lebens, ein Sichfortsetzen göttlichen Lebens unter endlichen Bedingungen, im Anderssein der Geschöpfe zu bestimmen[16].

Fragt man: warum und wozu will Gott das Leben? so ist die grundlegende Antwort: weil er darin sein eigenes absolutes Leben im Anderen seiner selbst bejaht[17]. Daher ist christlich als Ziel der Schöpfung zu denken, daß humanes Leben wiedervereinigt wird mit dem Leben Gottes, damit eben Gott „Alles in Allem" (oder: Allen) sei (1Kor 15,28). Es geht bei der Wiedervereinigung mit seinem schöpferischen Grund um die Verewigung geschöpflichen Lebens im eigenen Leben Gottes.

6. Ausblick

Man könnte gegen das Vorgetragene den Einwand erheben wollen: wird, wenn man zum Begreifen des Lebens „Gott" ins Spiel bringt, einem nicht durch dieses Wort ein X für ein U vorgesetzt?

Ich denke das Folgende: die Einführung des Gottesbegriffs in die Lebensthematik hält die Frage: Was ist eigentlich Leben? unabschließbar offen und schützt damit die basale Unverfügbarkeit des Lebens. Bringt man „Leben" mit Gott zusammen, so wird der denkbar weiteste Horizont aufgeboten und eine absolute Perspektive eingenommen, um metaphysisch zu begreifen, was Leben ist und daß es „heilig" ist, d.h. ein schlechthin vorgegebener, religiöser und humaner Wert[18].

Auch hier gilt der bekannte Satz: Der Mensch lebt von Voraussetzungen, die er nicht selber geschaffen hat und über die er nicht verfügt. Das heißt z.B.: jede vielleicht mögliche, bisher aber nicht gelungene, synthetische Herstellung von Leben im Labor entkommt nicht den Voraussetzungen schon gegebenen Lebens.

---

16 Zur hier einschlägigen, traditionellen Bestimmung der „creatio ex nihilo" vgl. meinen gleichnamigen Aufsatz, in: Arbeit am Gottesbegriff I (2004), 235ff.
17 Vgl. Joh 5,26b.
18 Der in tragischen Konfliktsituationen geltende, ethische Satz: „Das Leben ist der Güter höchstes nicht" (F.Schiller, Die Braut von Messina; Schlußchor) ist christlich im Glauben an das ewige Leben aufgehoben.

„Leben" muß immer schon in Anspruch genommen werden, um solche Versuche zu unternehmen.

Allgemein gilt: Leben von Gott her zu denken, hat unmittelbar ethische Konsequenzen. Denn dann wird das Selbstverständnis des Menschen entscheidend orientiert: als Begreifen seiner Bestimmung in der Welt überhaupt und in seiner natürlichen Umwelt. Der Glaube an den Schöpfer ist die große *Unterbrechung* unseres unmittelbaren In-der-Weltseins bzw. Wirklichkeitsbezugs[19]; der Umgang mit Mitmensch, Natur und Welt wird dadurch grundsätzlich verändert. Das gilt auch noch für jeden Forscher und Naturwissenschaftler, sofern er sich als lebendiges menschliches Subjekt selber im Blick behält.

Jedenfalls ist offensichtlich: Versteht man die geschaffene Welt als aus dem Grund des göttlichen Lebens entsprungen, dann kann das sog. „dominium terrae" (Gen 1,28) niemals in einer bedenkenlosen Unterwerfung alles nicht-menschlichen Lebens durch den Menschen bestehen – ist er doch selber Geschöpf neben anderen Geschöpfen aus Gottes Hand.

---

19   Hier ist wiederum das „ex nihilo" einschlägig; vgl. o. Anm.16.

Über erdmagnetische Variationen und ihre möglichen Auswirkungen auf die Atmosphäre

KARL-HEINZ GLAßMEIER

Sauerbruchstraße 17, D-38116 Braunschweig

Die physikalischen Prozesse, die in der Erde und anderen Himmelskörpern zu globalen Magnetfeldern führen, sind erst in den letzten drei Jahrzehnten deutlich erkennbar geworden. Seit der epochalen Arbeit von Carl-Friedrich Gauß *Allgemeine Theorie des Erdmagnetfeldes* (Gauß, 1839) wissen wir, dass es innere und äußere Quellen für das Erdmagnetfeld gibt. Zu den äußeren Quellen gehören elektrische Ströme in der Ionosphäre und Magnetosphäre. Die inneren Quellen sind einerseits magnetisierte Gesteine der Erdkruste, andererseits Dynamoprozesse im äußeren Kern unserer Erde. Thermo-gravitativ getriebene Konvektion der metallischen Schmelze des Kerns treibt diesen Dynamo, in dem Bewegungsenergie in magnetische Energie umgewandelt wird. Dieser Dynamoprozess ist kein stationärer Prozess, sondern weist deutliche säkulare Variationen auf, die bestens anhand von Beobachtungen des Erdmagnetfeldes an der Erdoberfläche nachgewiesen werden können. So weiß z.B. Philip Christian Ribbentrop in seiner *Beschreibung der Stadt Braunschweig* zu berichten, die Deklination, also die Missweisung zwischen der geographischen und der geomagnetischen Nordrichtung, habe in Braunschweig im Jahre 1789 18° betragen. Heute liegt der Wert der Missweisung bei 2°. Und seit dem Beginn der ersten direkten absoluten Messungen des Feldes durch Carl-Friedrich Gauß vor 180 Jahren hat die Stärke des Erdmagnetfeldes um ca. 10% abgenommen. Gegenwärtig wird die stärkste lokale Abnahme des Erdmagnetfeldes im Bereich der Bermuda Inselgruppe im Atlantik beobachtet. Dort liegt die Feldabnahme bei etwa 150 nT pro Jahr. Nimmt man eine lineare Fortsetzung dieser Abnahme an, dann verschwindet das Erdmagnetfeld dort in 300 Jahren. Andererseits gibt es aber Orte auf der Erde, wo eine deutliche Zunahme des Feldes zu verzeichnen ist, so z.B. östlich von Madagaskar im Indischen Ozean, wo eine Feldzunahme von mehr als 100 nT pro Jahr gemessen wird. Paläomagnetische Untersuchungen, d.h. die Analyse der Magnetisierungseigenschaften von Gesteinen, erlauben weiter einen guten Einblick in die Variationen des Erdmagnetfeldes in der geologischen Vergangenheit. So gilt es als sicher, dass das Erdmagnetfeld vor etwa 12,000 Jahren um 50% stärker war als heute.

---

* Kurzfassung des am 10.02.2012 in der Klasse für Mathematik und Naturwissenschaften der Braunschweigischen Wissenschaftlichen Gesellschaft gehaltenen Vortrages.

Der wohl dramatischste Prozess im äußeren Kern der Erde ist jedoch ein sogenannter Polaritätswechsel, ein Prozess in dessen Gefolge der magnetische Nordpol zum magnetischen Südpol und der magnetische Südpol zum magnetischen Nordpol werden. In der geologischen Geschichte gibt es Zeitbereiche (wir befinden uns momentan in einer derartigen Phase) mit sehr häufigen Polaritätswechseln von bis zu fünf Umkehrungen in einer Million Jahre und dann wieder Zeitbereiche mit einer Länge von mehr als 50 Millionen Jahren ganz ohne Feldumkehrungen. Der Prozess der Umkehrung ist aber keinesfalls ein periodischer Vorgang, sondern Folge hochkomplexer, nicht-linearer Vorgänge im äußeren Kern. Fünf Umkehrungen pro Millionen Jahre, also die Zeitspanne von 200,000 Jahren zwischen zwei Polwechseln darf nur als grobe Zeitskala verstanden werden. Die Gründe für dieses unterschiedliche Verhalten des Erdmagnetfeldes sind nach wie vor unbekannt. Eventuell spielen Prozesse im Erdmantel und der Wärmefluss an der Kern-Mantel-Grenze hier eine bisher noch nicht bekannte Rolle.

Die letzte Feldumkehr fand im übrigen vor etwa 780,000 Jahren statt und ist besonders gut untersucht worden (Leonhardt und Fabian, 2007). Dabei konnte gezeigt werden, dass eine Feldumkehr mehrere tausend Jahre dauert, in verschiedenen Regionen der Erde zu unterschiedlichen Zeiten einsetzt und auch zum Abschluss kommt. Eine Umpolung des Feldes beginnt mit inversen Feldzuständen auf der jeweils anderen Hemisphäre, die sich langsam ausbreiten. Dabei nimmt der Dipolanteil ab, während die Anteile höherer Multipole zunehmen und an der Erdoberfläche ein immer schwächer und ungeordneter erscheinendes Magnetfeld bewirken. Die Feldstärke an der Erdoberfläche während einer Umkehr liegt bei 5–10% des normalen Wertes. In einem solchen gestörten Feldzustand ist es durchaus möglich, dass sich der alte Feldzustand wieder regeneriert. Solche Erscheinungen nennt man dann „Exkursionen" des Feldes. Ebenso wahrscheinlich ist es aber, dass sich der Vorgang fortsetzt und sich schließlich eine umgekehrte Polarität einstellt. Aus den Untersuchungen der Polarität des Erdmagnetfeldes der geologischen Vergangenheit wissen wir, dass beide Polaritäten gleich häufig auftreten. Nach der Umkehr nimmt das Feld dann wieder seine etwa ursprüngliche Stärke an.

Da alle Beobachtungen des rezenten Erdmagnetfeldes auf eine globale Abnahme der Feldstärke hindeuten, könnte man dies als Hinweis auf eine bevorstehende Umkehr deuten. Wissenschaftlich ist dies aber nicht stichhaltig, da wir uns andererseits auch in einer Phase befinden, in der das Feld von hohen Werten vor ca. 10,000 Jahren sich wieder seinem normalen Niveau nähern könnte. Auch wenn die Hypothese einer bevorstehenden Umkehr momentan nicht geprüft werden kann, stellt sich aber doch die Frage, was denn mit der Biosphäre passieren würde, wenn eine Umkehr stattfände.

Welche Rolle spielt dieses so lebhafte Erdmagnetfeld also für das „System Erde"? Schon lange ist bekannt, dass das Magnetfeld die Strömung des solaren Windes auf der unserer Sonne zugewandten Seite stark abbremst und um die Erde herumlenkt. So entsteht um die Erde herum eine sogenannte Magnetosphäre. Unter normalen Bedingungen des solaren Windes wirken diese Magnetosphäre und damit das Erdmagnetfeld als Schutzschild gegen einen Teil der energiereichen Teilchen aus unserem Sonnensystem und der kosmischen Strahlung. Was passiert aber, wenn während einer Feldumkehr das Magnetfeld sehr stark abnimmt, gibt es dann die Magnetosphäre als Schutzschild noch? Oder ist die Erde dann dem Bombardement energetischer Teilchen schutzlos ausgeliefert und die Biosphäre nimmt Schaden? Über diese Frage ist sehr viel spekuliert worden. Raup (1985) vertritt gar die These, Massenextinktionen könnten Folge magnetischer Feldumkehrungen sein. Eindeutige wissenschaftliche Ergebnisse gibt es zu dieser Fragestellung nicht. Hayes (1971) berichtet zum Beispiel über Radiolarientypen, die während einer Umkehr extinkt sind, während andere Mikroorganismen gerade gute Existenzbedingungen finden. Eine kritische Bewertung bisheriger Untersuchungen geben Glaßmeier und Vogt (2010).

Was passiert aber mit der Magnetosphäre während einer Umkehr? Umfangreiche theoretische Studien und Modellrechnungen zeigen, dass auch während einer Umkehr nicht zu erwarten ist, dass die Erde keine Magnetosphäre mehr besitzt. In jedem zu erwartenden Falle ist mit der Existenz einer Magnetosphäre zu rechnen, nur rückt die Magnetopause, die Grenzschicht zwischen dem interplanetaren Medium und der Geosphäre, deutlich näher an die Erdoberfläche heran. Sie erreicht aber niemals, nach jetzigem Stand der Erkenntnis, die oberen Atmosphärenschichten (Siebert, 1977; Glaßmeier u.a., 2004; Vogt u.a., 2007). Zu erwarten ist jedoch eine deutlich dynamischere Magnetosphäre mit gravierenden Auswirkungen auf technische Systeme im Weltraum.

Die Biosphäre ist aber möglicherweise indirekt betroffen. Wegen des schwächeren Magnetfeldes haben es energetische Teilchen einfacher, in die obere Atmosphäre einzudringen. Dort kommt es dann zu einer erhöhten Produktion von z.B. Stickoxiden (z.B. Reid u.a., 1976), die, bedingt durch vertikalen Transport, in der Stratosphäre einen deutlichen Abbau des Ozons bewirken. Die globale Modellierung dieser Prozesse unter den Bedingungen eines sehr kleinen Erdmagnetfeldes durch Sinnhuber u.a. (2003) zeigt dann deutlich die Entstehung eines natürlichen Ozonloches in den Polargebieten der Erde mit einer beträchtlichen Zunahme der UV-Belastung an der Erdoberfläche. Erste Versuche, die Folgen eines solchen Ozonloches für aquatische Ökosysteme, d.h. für das Plankton der Polarmeere zu verstehen, beschreiben Glaßmeier u.a. (2009) und Richter (2013). Wegen weiterer Details zum hier diskutierten Problemkreis wird auf Glaßmeier u.a. (2010) verwiesen.

Literaturhinweise

GAUSS, C.F.: Allgemeine Theorie des Erdmagnetismus, in: Resultate aus den Beobachtungen des magnetischen Vereins im Jahre 1838, hrsg. von C.F. Gauß und W. Weber, S. 1–57, Weidmannsche Buchhandlung, Leipzig, 1839.

GLASSMEIER, K.H., J. VOGT, A. STADELMANN & S. BUCHERT: Concerning long-term geomagnetic variations and space climatology, Ann. Geophys. **22**, 3669–3677, 2004.

GLASSMEIER, K.H., H. SOFFEL & J. NEGENDANK (Hrsg.): Geomagnetic Field Variations, Springer, Berlin, 2009.

GLASSMEIER, K.H., O. RICHTER, J. VOGT, P. MÖBUS & A. SCHWALB: The Sun, geomagnetic polarity transitions, and possible biospheric effects: review and illustrating model, Int. J. Astrobiol. **8**, 147–159, 2009.

GLASSMEIER, K.H. & J. VOGT: Magnetic Polarity Transitions and Biospheric Effects - Historical Perspective and Current Developments, Space Sci. Rev. **155**, 387–410, 2010.

HAYS, J.D.: Faunal extinctions and reversals of the Earth's magnetic field, Geol. Soc. Am. Bull. **82**, 2433–2447, 1971.

LEONHARDT, R. & K. FABIAN: Paleomagnetic reconstruction of the global geomagnetic field evolution during the Matuyama-Brunhes transition: Iterative Bayesian inversion and independent verification, Earth Planet. Sci. Lett. **253**, 172–195, 2007.

RAUP, D.M.: Magnetic reversals and mass extinctions, Nature **314**, 341–343, 1985.

REID, G.C., I.S.A. ISAKSEN, T.E. HOLZER & P.J. CRUTZEN: Influence of ancient solar-proton events on the evolution of life, Nature **259**, 177–179, 1976.

RIBBENTROP, PHILIP CHRISTIAN: Beschreibung der Stadt Braunschweig, Band 1, S. CLXXXX, Meyer, Braunschweig, 1789.

RICHTER, O.: UV Strahlung in aquatischen Ökosystemen, Jahrbuch 2012 Wiss. Ges., 109–112, 2013.

SIEBERT, M.: Auswirkungen der säkularen Änderung des erdmagnetischen Hauptfeldes auf Form und Lage der Magnetosphäre und die Stärke der erdmagnetischen Aktivität, Abh. Braunschw. Wiss. Ges. **37**, 281–309, 1977.

SINNHUBER, M., J.P. BURROWS, M.P. CHIPPERFIELD, C.H. JACKMAN, M.B. KALLENRODE, K.F. KÜNZI & M. QUACK: A model study of the impact of magnetic field structure on atmospheric composition during solar proton events, Geophys. Res. Lett. **30**, ASC 10–1, 2003.

VOGT, J., B. ZIEGER, K.H. GLASSMEIER, A. STADELMANN, M.B. KALLENRODE, M. SINNHUBER & H. WINKLER: Energetic particles in the paleomagnetosphere: Reduced dipole configuconfigurations and quadrupolar contributions, J. Geophys. Res. **112**, 6216–6223, 2007.

UV Strahlung in aquatischen Ökosystemen*

OTTO RICHTER

Institut für Geoökologie, TU Braunschweig,
Langer Kamp 15c, D-38106 Braunschweig

1. Einführung

Im Zusammenhang mit der durch eine Polaritätsumkehr des Erdmagnetfeldes erhöhten UV Strahlung (Glaßmeier et al. 2009, s. auch Beitrag Glaßmeier in diesem Band) wurde ein Modell für die Änderung des biooptischen Milieus und die Auswirkung auf das Wachstum von Phytoplankton unter UV Belastung entwickelt. Ausgangspunkt ist das in Abb. 1 dargestellte konzeptuelle Modell mit den Komponenten UV Strahlung, Strahlung im photosynthetisch aktiven Bereich, farbige gelöste organische Substanz (colored dissolved organic matter CDOM) und Phytoplanktondichte. Die betrachteten Prozesse sind der Strahlungstransport im biologischen Milieu, die Populationsdynamik von Phytoplankton unter dem Einfluss von UV Strahlung, die circadiane Wanderung des Phytoplanktons in

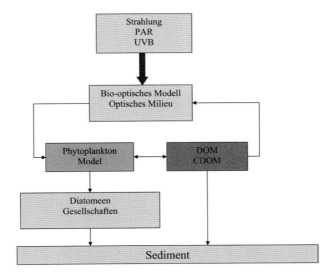

Abb. 1. Konzeptuelles Modell für die Wechselwirkungen von UV Strahlung und Phytoplankton.

---

* Der Vortrag wurde am 10.02.2012 in der Klasssse für Mathematik und Naturwissenschaften der Braunschweigischen Wissenschaftlichen Gesellschaft gehalten.

Zonen optimaler Strahlungsdichte (Phototaxis), die Produktion, Transport und Zerfall von CDOM und die Beeinflussung des optischen Milieus durch die CDOM.

2. Modellgleichungen

Das konzeptuelle Modell wird durch ein System von gekoppelten partiellen Differentialgleichungen beschrieben. Für das Phytoplankton ergeben sich Reaktionsdiffusionsgleichungen, wobei der Reaktionsteil die Populationsdynamik – Wachstum, Zerfall, Konsum durch Zooplankton – beschreibt und der Transportteil die passive Dispersion und aktive Phototaxis. Der Phytotaxisterm ist an das Strahlungsfeld der PAR gekoppelt und der Faktor der Primärproduktion an das UV und PAR Strahlungsfeld.

$$\frac{\partial B}{\partial t} = P(I_{PAR}, I_{UVB}) B(1-\frac{B}{C_B}) + \frac{\partial}{\partial z}\left[D_B \frac{\partial}{\partial z} B - V_z B\right] - \beta \frac{H B}{B+K_s} - \mu B$$

Primärproduktion des Phytoplanktons   Dispersion und Phototaxis   Mortalität durch Predation

$$V_z = \alpha(I_{PAR}(z,t) - I_{OPT}) - v_g$$

Phototaxis

$$P(I_{PAR}, I_{UVB}) = P_{max} \frac{I_{PAR}}{I_{OPT}} \exp(-\frac{I_{PAR}}{I_{OPT}}+1) \frac{1}{1+\left(\frac{I_{UVB}}{K_r}\right)^m}$$

Primärproduktion in Abhängigkeit von PAR und UVB

$$\frac{1}{c}\frac{\partial I_{PAR}}{\partial t} + \frac{\partial}{\partial z} I_{PAR} = -\kappa_{PAR} I_{PAR} \qquad \text{Strahlungstransport}$$

$$\frac{1}{c}\frac{\partial I_{UVB}}{\partial t} + \frac{\partial}{\partial z} I_{UVB} = -\sigma_{UVB} I_{UVB}$$

$$\frac{\partial C}{\partial t} = \frac{\partial}{\partial z}\left[D_{CDOM} \frac{\partial}{\partial z} C - v_g C\right] + \gamma B - \mu_{CDOM} C \qquad \text{Produktion und Dispersion von CDOM}$$

$$\sigma_{UVB} = \sigma_B + \sigma_P C\,(\vec{x},t)$$
$$\kappa_{PAR} = \kappa_B + \kappa_P B(\vec{x},t)$$

Attenuationskoeffizienten in Abhängigkeit von CDOM und Phytoplankton

Nähere Erläuterungen des Modells und Parameterwerte findet man bei Glaßmeier et al. (2009).

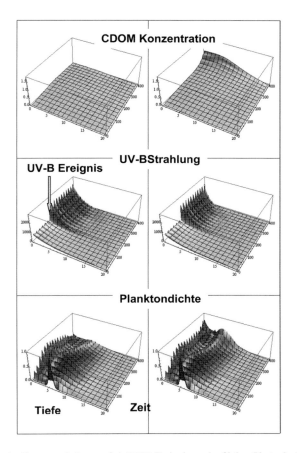

Abb. 2. Simulation des Systemverhaltens auf ein UV-B Ereignis zweier fiktiver Phytoplanktonpopulationen. Linke Spalte: diese Population kann das bioptische Milieu durch Produktion von CDOM nicht verändern und wird daher durch das UV-B Ereignis stark geschädigt. Rechte Spalte: durch Produktion von CDOM wird UV-B Strahlung absorbiert und die Population ist in der Lage weiter zu wachsen. Die circadiane Wanderungsbewegung ist durch Phytotaxis bedingt.

3. Ein Ergebnis

Abbildung 2 zeigt als ein Beispiel das Modellverhalten auf eine UV-B Ereignis. Dabei wurden zwei fiktive Populationen betrachtet, die unterschiedlich auf ein UV-B Ereignis reagieren. Population 1 (linke Spalte in Abb. 2) ist nicht in der Lage durch vermehrte CDOM Produktion auf ein UV-B Ereignis zu reagieren, während Population 2 (rechte Spalte) durch Produktion von CDOM die UV-B Strahlung so abschwächen kann, dass sich die Population wieder erholen kann.

Daraus wird die Hypothese abgeleitet, dass die in Folge von Polaritätsänderungen des Erdmagnetfeldes induzierten langfristigen UV-B Belastungen evolutionäre Schübe ausgelöst haben, die u.a. zu Varianten mit der Fähigkeit zur CDOM Produktion geführt haben. Weitere Ergebnisse und Diskussionen findet man bei Glaßmeier et al. (2009).

Literatur

EILERS P.H.C. & J.C.H. PEETERS, A model for the relationship between light intensity and the rate of photosynthesis in phytoplankton. Ecol. Model. **42**, 199–215, 1988.

GLASSMEIER, K.H., O. RICHTER, J. VOGT, P. MÖBUS & A. SCHWALB, The Sun, geomagnetic polarity transitions, and possible biospheric effects: review and illustrating model. Int. J. Astrobiol. **8**, 147–159, 2009.

KUWAHARA, V.S., OGAWA H., TODA T., KIKUCHI T. & S. TAGUCHI,Variability of Bio-optical Factors Influencing the Seasonal Attenuation of Ultraviolet Radiation in Temperate Coastal Waters of Japan. Photochemistry and Photobiology, Vol **72**,2, 193–199, 2000.

MORRISON J.R. & B.N. NELSON, Seasonal cycle of phytoplankton UV absorption at the Bermuda Altantic time-series study site. Limnol Oceanogr **49**(1), 215–224, 2004.

STEINBERG, S., N. NELSON, C. CARLSON & A. PRUSK, Production of chromophoric dissolved organic matter (CDOM) in the open ocean by zooplankton and the colonial cyanobacterium Trichodesmium spp. Mar. Ecol. Prog. Ser. Vol **2647**, 47–56, 2004.

Assistierende Gesundheitstechnologien: Ansätze – Beispiele – Probleme*

REINHOLD HAUX

Am Forst 31, D-38302 Wolfenbüttel

Zunächst wurde ein kurzer Einblick in die weltweite demographische Entwicklung von der Lebenserwartung um 1950 (in Deutschland 67,5, in der Welt 44,7 Jahre) über 2000 (78,7 bzw. 66,4 Jahre) zu 2050 (85,4 bzw. 76,3 Jahre) mit einer Zunahme der > 65jährigen 2000 bis 2050 (in Deutschland von 16,3% auf 30,9%) gegeben. So betrug 1950 der Altersquotient – die Zahl der < 65jährigen zu der der ≥ 65jährigen – in Deutschland 6,9 (in der Welt 11,7), im Jahr 2000 4,2 (bzw. 9,1) und 2050 1,8 (bzw. 3,9). Mit dieser Bevölkerungs- bzw. Altersverschiebung ist ein weltweiter Wandel von akuten zu chronischen Erkrankungen verbunden, darunter eine Steigerung altersdementer, großenteils pflegebedürftiger Personen von heute bis 2030 um 140%.

Diese Zahlen machen deutlich, welche Versorgungskosten auf die Gesellschaft weltweit zukommen. Deshalb sind Überlegungen und Vorkehrungen für die Betreuung älterer und hochbetagter Menschen unausweichlich. An die Informationstechnologie (IT) stellt sich damit die Frage, ob und in welchem Maße und in welcher Weise sie hier beitragen kann. Kann sie nachhaltige Bedingungen für ein weitgehend selbständiges Leben älterer Personen in deren vertrauter Umgebung durch assistierende Gesundheitstechnologien (AGT) schaffen, ohne zu inakzeptabler Beeinträchtigung und psychisch belastender Kontrolle zu führen und ohne die Würde und die Grundrechte der Personen (Grundgesetz Art. 1, Abs. 1 und 2) zu verletzen?

---

*   Der Vortrag wurde am 09.03.2012 in der Klassse für Mathematik und Naturwissenschaften der Braunschweigischen Wissenschaftlichen Gesellschaft gehalten und basiert auf einem am 8.2.2012 auf dem 8. Bioethik-Symposium der BWG und der Göttinger Akademie für Medizinische Ethik gehaltenen Vortrag. Die hier gegebene Zusammenfassung ist stark angelehnt an den Bericht von Klaus Gahl über dieses Symposium. Zu Literatur und weiteren Informationen: Als Einstiegsliteratur könnte *Koch, S. et al.: On health-enabling and ambient-assistive technologies. What has been achieved and where do we have to go? Methods Inf Med. 2009; 48: 29–37* und *Haux, R. el al. [GAL Research Group]: The Lower Saxony Research Network Design of Environments for Ageing (GAL): Towards Interdisciplinary Research on ICT in Ageing Societies. Informatics for Health and Social Care. 2010; 35: 92–103* nützlich sein, ebenso die Webadressen www.plri.de, www.altersgerechte-lebenswelten.de und www.ehealth-braunschweig.de. Gerne kann ich bei Bedarf weitere Literaturhinweise geben.

Ziel assistierender Gesundheitstechnologien ist individuell eine Erhöhung der Lebensqualität und gesellschaftlich eine ökonomische Entlastung der Solidargemeinschaft.

Datenquellen sind die zu überwachende Person selbst und ihre mit Sensoren und Kameras ausgestattete Wohnung. So lassen sich physiologische Parameter (Herz- und Atemfrequenz, Hautwiderstand) und Bewegungen und der aktuelle Aufenthaltsort im Wohnbereich erfassen. Durch Übermittlung der gemessenen Signale zu einer „Zentrale" (z.B. ärztlicher Notdienst oder Rettungseinsatzzentrale) sind z.B. Änderungen im Tag-Nacht-Verhalten (ein häufiges Frühsymptom sich entwickelnder Altersdemenz) oder Gangunsicherheiten (bei sturzgefährdeten Personen) oder häusliche Unfälle schnell zu beobachten und ggf. durch rasche Hilfe überwinden.

Schon der überwachten Person können ihr selbst bislang unbemerkte Änderungen der täglichen Aktivitäten oder abnorme Schwankungen physiologischer Parameter „rückgekoppelt" deutlich werden. Mitbewohner oder Pflegepersonen werden aufmerksam und gewinnen Informationen zu sich anbahnenden Notfallsituationen.

So konnte z.B. in einer Studie gezeigt werden, dass in 80 und mehr % durch Beschleunigungssensoren eine Sturzgefährdung erkannt werden konnte. Nach einer Cochrane-Übersichtsarbeit ermöglicht „Telemonitoring" bei Herzinsuffizienz-Patienten durch frühzeitiges ärztliches Eingreifen eine Reduktion der Krankenhaus-Wiederaufnahme und eine Senkung der Mortalität. Allerdings gibt es zu diesem Krankheitsbild Studien mit sehr unterschiedlichen Ergebnissen.

Steckt derzeit die medizinische und medizintechnische Erforschung des Potentials der AGT noch in den Anfängen mit einem starken Antrieb durch die wachsenden Erfordernisse und die zügige Entwicklung der IT und der Rechnerprogramme und -kapazitäten, so hinkt die Realisierung, die Implementierung der nötigen Überwachungssysteme in privaten Wohnungen gefährdeter Personen oder in Wohnheimen den jetzt schon bestehenden Möglichkeiten weit hinterher.

Darüber hinaus sind Kooperation und Verbundtechnologien in großem Umfang erforderlich. Derzeit ist das PLRI in einem Niedersächsischen Forschungsverbund „Gestaltung altersgerechter Lebenswelten" (GAL) und im Projekt „eHealth-Braunschweig" beteiligt mit dem Ziel, Informations- und Kommunikationstechnik zur Gewinnung und Aufrechterhaltung von Lebensqualität, Gesundheit und Selbstbestimmung in der zweiten Lebenshälfte zu erreichen.

Zu bedenken sind neben der technischen Einrichtung die sozialen, ökonomischen und psychologischen Voraussetzungen und Konsequenzen, die in intensiver Öffentlichkeitsarbeit bekannt und vertraut gemacht werden müssen. Auch bedarf es der medizinischen, psychosozialen und der Langzeit-Evaluation.

Mit der Gestaltung altersgerechter Lebenswelten durch AGT eröffnen sich zudem neue Forschungsbereiche: Verbesserung der Qualität und der Stabilität der Datenübertragung, der Analyse der inkohärenten und multimodalen Datenquellen, der Repräsentation, Speicherung und Architektur sensorerweiterter Informationssysteme. Medizinisch stellen sich präventive und post-stationär-rehabilitative Aufgaben und vielleicht die Erkennung früher Stadien progredienter (neuromuskulärer) Erkrankungen – die Interaktion neuer Versorgungsformen und neuer Lebensweisen.

Assistierende Gesundheitstechnologien können einen Beitrag zu selbstbestimmtem Leben im Alter und zu effizienter Gesundheitsversorgung leisten – verbunden mit einem schrittweisen Wandel in den Lebensweisen und Versorgungsformen. Dazu ist inter- und multidisziplinäre Kooperation erforderlich. Aspekte der informationellen Selbstbestimmung und des Datenschutzes sind zu berücksichtigen.

Adonis vernalis und andere Steppenrelikte vor unserer Haustür*

DIETMAR BRANDES

Institut für Pflanzenbiologie, Arbeitsgruppe Vegetationsökologie,
TU-Braunschweig, D-38092 Braunschweig

Die spektakuläre Blüte des Frühlings-Adonisröschens (Adonis vernalis) auf Trockenrasenhängen im nördlichen und nordöstlichen Harzvorland wird zum Anlass genommen, Herkunft und Bedeutung der Steppenrelikte vor unserer Haustür zu diskutieren.

Wie sind Steppen definiert? Steppen (russisch степь) sind baumlose Graslandschaften der gemäßigten Breiten, deren Vegetationszeit oft durch Winterkälte bzw. Sommertrockenheit unterbrochen wird. Warum sind sie weitestgehend baumlos? Die hygrische Waldgrenze in der nemoralen Zone liegt bei ca. 300–350 mm/a, d.h. bei Unterschreiten dieser Niederschlagsmenge ist kein Wald mehr möglich, Steppen bilden nun die potentiell natürliche Vegetation. In Eurasien zieht sich ein breiter Steppengürtel von der Dobrudscha und Nordostbulgarien über die Ukraine, Südrussland, Kasachstan und die Mongolei bis nach Westchina. In Nordamerika wird die Steppe traditionell als Prairie bezeichnet, im Mittleren Westen der USA wurden sie zu großflächigen Agrarlandschaften transformiert. Im Gegensatz zu den tropischen Savannen spielen C3-Pflanzen in der Flora der Steppen kaum eine Rolle.

Wie gelangten die Steppenrelikte nach Mitteleuropa? Im Verlauf der nacheiszeitlichen Vegetationsentwicklung Mitteleuropas sind im Atlantikum – in der Frühen und Mittleren Wärmezeit – thermophile Kräuter und Gräser aus den pontischzentralasiatischen Steppen sowie aus dem Mittelmeergebiet eingewandert. Als Wanderwege kommen das Rhône- und Rheintal, von Südosten her der Weg entlang des Ostrandes der Alpen und die ehemaligen Urstromtäler in Betracht. Möglicherweise sind einige Arten aber auch bereits vor Beginn der nacheiszeitlichen Wiederbewaldung eingewandert. Molekulargenetische Untersuchungen legen nahe, dass einzelne Arten über die verschiedenen Migrationsrouten auch zu unterschiedlichen Zeiträumen eingewandert sind. Die Steppenrasenelemente konnten sich in der nun entstehenden Kulturlandschaft an steilen Hängen im Kontakt zu lichten bzw. anthropogen aufgelockerten Wäldern halten und profi-

---

* Kurzfassung des am 13.4.2012 in der Klasse für Mathematik und Naturwissenschaften der Braunschweigischen Wissenschaftlichen Gesellschaft gehaltenen Vortrags.

tierten später durch die Wanderschäferei. Mit Zusammenbruch der Schafhaltung am Ende des 19. Jh. und der Intensivierung der Landwirtschaft verloren die Steppenrelikte immer mehr Wuchsorte. Die letzten Wuchsgebiete stehen heute ausnahmslos unter Naturschutz. Als Steppenrelikte können die folgenden Arten gelten: Adonis vernalis (Frühlings-Adonisröschen), Astragalus danicus (Dänischer Tragant), Eryngium campestre (Feld-Mannstreu), Inula hirta (Rauhaariger Alant), Pulsatilla pratensis (Wiesen-Küchenschelle), Stipa capillata (Haar-Pfriemgras), Stipa pennata (Federgras).

Warum sind Steppenrasen am äußersten NW-Rand ihrer Verbreitung überhaupt von Interesse für die Biodiversitätsforschung? Die Isolation kann am Rande eines ehemals stärker zusammenhängenden Verbreitungsgebiets zu populationsgenetischen Veränderungen führen. Die von den Steppenrelikten charakterisierten Pflanzengesellschaften in unserem Raum stellen durchaus eigenständige Vegetationstypen dar; die Biodiversitätskonvention fordert ihren Schutz. Leider sind die eurasiatischen Steppen auch in ihren Hauptverbreitungsgebieten zumeist in Agrarflächen umgewandelt und in ihrem Artenbestand gefährdet.

An dieser Stelle sollen nur Arbeitshypothesen für Diversitätsuntersuchungen auf regionalem Level formuliert sowie einige Ergebnisse skizziert werden:

(1) Im nördlichen Harzvorland finden sich zahlreiche, voneinander isolierte Halbtrockenrasen, deren Artenbestand sich jedoch nicht kontinuierlich von West nach Ost entlang des Niederschlagsgradienten ändert, sondern zwei klar getrennte Gruppen „westlicher" und „östlicher" Rasen bildet. Die Trennlinie zwischen beiden Gruppen deckt sich etwa mit dem Verlauf der 600mm-Isohyete. Dieses an 52 Rasen gut abgesicherte Ergebnis lässt sich am einfachsten mit der Hypothese von zwei unterschiedlichen Einwanderungsrichtungen erklären: Die submediterranen Arten erreichten das Harzvorland von Südwesten etwa durch das Leinetal, während die kontinentalen Arten der Steppen von Südosten her einwanderten und den Okerlauf nie nach Westen überschreiten konnten. Molekulargenetische Untersuchungen an ausgewählten Arten können interessante Einblicke in deren Einwanderungsgeschichte ermöglichen, was am Beispiel von Eryngium campestre (Feld-Mannstreu), einer auffälligen Apiacee mit distelartigem Habitus, diskutiert wurde.

(2) Sämtliche heute in Deutschland vorkommenden Steppenrasenarten sind selten bzw. bedroht. Wir untersuchen daher die Mobilität dieser Pflanzen: Ob und unter welchen Bedingungen sind sie in der Lage, von Trockenrasen auf unmittelbar angrenzende Brachäcker zu gelangen? Können sie sich entlang von Straßen- und Feldwegrändern ausbreiten (Überprüfung von Vernetzungshypothesen)?

(3) Im Rahmen des Projekts „Arche Niedersachsen" werden am Braunschweiger Institut für Pflanzenbiologie bzw. im zugehörigen Botanischen Garten Versuche zur in-vitro-Vermehrung von besonders gefährdeten Arten mit dem Ziel unter-

nommen, Vermehrungskulturen anzulegen und die Arten anschließend wieder am ursprünglichen Wuchsort auszupflanzen.

(4) Nährstoffeinträge sowohl aus der Luft wie auch von angrenzenden Äckern beeinträchtigen die Steppen- und Trockenrasen generell. Die Auswirkungen von Stickstoffeinträgen auf einzelne Zielarten werden im Botanischen Garten Braunschweig in einem Modellsystem untersucht.

(5) Für Steppenrasen bzw. für die „östlichen Rasen" ist die Beteiligung von Ruderalpflanzen charakteristisch. Kleinflächige Störungen entstehen durch Tierbauten (insbesondere Nager), großflächige Beeinträchtigungen erfolgen durch Beweidung: positive Selektion bestimmter Nahrungspflanzen und damit Minderung ihrer Konkurrenzfähigkeit, negative Selektion von weideresistenten Arten, die durch Inhaltsstoffe, Dornen oder Stacheln vor Verbiss geschützt sind, punktuelle Nährstoffanreicherung durch Kot, unterschiedliche Empfindlichkeit gegenüber Trittschäden. Die zoochore Diasporenausbreitung wird heute sehr hoch bewertet, waren doch früher die Rasenflächen durch Wanderschafherden gut vernetzt. Insgesamt stellt sich die Frage: „Wie hoch war/ist eigentlich der natürliche Einfluss von Herbivoren auf Steppenrasen?"

(6) Viele unserer thermophilen Ruderalpflanzen haben ihr ursprüngliches Vorkommen in Steppen. Welche Präadaptionen erleichtern ihnen das Eindringen in die Stadt- und Industrievegetation Mitteleuropas? Wie sind die Wechselbeziehungen zwischen Steppen- bzw. Trockenrasen einerseits und der Ruderalvegetation andererseits? Dieser interessante Fragenkomplex wurde erstmals vor ca. 50 Jahren in der Geobotanik bearbeitet und führte zur Aufstellung der „Ruderalen Trockenrasen" als eigenem Vegetationstyp.

Aromatische Moleküle mit schalenförmiger Struktur: ein Ausflug in die molekulare Architektur*

HENNING HOPF

Institut für Organische Chemie, TU-Braunschweig
Hagenring 30, D-38106 Braunschweig

Die Chemie aromatischer Verbindungen geht zurück auf das Jahr 1825, in dem Faraday zum ersten Mal die Isolierung von Benzol aus Leuchtgas gelang. Mit der erst 40 Jahre später erfolgten Strukturzuordnung durch Kekulé setzte eine Entwicklung ein, die nicht nur zur Gründung und dem stürmischen Wachstum der deutschen chemischen Industrie führte, sondern auch der Wissenschaft immer wieder neue Impulse gegeben hat – bis auf den heutigen Tag.

Von der Sechseckstruktur des Benzols lassen sich gemäß eines einfachen Baukastenprinzips zahllose weitere Verbindungen ableiten, die sowohl in der industriellen Organischen Chemie als auch der Grundlagenforschung eine fundamentale und anhaltend wichtige Rolle spielen. Wie Schema 1 zeigt gibt es mehrere Möglichkeiten mit der „Sechseckfliese" Benzol größere aromatische Verbindungen aufzubauen.

Fügt man einzelne Benzolringe linear aneinander, so erhält man über das Zweikernsystem Naphthalin und das dreikernige Anthracen (siehe Schema) schließlich die sog. [n]Acene; das zugrunde liegende Bauprinzip ist das der *linearen* Anellierung. [n]Acene sind eine wichtige Substanzklasse, die heute bei der Entwicklung neuer „elektronischer" Materialien eine zentrale Rolle spielen. Drei Benzolringe lassen sich jedoch auch „gewinkelt" miteinander verschmelzen und man gelangt durch angulare Anellierung über das Phenanthren (siehe Schema) zu einer unendlich großen Zahl von „kondensierten" Aromaten (PAHs, polycondensed aromatic hydrocarbons). Viele dieser Verbindungen tauchen im Zigarettenrauch und in Autoabgasen auf und besitzen carcinogene Eigenschaften. Ein besonderes Verknüpfungsmuster liegt in den sog. Helicenen vor (Schema 1). Bei dieser Form der Kondensation geraten sich innenliegende Wasserstoffe ins Gehege, müssen sich ausweichen und bedingen eine helikale (schraubenförmige) Struktur. Diese Verbindungen sind nicht länger planar – wie die einfachen Aromaten – sie weichen in die dritte Dimension aus.

---

* Der Vortrag wurd am 08.06.2012 in der Klasse für Mathematik und Naturwissenschaften der Braunschweigischen Wissenschaftlichen Gesellschaft gehalten .

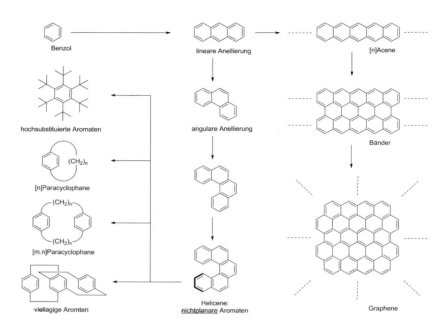

Schema 1: Der Benzol-Baukasten: von einfachen zu komplexen Strukturen.

Die formale Zusammenfügung einzelner [n]Acene mit sog. Einfachbindungen führt zu *molekularen Bändern*, aus denen sich auch wieder größere Strukturen erhalten lassen, die *graphenartigen* Substanzen. Der Name deutet auf den Graphit hin, der in der Tat aus übereinander geschichteten Lagen von Graphenmolekülen besteht (beim Schreiben oder Zeichnen mit einem Bleistift werden diese Lagen sukzessive abgetragen). Sowohl Bänder- als auch Graphenstrukturen spielen heute eine große Rolle, z.B. bei der Herstellung von Solarzellen und anderen modernen Materialien mit interessanten elektronischen Eigenschaften.

Moleküle mit nichtplanaren Benzolringen lassen sich gezielt durch verschiedene „Tricks" aufbauen. Beispielsweise kann man einen Benzolring mit großen raumerfüllenden Substituenten versehen. Diese „behindern" sich dann sterisch, müssen einander ausweichen – es ist einfach nicht genug Platz vorhanden – und die Ringe werden uneben. Eine andere Möglichkeit, derartige deformierte Strukturen zu erzeugen, besteht im Einbau von Molekülbrücken. Sind diese genügend kurz, besitzen die resultierenden Verbindungen (die sog. Cyclophane) bootförmig deformierte Benzolringe. Diese Deformation führt dazu, dass sich die typischen strukturellen, chemischen und physikalischen Eigenschaften der zu Grunde liegende Aromaten deutlich ändern.

Aromatische Moleküle mit schalenförmiger Struktur 121

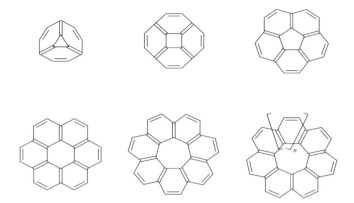

Schema 2: Die ersten Glieder der [*n*]Circulen-Serie.

Es gibt zahlreiche Kinderspielzeuge, in denen der Standardbaustein einem regelmäßigen Sechseck gleicht; er entspricht praktisch einer Sechskantmutter. Wer je mit diesen Steinen/Spielen gespielt hat, weiß, dass mit ihnen eine „unendliche" Vielfalt von Arrangements geschaffen werden kann.

Wir wollen hier zunächst der Frage nachgehen, was passiert, wenn man diese Spielsteine zu einem Ring verknüpft; das Resultat zeigt Schema 2, in dem die ersten Glieder der Substanzklasse der [n]Circulene wiedergegeben sind.

Die erste Substanz hieße also [3]Circulen, dann käme das [4]-, dann das [5]Circulen usw. Bei der ersten Substanz hat man schon Probleme, die Verbindung auf dem Papier zu zeichnen – ein erster Hinweis auf mögliche Probleme bei ihrer Herstellung?

In der „richtigen" Welt, nicht der der „Molekülarchitektur", kennt man diese Probleme offenbar nicht. Abb 1. zeigt die Charminar-Moschee in Hyderabad, eine der wichtigsten Sakralbauten Indiens, erbaut im Jahre 1591.

Schaut man sich einige der Fensteröffnungen der Moschee genauer an, macht man eine interessante Entdeckung (Abb. 2). Die Fenster bestehen aus einem Gitter von lauter [4]Circulen-Einheiten.

Tatsächlich ist dieses Motiv in der Architektur und in der Ornamentik sehr weit verbreitet. Die folgende Abb. (Abb. 3) stammt aus dem Nationalen Fliesenmuseum in Lissabon, einem Ort, in dem es von Chemie-relevanten Mustern und Motiven nur so wimmelt. Fliesen werden im Allgemeinen flach ausgelegt und wenn man sich die Abbildung genauer ansieht, erkennt man leicht, das der Sechsring hier elongiert, jedenfalls kein regelmäßiges Hexagon ist.

Abb. 1: Die Charminar-Moschee in Hyderabad (Indien)

Aber unser Blick muss nicht so weit in die Ferne schweifen. Auf einem Spaziergang durch die Klosterkirche in Riddagshausen (erbaut 1275) stoßen wir

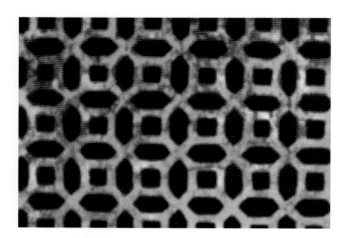

Abb. 2: Detail eines Fensters der Charminar Moschee.

Aromatische Moleküle mit schalenförmiger Struktur 123

Abb. 3: Ein Fliesenmuster aus dem Nationalen Fliesenmuseum in Lissabon (Museu Nacional do Azulejo).

auf ganz ähnliche Muster – ohne Ausnahme Netze, die sich prinzipiell auch auf Kohlenstoffbasis verwirklichen lassen sollten.

Interessant ist hier überdies ein Maschendrahtnetz, das zum Schutz über das Bleiglasfenster gespannt ist – auch dieses besitzt die Struktur einen neuen Kohlenstoffmodifikation.

Abb. 4: Bleiglasfenster in der Klosterkirche Riddagshausen.

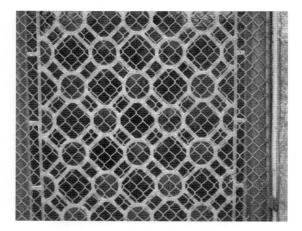

Abb. 5: Ein weiteres Kirchenfenster aus Riddagshausen....

Gerade Kirchen sind in dieser Hinsicht sehr ergiebig, wie zwei weitere Beispiele aus Riddagshausen zeigen. In Abb. 5 hätte ein Chemiker den Kreis durch ein Oktagon ersetzt und Abb. 6 zeigt eindeutig die Struktur des Graphens, einer Lage des Graphits.

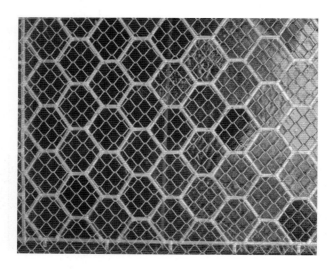

Abb. 6: ....und ein drittes.

Aromatische Moleküle mit schalenförmiger Struktur 125

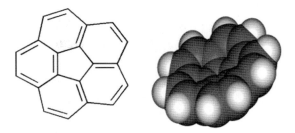

Schema 3: Das kleinste bekannte [n]Circulen: [5]Circulen oder Corannulen.

Kehren wir zu den Circulenen zurück. Wir haben bisher stillschweigend angenommen, dass sie alle planar sind – dennoch aber bemerkt, dass es schon bei Zeichnen der Untereinheiten (Benzol- und andere Ringe) zu Schwierigkeiten kommt. Kann man diesen ausweichen, wenn die Moleküle nicht-planar sind? Die Antwort lautet – mit einer Ausnahme – ja.

Das kleinste bekannte Circulen ist das [5]Circulen oder Corannulen, von Lawton und Barth 1966 in einer 17stufigen Synthese synthetisiert. Inzwischen sind leistungsfähige Synthesewege bekannt, die die Verbindung in 100 Gramm-Mengen liefern, so dass auf breiter Basis über sie geforscht werden kann und wird. Wie die Röntgenstrukturanalyse zeigt – und wir vielleicht auch schon vermutet haben – ist das Molekül nichtplanar. Es besitzt eine schalenförmige Struktur und stellt die Kappe des Fußball-Moleküls Fulleren (C_{60}) dar (s.u.).

Bei der erwähnten Ausnahme handelt es sich – gleichfalls nicht überraschend – um das [6]Circulen oder Coronen, erstmalig im Jahre 1932 von Scholl und Meyer hergestellt; auch für diese Substanz gibt es inzwischen leistungsfähigere Synthesen, so dass sie mittlerweile sehr gut untersucht ist. Die Planarität der Substanz kann man zum Beispiel in der AFM-Aufnahme erkennen (Abb. 7).

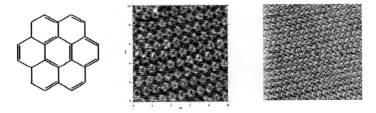

Abb. 7: AFM-Aufnahme des aromatischen Kohlenwasserstoffs [6]Circulen (Coronen).

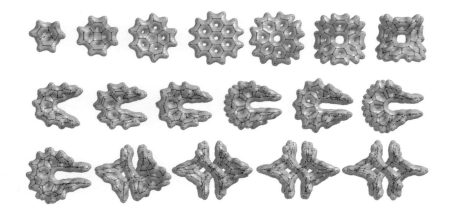

H. Christoph, J. Grunenberg, H. Hopf, I. Dix, P. G. Jones, M. Scholtissek, G. Maier, *Chem. Eur. J.* **2008**, *14*, 5604-5616

Schema 4: Berechnete Raumstrukturen der [*n*]Circulene bis *n* = 20.

Während auch das [7]Circulen bekannt ist (Yamamoto, 1988) – es besitzt eine sattelförmige Struktur, ist also auch wieder nichtplanar – ist über die niedrigeren und höheren [n]Circulene sehr wenig oder gar nichts bekannt – vor allen Dingen deshalb nicht, weil alle Versuche, diese „Benzologen" herzustellen, bisher gescheitert sind.

Wir haben deshalb mit den modernen quantenchemischen Methoden (DFT-Rechnungen) die dreidimensionalen Strukturen dieser Substanzen berechnet; das Resultat zeigt Schema 4.

Die bekannten Strukturen von [5]- bis [7]Circulen werden gut reproduziert; für das [3]- und das [4]Circulen werden schalenförmige Strukturen vorhergesagt, die jedoch außerordentlich gespannt sind. Ab [8]Circulen werden zunächst sattelförmige Strukturen bevorzugt, dann klauen- oder maulartige und schließlich doppelt helikale. Wie gesagt, ist bisher keiner dieser Verbindungen im Labor hergestellt worden. Unseren Berechnungen zufolge (Abb. 8) sollten diese Substanzen herstellbar und unter Standardlaborbedingungen handhabbar sein.

Synthesechemie ist Laien nicht leicht vermittelbar. Sie stellt den eigentlichen Kern der Organischen Chemie dar. Es geht immer darum, sich Synthesewege auszudenken, die möglichst ökonomisch zu einem bestimmten Ziel führen. Häufig geht man bei der Planung *retrosynthetisch* vor, wie der Fachausdruck lautet; man könnte auch analytisch sagen. Das bedeutet, dass man *rückwärts* plant, vom Zielmolekül her; d.h. die Frage zu beantworten versucht, was man tun könnte,

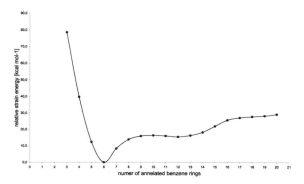

Abb. 8: Die relativen Spannungsenergien der [n]Circulene bis n = 20.

um ein bestimmtes Syntheseziel zu erreichen. Die Frage nach dem Wie, nach der eigentlichen Synthesemethode steht zunächst noch im Hintergrund.

Diese Vorgehensweise soll für das [4]Circulen, das oben anhand von Beispielen aus der Chemie und der Baukunst vorgestellt wurde, skizziert werden.

Wir ersetzen zunächst 2 Doppelbindungen im Zielmolekül durch Einfachbindungen und erhalten ein Molekül, in dem ein Aromat, der aus zwei Benzolkernen besteht, von zwei gesättigten Molekülbrücken überbrückt wird: das Tetrahydro[4]

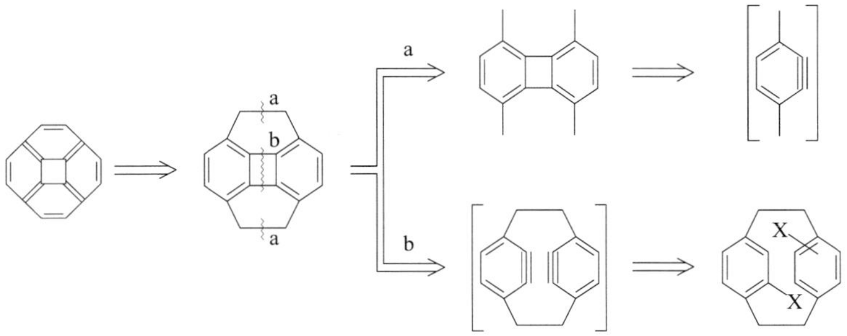

Schema 5: Retrosynthese des [4]Circulens.

circulen. In der eigentlichen Synthese, die schlussendlich durchgeführt werden soll, müssen diese Einfachbindungen dann wieder zu Doppelbindungen umgewandelt werden. Hierfür gibt es zahlreiche Labormethoden. Aber auch diese Vorstufe muss erst einmal hergestellt werden – sie ist im Handel nicht erhältlich, ja sie ist unbekannt.

Dazu können wir das Molekül an zwei Stellen „zerschneiden": den Positionen a) und b), am Sechsring oder am Vierring. Weg a) führt zu einem Molekül, das „eigentlich" leicht erhältlich sein sollte, nämlich durch Dimerisierung des sog 1,4-Dimethyldehydrobenzol. Dieses ist zwar nicht als solches isolierbar, aber als kurzlebiges Intermediat bekannt, hochreaktiv und kann zu einem Biphenylen dimerisieren.

Der Weg b) führt gleichfalls zu einem Dehydrobenzol-Derivat, das sich aus einem Cyclophan-Ausgangsmaterial herstellen lassen sollte; dieses ist mit X = Cl sogar im Handel erhältlich. Leider scheiterte die „Umkehrung" beider Reaktionspfade und trotz großer Mühen konnten wir das [4]Circulen, genauer: seine Tetrahydro-Vorstufe - nicht erhalten. Die Synthese des Zielmoleküls gelang auch anderen Arbeitsgruppen nicht, jedoch konnten King, Bally und Mitarbeiter im Jahre 2010 ein erstes Derivat dieser Substanz herstellen – allerdings in sehr schlechter Ausbeute und ohne Bestimmung seiner Raumstruktur durch Röntgenstrukturanalyse. Immerhin zeigen diese orientierenden Experimente, dass es prinzipiell möglich ist, zu [4]Circulenen zu gelangen. Eine solche Situation ist in der Synthesechemie weit verbreitet: zuerst gelingt es den Pionieren, einen Weg zu erschließen und spätere Forscher müssen dann für leistungsfähigere Synthese sorgen.

Was kann man mit schalenförmigen Molekülen machen? Eine sehr reizvolle Verwendungsmöglichkeit besteht darin, in ihrem konkaven Raum andere Moleküle zu binden; das können metallatomhaltige Fragmente sein oder Neutralmoleküle. Bindungstaschen sind aus der Enzymchemie gut bekannt und spielen eine große Rolle bei der Substraterkennung, -bindung und -transformation.

Von entscheidender Bedeutung ist dabei, dass die Molekülschale strukturell stabil ist. Befindet sich beispielsweise ein Ligand im Inneren der Schale, klappt diese jedoch leicht um, so befindet er sich am Ende diesen dynamischen Prozessen „außerhalb" der Molekülschale. Dieses Problem verschärft sich noch, wenn die Schale durch geeignete Substitution chiral wird (s.u.), d.h. sie mit ihrem Spiegelbild nicht zur Deckung gebracht werden kann. Durch den Umklappvorgang, der zur Racemisierung des Startmoleküls führt, geht „optische Information" verloren – was die Anwendung dieser Moleküle als Liganden für die stereoselektive Synthese unmöglich macht.

Wir haben die Racemisierungsbarrieren für die [n]Circulene berechnet; das Resultat zeigt Abb. 9.

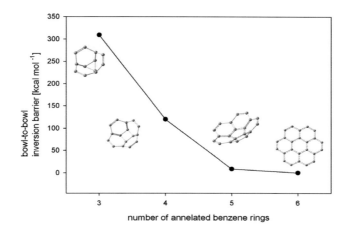

Abb. 9: Racemisierungsbarrieren der niedrigen [n]Circulene.

Die entscheidende Verbindung ist hier das [5]Circulene (Corannulen), das eine sehr niedrige Racemisierungsbarriere aufweist. Diese wurde auch im Experiment gefunden, das Molekül und einige seiner einfachen Derivate sind „konformativ instabil" und für die stereoselektive Synthese ungeeignet.

Will man dennoch bei schalenförmigen Molekülen für diese Anwendungen bleiben, so muss der Umklappprozess verhindert werden. Dieses kann z.B. durch den Einbau von Molekülbrücken in entsprechende aromatische Verbindungen geschehen, wie insbesondere Kuck in den Jahren seit 1989 gezeigt hat. Kuck gelang die Synthese eines wichtigen neuen, konformativ starren Kohlenwasserstoffs, des Tribenzotriquinacens (Schema 6).

Die Kucksche Synthese besitzt einige Nachteile; so liefert sie die Stammverbindung nur in schlechten Ausbeuten und gestattet es nur auf aufwändigen Wegen, Substituenten in die inneren Positionen der Benzolkerne einzuführen.

Wir haben deshalb vor kurzem eine deutlich einfachere Synthese entwickelt, die zudem noch den Vorteil besitzt, sehr allgemein anwendbar zu sein (mögliche Einführung von Substituenten in allen Positionen mit Ausnahme der Zentralposition). Diesen Syntheseweg zeigt das Schema 7.

Ohne zu sehr in Einzelheiten zu gehen, sollen einige Beispiele vorgestellt werden, wie sich die neue Synthese in der Praxis nutzen lässt. Bei Verwendung von *ortho*-substituierten Benzaldyhen als Kondensationskomponente im ersten Reaktionsschritt, werden monosubstituierte Tribenzotriquinacene erhalten, die den Substituenten in der sterisch schlecht zugänglichen 2-Position enthalten (Schema 8).

Tribenzotriquinacene

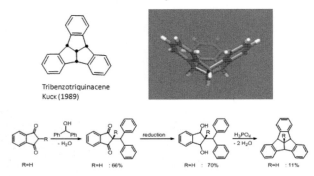

Tribenzotriquinacene
Kuck (1989)

Kuck et al. Chem. Ber. 1992, 125, 1449

Schema 6: Die Synthese von Tribenzotriquinacen nach Kuck und Mitarbeitern.

Diese Verbindungen sind chiral: Bild und Spiegelbild lassen sich nicht zur Deckung bringen.

Führt man Substituenten in beide Ausgangmaterialien ein – wie es Schema 9 zeigt – so gelangt man am Ende stereospezifisch zu C_3-symmetrischen Tribenzotriquinacenen, die gleichfalls chiral sind – man denke an eine links- und eine rechtsgängige Schraube.

Chirale Substanzen sollten sich in einer „Racematspaltung" in ihre „optischen Antipoden" (Enantiomere) zerlegen lassen. Wie Abb. 10 für das 2-Brom-Derivat zeigt, ist das tatsächlich der Fall. Zur Racematspaltung wurde hier die Chromatographie an einer chiralen Festphase nach Okamoto gewählt. Wie die Abbildung zeigt, gelingt eine Grundlinientrennung.

Alle von uns bisher synthetisierten Tribenzotriquinacene sind Feststoffe und von vielen konnten Einkristalle erhalten werden, die für die Röntgenstrukturanalyse

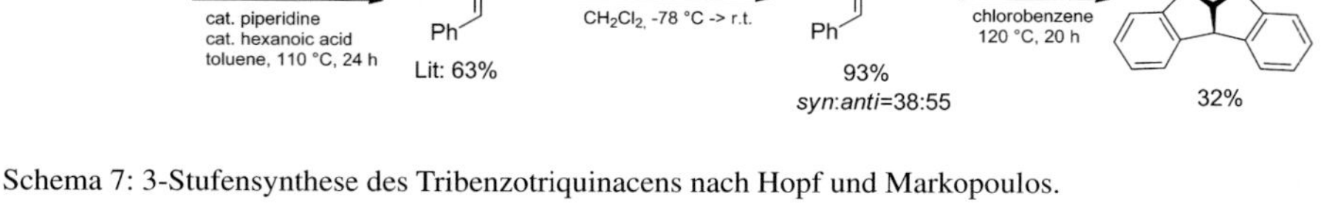

Schema 7: 3-Stufensynthese des Tribenzotriquinacens nach Hopf und Markopoulos.

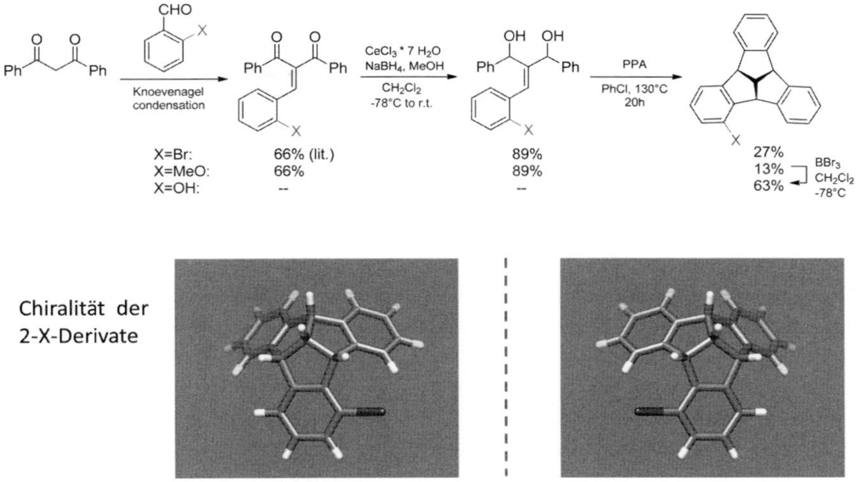

Aromatische Moleküle mit schalenförmiger Struktur 131

X=Br:	66% (lit.)	89%	27%
X=MeO:	66%	89%	13%
X=OH:	--	--	63%

Chiralität der 2-X-Derivate

Schema 8: Herstellung chiraler Tribenzotriqinacene: Variation der Benzaldehyd-Komponente.

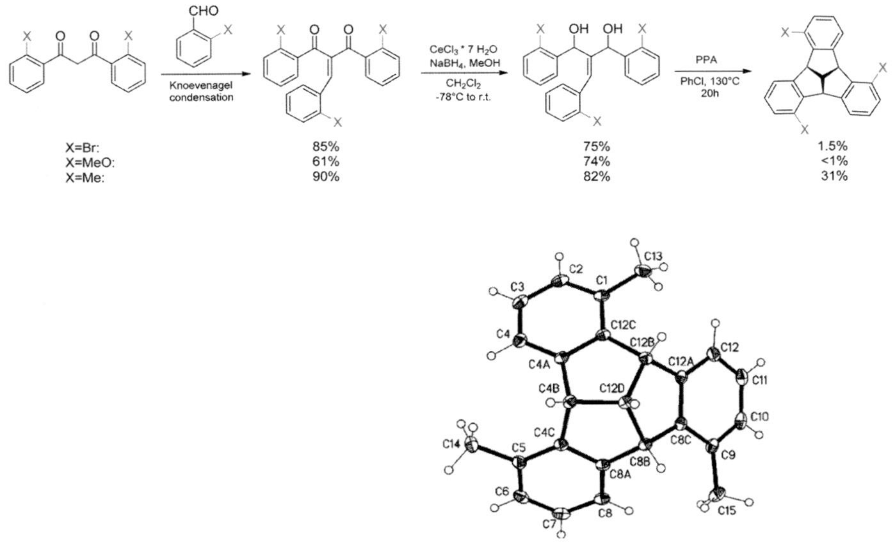

X=Br:	85%	75%	1.5%
X=MeO:	61%	74%	<1%
X=Me:	90%	82%	31%

Schema 9: Herstellung C_3-symmetrischer Tribenzotriquinacen-Derivate.

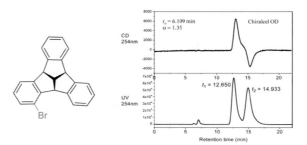

Abb. 10: Racematspaltung chiraler Tribenzotriquinacene.

geeignet sind. Besonders interessant ist die Stammverbindung, die in Form sehr langer, sehr dünner Nadeln kristallisiert. Wie die Röntgenstrukturanalyse zeigt, ordnen sich die Schalenmoleküle im festen Zustand wie ein Stapel von Tellern oder Tassen an (Abb. 11).

Was im Übrigen dreidimensionale Struktur und Stapelung anbelangt, so gelang vor kurzem auch die Synthese eines Moleküls, das formal aus z w e i schalenförmigen Untereinheiten aufgebaut ist (Abb. 12). Gerade bei der Synthese von Molekülen mit mehrfachen „Bindungszentren" bietet das neue Verfahren viele Möglichkeiten. Das Molekül in Abb. 12 zeigt die beiden Schalen in *anti-* oder *trans-*Stellung; das Diastereomer mit *cis-*Schalen ist gleichfalls interessant, da

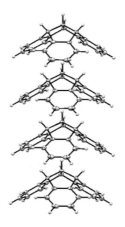

Abb. 11: Kristallstruktur des Tribenzotriquinacens.

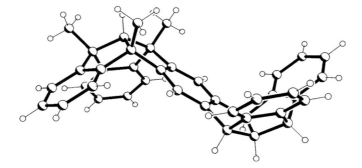

Abb. 12: Ein doppelschaliges Tribenzotriquinacen-Derivat.

es eine klauenförmige Struktur besitzen sollte. Wir haben es bereits hergestellt, jedoch gelang die Röntgenstrukturanalyse noch nicht.

Weiter oben wurde erwähnt, dass die Chemie der schalenförmigen Aromaten starke Impulse durch die Fulleren-Chemie erhalten hat. Das [5]Circulen bildet die Kappe des C_{60}-Fullerens, des Fußballmoleküls, und außerdem die Abschlusskappe von sog. Nanoröhren.

Die Fullerene selbst bilden nach wie vor ein wichtiges Gebiet moderner Aromatenchemie, wobei es in heutigen Arbeiten häufig darum geht, komplexere Strukturen zu schaffen, z.B. wie in Abb. 13 gezeigt um ineinander geschachtelte Fullerenmoleküle, neue Kohlenstoffvarianten mit einer Zwiebelstruktur.

Wie es mit der Benzotriquinacen-Chemie weitergehen wird, weiß naturgemäß niemand. Drei aktuelle Arbeits – bzw. Anwendungsgebiete zeigt das letzte Schema (Schema 10).

Abb. 13: Von schalenförmigen Molekülen zu Hohlraumsystemen: Das Fullerenmolekül C_{60} und eine Kohlenstoffmodifikation mit Zwiebelstruktur: die Kugel in der Kugel.

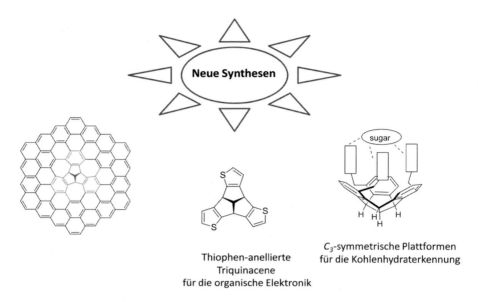

Schema 10: Neue Anwendungsmöglichkeiten von Tribenzotriquinacenen.

Zum einen sollte man versuchen, die Tribenzotriquinacen-Untereinheit in ausgedehntere, graphenartige Strukturen einzubauen. Die dreidimensionale Einheit müsste dann die flache Struktur stören und eine deutliche Änderung ihrer chemischen und physikalischen Eigenschaften auslösen.

Die Kondensation von heterocyclischen Ringsystemen an den Triquinacen-Grundkörper wäre gleichfalls interessant. Das Thiophen spielt eine wichtige Rolle in modernen elektronischen Materialien – wie verändern sich deren Eigenschaften, wenn der Benzolring im Grundkörper durch einen Thiophenring ersetzt wird? Auch an stickstoffhaltige Varianten wäre zu denken; diese könnten auch deshalb von Bedeutung sein, weil z.B. Pyridinanaloga chirale Basen darstellten, die eine wichtige Rolle in der stereoselektiven Synthese spielen könnten.

Und schließlich bieten sich die oben geschilderten chiralen Derivate als C_3-symmetrische Plattformen in zahlreichen supramolekularen Anwendungen an. Mit entsprechenden „molekularen Armen" versehen, könnte man sie u.U. bei der Kohlenhydraterkennung nutzen.

Voraussetzung für all diese (und viele andere!) Anwendungen bleiben neue, präparativ leistungsfähige Synthesewege zu den entsprechenden Derivaten und Zwischenstufen.

Organic Computing – Von Balinesischen Wassertempeln, Ameisen und selbst-modifizierendem Code*

CHRISTIAN MÜLLER-SCHLOER

Matthias-Claudius-Straße 16, D-30989 Gehrden

Künftige technische Systeme werden hoch-komplex, hoch-vernetzt, sicherheitskritisch und computerisiert sein. Dies birgt das Risiko mangelnder Beherrschbarkeit, aber auch die Chance, mit neuartigen Systemstrukturen größere Flexibilität, Robustheit und Wirtschaftlichkeit zu erreichen. Natürliche Systeme besitzen eine Reihe von Eigenschaften, welche heutigen technischen Systemen weitgehend fehlen: Sie sind selbst-organisierend, -konfigurierend, -optimierend, -heilend und -schützend. Sie sind in der Lage, sich in unsicheren Umgebungen auf den aktuellen Kontext einzustellen. Sie sind adaptiv, robust und selbst-stabilisierend.

Die Organic-Computing-Forschung hat das Ziel, die Eigenschaften lebender Systeme im technischen Bereich nutzbar zu machen. Eine zentrale Rolle spielen dabei die Mechanismen der Selbstorganisation und Adaptivität und ihrer Kontrollierbarkeit. Anwendungen liegen z.B. in der Verkehrs- und Automobiltechnik, der Mikroelektronik, der Robotik, der Kommunikationstechnik oder der Gebäude- und Sicherheitstechnik.

Der Vortrag führt in die Thematik und Problematik der adaptiven und selbstorganisierenden Systeme ein, gibt Beispiele aus aktuellen Forschungsprojekten und diskutiert in einem Ausblick die Perspektiven und Herausforderungen dieser Technik.

Kurzbiographie Prof. Dr. C. Müller-Schloer

Christian Müller-Schloer promovierte 1977 nach dem Studium der Elektrotechnik an der Technischen Universität München. Von 1977 bis 1990 war er Mitarbeiter des Forschungslabors der Siemens AG in München, von 1980 bis 1982 des Siemens Corporate Research Laboratory in Princeton/New Jersey. Arbeitsgebiete waren u.a. CAD-Verfahren für die Planung von Datennetzen, Kryptographie, Entwurfsautomatisierung für integrierte Schaltungen sowie Prozessor- und Systemarchitekturen. 1991 wurde er an die Universität Hannover berufen, wo er das

---

* Kurzfassung des am 10.02.2012 in der Klasse für Ingenieurwissenschaften der Braunschweigischen Wissenschaftlichen Gesellschaft gehaltenen Vortrages.

Institut für Systems Engineering – Fachgebiet System- und Rechnerarchitektur (SRA) leitet. Er ist Mitbegründer der Organic-Computing-Initiative und des DFG-Schwerpunktprogramms Organic Computing. Er ist Autor/Mitautor von mehr als 160 Publikationen und mehreren Büchern.

Das SRA arbeitet auf den Gebieten der adaptiven selbstorganisierenden Systeme, der populationsbasierten Optimierung und der Anwendung dieser Techniken u.a. in Systemen der Verkehrstechnik und der Computernetze.

PhDCube – Initiative der NTH zur Förderung der Promotion in den Grundlagen des Ingenieurwesens*

ROLF RADESPIEL

Institut für Strömungsmechanik, TU-Braunschweig
Hermann-Blenk-Str. 37, D-38108 Braunschweig

Die drei Mitgliedsuniversitäten der Niedersächsischen Technischen Hochschule NTH haben sich auf eine gemeinsame und strategisch angelegte Initiative zur Förderung des wissenschaftlichen Nachwuchses in den Grundlagen des Ingenieurwesens verständigt. Diese Initiative für eine Standort übergreifende Graduiertenschule in der NTH beruht auf Konzepten für die wissenschaftliche Ausrichtung, für die strukturierte Ausbildung von Doktoranden in der NTH und für die Vernetzung innerhalb der NTH und mit externen Kooperationspartnern.

Der wissenschaftliche Ansatz der Initiative steht auf drei starken Säulen: physikalische Modellbildung, numerische Simulation und Experiment. Diese Gebiete sollen langfristig für drei ingenieurwissenschaftliche Problemstellungen bearbeitet werden, die aus Sicht der führenden Wissenschaftler für zukünftige Produktentwicklungen, die Lebensqualität der Menschen und notwendige Energieeinsparungen bedeutend sind. Dieses sind der strömungserzeugte Schall und dazugehörige Schwingungen, das Gebiet der Tribologie sowie Ultraschallprozesse in der Verfahrenstechnik. Diese Gebiete können durch physikalisch mehrskalige, komplexe Vorgänge an Grenzflächen beschrieben werden. Grundlegende Fortschritte in der Simulationsfähigkeit auf diesen Gebieten sind die Voraussetzung für effiziente industrielle Entwicklungsprozesse und den technischen Fortschritt. Die Wissenschaftler der Initiative wollen auch die Fähigkeiten zur fundierten Vorhersage von Unsicherheiten in numerischen Simulationen voranbringen. Die geplante Graduiertenschule wird besonders davon profitieren, dass für die experimentelle Säule sehr gute Infrastrukturen durch Anlagen und Knowhow in der erforderlichen Messtechnik bei den Mitgliedsuniversitäten und ihren Partnern bestehen und diese für die Validierung der numerischen Simulationen genutzt werden sollen. Die drei genannten Anwendungsgebiete der Graduiertenschule und die Methodenentwicklung hierfür werden von Wissenschaftlern aus dem Maschinenbau, dem Bauingenieurwesen, der Technischen Physik, der Technischen Pharmazie sowie der Mathematik getragen. Darüber hinaus sollen langfristig

---

* Kurzfassung des am 09.03.2012 in der Klassse für Ingenieurwissenschaften der Braunschweigischen Wissenschaftlichen Gesellschaft gehaltenen Vortrages.

auch neue Anwendungsgebiete treten. Die geplante Graduiertenschule soll also ein Dach in der NTH bilden, unter dem Graduiertenkollegs mit Finanzierungen aus öffentlichen und privaten Händen weitere Forschungsthemen bearbeiten.

Die NTH möchte mit wesentlichen Elementen der strukturierten Promotion in der Graduiertenschule die Qualifizierung ihres wissenschaftlichen Nachwuchses verbessern, die Promotionszeiten verkürzen und die Attraktivität der NTH für den Nachwuchs steigern. Dafür werden die Doktoranden in multidisziplinären Teams Standort übergreifend von mehreren Wissenschaftlern betreut und gefördert, und sie können aus einem breiten Angebot für fachliche und überfachliche Weiterbildung ein maßgeschneidertes Qualifizierungsprogramm entwickeln. Ein wesentliches Element der Graduiertenschule sind sorgfältig mit den Betreuern geplante Aufenthalte bei den wissenschaftlichen Kooperationspartnern im Ausland oder bei den kooperierenden Industriepartnern.

Die Fähigkeit zur effizienten Vernetzung von Forschungs- und Entwicklungsarbeiten ist zukünftig eine der Schlüsselfähigkeiten für den technischen Fortschritt. Die NTH kann hierfür mit der Vernetzung ihrer Mitgliedsuniversitäten und Wissenschaftler in multidisziplinären Forschungsarbeiten einen signifikanten Beitrag liefern. Die geplante Graduiertenschule will insbesondere durch konsequente Nutzung web-basierter Kommunikation zwischen ihren drei Standorten und mit ihren externen Forschungspartnern die Qualität und Effizienz ihrer Forschung verbessern. Die Graduiertenschule wird auch davon profitieren, dass Wissenschaftler des Deutschen Zentrums für Luft- und Raumfahrt und der Physikalisch Technischen Bundesanstalt in das wissenschaftliche Programm eingebunden sind und ihre Infrastruktur einbringen. Darüber hinaus werden mehrere große Industriefirmen aus der Region die Graduiertenschule durch finanzielle Zuwendungen, Gewährung von Stipendien und durch die Gewährung von Industrieaufenthalten unterstützen. Mit ausgewählten Universitäten aus Europa, Afrika und Amerika sind in Vorgesprächen bereits sehr gute Möglichkeiten der langfristigen Zusammenarbeit auf den Arbeitsgebieten der Graduiertenschule sondiert worden und entsprechende Absichtserklärungen zur Kooperation liegen vor.

3D Kino – Knoff-Hoff aus dem Rechner*

MARCUS MAGNOR

Institut für Computergraphik, TU Braunschweig
Mühlenpfordtstr. 23, D-38106 Braunschweig

Vor einigen Jahren mögen manche Kinobesucher ein Déjà-vu-Erlebnis gehabt haben: aufgrund beständig sinkender Zuschauerzahlen setzen seit geraumer Zeit vor allem US-amerikanische Filmproduktionsfirmen wieder auf das sogenannte „3D-Kino" der 1950er Jahre. Wie damals sitzen die Zuschauer wieder mit unförmigen Brillen in den Kinosälen, um auf Grundlage des Stereobild-Effekts Filmszenen in plastischer Tiefe wahrzunehmen.

Sowohl die technische Umstellung der Kinosäle als auch die Produktion von hochwertigen Stereo-"3D"-Filmen stellt eine finanzielle Herausforderung dar. So kostete die Produktion des bekannten 3D-Films „Avatar" in 2009 nach Angaben der Produktionsfirma 237 Millionen US-Dollar, die bislang viertteuerste Filmproduktion Hollywoods aller Zeiten. Das meiste Geld floss in die Erzeugung überzeugender Computergraphiken (CG) und Animationen, da Photo-Realismus nur sehr aufwendig mit konventionellen CG-Animations-Produktionstechniken zu erreichen ist. Bei diesen Preisen können absehbar nur wenige hochwertige Stereo-Filme im Jahr produziert werden, und es besteht die Gefahr, dass die derzeitige 3D-Film-Euphorie wie bereits in den 1950er Jahren aufgrund schlechter technischer Ausführung und niveauloser Inhalte wieder verebbt.

Umso dringlicher wird nach Möglichkeiten gesucht, realistische Stereo-Filminhalte kostengünstig zu kreieren. Als vielversprechende Alternative zu traditionellen CG-Animations-Techniken haben sich in den letzten Jahren bildbasierte Verfahren entwickelt. Bildbasierte Verfahren nutzen konventionelle Filmaufnahmen, um das Bildmaterial mithilfe moderner Computeralgorithmen direkt editieren zu können. Durch Verwendung des gewöhnlichen Bildmaterials sind solche Verfahren in der Lage, mit wenig Aufwand photo-realistische Ergebnisse zu erzielen.

Mit der „Virtual Video Camera" wurde am Institut für Computergraphik der TU Braunschweig ein bildbasiertes Softwaresystem entwickelt, mit dessen Hilfe Bildsequenzen in vielfältiger Art und Weise photo-realistisch editiert und verändert werden können. Basierend auf wahrnehmungspsychologischen Erkenntnissen wurden Algorithmen entwickelt, um zwischen einzelnen Bildern flüssige und

---

* Kurzfassung des am 13.04.2012 in der Klasse für Ingenieurwissenschaften der Braunschweigischen Wissenschaftlichen Gesellschaft gehaltenen Vortrages.

authentische Übergänge und Bewegungen interpolieren zu können. So können aus gewöhnlichen Filmaufnahmen Zeitlupen-Sequenzen erzeugt, aus einzelnen Parallelaufnahmen flüssige Kamerafahrten erstellt und diverse Spezialeffekte kreiert werden.

Durch die Möglichkeit, sowohl räumlich als auch zeitlich Zwischenbilder zu interpolieren, kann das Virtuelle Kamera-System auch direkt in der 3D-Stereo-Filmproduktion eingesetzt werden. Anhand gewöhnlicher, unsynchronisierter Simultan-Videoaufnahmen können so Stereo-Bildsequenzen erzeugt werden, deren Blickpunkt, Stereo-Abstand, Vergenzwinkel, Szenenlage und -tiefe frei variierbar sind und während der Postproduktion optimiert werden können. Die gemeinsame Musikvideo-Produktion „Who Cares" mit der HBK, bei der das Virtuelle Kamera-System zur Erzeugung von Spezialeffekten und einer 3D-Stereo-Version eingesetzt wurde, gewann kürzlich den „SAE Alumni Award for 3DFX Animation 2012".

Beobachtung des Systems Erde mit geodätischen Methoden – Das Globale Geodätische Beobachtungssystem GGOS

HANSJÖRG KUTTERER

Bundesamt für Kartographie und Geodäsie, Frankfurt am Main
Richard-Strauss-Allee 11, D-60598 Frankfurt am Main

Mit dem Globalen Geodätischen Beobachtungssystem GGOS verfolgt die Internationale Assoziation für Geodäsie (IAG) das langfristige Ziel, unser Verständnis für das dynamische System Erde zu erweitern, indem dazu beigetragen wird, die Veränderungen unseres Planeten in Raum und Zeit zu quantifizieren. Mit geodätischen Weltraumverfahren ist es möglich, die Dynamik der Erde auf unterschiedlichen räumlichen und zeitlichen Skalen hochgenau zu erfassen. Die wichtigsten Verfahren hierbei sind die hochpräzise Nutzung der Globalen Navigationssatellitensysteme (GNSS), der Very Long Baseline Interferometry (VLBI) oder die Laserentfernungsmessung zu Erdsatelliten (SLR). Daneben spielen aktuelle Satellitenmissionen wie CHAMP, GRACE und GOCE eine zentrale Rolle, die der Erfassung des Schwerefeldes der Erde und dessen zeitlicher Variationen dienen. Typische Anwendungsgebiete liegen in der Beobachtung der Kinematik der tektonischen Platten der Erde, in der Erfassung von postseismischen Deformationen an der Erdoberfläche oder in der Quantifizierung von Meeresspiegelvariationen.

Ein wesentliches Merkmal von GGOS ist der integrierte Beobachtungsansatz, bei dem alle relevanten terrestrischen und satellitengestützten Verfahren miteinander verknüpft werden, um die Form, Rotation und Massenverteilung der Erde konsistent zu erfassen. Dies ist bislang nur in Teilbereichen gegeben, wobei zu beachten ist, dass die IAG ihre entsprechenden Aktivitäten bereits seit zwei Dekaden in Beobachtungsdiensten organisiert hat, um der Wissenschaft und den Anwendungen entsprechende geodätische Produkte zu liefern. Beispielsweise stellt der IGS (International GNSS Service) hochgenaue Parameter der Satellitenbahnen bereit, der IVS (International VLBI Service) Zeitreihen für die Parameter der Erdrotation. Die Analyse derartiger Parameter lässt wichtige Rückschlüsse auf Parameter des Systems Erde zu.

Zur Einrichtung des GGOS wird derzeit ein speziell konzipiertes Netz von geodätischen Observatorien einschließlich Dateninfrastruktur aufgebaut, das als globales

---

* Kurzfassung des am 08.06.2012 in der Klassse für Ingenieurwissenschaften der Braunschweigischen Wissenschaftlichen Gesellschaft gehaltenen Vortrags.

geodätisches Beobachtungssystem dient und dessen Genauigkeitsanforderungen an die Positionsbestimmung global im mm- bis Sub-m-Bereich liegen. So werden die Dienste der IAG noch stärker als bisher zusammengeführt. Ein zentrales Ergebnis von GGOS wird die Bereitstellung eines globalen Referenzrahmens sein, dessen Konsistenz und Genauigkeit über den bisherigen International Terrestrial Reference Frame (ITRF) hinausgehen. Des Weiteren wird im Rahmen von GGOS intensiv an der Bereitstellung eines weltweit einheitlichen, hochgenauen Referenzsystems für die Höhe gearbeitet. Im Vortrag wurden der aktuelle Stand und die Planungen für GGOS vorgestellt sowie die Bedeutung für die Wissenschaft sowie kontinentale und nationale Koordinatenreferenzrahmen diskutiert.

Türkisches und persisches Latein?
Sultan Murad III. und Schah Mohammed Khodabanda als Autoren in Reusners Epistolae Turcicae*

WALTHER LUDWIG

Reventlowstr. 19, D-22605 Hamburg

Unter den zahlreichen Werken des bewundernd mit dem griechischen Vielschreiber Didymos Chalkenteros verglichenen protestantischen Humanisten und Juristen Dr. iur. utr. Nicolaus Reusner (1545–1602), der 1594 auf dem Reichstag von Regensburg von Kaiser Rudolf II. zum Comes Palatinus Caesareus und zum Poeta laureatus Caesaris ernannt worden war, befinden sich Epistolarum Turcicarum libri XIV variorum ac diversorum authorum, die er 1598–1600 unter dem Eindruck des wieder ausgebrochenen Türkenkriegs mit der Funktion eines opus Anti Turcicum in Frankfurt am Main drucken ließ. Die in ihm auf 892 Seiten enthaltenen und von Reusner zusammengetragenen 717 lateinischen Briefe beziehen sich alle auf die Türken bzw. das Osmanische Reich und des weiteren auf die Mohammedaner und erstrecken sich über 1000 Jahre, von der damals auf das Jahr 597 angesetzten Geburt Mohammeds bis zum Jahr 1597. Durchgehend chronologisch angeordnet bieten die libri I–V Briefe bis 1500, die libri VI–XIV solche aus dem 16. Jahrhundert.

Das epistolographische, in vier Quartbände gegliederte Sammelwerk ist bisher weder von Humanismus- noch von der Türkenkriegsforschung näher betrachtet worden. Es wurde zunächst allgemein vorgestellt. Um seine politische Bedeutung zu erhellen, wurden die reich ausgestaltete gestochene Titelbordüre und das Komplimentgedicht des sich bei Kaiser Rudolf II. in Prag aufhaltenden Niederländers Arnoldus Helius interpretiert. Ebenso wie die vier an Reichsfürsten gerichteten Widmungsbriefe zielen sie darauf ab, angesichts der Bedrohung Ungarns und des Reichs durch die Türken eine gemeinsame Abwehr der bisher in 'Bruderkämpfe' verstrickten christlichen Staaten Europas zu fordern. Die Adressaten sind zunächst die Regierenden und ihre Berater. Erwartet und gewünscht wird aber auch die Lektüre der lateinischen Texte durch möglichst viele Gebildete, die Geistlichen natürlich eingeschlossen, durch die speziell die Verbreitung ihres Inhalts auch zu den nicht lateinkundigen Schichten erhofft wird.

Es erfolgte dann ein Überblick über den Aufbau der Bücher und eine Einordnung des Werks in die Biographie und in andere Arbeiten Reusners zur Türkenfrage. Er

---

* Kurzfassung des am 10.02.2012 in der Klasse für Geisteswissenschaften der Braunschweigischen Wissenschaftlichen Gesellschaft gehaltenen Vortrages.

hat für die Briefsammlung sowohl bereits im Druck vorliegende als auch originale handschriftliche Briefe benützt, der Zeitsitte entsprechend aber in der Regel auf Quellenangaben verzichtet, so daß sich die Herkunftsfrage bei den meisten Briefen stellt, wenn man ihre Verläßlichkeit und ihre Aussage beurteilen will. Denn Reusner hat auch Briefe aufgenommen, die man heute als fingiert erkennt, die er aber wohl für authentisch hielt, wobei natürlich solche Briefe wirkungsgeschichtlich von gleicher Bedeutung sind.

Die erste Vorstellung des Werkes zeigte zugleich, wie viele noch unbeantwortete Fragen es der Forschung stellt. Es enthält neben den mehrheitlich von Christen verfaßten Schreiben auch mehrere lateinische Briefe von osmanischen Sultanen und persischen Schahs an europäische Fürsten und verschiedene Briefe türkischer Wesire und Paschas, bei denen sich die Herkunftsfrage mit besonderer Dringlichkeit stellt. Von diesen Briefen wurden zwei Briefe näher untersucht, als deren Verfasser bzw. Absender der persische Schah Mohammed Khodabanda, der 1578–1587 regierte, und der osmanische Sultan Murad III. (1546–1595) angegeben werden und die 1585 bzw. 1593 an König Philipp II. von Spanien (1527–1598) bzw. an Kaiser Rudolf II. (1552–1612) gerichtet worden sein sollen.

Bei dem Brief des Sultans Murad III. handelt es sich um eine lateinische Kriegserklärung an den Kaiser und alle seine Verbündeten, die Reusner zwischen Briefe vom 24.11. und 5.12.1593 einordnete und prominent an den Anfang seines XIII. Buches setzte. Hat Kaiser Rudolf diese in einem großsprecherischen, hochmütigen und haßerfüllten Stil abgefaßte Kriegerklärung in Prag erhalten? Traf sie dort etwa in türkischer Sprache ein und wurde dann ins Lateinische übersetzt? Beides ist nicht der Fall. Der österreichische Historiker Karl Vocelka hat in seinen Studien zu Rudolf II. und den Türkenkriegen nachgewiesen, daß das Osmanische Reich das Institut der Kriegserklärung überhaupt nicht kannte. Da es für das Osmanische Reich gemäß dem Koran keinen Friedenszustand mit einem Staat der Ungläubigen gab, mußte er auch nicht aufgekündigt werden. Es gab mit solchen Staaten nur befristete Waffenstillstandsabkommen. Trotzdem gibt es aus dem 16. und 17. Jahrhundert mehrere deutsch gedruckte Flugschriften, sogenannte Zeitungen, die Kriegserklärungen des Sultans an den Kaiser wiedergeben. Diese Kriegserklärungen sind also fingierte Dokumente in deutscher Sprache, für die Vocelka jedoch wahrscheinlich machte, daß sie von der kaiserlichen Kanzlei zumindest mitbeeinflußt waren, da sie mit dem Beginn größerer Aktionen der Osmanen zusammenfielen und gewisse formale Übereinstimmungen mit osmanischen Urkunden aufweisen. Diese Zeitungen lagen im Interesse des kaiserlichen Hofes, da dadurch die Türkenfurcht gesteigert und die Bereitschaft zur Abwehr erhöht wurde. Aus der Zeit von 1592–1594 haben sich vier nur geringfügig voneinander abweichende Drucke erhalten, die heute so selten sind, daß sie meist nur in einem einzigen Exemplar überliefert sind. Die Edition dieser deutschen Kriegserklärungen und ein Vergleich ihres Wortlauts mit dem lateinischen Brief bei Reusner zeigt, daß dieser lateinische Text eine straffende Übersetzung eines solchen Drucks darstellt. Seine Vorlage muß eine der Zeitung von 1592 nahestehende, nicht überlieferte deutsche Druckfassung gewesen sein, die Reusner selbst ins Lateinische übertrug. Die Kriegserklärung zeigt, reale Informationen mit Phantastischem mischend, das Bild, das man sich damals in Deutschland von den Türken machte.

Der auf das Jahr 1585 datierte Brief des safawidischen Schahs Mohammed Khodabanda an König Philipp von Spanien und Portugal wurde im Anschluß an iranhistorische Forschungen im Zusammenhang mit den persischen Gesandschaften an europäische Fürsten im 16. Jahrhundert betrachtet. Speziell den Berichten venezianischer Gesandter in Konstantinopel und Madrid ist zu entnehmen, daß 1585–1586 ein Austausch von Botschaften zwischen Philipp II. und dem persischen Schah stattfand. Die Kommentierung des lateinischen Brieftextes läßt erkennen, daß es zahlreiche Gründe für die Annahme gibt, daß dieser Brief – in welcher Sprache auch immer – nicht in der Kanzlei des Schahs geschrieben wurde. Dazu gehören die antiken und nicht zeitgenössischen Ausdrücke für Regionen, unrichtige geographische und historische Vorstellungen, gelegentlich bis zur Unkenntlichkeit verschriebeneEigennamen, speziell das Adjektiv Austriacus bei Philipp anstelle des zu ihm gehörenden Königstitels und nicht zuletzt die große Unwahrscheinlichkeit, daß der Schah dem König nicht nur ein Bündnis gegen die Türken vorschlägt, was im Rahmen des Möglichen liegt, sondern ihn zugleich sogar einlädt, Ägypten, Syrien und Griechenland in Besitz zu nehmen und Kaiser in Konstantinopel zu werden, womit das oströmische Kaiserreich in seinem Umfang vor der arabischen Invasion des 7. Jahrhunderts erneuert worden wäre. Die Vorlage für den Brief findet sich unter den deutschen Zeitungen in einem Augsburger Druck von 1585. Auch ihn hat Reusner selbst ins Lateinische übersetzt. Er konnte dabei gewisse Eigennamen berichtigen und hat auch die 1588 erschienene türkische Chronik des deutschen Türkenhistorikers Johannes Leunclavius herangezogen. Daß der deutsch überlieferte Brief im Herrschaftsgebiet der österreichischen Habsburger entstand, ergibt sich aus der unpassenden Anredeform „Herrn Philipo von Oesterreich". Daß er ursprünglich italienisch geschrieben war, läßt sich aus Resten der italienischen Fassung im deutschen Wortlaut erschließen. Aus dem Brief spricht der Wunsch, daß Philipp mit seinen Kriegsflotten interveniere, den derzeitigen türkisch-persischen Krieg für die christliche Seite ausnütze und so indirekt Kaiser Rudolf unterstütze. Durch die zusätzliche Einsetzung des spanischen und portugiesischen Königs als Kaiser des alten oströmischen Reiches in Konstantinopel gelangten die beiden römischen Kaiserreiche in die Hand einer Dynastie, des Hauses Habsburg bzw. Österreich. Der Brief gibt Auskunft über Vorstellungen und Hoffnungen, die über das Perserreich und die politische Lage um 1600 existierten. Eine französische Übersetzung des Briefes erschien 1585 in Antwerpen und erregte Besorgnisse bei Franzosen. 1585 war allem Anschein nach ein persischer Gesandter mit einem Brief und Geschenken in geheimer Mission nach Madrid gekommen. Der Brief, in dem möglicherweise ein Bündnis gegen die

Türken vorgeschlagen wurde, blieb geheim. Für Zeitungsdrucke wurde darauf im habsburgischen Interesse ein passend erscheinender Brief erfunden von jemand, dem die Geschichte des oströmischen Reiches näher lag als die zeitgenössische Geographie und Situation Persiens.

Die beiden Briefe belegen, daß Reusner in seine Epistolae Turcicae nicht nur vorgefundene lateinische Briefe aufgenommen, sondern für sie auch neue lateinische Briefe nach anderssprachigen Vorlagen produziert hat. Wußte Reusner, daß die beiden deutschen Briefe, die er lateinisch wiedergegeben hatte, nicht auf authentische Briefe des Sultans und des Schahs zurückgingen, sondern im Interesse des habsburgischen Kaisers erfunden waren? Reusner hatte Kontakt zur kaiserlichen Kanzlei und hätte durch sie über die Nicht-Authentizität der beiden Briefe aufgeklärt sein können. Andererseits waren auch der kenntnisreiche und sorgfältige, aber zu dieser diplomatischen Kritik offenbar auch nicht fähige deutsche Türkenhistoriker Leunclavius und der damalige französische Gesandte in Konstantinopel Jacques Savary de Lancosme von der Echtheit des Briefes des Schahs an König Philipp überzeugt, so daß auch Reusner, wenn er von Seiten der kaiserlichen Kanzlei nicht aufgeklärt worden war, in gutem Glauben von der ursprünglichen Authentizität der Briefe, die ihm eben nur in deutscher Fassung vorlagen, ausgehen konnte.

Die beiden Briefe waren eigentlich propagandistische Zeitungsenten. Reusners lateinische Übersetzungen und die Einordnung der Briefe in sein epistolographisches opus Anti Turcicum gaben ihnen eine klarere und kürzere Gestalt, machten sie dadurch als diplomatische Texte überzeugender und hoben sie aus ephemeren und lokalen Presseerzeugnissen zu bleibenden und international den Gebildeten zugänglichen Texten. So konnten sie zu dem Ziel des Gesamtwerkes, im Interesse des Kaisers und des Reiches die Bedrohung durch die Türken zu vergegenwärtigen und Wege zu ihrer Überwindung aufzuzeigen, beitragen.

Eine ausführlichere Fassung des Vortrags erschien in:Werner Lehfeldt, Hrsg., Studien zu Geschichte, Theologie und Wissenschaftsgeschichte. Abhandlungen der Akademie der Wissenschaft zu Göttingen. Neue Folge 18, Berlin 2012, S. 1–52.

Johann Alexander Döderlein (1675–1745) und die „vaterländische" Numismatik*

BERNHARD OVERBECK

Stetten 15, D-91177 Thalmässing

Herkunft, Lebensumstände, Beruf

Für das ausgehende siebzehnte und das achtzehnte Jahrhundert ist der Werdegang Döderleins für einen Gelehrten aus protestantischem und reichsstädtischem Milieu geradezu exemplarisch.[1] Er wurde am 12. Februar 1675 in dem kleinen Ort Bieswang (heute Ortsteil von Pappenheim, Landkreis Weißenburg-Gunzenhausen, Mittelfranken) geboren, und zwar als eines von insgesamt zwölf Kindern des dortigen Pfarrers, eines offensichtlich höchst angesehenen Mannes mit ausgezeichneten Verbindungen. Vor seiner Berufung als Pfarrer war dieser von 1656 bis 1667 an der Lateinschule der Reichsstadt Weißenburg als Konrektor tätig gewesen. Schon kurz nach der Geburt des Sohnes Johann Alexander zog die Pfarrersfamilie auf eine andere Pfarrstelle nach Dettenheim (heute ein Ortsteil von Weißenburg, Mittelfranken), später wirkte er als Pfarrer in Trommetsheim (Landkreis Weißenburg-Gunzenhausen). Dort blieb er bis zu seinem Tode im Jahre 1690. Sein offizieller und schon ob seiner Länge imponierender Titel lautete: "Reichs Erbmarschallisch Pappenheimischer Pfarrer und Camerarius des Gunzenhausischen Capitels."

Wenden wir uns aber nach dem Vater nun dem Sohn Johann Alexander Döderlein zu. Die Ausbildung des Pfarrerssohnes verlief nach den üblichen Regeln seiner gesellschaftlichen Herkunft in dieser Zeit. Die ersten Instruktionen, unserer Grundschule vielleicht annähernd vergleichbar, erhielt er durch seinen Vater. Dann folgte der Besuch der Lateinschule zu Weißenburg. Mit 18 Jahren bezog er dann die Universität Altdorf, die Hohe Schule der Reichsstadt Nürnberg. Außer

---

* Der Vortrag wurde am 09.03.2012 in der Klasse für Geisteswissenschaften der Braunschweigischen Wissenschaftlichen Gesellschaft gehalten.

1 Eine ausführliche Biographie Döderleins und eine Würdigung seines pädagogischen Wirkens findet sich bei: Rudolf Endres, Johann Alexander Döderlein und die Schulgeschichte Frankens. Villa Nostra, Beiträge zur Weißenburger Stadtgeschichte XXII, Juni 1987, 205–216. – Für den Hinweis auf diese Schrift sowie zahlreiche weitere Hinweise und dafür, dass er mir die Werke aus der Bibliothek des Weißenburger Stadtarchivs zur Verfügung gestellt hat, sei Herrn R. Kammerl vom Stadtarchiv Weißenburg hier sehr herzlich gedankt. Ebenso sei M. Barth für vielfache Hilfe Dank ausgesprochen, ferner Nicolai Kästner für die Anfertigung von Digitalfotos, beide Staatliche Münzsammlung München.

orientalischen Sprachen und Geschichte widmete er sich dort der Theologie, Logik und Mathematik. Seine Interessen gingen somit weit über das für die damalige Universitätsausbildung traditionelle „Trivium", Grammatik, Rhetorik und Dialektik, hinaus. Er blieb sein ganzes Leben lang ein außerordentlich vielseitiger Gelehrter, dem auch naturwissenschaftliche Fragestellungen nicht gleichgültig waren.

Nach nur dreijährigem Studium, abgeschlossen 1695, war er zunächst als Hauslehrer tätig, unternahm aber dann zusammen mit seinem älteren Bruder Christian Ernst eine Bildungsreise in den Norden bis nach Dänemark. Seine Besuche in berühmten Universitätsstädten und Residenzen, etwa Jena, Halle, Dresden, Leipzig und Berlin, vermittelten ihm wichtige Kontakte für seine zukünftigen Aktivitäten. Nach seiner Heimkehr wurden ihm einerseits zwei Pfarrstellen im benachbarten Fürstlich Öttingischen Gebiet angeboten, außerdem aber die Stellung eines „Adjunkten" am Rektorat seiner alten Lateinschule in der Reichsstadt Weißenburg.

Er wählte die Weißenburger Laufbahn eines Pädagogen, zumal ihm die Nachfolge im Rektorat vom Rat der Stadt zugesichert worden war. Ab 1702 war er dann Rektor der Lateinschule, inzwischen mit dem zu Altdorf im Jahre 1699 erworbenen akademischen Titel eines Magisters. Bis zu seinem Tod im Jahre 1745 wirkte er hier. Als Pädagoge und Universalgelehrter stand er weit über Weißenburg hinaus in hohem Ansehen. Ein anonymer Stich (vgl. Abb. 1) zeigt ihn als würdigen Rektor der Weißenburger Lateinschule. Außer diesem Kupfer gibt es noch ein Ölgemälde von Johann Carl Zierer mit seinem Porträt.[2] Zu seinem Ruhm trug vor allem die rege Publikationstätigkeit bei, an die 50 Schriften hat er insgesamt verfasst. Fleiß und Vielseitigkeit brachten ihm die Mitgliedschaft in drei prominenten wissenschaftlichen Akademien ein: der „Leopoldina", der hochangesehenen deutschen Akademie, der Preußischen Societät der Wissenschaften und der Lateinischen Gesellschaft zu Jena.

Wissenschaftliches Gesamtwerk

Könnte man Johann Alexander Döderlein fragen, ob er sich als Numismatiker betrachte, so hätte er das sicher verneint. Vielleicht hätte er sich als Historiker bezeichnet, der sich als solcher für Münzen interessiert. Viele seiner Arbeiten beziehen sich auf die lokale Geschichte Weißenburgs und der umliegenden Herr-

---

[2] Kupferstich im Stadtarchiv Weißenburg (PIS 200) in den Abmessungen 153 × 101 mm. Das Ölgemälde von Zierer befindet sich im Reichsstadtmuseum Weißenburg. R. Kammerl sei für die entsprechenden Hinweise gedankt.

Abb.1. Porträt Johann Alexander Döderleins, anonymer Kupferstich, Stadtarchiv Weißenburg in Bayern (Foto Reiner Kammerl).

schaften. Dabei dienten ihm sehr oft die damals üblichen Schulprogramme seiner Lateinschule als Medium, jedoch hat er auch viele seiner Schriften anderweitig publiziert. Um seine Vielseitigkeit zu demonstrieren, sollen wenigstens einige seiner Werke aus der Vielzahl seines Schaffens hier genannt werden: Bis heute wichtig ist seine „Weißenburger Chronik", die erst 1762, posthum, erschien und 1904 eine Neuauflage erfuhr. Als wesentlich wurden auch seine Beiträge zur Einführung der Reformation in der Reichsstadt Weißenburg und die Geschichte des Hauses Pappenheim angesehen. Seine Publikation einer Ikone aus der Kirche zu Kalbensteinberg (Landkreis Weißenburg-Gunzenhausen) mit dem Bildnis des heiligen Theodoros Stratelates fand selbst beim Hof des russischen Zaren Beachtung. Und seine Einschätzung als „Slavonisch-russisches Heiligthum mitten in Teutschland" ist auch heute noch richtig. Es handelt sich um eine Ikone, die immerhin aus dem Anfang des 16. Jahrhunderts stammt.[3] Seine publizistische Tätigkeit beschränkte sich aber keineswegs auf historische, theologische oder pädagogische Themen. Ausnahmsweise nicht auf Latein, sondern auf Deutsch erschien 1743 unter dem Pseudonym Clitomachus sein mit 138 Seiten umfangreiches Werk „Curieuses Gespräch unter einigen guten Freunden von Mäusen…", in dem sämtliche Aspekte zu diesem Thema, von Märchen und Fabeln, von ihrer Schädlichkeit bis hin zur Verwendbarkeit in der Medizin abgehandelt werden.[4] Ebenso ausführlich ist mit 121 Seiten seine unter dem gleichen Pseudonym 1740 verfasste meteorologische Studie zu dem strengen Winter von 1740.[5] Bei dem Namen Clitomachus[6], einem aus Karthago stammenden Philosophen des 2. Jahrhunderts v. Chr., der zu Athen in die Akademie eintrat und dort schrieb und lehrte, handelte es sich offensichtlich um den Gesellschaftsnamen Döderleins an der Leopoldina. Bei dieser speziell naturwissenschaftlich ausgerichteten Akademie gehörte die Verwendung solcher klassischen Pseudonyme für ihre Mitglieder damals zur Tradition. Ähnlich wie diese meteorologische Arbeit durch eigene Erfahrung angeregt wurde, beruhen auch seine Forschungen am römischen Limes auf scharfer eigener Beobachtung und nicht nur auf dem Studium alter Quellen. Große Teile des fränkischen Teils des Limes kannte er durch Augenschein. Nach einer kurzen Studie von 1723 als Schulprogramm erschien 1731 ein mit Karten versehenes großes Limeswerk von 73 Seiten. Dort weist er nach, dass es sich bei dieser Mauer nicht, wie in der Volkssage überliefert,

---

[3] Vgl. Endres (vgl. Anm. 1) 215–216; dort findet man zusammenfassende Wertungen der genannten Werke Döderleins.

[4] Curieuses Gespräch Unter einigen guten Freunden Von Mäusen, Deren natürlichen Beschaffenheiten, unterschiedlichen Gattungen, mancherley Eigenschafften, und dahero von den Gelehrten in der Sitten-Lehr beliebten Tugend und Lehr-Sprüchen : Ingleichen dem durch dieselben zum öfftern verursachten mercklichen Schaden, Verheerungen ganzer Landschafften, auch Bestraffungen einzeler [!] Personen; Nebst kurzer Berührung des Gebrauchs derselben in der Arzney-Kunst, und gründlicher Ablehnung fälschlich vorgegebener, und dagegen aus der Natur-Lehr vestgestellten Ursachen der Vielheit derselben und vermuthlichen Folgen; und endlich, wie dem Unheil einiger massen zu begegnen / Bey Gelegenheit der ungemeinen Menge derselben Im letzt-abgewichenen 1742sten Jahr Ausgefertigt von Clitomacho, Der Kayserl. Reichs-Academ. Natur. Curiosor. Colleg, Schwabach und Leipzig 1743.

[5] Observationes meteorologicae, oder historisch-physicalische Nachrichten von dem strengen Winter an. 1740 : nach seiner eigentlichen Beschaffenheit, wahren Ursachen, besorglichen Folgen … / nach den neuesten philosophischen Principiis zum Angedencken vorgestellet von einem Mitglied der Ksl. Reichs-Academie … Clitomachus, Frankfurt ; Leipzig, 1740.

[6] Vgl. zu Leben und Person des Clitomachus bzw. in griechischer Schreibweise Kleitomachos: von Arnim in Paulys Realencyclopädie der Classischen Altertumswissenschaft XI, 1, 21. Halbband, Stuttgart 1921, Sp. 656–659 unter Stichwort Kleitomachos.

um Teufelswerk, sondern um den von Menschenhand errichteten römischen Grenzwall „wider die Einfälle der Teutschen" handelte.[7]

Numismatische Arbeiten

Ganz ähnlich wie bei seinen Limesforschungen basieren Döderleins numismatische Arbeiten weitestgehend auf Autopsie, getragen von einer gewissen Neugier, ja sogar Unbekümmertheit darüber, dass manchmal die Erkenntnisse etwas unsicher sind. Trotz oftmals vieler gelehrter Anmerkungen und Literaturzitate, bisweilen betritt er für seine Zeit Neuland, denn er befasst sich hauptsächlich mit „vaterländischen" d.h. aus seiner engeren Gegend stammenden Münzen. Döderlein hat zwei Traktate über Regenbogenschüsselchen geschrieben, eine Münzgattung, deren Herkunft den Gelehrten der Zeit noch völlig unklar war und die daher zum Teil die wildesten Spekulationen auslösten. Schließlich war zu dieser Zeit die Materialbasis noch sehr klein. Die großen Funde mit Münzen dieser Art aus dem 18. Jahrhundert hatte Döderlein zur Auswertung noch nicht zur Verfügung. Sie wurden erst nach seinem Tode gefunden, etwa der im Jahre 1751 aufgefundene und im gleichen Jahr als Flugblatt publizierte (vgl. Abb. 2) Schatzfund von Gaggers (heute Landkreis Friedberg, Bayern).[8] Ein weiterer großer Schatzfund von Regenbogenschüsselchen wurde dann im Jahre 1771 in Podmokl (heute Podmokly) in Böhmen entdeckt.[9]

---

[7] M Jo. Alexandri Doederlini Rect. Lycéi Weissenb. Schediasma Historicum, Impp. P. Ael. Adriani, & M. Avr. Probi Vallvm Et Mvrvm, vulgo Die Pfahl-Heck/ Pfahlrayn/ item, Die Teuffels-Mauer dictum, in Agris Nordgaviensibus, Bavaria citeriore, Episcopatu Aureatensi, seu Aichstadiensi, agris Ordinis Teutonici, Marchionatu Brandenburg. Onoldino, & adjacentibus terris Suevicis ... Historiae antiquae pariter & novae exhibens, Norimbergae (= Nürnberg) 1723. – Antiqvitates In Nordgavia Romanae, Oder Genäuere Vorstellung Des alten Römischen Valli und Land-Wehre; Der Pfahl/ oder Pfahl-Heck/ auch Teuffels-Mauer/ Von den Anwohnern heut zu Tag genannt: so ... Glorwürdige Römische Käyser/ P. Ael. Hadrianvs, und M. Avrel. Probvs, Wider die Einfälle der Teutschen in ihre conquêtirte Länder, Disseits der Donau und des Rheins, im Nordgau und Schwaben, errichten und befestigen lassen / Aus verschiedenen ... monumentis, auch mit Land-Chärtlein/ erläutert von Johann Alexander Döderlein/ ... Rect. des Lycéi in Weissenburg, Weissenburg 1731.

[8] Vgl. Rudolf Paulsen, Die Münzprägungen der Boier, Leipzig/Wien 1933, 2. Aufl. Wien 1974, Taf. D; Bernhard Overbeck in: Die Kelten in Mitteleuropa (Salzburger Landesausstellung 1980), Salzburg 1980, 319. Es handelt sich um ein für die Zeit typisches Flugblatt mit Abbildung von 7 Münzen aus dem Fund von Gaggers, die heute noch in der Staatlichen Münzsammlung München identifiziert werden können. Verlegt wurde diese Ein-Blatt-Publikation von den Brüdern J.S. und J.B. Klauber zu Augsburg. Ein Exemplar befindet sich in der Staatlichen Münzsammlung München, ein weiteres (vgl. das hier in Abb. 2 wiedergegebene Exemplar) ist dem Werk Döderleins zu den Brakteaten (vgl. Anm. 14) in der Bibliothek des Stadtarchivs Weißenburg beigebunden (frdl. Hinweis R. Kammerl, Stadtarchiv Weißenburg).

[9] A. Voigt, a St. Germano, Schreiben an einen Freund; von den bey Podmokl einen in der Hochfürstl. Fürstenbergischen Herrschaft Pürglitz gelegenen Dorfe in Böhmen gefundenen Goldmünzen; Sendschreiben an einen Freund auf dem Lande; von den im Monat Junius dieses 1771. Jahres nahe bey Podmokl einem zur Hochfürstl. Fürstenbergischen Herrschaft Pürglitz gehörigen Dorfe in Böhmen entdeckten häufigen Goldmünzen, Prag 1771.

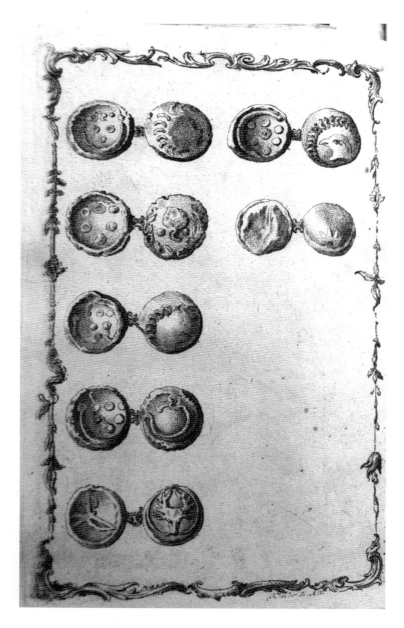

Abb. 2a + b. Flugblatt der Brüder Klauber (Augsburg) zum Fund von Regenbogenschüsselchen von Gaggers, heute Gde. Odelzhausen, Lkr. Dachau, eingebunden in das Werk Döderleins zu den Brakteaten (vgl. hierzu Anm. 8), Stadtarchiv Weißenburg in Bayern (Foto Reiner Kammerl). Maßstab: 1:1.

Abb. 2b.

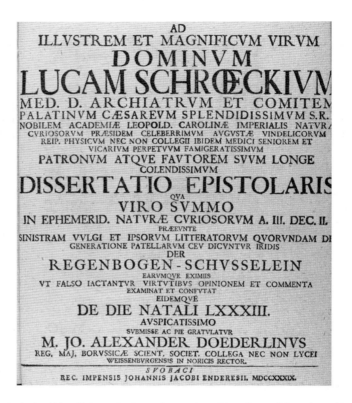

Abb. 3. Frontispiz der Abhandlung zu den Regenbogenschüsselchen, Lucas Schroeck gewidmet, Schwabach 1739, Staatliche Münzsammlung München, Bibliothek (Foto Nicolai Kästner). Maße: 20 × 16 cm.

Döderleins Ansatz will zunächst einmal nicht so sehr feststellen, was Regenbogenschüsselchen sind, sondern was sie nicht sind. In seiner „Dissertatio epistolaris" an den Arzt Lukas Schröck, damals Präsident der Leopoldina, aus dem Jahre 1739 (vgl. Abb. 3) geht es ihm bei den „Patellae Iridis" oder „Regenbogen-Schüsselein" hauptsächlich einmal um das Ausräumen falscher abergläubischer Vorstellungen, wie schon ausdrücklich in seinem umfangreichen Titel erwähnt.[10] Über den Aber-

---

[10] Der genaue Titel lautet: Ad illustrem et magnificum virum dominum Lucam Schroeckium med. d. archiatrum …patronum atque fautorem suum longe colendissimum Dissertatio Epistolaris … qua sinistram vulgi et ipsorum litteratorum quorundam de generatione patellarum ceu dicuntur Iridis der Regenbogen-Schusselein earumque eximiis ut falso iactantur virtutibus opinionem et commenta examinat et confutat … M. Jo. Alexander Doederlinus …, Schwabach 1739.

glauben, die „superstitio" vergangener Zeiten, bemerkt er – frei aus dem Lateinischen übersetzt – auf S. 6: „… Besser … weiß es unser Jahrhundert. Indem es lehrt, an allem zu zweifeln, lässt es nichts unversucht, nichts unerforscht. Es gibt nichts, das es (unser Jahrhundert) nicht aus den eigenen, ursprünglichen und so weit möglichen Quellen sucht und schöpft und mit hinreichend wahrscheinlicheren Hypothesen begründet." Doch auch wenn er in diesem Traktat vielerlei bisher in der vorherigen „Forschung" geäußerte diverse Sagen und Theorien von der Wunderkraft der Regenbogenschüsselchen widerlegt, an die selbst ein Paracelsus glaubte, so schreibt er dann dennoch zu den angeblichen medizinischen Wirkungen auf S. 19: „Von der Einbildung aufgrund falscher Überzeugung und dem häufig daraus entstandenen ganz festen Vertrauen der Kranken, das in der Medizin sehr viel nützt, gebietet der Wunsch nach Kürze zu schweigen." Hier formuliert er also eine gute Definition des Placebo-Effekts. Diese wahrhaft aufklärerische Schrift zum Thema Regenbogenschüsselchen in Aberglauben und Volksmedizin wird ergänzt durch eine weitere im gleichen Jahr erschienene Studie, die er Wolfgang Georg Welck (vgl. Abb. 4) widmet.[11] Hier wird nun der historisch-numismatische Aspekt dieser damals noch als völlig rätselhaft geltenden Münzen untersucht. In dieser Schrift werden nun auch tatsächlich die dem Verfasser bekannten Typen dieser Regenbogenschüsselchen abgebildet (vgl. Abb. 5). Auch weist er auf S. 4 nach, dass es sich per definitionem um Geld handelt: „… metallum auctoritate publica iusto pretio ac pondere definitum, certoque charactere signatum, facilioris rerum permutationis, aut memoriae conservandae gratia („ein Stück Metall, bezüglich Wert und Gewicht durch staatliche Autorität festgelegt, mit einem bestimmten Zeichen versehen, zum Zwecke des leichteren Warenaustauschs oder zur Bewahrung der Erinnerung"). Trotz seiner Beobachtungen zu Gewicht und Abrieb durch offensichtlichen Umlauf möchte er dennoch nicht ganz ausschließen, dass einige dieser Goldstücke durch physikalische Ausnahmeereignisse vom Himmel hätten fallen können, jedoch meint er, dass sie auf gar keinen Fall aus dem Erdinneren gekommen seien. Die etwas weitschweifige und teilweise widersprüchliche Diskussion darüber, wer diese Münzen wohl geprägt habe, bedient sich auch des Arguments, dass viele davon im „Nordgau", also in Franken, gefunden worden seien. Dabei werden leider kaum konkret Fundorte genannt, da sie offensichtlich nicht als wesentlich betrachtet wurden. Im Endeffekt weist er diese Münzen nördlichen Völkerschaften zu. Dabei denkt er auch an Germanenstämme wie Burgunder und Vandalen, jedoch keineswegs nur an eine einzige Gruppe. Auf S. 25 meint er: „Diese Vielfalt der Urheber der

---

11 Der Titel lautet: Ad virum illustrem et excellentissimum dominum Guolfg. Georgium Welckium … Dissertatio Epistularis qua in Patellarum ut dicuntur Iridis quas cum vulgo Regenbogen-Schusselein appellamus veros auctores materiam variasque formas ac figuras et finem denique potiorem inquirit …M. Jo. Alexander Doederlinus …, Schwabach 1739.

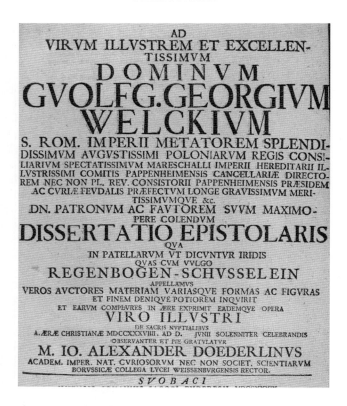

Abb. 4. Frontispiz der Abhandlung Döderleins zu den Regenbogenschüsselchen, Wolfgang Georg Welck gewidmet, Schwabach 1739, Staatliche Münzsammlung München, Bibliothek (Foto Nicolai Kästner). Maße: 19 × 16 cm.

Schüsselchen passt gut zu deren (der Stämme) Vielfalt." Dass Döderleins damals neue Thesen zu den Regenbogenschüsselchen beachtet und gewertet wurden, zeigt die sehr ausführliche Besprechung mit entsprechenden teils wörtlichen Zitaten in E.L. Rathlefs „Geschichte Jetztlebender Gelehrten"[12].

Wenn wir heute aufgrund des vielfach vermehrten Materials und der Ergebnisse der Archäologie die Herkunft und das Alter der Regenbogenschüsselchen relativ genau kennen und wissen, dass keines von ihnen vom Himmel gefallen ist, sondern

---

[12] Vgl. Ernst Ludewig Rathlef, Geschichte Jetztlebender Gelehrten, Zelle (= Celle) 1742, 5. Teil, 18–21; freundlicher Hinweis R. Kammerl, Stadtarchiv Weißenburg, dort ist das Werk als Inventarnummer 868 der Archivbibliothek verzeichnet.

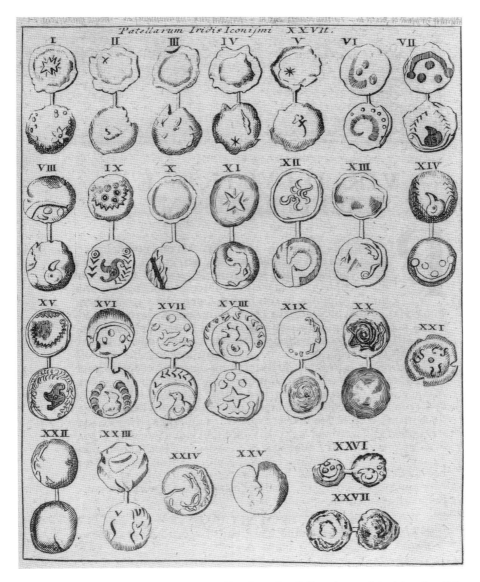

Abb. 5. Kupfertafel aus der Welck gewidmeten Abhandlung über die Regenbogenschüsselchen, Staatliche Münzsammlung München, Bibliothek (Foto Nicolai Kästner). Originalmaße (Rahmen): 13,2 × 16,5 cm.

seine Existenz der keltischen Oppida-Zivilisation in Süddeutschland verdankt, darf man festhalten: Döderlein hat sich nicht gescheut, völliges Neuland zu betreten

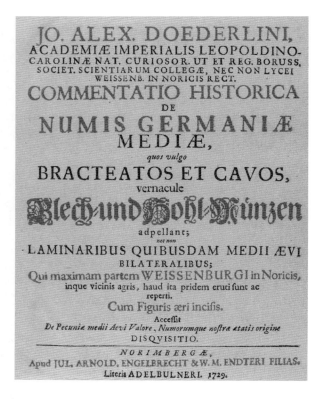

Abb. 6. Frontispiz des 1729 zu Nürnberg gedruckten Werks „Commentatio historica…" von Döderlein über Brakteaten und sonstige vorwiegend mittelalterliche bis neuzeitliche Fundmünzen, Staatliche Münzsammlung München, Bibliothek (Foto Nicolai Kästner). Maße: 19 × 16 cm.

und fantastische Vorstellungen auszuräumen. Damit hat er einen ersten Anstoß gegeben, sich weiter mit dieser Materie nüchtern – wissenschaftlich zu beschäftigen. So konnte 79 Jahre später Franz Streber immerhin die auf Döderleins Kupfertafel von 1739 abgebildeten Stücke für seine Analyse des Schatzfundes von Irsching mit heranziehen und auch sonst diese alte Schrift auswerten.[13]

---

[13] Franz Streber, Ueber die sogenannten Regenbogen-Schüsselchen. Erste Abtheilung. Von der Heimath und dem Alter der sogenannten Regenbogen-Schüsselchen. Abhandlungen der Königl. Bayer. Akademie der Wissenschaften, I. Cl., IX. Bd., I. Abth., München 1860, 16, Anm. 1; ders., Ueber die sogenannten Regenbogen-Schüsselchen. Zweite Abtheilung. Beschreibung der s. g. Regenbogen-Schüsselchen und Erklärungs-Versuch ihrer Typen. Abhandlungen der Kgl. Bayer. Akademie der Wissenschaften, I. Cl., IX. Bd., III. Abth., München 1862, 9, Nr. 16; 24, Anm. 2.

Noch ein weiteres numismatisches Werk Döderleins behandelt lokale Münzen, oder „vaterländische", jedoch weitgehend aus einer späteren Zeit, dem Mittelalter.[14] Seine Kommentare zu den deutschen Münzen des Mittelalters, speziell Brakteaten oder „Blech- und Hohl-Münzen" wurden schon 1729 gedruckt (vgl. Abb. 6). Über 252 Seiten betrachtet der Verfasser anhand von in Weißenburg selbst sowie näherer und fernerer Umgebung gefundener mittelalterlicher, aber auch antiker und neuzeitlicher Münzen sämtliche Aspekte der damals üblichen numismatischen Interpretation. Hier geht es um Insignien, Heraldik, Wertverhältnisse und, wie ausdrücklich im Titel vermerkt, die historische Zuordnung und Interpretation. Stützen kann er sich dabei auf das von ihm mehrfach zitierte Werk Johann Peter von Ludewigs zu den „Deutschen Münzen mittlerer Zeiten", das sich ebenfalls der „vaterländischen Forschung" widmet.[15] Seine drei Tafeln zeigen sehr unterschiedliches Material. Die Münzen sind teils exakt bestimmt, jedenfalls soweit dem Autor damals möglich, teils werden nur sehr vage Angaben gemacht. Es wird zwar ein „Fund" von Münzen, die in Weißenburg entdeckt wurden, am Anfang genannt, der Fundinhalt wird allerdings nicht genau identifiziert. Hans Gebhart hat diesen Fund in seinem Corpuswerk zu den Münzen von Donauwörth so weit wie möglich aufgenommen und bestimmt. Die identifizierbaren Münzen dieses Fundes sind auf Döderleins Tafel I in Kupfer abgebildet (vgl. hier Abb.7). Demnach handelt es sich ausschließlich um Brakteaten des Augsburger Schlags der königlichen Münzstätte Donauwörth, die Kaiser Friedrich II. (1212–1250) zugewiesen werden.[16] Meist jedoch weiß man bei Döderleins Abbildungen nicht, ob es sich um aufgesammelte Einzelfunde oder um Teile von Schatzfunden gehandelt hat. Zu den diversen Regensburger, Donauwörther, Nürnberger, Schwäbisch Haller oder bayerischen Münzen (vgl. Abb. 8, die Tafel II aus Döderleins Werk) gesellt sich eine frühneuzeitliche Wallfahrtsmedaille (Taf. III, LIV), ein als „serratus" bezeichneter sehr stark abgegriffener Legionsdenar des Marcus Antonius mit der Fundortbezeichnung „in agris etiam Nordgaviensibus" (Taf. III, LIII) und eine für den Autor damals vollständig rätselhafte keltische Kleinsilbermünze

---

14 Jo. Alex. Doederlini Commentatio historica de numis Germaniae mediae, quos vulgo bracteatos et cavos, vernacule Blech- und Hohl-Münzen adpellant; nec non laminaribus quibusdam medii aevi bilateralibus; qui maximam partem Weissenburgii in Noricis, inque vicinis agris, haud ita pridem eruti sunt ac reperti : cum figuris aeri incisis, Nürnberg 1729.

15 Johann Peter von Ludewig, Einleitung zum deutschen Münzwesen mittlerer Zeiten, Halle 1709. Auf S. 9 beginnt Ludewig sein 1. Kapitel mit der Überschrift: „Unnöthiger Eifer der Deutschen für fremde; und Kaltsinnigkeit derselben gegen ihre eigenen Sachen". Polemisch lautet dann sein erster Satz: „Wir haben uns lange mit fremden Waaren geschleppet, und viele muntere und geschickte Köpfe sind in unserem Vaterlande über denen römischen und griechischen Geschichten und Aufzügen grau und mürbe geworden, auch wol vor der Zeit darüber in die Grube gefahren."

16 Vgl. Hans Gebhart, Die Münzen und Medaillen der Stadt Donauwörth, Halle (Saale) 1924, 13–14. Demnach besteht der noch feststellbare Inhalt dieses Schatzfundes aus den folgenden Münzen seines Typenkatalogs: Nr. 16, Nr. 19–23.

Abb. 7. Tafel I aus „Commentatio historica …" mit diversen Münzen des Mittelalters, dabei Münzen eines Weißenburger Fundes von Donauwörther Brakteaten Kaiser Friedrichs II., Staatliche Münzsammlung München, Bibliothek (Foto Nicolai Kästner). Originalmaße dieses Ausschnitts: 17,4 × 12,8 cm.

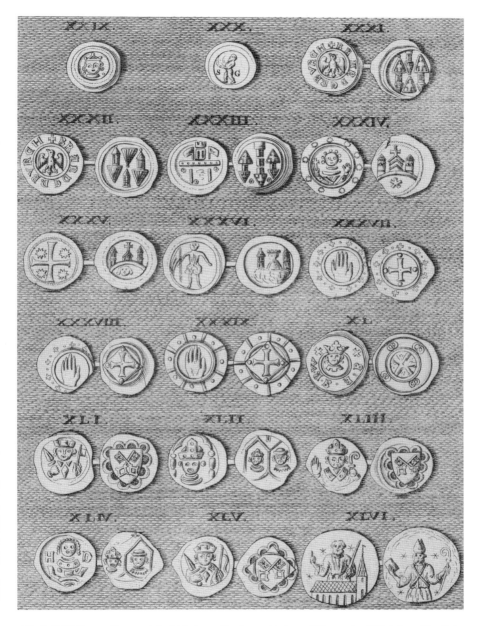

Abb. 8. Tafel II aus „Commentatio historica ..." mit verschiedenen Münzen des Mittelalters, Staatliche Münzsammlung München, Bibliothek (Foto Nicolai Kästner). Originalmaße dieses Ausschnitts: 17,2 × 12,5 cm.

(Taf. III, LV), leider von unbekanntem Fundort, die wir heute dem „Typ Pollanten" zuweisen können.[17] Zu diesen zuletzt angesprochenen Münzen ist Abb. 9 zu vergleichen, welche Döderleins Tafel III wiedergibt. Typisch für Döderleins recht weitschweifige Arbeitsweise ist sein Eingehen auf ein magisches Amulett, das er zu S. 104 als Abbildung LIX beigegeben hat. Es dient ihm dazu, diese Art von „Talismanen" „in gratiam curiosi spectatoris", für den neugierigen Betrachter, gänzlich von den mittelalterlichen Münzen seines Traktats abzugrenzen. Es ist dies eines jener relativ häufigen magischen Amulette, die aus Bronze gegossen und ab dem 16. Jahrhundert hergestellt wurden (vgl. Abb. 10). Diese Art Amulette ist mit Pentagramm und Tetragramm, kabbalistischen und astrologischen Zeichen sowie mit verschiedenen Anrufungen, einschließlich Gott und Jesus Christus, versehen und sollte gegen Krankheit und Übel jeglicher Art schützen.[18] Sicher im Interesse der Wissenschaft ist Döderleins Aufruf, die Münzen des Mittelalters zu bewahren, um dadurch über die Vergangenheit lernen zu können. Zeittypisch ist auch seine Feststellung auf S. 3 f., dass man sich in jetziger Zeit nicht für allgemeine Fabeln, sondern für Detailforschung, Realien, Archivalien und eben auch Münzen interessiere.

Gesamtwürdigung

Immer wieder wird in Döderleins hier vorgestellten Schriften deutlich, dass er versucht, sich nicht allein auf Autoritäten zu berufen, sondern direkt an die Quellen, in diesem Falle die Münzen selbst, heranzugehen. Dabei versucht er immer wieder, losgelöst von der „superstitio" der Gelehrten der Vergangenheit unbefangen und mit neuen Gedanken mit diesen Materialien zu arbeiten. Gerade bei der Numismatik scheut er auch nicht davor zurück, etwas ganz naiv „herzuzeigen", es einfach vorzustellen, und gibt damit anderen Gelehrten die Möglichkeit weiterer Interpretation. Typisch in seiner „commentatio historica" ist Döderleins Beobachtung auf S. 3: „Wir bezeichnen das moderne saeculum als ein historisches" und er fährt fort, dass in der Vergangenheit nur wenige aus den wirklichen Quellen ganz speziell zur vaterländischen Geschichte – „patriae cumprimis nostrae" – geschöpft haben.

---

[17] Erst jetzt können wir diesen Münztyp genauer zuordnen, da 1981 bis 1986 Grabungen in Pollanten, Stadt Berching (Landkreis Neumarkt/Oberpfalz) Kleinsilbermünzen dieses Typs in einem spätlatènezeitlichen Siedlungs- und Handwerkerareal mit somit gesichertem Fundort zutage gebracht haben. Vgl. zu dem bei Döderlein, Taf. III, LV, abgebildeten Münztyp die entsprechenden Stücke aus Pollanten: Hans-Jörg Kellner u. a., die Münzfunde von Manching und die keltischen Fundmünzen aus Südbayern. Die Ausgrabungen in Manching Bd. 12, Stuttgart 1990, 149 Nr. 944 und 945.

[18] Ein praktisch identisches Stück dieser Art findet sich bei: Liselotte Hausmann, Lenz Kriss-Rettenbeck, Amulett und Talisman, München 1966, 134, Abb. 363.

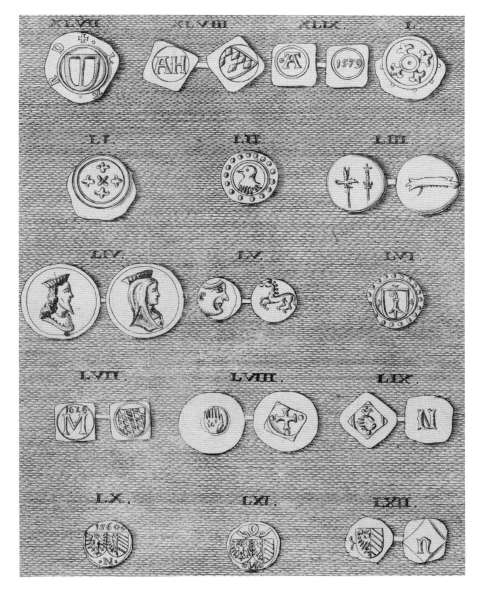

Abb. 9. Tafel III aus „Commentatio historica …" mit antiken, mittelalterlichen und neuzeitlichen Prägungen, Staatliche Münzsammlung München, Bibliothek (Foto Nicolai Kästner). Originalmaße dieses Ausschnitts: 15,8 × 12,1 cm.

Abb. 10. Kupfer eines magischen Amuletts aus „Commentatio historica ...", Staatliche Münzsammlung München, Bibliothek (Foto Nicolai Kästner). Originalmaße (Rahmen): 14 × 8,9 cm.

Es ist sicher Döderleins Verdienst, dass er das zu ändern versucht. Seine hier angesprochenen numismatischen Arbeiten sind dabei nur ein kleiner, aber wichtiger Bruchteil seiner naturwissenschaftlichen und historischen Studien. Allerdings sind seine Arbeiten in sehr krausem barockgeschnörkeltem Latein abgefasst, gespickt mit ungewöhnlichen Vokabeln und Finessen der Grammatik. Seine Ausführungen, mit einem Wust von Fußnoten belegt, sind weitschweifig und weichen ständig vom Thema ab, und das gilt für alle hier vorgestellten Arbeiten. Lassen wir ihn aber zum Schluss noch selbst aus seinem Epilog auf S. 252 der „commentatio historica" in Übersetzung zu Wort kommen: „Freilich, soweit ich weiß, hat niemand von den Bewohnern des Nordgaues bisher irgendetwas über die alten Münzen seiner Heimat erörtert oder sie auf Kupferstichen dem Auge zugänglich gemacht... Nimm dies also gut auf, geneigter Leser! Was ich Dir hier aufzeige, magst Du entweder billigen, sofern es das verdient, und das Deine den Ausführungen hinzufügen. Wenn Dir aber dies beides nicht zusagt, dann belehre uns eines Besseren."

Die Ordnung der Welt[1]

ULRICH MENZEL

Institut für Sozialwissenschaften
Bienroder Weg 97, D-38106 Braunschweig

1. Anarchie versus Hierarchie der Staatenwelt

Die „Anarchie der Staatenwelt" als Ausfluss des Souveränitätsprinzips gilt als nicht weiter hinterfragbares Axiom in der Lehre von den Internationalen Beziehungen. Alle Staaten stehen gleichberechtigt nebeneinander und sind keiner überstaatlichen Instanz untergeordnet oder gar rechenschaftspflichtig. Wie mit der Anarchie umzugehen ist, wie der zwischenstaatliche Regelungsbedarf bedient wird, wie trotz der Anarchie eine Ordnung der Welt zustande kommt, ist eine der grundlegenden Fragen, mit der sich die Disziplin auseinandersetzt. Die Antworten, die das idealistische und das realistische Paradigma liefern, lauten Kooperation bzw. Selbsthilfe. Nun lehrt die Geschichte, dass die Kooperation der Staaten in Krisenzeiten immer wieder an Grenzen stößt, wenn es um die großen Fragen von Krieg und Frieden, von Protektionismus und Freihandel und neuerdings wenn es um das Thema Umwelt geht. Die Selbsthilfe schließt sich für kleine Staaten in der Regel aus, weil Ihnen dazu die Macht und die Ressourcen fehlen. Wenn große Mächte zur Selbsthilfe greifen, auch das lehrt die Geschichte, führt diese immer wieder zu konfliktträchtigen Konstellationen, in denen die Anarchie aufgrund des immer lauernden Sicherheitsdilemmas noch weiter angefacht wird.

Um die Anarchie zu überwinden oder mindestens deren Folgen einzudämmen, bietet sich an, auf ein anderes Axiom der Lehre von den Internationalen Beziehungen, das zum strukturalistischen Paradigma gehört, nämlich die „Hierarchie der Staatenwelt", zurückzugreifen. Es ist zwar richtig, dass es als Konsequenz des seit dem Westfälischen Frieden (1648) sich schrittweise durchsetzenden Souveränitätsprinzips keine den Staaten übergeordnete Instanz mehr gibt, die über ein internationales Gewaltmonopol verfügt, doch sind die Staaten keineswegs gleich und gleichberechtigt, wie es der Logik des Westfälischen Staatensystems

---

1 Schriftliche Ausarbeitung des Vortrags, der am 13.4.2012 vor der Klasse für Geisteswissenschaften der BWG gehalten wurde. Der Vortrag fasst Ergebnisse eines zehnjährigen Forschungsprojekts zusammen. Das gesamte Opus erscheint 2013 unter dem Titel „Die Ordnung der Welt" im Berliner Suhrkamp Verlag mit einem Umfang von etwa 1000 Seiten. Zwischenberichte sind unter den Titeln „Anarchie der Staatenwelt oder hegemoniale Ordnung?" in WeltTrends 12.2004,44. S. 125–142 und „Die Hierarchie der Staatenwelt. Historisch-komparative Untersuchungen zu einer Theorie der internationalen Ordnung" in Zeitschrift für Weltgeschichte 11.2010,2. S. 161–191 erschienen.

entspricht, das nach den Vertragsorten Münster und Osnabrück benannt wurde. In Wirklichkeit waren und sind die Staaten ungleich in jeder Hinsicht, gleichviel ob man ihre Macht, ihren Wohlstand, ihre Bevölkerung, ihre wissenschaftlich-technische Leistungsfähigkeit, ihre Ressourcenausstattung, ihre geopolitische und geoökonomische Ausgangssituation, ihre Geschichte, ihre Kultur betrachtet. Die Staaten stehen nicht nur nebeneinander, sondern auch übereinander und bilden in nahezu jeder Hinsicht eine pyramidenförmige Hierarchie. Damit stehen ihnen auch in ganz unterschiedlicher Weise Möglichkeiten zur Verfügung, ihre Interessen gegenüber anderen Staaten wahrzunehmen, den Bedarf nach internationalen Beziehungen zu decken, für die Ordnung der Welt zu sorgen. Da es seit dem phasenverschobenen Zerfall der großen und kleinen Imperien und Kolonialreiche (1. und 2. Britisches Empire, Spanien und Portugal, Osmanisches Reich und Österreichisch-Ungarn, Frankreich, Russland/Sowjetunion u.a.) immer mehr Staaten auf der Welt gibt und da der Prozess der Bildung neuer wie der Prozess des Zerfalls alter Staaten auf absehbare Zeit noch lange nicht abgeschlossen ist, wird die Hierarchie der Staatenwelt eher zu- als abnehmen. Diese Feststellung schließt keineswegs aus, dass es innerhalb der Hierarchie eine Aufwärts- und Abwärtsmobilität gibt. Sie betrifft gerade die großen Mächte, die alle einem Zyklus von relativem (ggf. sogar von absolutem) Auf- und Abstieg gegenüber anderen Mächten unterworfen waren und sind.

Die paradigmatischen Varianten des Strukturalismus, die nicht vom Axiom der Anarchie, sondern vom Axiom der Hierarchie der Staatenwelt ausgehen und darauf eine Theorie über die Ordnung der Welt begründen, lauten Hegemonie-[2] und Imperiumstheorie.[3] Letztere ist nicht zu verwechseln mit Imperialismustheorie. Der wesentliche Unterschied ergibt sich bereits aus der Klärung der Begriffe. Hegemonie kommt aus dem Griechischen und meint *Führung*. Imperium stammt aus dem Lateinischen und meint *Herrschaft*. Führung setzt Gefolgschaft voraus und beinhaltet ein Element von Akzeptanz und Freiwilligkeit. Der Gegenbegriff zu Herrschaft lautet Knechtschaft, setzt also ein Zwangsverhältnis voraus, das auf Befehl und Gehorsam beruht. Die hier zu entfaltende These lautet: Die Hierarchie der Staatenwelt bietet sowohl in der hegemonialen wie in der imperialen Variante die Möglichkeit, die Anarchie der Staatenwelt zu überwinden, weil die

---

2   Vgl. dazu Stefan Topp, Qualifikationsattribute von Hegemonialmächten. Internationale und innerstaatliche Voraussetzungen der Bereitstellung internationaler Kollektivgüter durch hegemonial geführte Kooperationsstrukturen. Frankfurt 2004; Elisabeth Schmitt, Hegemonie und Konsens. Bedingungen für Entstehung und Stabilität von Kooperationsbereitschaft auf Seiten von Sekundärstaaten. Frankfurt 2004. Einen kritischer Überblick zur Hegemonietheorie liefert Mark R. Brawley, Political Leadership and Liberal Subsystems: The Constraints of Structural Assumptions. In: Canadian Journal of Political Science 28.1995,1. S. 85–103.

3   Ein aktueller Beitrag ist Ulrich Leitner, Imperium. Geschichte und Theorie eines politischen Systems. Frankfurt 2011.

großen Mächte, die an der Spitze der Hierarchie stehen, zu ihrer großen Zeit in der Lage sind, quasi stellvertretend für den nichtvorhandenen Weltstaat den Bedarf nach zwischenstaatlicher Verregelung zu decken und für internationale Ordnung zu sorgen. Sie sind dazu in der Lage, weil sie am ehesten über die notwendigen Ressourcen verfügen, und sie sind dazu bereit, weil sie selber das größte Interesse an internationaler Ordnung haben. Würden sie diese Funktion nicht wahrnehmen, täte es keiner. Insofern befinden sich große Mächte immer im klassischen Freiwilligendilemma. Die These unterscheidet sich grundlegend von der Annahme Buzans,[4] dass große Mächte nur ein Phänomen des Kalten Krieges, allenfalls noch des 19. Jahrhunderts, waren. Große Mächte haben, seit es sie gibt, besonders seit der Herausbildung des vormodernen Weltsystems in der Ära der Pax Mongolica (ca. 1250–1350) für internationale Ordnung gesorgt und werden dies auch in Zukunft tun.[5] Imperium und Hegemonie unterscheiden sich allerdings fundamental durch die Art und Weise, wie und in welcher Absicht sie diese Weltstaatsfunktion wahrnehmen.

Große Mächte verfügen allerdings im Unterschied zu kleinen immer über die Alternative des Isolationismus, weil sie aufgrund ihrer großen Bevölkerung, ihrer eher kompletten Ressourcenausstattung, ihres Binnenmarkts, ihres Machtpotentials eine solche Politik verfolgen können, während kleine Mächte grundsätzlich internationalistisch orientiert sein müssen. Insofern hängt die Frage, ob große Mächte eine internationale Ordnungsfunktion wahrnehmen, nicht nur von den strukturellen Voraussetzungen, sondern auch davon ab, ob ihre Interessen eher durch eine isolationalistische oder eine internationalistische Orientierung bedient werden. Da es in der Regel eine heterogene Interessenlage und Anhänger von beiden Positionen gibt, hängt die Frage, ob große Mächte eine internationale Ordnungsfunktion wahrnehmen, letztlich von den Kräfteverhältnissen im Innern ab. Gerade die USA und China bieten im Verlauf ihrer Geschichte immer wieder Beispiele für harte innenpolitische Kontroversen und radikale Kurswechsel zwischen Isolationismus und Internationalismus. Ein möglicher Kompromiss ist eine selektive Form des Isolationismus. Die USA verhielten sich im langen 19. Jahrhundert gegenüber Europa isolationistisch, was sie aber nicht hinderte, auf dem nordamerikanischen Kontinent, in der Karibik, im Pazifik und an der asiatischen Gegenküste expansiv und damit internationalistisch zu agieren. China ist seit der Ming-Dynastie bis in die Volksrepublik ein Beispiel für den mehrfachen Wechsel von einer radikalen zu einer selektiven Variante des Isolationismus, während die Internationalisten immer in der Minderheit waren.

---

4 Barry Buzan, A World Order without Superpowers: Decentred Globalism. In: International Relations 25.2011,3. S. 3–25.
5 Vgl. dazu Janet Abu-Lughod, Before European Hegemony: The World System A.D. 1250–1350. New York 1989.

Aber auch das Außenverhalten von Imperium und Hegemonie lässt sich differenzieren. Spricht man von Pax Romana, Pax Britannica, Pax Mongolica oder Pax Osmanica, meint man seine pazifierenden Aspekte, die es auch für die Beherrschten attraktiv machte, Teil eines Imperiums zu sein, weil unter seinem Schutz Rechtssicherheit und innerer Friede gewährleistet waren und Handel und Wandel gedeihen konnten. Spricht man von tributären Imperien, steht im Vordergrund, dass die Kosten imperialer Expansion wie imperialer Herrschaft den Unterworfenen in Form des Tributs, den sie zu entrichten haben, auferlegt wird. Das spanische Imperium in Amerika wie in den Niederlanden ist dafür das klassische Beispiel. Auch der Begriff Hegemonie lässt sich durch die Attribute benevolent und malevolent differenzieren. Der benevolente Hegemon orientiert sich (auch) an den Interessen der Gefolgschaft, der malevolente Hegemon (nur) am Eigeninteresse.

Ob große Mächte eine radikale oder eine selektive Variante des Isolationalismus verfolgen, welche Variante von imperialer oder hegemonialer Politik sie praktizieren, hängt auch davon ab, ob sie sich in der Aufstiegs-, Zenit- oder Abstiegsphase ihres Machtzyklus befindet. Damit ergeben sich sechs Grundtypen großer Mächte, wobei in der Realität die Grenzen fließend sind. Sie bilden von links nach rechts ein Spektrum ab über das Ausmaß, in dem sie in der Welt agieren und auf andere Staaten einwirken. Aus der Perspektive der Rangordnung in der Hierarchie der Staatenwelt könnte man auch dem Imperieum die Mittelposition und der Hegemonie die rechte Außenposition zuweisen. Diese Perspektive ist wichtig für das Ausmaß der Hierarchie und die Reichweite und Dimensionalität der Ordnungsfunktion.

Kleine Mächte haben diese sechs Alternativen in der Regel nicht, sind aufgrund ihrer geringen Bevölkerung, ihrer inkompletten Ressourcenausstattung, ihres kleinen Binnenmarkts, ihres beschränkten Machtpotentials immer auf Außenorientierung,

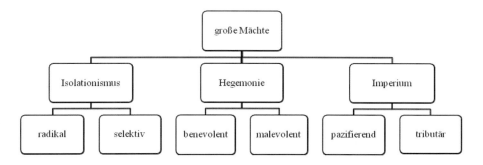

Abb. 1: Außenverhalten großer Mächte.

auf Eingliederung in die internationale Arbeitsteilung, auf die Kooperation mit den anderen, auf die Gefolgschaft zu einem Hegemon, im Extremfall sogar auf die Unterordnung unter ein Imperium angewiesen. Isolationismus kann in ihrem Fall nur mit außerordentlichen gesellschaftlichen Kosten erkauft werden, wie aktuelle (z.B. Nordkorea) oder vergangene historische Beispiele belegen. Das Vertrauen auf die Selbsthilfe würde für kleine Mächte trotz hohen Aufwands zu schlechten Politikergebnissen führen. Es sei denn, es handelt sich um kleine Mächte, die zu ihrer großen Zeit eine außerordentliche Leistungsfähigkeit und eine sehr spezialisierte Interessenlage besitzen, die einen solchen Aufwand möglich und auch vertretbar machen. Man denke nur an die Stadtstaaten Venedig und Genua oder die Kleinstaaten Portugal und Niederlande. Aus der Hierarchie der Staatenwelt resultiert also ein Angebot internationaler Ordnung auf Seiten der Großen wie eine Nachfrage nach internationaler Ordnung auf Seiten der Kleinen, die durchaus zur Deckung gebracht werden können.

Im historischen Verlauf, so eine weitere These, lässt sich zeigen, dass die Zyklen von Auf- und Abstieg der großen Mächte sich überlappen, so dass sich idealtypisch eine Kette der großen Zeiten der großen Mächte bilden lässt. Deren Glieder markieren die Phasen der großen Mächte im Zenit, wenn sie ihre größte Macht entfaltet haben und die größte Leistungsfähigkeit besitzen, eine internationale Ordnungsfunktion wahrzunehmen. Wenn die Abstiegsphase der einen großen Macht sich kreuzt mit der Aufstiegsphase einer anderen, kommt es zum imperialen bzw. hegemonialen Übergang, bei dem auch die Ordnungsfunktion weitergereicht wird. Dieser Übergang kann friedlichen wie kriegerischen Charakter haben. Für beide Varianten gibt es reichlich historische Beispiele. Je länger die Übergangsphase dauert und je weniger friedvoll sie verläuft, desto weniger kann die alte absteigende bzw. die neue aufsteigende große Macht ihre Ordnungsfunktion wahrnehmen. Deshalb gab es immer wieder kürzere oder längere Phasen in der Weltgeschichte, in der die Kette unterbrochen wurde, in der die Anarchie der Staatenwelt zurückgekehrt ist. Man denke nur an die Völkerwanderung, die Ausbreitung der Pest nach dem Untergang des Mongolischen Reiches, den Dreißigjährigen Krieg oder zuletzt den Ersten und Zweiten Weltkrieg inklusive Zwischenkriegszeit und Weltwirtschaftskrise. Am Ende solcher Ausscheidungskämpfe wird die neue Macht, die an die Spitze aufgerückt ist, eine „neue Weltordnung" errichten, die ihren Fähigkeiten und Interessen entspricht. Deshalb kommt es am Ende der großen Kriege in der Weltgeschichte, die hier als imperiale und/oder hegemoniale Transformationskriege verstanden werden, zu Konferenzen, die weit mehr sind als bloße Friedenskonferenzen, weil auf ihnen Weltordnungen verabredet werden. Welchen Bestand diese haben, hängt nicht nur von der neuen Ordnungsmacht ab, sondern auch von der Frage, inwieweit die Interessen der übrigen, gerade auch der im Ausscheidungskampf unterlegenen, berücksichtigt werden.

2. Internationale öffentliche Güter und regionale Clubgüter

Wie die beiden Typen großer Mächte für internationale Ordnung sorgen, lässt sich anhand der Gütertheorie demonstrieren. Hegemonialmächte kommen ihrer Weltstaatsfunktion über die Bereitstellung internationaler öffentlicher Güter mit globaler Reichweite nach, Imperialmächte über die Bereitstellung von Clubgütern mit regionaler Reichweite. Die Gütertheorie[6] unterscheidet vier Güterarten: Private Güter, Öffentliche Güter, Clubgüter und Allmende- bzw. Kollektivgüter. Alle vier Güterarten sind definiert durch die Kombination der Kriterien Rivalität und Ausschließbarkeit.

Rivalität heißt, dass der Konsum eines Gutes oder einer Dienstleistung durch den einen zu Lasten eines anderen geht. Ausschließbarkeit liegt vor, wenn jemand vom Konsum eines Gutes oder einer Dienstleistung ausgeschlossen werden kann. Wenn man die beiden Kriterien in ihren Varianten „ja" oder „nein" miteinander kombiniert, ergibt sich eine Vierfeldertafel, in die die vier Güterarten eingetragen werden können.

		Rivalität	
		ja	nein
Ausschließbarkeit	ja	private Güter	Clubgüter
	nein	Allmendegüter	öffentliche Güter

Abb. 2: Die Definition der vier Güterarten.

Bei der Kombination Rivalität und Ausschließbarkeit handelt es sich um private Güter. Die Flasche Milch, die jemand getrunken hat, steht einem anderen nicht mehr zur Verfügung. Hat jemand kein Geld, eine Flasche Milch zu kaufen, ist er vom Konsum ausgeschlossen. Bereit gestellt werden private Güter von privaten Akteuren. Regelungsinstanz für Angebot und Nachfrage ist der Markt. Bei der gegenteiligen Kombination Nichtrivalität und Nichtausschließbarkeit handelt es

---

6   Einen guten Überblick liefert Alexander Kocks, Die Theorie der globalen öffentlichen Güter. In: Zeitschrift für Internationale Beziehungen 17.2010,2. S. 235–266.

sich um öffentliche Güter. Niemand kann von der Nutzung einer Straße ausgeschlossen werden. Die Nutzung durch den einen Verkehrsteilnehmer schmälert nicht die Nutzung durch den anderen. Bereit gestellt werden öffentliche Güter durch den Staat, der auch die Regeln ihrer Nutzung, in diesem Fall die Straßenverkehrsordnung, bestimmt.

Ist nur eines der beiden Kriterien erfüllt, handelt es sich um Sonderfälle. Liegt Ausschließbarkeit, aber keine Rivalität vor, spricht man von Clubgütern. Die Einrichtungen eines Sportvereins können nur von den Mitgliedern genutzt werden. Die Nutzung des einen Mitglieds beeinträchtigt nicht die Nutzung durch ein anderes Mitglied. Sie wird durch die Satzung des Vereins geregelt. Pay-TV ist ein anderes Beispiel für die Offerierung eines Clubguts. Hier gibt es einen (privaten) Anbieter, der die Konditionen der Nutzung bestimmt. Liegt Rivalität vor, aber keine Ausschließbarkeit, handelt es sich um Allmende- oder Kollektivgüter. Sie werden von der Natur als freie Gabe bereit gestellt. Die gemeinsame Dorfweide (oder die Alm einer Talschaft) kann von allen Dorfmitgliedern genutzt werden. Das Gras, das das Vieh des einen Bauern gefressen hat, steht dem Vieh des anderen nicht mehr zur Verfügung. Allmendegüter zu verregeln, ist eine komplexe Angelegenheit und basiert auf historisch gewachsenen Kollektivvereinbarungen.[7]

Während Regelverstöße in den ersten drei Varianten leicht zu identifizieren und auch zu sanktionieren sind (durch den Markt, den Staat, den Club), ist dies im vierten Fall schwierig. Deshalb droht hier die „Tragödie des Gemeindelandes".[8] Jeder Hirte sucht so viel Vieh wie möglich auf die gemeinsame Weide zu schicken, weil der Milch- oder Käseertrag nur ihm alleine zugutekommt, die drohende Überweidung aber von allen anteilig zu tragen ist. Solange der individuelle Nutzen den Anteil am kollektiven Nachteil übersteigt, ist es rational, sich so zu verhalten. Verhalten sich alle im Sinne dieser Rationalität, kommt es zur Überweidung. Alle Hirten verlieren ihre Lebensgrundlage! Empfohlen wird deshalb die Einhegung (Privatisierung) des Gemeindelandes oder dessen Verstaatlichung, um die Tragödie aufzuhalten. Innerhalb der Grenzen eines Staates ist beides prinzipiell möglich.

Komplexer wird die Konstellation bei internationalen Gütern. Im ersten Fall der privaten Güter ist der Weltmarkt die Regelungsinstanz. Im zweiten Fall müsste es analog der Weltstaat sein, den es aber nicht gibt. Wer also soll internationale öffentliche Güter offerieren, für die ein Bedarf entsteht? Die Antwort lautet: Internationale (globale) öffentliche Güter wie z.B. Sicherheit auf den Seerouten vor Piraterie, ein Nuklearschirm, die Aufrechterhaltung einer liberalen Weltwirtschaftsordnung, die Funktion des letzten Kreditgebers, die Bereitstellung eines internationalen Zahlungsmittels (Weltgeld) oder eines GPS-Systems kann am

---

7 Vgl. dazu grundlegend Elinor Ostrom, Die Verfassung der Allmende. Tübingen 1999.
8 Garrett Hardin, The Tragedy of the Commons. In: Science 162.1968, 3859. S. 1243–1248.

ehesten und am besten der Hegemon bereit stellen. Er stellt sie bereit, weil er über die notwendigen Ressourcen verfügt und weil er selber das größte Interesse daran hat. Würde er es nicht tun, täte es keiner. Dafür kann er immerhin die Regeln der Nutzung, die Ordnung der Welt, bestimmen. Alle anderen sind (mehr oder weniger) Freerider oder zumindest Cheaprider, weil sie keine oder nur geringe Beiträge zur Bereitstellung und damit zur internationalen Ordnung in den jeweiligen Politikfeldern leisten. Aus dem Kalkül, eine solche Aufgabe nicht wahrnehmen zu können bzw. dafür einen außerordentlichen Aufwand treiben zu müssen, resultiert die Akzeptanz des Hegemons von Seiten der Gefolgschaft. Hegemonialmächte wie deren Gefolgschaft verhalten sich aus dieser Perspektive rational.

Internationale Clubgüter werden nicht von Hegemonialmächten, sondern von Imperien bereit gestellt. Da hier das Kriterium Ausschließbarkeit vorliegt, stehen sie nicht allen offen, sondern nur denjenigen, die zum „Club" des Imperiums gehören, weil sie in dessen Herrschaftsbereich fallen. Insofern handelt es sich nicht um globale Güter, sondern um Güter mit regionaler Reichweite, die an den Grenzen des Imperiums endet. Auch die Sowjetunion offerierte nukleare Sicherheit wie die USA, nur dass diese nur den Ländern des Warschauer Pakts diente, während unter dem Nuklearschirm der USA auch Nicht-NATO-Mitglieder (z.B. die Schweiz) oder asiatische Länder wie Japan, selbst die VR China auf dem Höhepunkt des sowjetisch-chinesischen Konflikts Ende der 1960er Jahre gestanden haben. Die Clubmitglieder sind keine Freerider wie die Gefolgsleute des Hegemons. Als Beherrschte sind sie zwangsweise Mitglieder des Imperiums und haben Mitgliedsbeiträge in Form des Tributs zu errichten, der zur Finanzierung der von der imperialen Macht errichteten Ordnung verlangt wird. Die Hegemonialmacht spielt ihre internationale Rolle aufgrund eigener überragender Leistungsfähigkeit, die imperiale Macht, weil sie in der Lage ist, die Beherrschten zu substantiellen Beiträgen zu zwingen. Imperien stoßen deshalb nicht per se auf Akzeptanz. Sie bedürfen nicht des Moments der Freiwilligkeit, weil das Imperium auf Zwang setzen kann. Dennoch kann es vorteilhaft sein, zu einem Imperium zu gehören, weil es nicht nur Zwang ausübt, Tribut verlangt, sondern auch eine Gegenleistung in Form der Clubgüter offeriert. Die kollaborierende Elite der Clubmitglieder zieht aus der Mitgliedschaft zudem besondere Privilegien.

Wie verhält es sich im vierten besonders heiklen Fall, den internationalen Allmendegütern, die aus der Nutzung der Hohen See, der grenzüberschreitenden Flußsysteme, der Polargebiete, des Luftraums, des erdnahen Weltraums und neuerdings des Cyberspace resultieren? Die globalen Allmendegüter werden von der Natur als freie Gabe bereit gestellt und sind für alle nutzbar. Niemand kann vom Fischfang auf hoher See, vom Tiefseebergbau ausgeschlossen werden. Allerdings geht die Nutzung des einen immer zu Lasten eines anderen. Eine kooperative Verregelung auf lokaler Ebene, die die Nachhaltigkeit der Allmende gewährleistet, ist mühsam aber möglich, wie Elinor Ostrom gezeigt hat. Insofern greift hier das idealistische Paradigma. Auf globaler Ebene ist Kooperation zur nachhaltigen Verregelung der Nutzung kaum zu erzielen, wie die mühsamen und wenig erfolgreichen Verhandlungen in der globalen Umweltpolitik immer wieder deutlich machen. Die Privatisierung der Allmende, die im nationalen Rahmen praktiziert wurde (z.B. durch die Einhegung des Gemeindelandes in England) ist genauso wenig möglich wie deren Verstaatlichung, die zudem in den sozialistischen Ländern die Tragödie des Gemeindelandes noch verschärft hat, wie sich z.B. an der Katastrophe des Aralsees durch die Übernutzung der ihn speisenden Flußsysteme für den Baumwollanbau zeigen lässt. Wenn wegen des Zusammentreffens von Rivalität und Nichtausschließbarkeit Kooperation zur Verregelung der globalen Allmende so wenig Erfolge zeigt, wenn die Selbsthilfe zur Tragödie führt, wenn das Imperium als Regelungsinstanz ausfällt, weil es sich nicht um ein Clubgut handelt, dann bleibt nur noch der Hegemon als Regulierungsinstanz. Jedenfalls ist er als einziger in der Lage, die globale Allmende, z.B. durch seine Flotte, zu kontrollieren.[9] Eine imperiale Macht wäre dazu nur in der Lage, wenn sie die globale Allmende beherrschte, also den Weltstaat auf Welteroberung begründet hätte.

3. Landmächte versus Seemächte

Diese Feststellung führt zu dem typologischen Unterschied von Land- und Seemächten. Landmächte erobern Territorien und kontrollieren deren Grenzen, ggf. sogar durch besondere Befestigungen wie z.B. den Römischen Limes. Dabei stützen sie sich auf die Armee, deren Operationsfähigkeit durch entsprechende Infrastruktur (Kasernen, Militärstraßen, Eisenbahnen) flankiert werden muss. Dennoch ist die Armee ein schwerfälliges Vehikel mit begrenzter Reichweite. Alle Logistik kann letztlich die Unbilden der Natur nicht überwinden. Die Grenze der mongolischen Kavallerie war erreicht an der Grenze der eurasischen Steppe, da es jenseits der Steppe am Futter für die Pferde mangelte. Die Grenze des Operationsradius der osmanischen Armee auf dem Balkan, der französischen oder deutschen Armeen in Russland (wie auch der japanischen Armee in China) war erreicht durch die Tiefe des Raums, die Härte des Winters und die Probleme des Nachschubs.

Seemächte hingegen stützen sich auf die Flotte und auf Häfen, Werften, Arsenale und überseeische Stützpunkte. Sie besetzen nicht die Fläche, sie erobern keine Räume, sondern kontrollieren, da sie in der globalen Allmende der Hohen See operieren, die Verbindungslinien und Knoten eines Netzes. „Command of the Sea" hieß im britischen Verständnis, die Schifffahrtsrouten zu sichern, Meeren-

---

9   Vgl. dazu Barry R. Posen, The Command of the Commons: The Military Foundation of U.S. Hegemony. In: International Security 28.2003, 1. S. 5–46.

gen oder Häfen zu blockieren, fernab der Heimat in Übersee Landeunternehmen durchzuführen zu können.[10] Armeen kosten viel und nützen im Frieden wenig, wenn sie in der Kaserne liegen. Flotten kosten zwar auch viel, nützen aber auch im Frieden, weil sie für die Handelsmarine das internationale öffentliche Gut Sicherheit offerieren, an der auch die Handelsmarinen der anderen Länder partizipieren. Deshalb sind Hegemonialmächte immer Seemächte, weil sie eine globale Reichweite beanspruchen und die globale Allmende der Weltmeere zu kontrollieren haben. Im Fall von Imperialmächten genügt es, Landmacht zu sein, geht es doch nur um die Eroberung und Beherrschung begrenzter Territorien und um die Offerierung von Clubgütern für die Mitglieder des Imperiums.

Die Hohe See war die erste globale Allmende, die es von Hegemonialmächten zu kontrollieren und verregeln galt. Die Durchsetzung des Prinzips Freiheit der Meere (mare liberum) war deshalb eines der ersten internationalen öffentlichen Güter, für das die Niederländer im 17. Jahrhundert gefochten haben, um den mare clausum-Anspruch der Portugiesen und Spanier im Anschluss an den Vertrag von Tordesillas (1494) zu brechen. Niemand solle von der Nutzung der Hohen See ausgeschlossen werden. Dieses Prinzip durchzusetzen, hieß aber auch, die Nutzung der Hohen See zu sichern durch die Offerierung des anderen internationalen öffentlichen Guts Sicherheit. Der Kampf gegen die Piraterie stand deshalb immer ganz oben auf der Agenda der großen Seemächte, weil sie aufgrund ihrer Handelsmarine ein besonderes Interesse hatten. Die Niederländer waren sogar die ersten, die die konsequente Trennung von Kriegs- und Handelsmarine vornahmen, weil so die Transaktionskosten der Reeder gesenkt werden konnten. Die Handelsschiffe anderer Länder kamen als Freerider in den Genuss dieses öffentlichen Guts, auch wenn deren Kriegsmarinen wenig oder gar nichts zur Sicherheit der Meere beitrugen.

Luftmächte sind die konsequente Weiterentwicklung von Seemächten, weil sie eine zweite globale Allmende, den Luftraum, kontrollieren, der sich ebenso wie die Hohe See nicht beherrschen lässt. Die Luftwaffe schützt die Routen des Verkehrs und dient aus dieser Perspektive nicht zur Unterstützung der Armee wie im Fall der Landmacht, sondern der Marine. Der Flugzeugträger ist die konsequente Hybridisierung von See- und Luftmacht. Der erdnahe Weltraum war die nächste Allmende, die ins Visier geriet, und durch Satelliten und Raumstationen kontrolliert wird. Seit einigen Jahren gehört dazu auch der Cyberspace, der nicht nur wirtschaftliche, sondern auch militärische Perspektiven eröffnet.[11] Zur Kontrolle

---

10 Clark G. Reynolds, Command of the Sea: The History and Strategy of Maritime Empires. New York 1974.
11 Vgl. dazu die "Global Commons"-Internetseite der NATO "Assured Access to the Global Commons" unter: http://www.act.nato.int/mainpages/globalcommons.

des Cyberspace ist die Vernetzung von Rechnern und Satelliten notwendig. Das „Cyber Command" ist folglich eine Unterabteilung des „Strategic Command", der Raketenstreitkräfte der USA. Wieder geht es um Ströme und Netzknoten und nicht um die Fläche und deren Grenzen.

Eine weitere Unterscheidung leisten die Begriffe Handelsmacht und Militärmacht. Handelsmächte sind international besonders wettbewerbsfähig, sind in der Lage, die internationale Arbeitsteilung zu bestimmen, haben nicht nur im Warenhandel, sondern auch im internationalen Handel mit Dienstleistungen (Transport, Versicherung, Finanzierung) eine starke Position und verfügen über eine große Handelsmarine. Militärmächte sind militärisch besonders leistungsfähig, verfügen über eine große Armee, eine militärische Infrastruktur, sind ggf. auch in den anderen Waffengattungen stark, die die Armee unterstützen. Hegemonialmächte sind immer beides, Handels- und Militärmächte, weil sie überall besonders leistungsfähig sind und eine Führungsposition einnehmen. Imperiale Mächte können, müssen aber nicht, beides sein, sind aber immer Militärmächte.

Eine letzte typologische Unterscheidung betrifft die zwischen Hardpower und Softpower.[12] Hardpower meint harte Macht im Sinne von militärischer und/oder wirtschaftlicher Macht. Softpower meint zivilisatorische Ausstrahlungskraft, die sich auf die Hochkultur der Eliten wie die populäre Massenkultur erstrecken kann. Insofern verfügten das kaiserliche China, das absolutistische Frankreich oder die USA heute über ein großes Maß von Softpower, die ggf. in der Lage ist, nachlassende Hardpower zu kompensieren. Die Attraktivität und Akzeptanz von Hegemonialmächten resultiert also nicht nur aus dem rationalen Kosten-Nutzen-Kalkül des Freeriders, weil sie Garanten einer internationalen Ordnung durch die Offerierung internationaler öffentlicher Güter sind, sondern auch aus der Faszination, die der Konfuzianismus, die civilisation française oder der american way of life auf andere ausüben. Das Beispiel des Imperium Romanums zeigt, dass auch Imperien zivilisatorische Ausstrahlungskraft besitzen können, dass es attraktiv ist, Teil des Imperiums zu sein, weil damit Clubgüter wie z.B. die Vorteile des römischen Bürgerrechts verbunden waren. Softpower ist für imperiale Mächte im Unterschied zu Hegemonialmächten keine Bedingung, sondern nur eine Kann-Dimension. Die mangelnde Attraktivität des Imperiums kann durch die Erzeugung von Furcht und Schrecken ersetzt werden.

Ein Vergleich der USA und der Sowjetunion während des Kalten Krieges illustriert die typologischen Unterschiede. Die Sowjetunion war wie Russland zuvor typologisch ein Imperium. Seine nichtrussischen Bestandteile waren von der Armee der Zaren erobert bzw. von der Roten Armee nach 1945 besetzt worden. Sie war (wie

---

12 Joseph S. Nye, Soft Power: The Means to Success in World Politics. New York 2004.

	Imperium	Hegemonie	
Landmacht	Sowjetunion		Militärmacht
Seemacht		USA	Handelsmacht
	Hardpower	Softpower	

Abb. 3: Sowjetunion und USA im idealtypischen Vergleich

Russland) eine typische Landmacht, deren militärische Stärke auf ihrer Armee und kaum auf ihrer Flotte beruhte. Sie war eine typische Militärmacht, die alle verfügbaren Ressourcen auf den militärischen Sektor konzentrierte und darüber den zivilen Sektor sträflich vernachlässigte. Sie konnte die USA militärisch herausfordern, war aber wirtschaftlich nicht konkurrenzfähig, weil sie keine Handelsmacht war, die internationale Arbeitsteilung nicht bestimmen konnte. Sie lieferte Rohstoffe und importierte Fertigwaren. Man denke nur an das Gas-Röhrengeschäft damals wie heute. Sie verfügte über alle Instrumente der harten Macht (Militär, Polizei, Geheimdienst) nach außen wie nach innen. Trotz ihres deklamatorischen Internationalismus' und ihrer Militär- und Wirtschaftshilfe verfügte sie nur über wenig und dazu noch nachlassende Attraktivität im Sinne von Softpower, auch wenn die Vordenker der Kommunistischen Internationale etwas anderes im Sinn gehabt haben mochten. Insofern war Wilson mit seinen 14 Punkten und der Idee von Völkerbund und ILO der eigentliche Antipode von Lenin, der über viel mehr Softpower gebieten konnte, weil die Attraktivität des american way of life die Attraktivität der kommunistischen Verheißung übertroffen hat.

Die USA hingegen sind typologisch eine Hegemonialmacht, die eine Führungsrolle in jeder gesellschaftlichen Dimension beansprucht und ausfüllt. Sie sind Seemacht, weil der nordamerikanische Halbkontinent gegenüber der eurasischen Landmasse geopolitisch eine ferne Insel ohne mächtige Nachbarn ist, ein Land, das bis zum Ersten Weltkrieg fast ohne Armee auskam und dessen Stärke auf der Macht der Regionalkommandos, der sechs Flotten, der Luftwaffenbasen weltweit, der Raumfahrt und der Daten- und Informationstechnik (Internet, GPS) beruht, die die globalen Allmenden in allen Dimensionen zu ihrem Operationsgebiet nehmen. Trotz nachlassender internationaler Wettbewerbsfähigkeit sind sie immer noch eine überragende Wirtschaftsmacht, auch wenn diese sich von der Industrie in Richtung Dienstleistungen verlagert hat. Sie verfügen über ungebrochene Softpower in allen nur denkbaren Facetten (Film, Musik, Mode, Sport, Fastfood, Computerspiele, Facebook etc. etc.) Es ist schwer zu entscheiden, ob die Niederlage der Sowjetunion im Kalten Krieg auf die enormen Kosten des Rüstungswettlaufs zu Lasten des zivilen Sektors oder auf die Faszination der amerikanischen Massenkultur in den Ländern des sowjetischen Imperiums zurückzuführen ist. Der Eiserne Vorhang quer durch Europa war kein Grenzwall nach außen zur Abwehr äußerer Feinde wie die Chinesische Mauer (Mongolen) oder der Römische Limes (Germanen), sondern ein Grenzwall nach innen, um den Ausbruch aus dem Imperium zu verhindern. Insofern war das kaiserliche China, soweit sein Territorium auf den han-chinesischen Kern diesseits der Großen Mauer beschränkt war, auch kein Imperium, sondern eine Hegemonialmacht mit großer zivilisatorischer Ausstrahlungskraft auf die asiatischen Nachbarn. Die Tributstaaten erwarteten Schutz, ihre Gesandtschaften kamen freiwillig nach Peking, um den Kotau zu leisten und am Tributhandel teilzunehmen. Die Aufwendungen des Tributsystems waren für China vermutlich höher als dessen Nutzen. Der Hegemon ließ sich seine Führungsrolle etwas kosten.

4. Eine Typologie von Imperium und Hegemonie

Aufgrund dieser Überlegungen lässt sich eine Typologie von Imperium und Hegemonie aufstellen.

Beginnen wir mit der geopolitischen Dimension. Imperien beruhen auf Herrschaft, die am Boden und in der Fläche ausgeübt wird. Deshalb handelt es sich um Landmächte, wie sie immer wieder im Laufe der Geschichte auf der eurasischen Landmasse aufgetreten sind. Sie stützen sich auf die Armee, gleichviel ob Infanterie, Kavallerie oder Panzertruppen, und haben eine begrenzte Reichweite, die durch die Logistik bestimmt wird. Die anderen Waffengattungen spielen nur eine unterstützende oder flankierende Rolle. Die Luftwaffe soll die Bodentruppen unterstützen, die Rüstungsindustrie des Gegners ausschalten und ggf. dessen Bevölkerung durch Angriffe auf zivile Ziele zermürben.

Hegemonie beruht auf Führerschaft, die in der Tendenz weltweit ausgeübt wird, was auch immer darunter zur jeweiligen Zeit verstanden wurde. Dazu ist es notwendig, die globale Allmende (ursprünglich die Meere) zu kontrollieren. Deshalb sind und waren Hegemonialmächte immer Seemächte. Seit es gilt, die neuen Allmenden (Luftraum, Weltraum, Cyberspace) zu kontrollieren, bekommen die neuen Waffengattungen (Luftwaffe, Raumfahrt, Cyber Command[13]) einen entsprechenden Stellenwert. Der Flugzeugträger gilt deshalb nicht zufällig als aktuelles „Hauptkampfschiff"[14] der Marine. Die Logistik bietet in den Räumen

---

13 United States Cyber Command ist eine Waffengattung, die den strategischen Streitkräften unterstellt ist und in Fort Meade, Maryland ihren Sitz hat.
14 George Modelski/William R. Thompson, Seapower in Global Politics, 1494-1993. Houndmills 1988.

	Imperium	Hegemonie
geopolitische Dimension	Landmacht	Seemacht, Luftmacht, Weltraummacht, Cybermacht
Region	Eurasien	„äußerer Halbmond", Welt, globale Allmende
Reichweite	begrenzt	offen
Kontrolle von	Räumen, Grenzen	Strömen, Netzknoten
Dimensionen	eindimensional (militärisch)	mehrdimensional (alle)
Herrschaftskosten	hoch	niedrig
Zahl der Akteure	wenige	viele
Aufstiegs- und Niedergangsphase	kurz	lang
Ursachen des Aufstiegs	militärische Innovationen	breite Innovationstätigkeit
Ursachen des Niedergangs	imperiale Überdehnung	nachlassende Innovationskraft
Leistungen	Clubgüter	Öffentliche Güter
finanzielle Grundlage	Rente	Profit
Wirtschaftspolitik	protektionistisch, autark, selbstbezogen	liberal, arbeitsteilig, offen
Finanzierung der intern. Ordnung	Tribut	eigene Ressourcen
Dilemma	zwischen Aufwand und Ertrag	zwischen Positions- und Statusverlust
Mechanismus der Ordnung	Zwang, Hardpower	Vorbild, Akzeptanz, Softpower
Status der Mitglieder	Untertanen, Kollaborateure	Cheaprider, Freerider, Gefolgschaft
Motive der Mitglieder	Opportunismus, Furcht, Privilegien	Eigennutz, Faszination, Loyalität
Wechsel der Ordnung	gewaltsam, schnell	friedlich, langsam
Wiederaufstieg	ausgeschlossen	möglich

Abb. 4: Typologie von Imperium und Hegemonie

der globalen Allmende eine geringere Hürde als auf der auf Nationalstaaten aufgeteilten (eurasischen) Landmasse, zumal keine Staatengrenzen zu überwinden sind. Hegemonialmächte sind deshalb eher Küstenstaaten, Inselstaaten und Hafenstädte. Selbst der historisch letzte Fall einer Hegemonialmacht, die USA, gehören aus eurasischer Sicht zum äußeren Halbmond.[15]

Demgemäß besitzen Imperien eine begrenzte und klar definierte Reichweite. An der Grenze des Imperiums, etwa am Römischen Limes oder am Eisernen Vorhang, endet der Einfluss des Imperiums. Die Grenzen von Imperien müssen kontrolliert, ggf. sogar befestigt werden, um den Ausbruch der Beherrschten aus dem Imperium zu verhindern. Die äußere Bewehrung des Imperiums wird dann zur Notwendigkeit, wenn seine Expansion an eine Grenze gestoßen ist und die innere Konsolidierung zur Aufgabe wird. Doyle/Münkler nennen diesen Vorgang das Überschreiten der „Augusteischen Schwelle".[16] Die Reichweite von Hegemonie ist demgegenüber prinzipiell offen, kann die ganze Welt und neuerdings auch den Weltraum betreffen, der wiederum grenzenlos ist. Um die globalen Allmenden zu kontrollieren, bedarf es nicht der Kontrolle der Grenzen oder gar deren Befestigung. Zwingend notwendig für Hegemonialmächte ist hingegen die Kontrolle der Ströme, der Verbindungslinien und Netzknoten. Also ging es zu früheren Zeiten darum, eine große Flotte und ein weltweites Netz von Flottenstützpunkten zu unterhalten, die Schlüsselstellen auf den langen Routen aus Meerengen und Kanälen (Gibraltar, Suez, Panama) zu kontrollieren und Inseln als Zwischenstationen (Kohlenstationen) oder Luftwaffenbasen (z.B. Diego Garcia, Guam) auf den Weltmeeren zu unterhalten. Der Flugzeugträger integriert die Kompetenzen, über die eine Hegemonialmacht verfügen muss. Neuerdings geht es darum, Datenströme zu kontrollieren, ein Netzwerk aus Rechenzentren und Satelliten zu unterhalten, Drohnen für den Cyberwar per Joystick und Bildschirm zu dirigieren. Das Internet ist wie das GPS aus militärischen Erfordernissen entstanden, auch wenn es heute gleichermaßen kommerziellen Zwecken dient. Kommandohöhen und Netzknoten sind aber auch Handelsplätze, Börsenplätze, Bankzentren oder große Internetfirmen, die heute nicht zufällig alle in den USA liegen und zu früheren Zeiten in Großbritannien oder den Niederlanden beheimatet waren.

Folglich sind Imperien eher eindimensionale Herrschaftsverbände, die sich auf militärische Macht stützen. Im Extremfall kann ein Imperium sogar auf wirtschaftliche Macht verzichten. Unverzichtbar ist immer seine militärische

---

15 Halford J. Mackinder, The Geographical Pivot of History. In: The Geographical Journal 23.1904,4. S. 421–444; ders., The Round World and the Winning of the Peace. In: Foreign Affairs 21.1943,4. S. 595–605.
16 Michael W. Doyle, Empires. Ithaca: Cornell University Press 1986; Herfried Münkler, Imperien. Die Logik der Weltherrschaft vom Alten Rom bis zu den Vereinigten Staaten. Berlin 2005.

Macht. Hier liegt die Gemeinsamkeit zwischen den Imperien der Mongolen, der Osmanen, der Spanischen Habsburger und der Sowjetunion, die alle trotz ihrer großen Militärmacht kaum Einfluss auf die Weltwirtschaft hatten. Hegemonie ist immer mehrdimensional. Die einzelnen Dimensionen stützen sich gegenseitig, können sich sogar kompensieren. Zivilisatorische Ausstrahlungskraft und wissenschaftlich-technische Überlegenheit werden zu Machtressourcen wie der Appell an das Kosten-Nutzen-Kalkül des Freeriders der internationalen öffentlichen Güter. Insofern sind Hegemonien paradoxerweise stärkere große Mächte als Imperien, weil Führung auf subtileren Mechanismen als Herrschaft, nämlich auf Attraktivität statt auf Zwang, beruht.

Eine imperiale Aufteilung der Welt bedeutet wenige Akteure, da Imperiumsbildung voraussetzt, dass andere Staaten zuvor erobert worden sind. Im Idealfall können sich so zwei Imperien gegenüberstehen, die die bekannte Welt unter sich aufgeteilt haben wie etwa das Römische Reich und das Reich der Parther oder die Habsburger und die Osmanen. Eine hegemoniale Aufteilung der Welt bedeutet, obwohl es nur einen einzigen Hegemon gibt, viele Akteure, die sich dessen Führung unterordnen oder dagegen opponieren. Frankreich konnte ungestraft aus der NATO austreten. Ein Austritt aus dem Warschauer Pakt war nicht möglich, solange die Sowjetunion Bestand hatte. Die Breschnew-Doktrin von der begrenzten Souveränität der sozialistischen Bruderländer hat das zum Ausdruck gebracht. Denkbar ist allerdings eine Konstellation, bei der sich Imperium und Hegemonie gegenüberstehen, wie mit den Niederlanden und Spanien im 17. Jahrhundert oder zuletzt den USA und der Sowjetunion der Fall.

Obwohl Imperien ihre Herrschaft eher eindimensional ausüben, sind die Herrschaftskosten in der Regel höher als bei Hegemonialmächten. Herrschaft bedeutet Zwang, bedeutet Besatzungstruppen, Befestigungsanlagen und zugehörige Infrastruktur, die im Inneren durch Polizei, Geheimdienste und die Bauten der imperialen Repräsentation zu ergänzen ist. Die Aufwendungen zur Herrschaftssicherung nach innen und außen gehen immer zu Lasten der zivilen Verwendung von Ressourcen. Hegemonie hingegen beruht auf Gefolgschaft, auf Akzeptanz, auf Freiwilligkeit, weil es attraktiv ist, sich einem Hegemon anzuschließen. Deshalb fallen, relativ gesehen, geringere Herrschaftskosten nach außen wie nach innen an. So bleibt mehr Spielraum zur zivilen Nutzung der Ressourcen, was die Attraktivität des Hegemons zusätzlich steigert. Absolut gesehen können auch die Kosten des Hegemons, die er für eine globale Ordnung aufwendet, immens sein. Doch fällt dabei immer ein Nutzen für den zivilen Sektor ab, der die Kosten wieder relativiert. Die Kriegsmarine schützt die Handelsmarine, das Internet steht auch privaten Firmen zur Verfügung, das GPS ist für alle da.

Die Aufstiegs- und Niedergangsphasen von Imperien und Hegemonien unterscheiden sich idealtypisch signifikant. Im Falle des Imperiums sind sie eher kurz. Imperien werden erobert in einer Kette von rasch aufeinanderfolgenden Feldzügen.

Sie brechen zusammen bzw. lösen sich auf, bisweilen sogar überstürzt, wenn die Grundlage der imperialen Herrschaft nicht mehr gegeben ist. Notwendig für den Aufstieg von Imperien ist eine militärische Überlegenheit, die durch Innovationen hervorgerufen wird, die sich militärisch nutzen lassen. Klassisches Beispiel ist die Erfindung von Steigbügel und Reflexbogen in Verbindung mit der Fähigkeit, große Reiterarmeen koordinieren zu können, im Falle der Mongolen. Alle drei Innovationen wurden durch die Erfordernisse der Jagd und der Nomadenwirtschaft im eurasischen Steppengürtel angeregt und trainiert. Wittfogel hat dies die osteurasische Kavallerierevolution genannt.[17]

Auch am Beginn der Aufstiegsphase einer Hegemonialmacht stehen innovatorische Leistungen technischer wie institutioneller Art. Im Unterschied zu Imperien müssen sie eine große Breitenwirkung erzielen und militärisch wie kommerziell nutzbar sein. Man spricht hier von spill off- und spill over-Effekten. Die aus diesen Innovationen (z.B. Nautik, Schiffbau, Bankwesen, Energieerzeugung etc.) resultierenden Wirkungen und Konsequenzen brauchen ihre Zeit, durchlaufen einen Zyklus von der Erfindung bis zur Reife und massenhaften Nutzung, bis sie ein Land in die Lage versetzen, in der Hierarchie der Staatenwelt aufzusteigen und an die Spitze zu gelangen. Das gleiche gilt für die Niedergangsphase. Der Abstieg von Hegemonialmächten ist immer ein langfristiger und relativer Prozess im Vergleich zu aufsteigenden Mächten. Deshalb kommt es im Unterschied zu einem imperialen Zusammenbruch nur zu einem hegemonialen Niedergang. Ein hegemonialer Zusammenbruch ist nicht vorstellbar und empirisch auch nicht belegbar, zumal neue Innovationen in der einen Dimension nachlassende Innovationstätigkeit in einer anderen kompensieren können. Der industrielle Vorreiter wird zum Vorreiter im Welthandel, der Vorreiter im Welthandel wird zum Vorreiter im Weltfinanz- und Weltkommunikationswesen. Da ein relativer Niedergang sich über einen langen Zeitraum erstreckt, tritt er ins Bewusstsein der Betroffenen, regt Anstrengungen an, dem Niedergang entgegenzuwirken. Diese Anstrengungen verzögern die Niedergangsphase, führen zu neuen Innovationen, die einen neuen Aufstieg auslösen (können). Im Falle des beschleunigten Zusammenbruchs von Imperien fehlen dazu die Zeit und die Kraft, weil Imperien eindimensionale Herrschaftsgebilde sind, deren nachlassende militärische Macht anderweitig nicht kompensierbar ist. Hegemonialer Wiederaufstieg ist denkbar und hat auch stattgefunden. Imperialer Wiederaufstieg ist kaum denkbar und hat noch niemals stattgefunden. Insofern ist „imperial overstretch" typologisch etwas völlig anderes als „hegemonic decline", gehört Paul Kennedy, der den ersten Begriff geprägt hat, streng genommen nicht in die Riege der Decline-Theoretiker.[18]

---

17 Karl A. Wittfogel, China und die osteurasische Kavallerie-Revolution. Wiesbaden 1978.
18 Paul Kennedy, The Rise and Fall of the Great Powers: Economic Change and Military Conflict from 1500 to 2000. New York 1987.

Die Ursachen des Niedergangs haben in beiden Fällen viel mit dem Finanzierungsmechanismus zu tun. Hegemonie beruht auf der eigenen Leistungsfähigkeit. Deshalb sind Hegemonialmächte in ihrem Zenit mühelos in der Lage, die hegemonialen Kosten selber aufzubringen. Sie werden durch die Besteuerung des Ertrags aufgebracht, den ihre Wirtschaft erzielt. Der niederländische Seezoll reichte zur Finanzierung der niederländischen Kriegsmarine, obwohl die Niederländer im 17. Jahrhundert Freihandel und ihre Konkurrenten, die Engländer, Protektionismus betrieben. Imperien finanzieren sich nicht nur aus eigenen Ressourcen, sondern auch und im Verlauf der Expansion immer mehr aus dem Tribut, den sie den Unterworfenen abverlangen. Dieser kann vielfältige Formen annehmen: Plünderung, Zwangsarbeit, Sachleistungen, Steuern, interne Terms of Trade. Insofern sind Imperien rentenbasiert, während Hegemonien profitbasiert sind. Renten resultieren aus politischer Kontrolle, Profite aus überlegener Wettbewerbsfähigkeit. Die Kosten des hegemonialen Aufstiegs müssen zuvor erwirtschaftet werden. Die Expansion von Imperien finanziert sich selber, weil die Kosten weiterer Expansionen aufgebracht werden durch den zusätzlichen Tribut, der sich eintreiben lässt, wenn weitere Territorien in den Herrschaftsbereich fallen. Hegemonien müssen in den zivilen Sektor investieren, um immer wieder neue Erträge zu erwirtschaften, die sich besteuern lassen. Imperien müssen in Machtmittel investieren, um die Aufbringung der Rente zu garantieren. Insofern kennen Hegemonien keine „Augusteische Schwelle", weil der Prozess der Kapitalakkumulation grenzenlos ist. Im Fall des Imperiums gibt es immer eine äußere Grenze der Expansion. Diese Grenze ist erreicht, wenn die Expansionskosten den zusätzlichen Tribut übersteigen. Dies nennt Kennedy die „imperiale Überdehnung".

Hinter der Augusteischen Schwelle wächst der Druck auf das Imperium, den Tribut, der den Beherrschten abverlangt wird, zu steigern. Auch dies ist nur möglich, wenn der Druck nach innen weitergereicht wird und damit die Herrschaftskosten gesteigert werden. Insofern droht phasenverschoben auch die Überdehnung innerhalb des Imperiums und nicht nur an der Grenze zur Expansion. Am Ende kann der imperiale Niedergang nicht nur ein relativer, sondern sogar ein absoluter sein, weil das Imperium auseinanderbricht. Der hegemoniale Niedergang hingegen ist immer ein relativer im Vergleich zu anderen aufstrebenden Aspiranten. Er resultiert aus der nachlassenden Innovationsfähigkeit, die sich auf die internationale Wettbewerbsfähigkeit und damit auch auf die Profitbasis der Hegemonialmacht auswirkt. Folglich schwindet die Fähigkeit, die Kosten für den hegemonialen Aufwand und damit auch die Kosten internationaler Ordnung zu tragen.

5. Große Mächte und internationale Ordnung

Was sind die Leistungen der beiden Typen großer Mächte für die internationale Ordnung? Wie wird diese Ordnung errichtet und wie wird sie aufrecht erhalten? Im Falle der Hegemonialmächte sind es die internationalen öffentlichen Güter, für die die Beispiele bereits genannt wurden. Der Hegemon stellt diese stellvertretend für den nichtvorhandenen Weltstaat bereit und finanziert deren Kosten aus eigenen Ressourcen. Aufgrund seiner außerordentlichen Wettbewerbsfähigkeit ist er dazu in der Lage. Man denke nur an die finanzielle Rolle der USA im Ersten und Zweiten Weltkrieg. Ohne deren Kredite wäre die Kriegführung der Alliierten nicht möglich gewesen. Vom Konsum eines internationalen öffentlichen Gutes kann niemand ausgeschlossen werden. Unter den Konsumenten herrscht Nichtrivalität. Der Leuchtturm ist das klassische Beispiel. Jedes vorbeifahrende Schiff kann den Dienst des Leuchtturms nutzen. Die Nutzung des Leuchtfeuers durch das eine Schiff beeinträchtigt nicht die Nutzung durch das andere. Dennoch muss es jemand geben, der den Leuchtturm baut, den Leuchtturmwächter und das Leuchtfeuer bezahlt. GPS ist die moderne und globalisierte Variante des Leuchtturms, nur dass die Kosten unvergleichlich höher sind. Alle anderen sind Freerider des Leuchtturms wie des GPS. Da ein Bedarf nach internationalen öffentlichen Gütern besteht, den der Hegemon bereit ist zu decken, wird er als Führungsmacht akzeptiert. Die Alternativen wären der Verzicht oder die Selbsthilfe, die aber nur zu viel schlechteren Ergebnissen bei erheblichen Kosten führen würde. Man stelle sich vor, jedes Land würde seinen eigenen Nuklearschirm aufspannen, sein eigenes GPS-System installieren oder seine eigene Trägerflotte in Dienst stellen, die im Fall einer Krise in den Persischen Golf einläuft, um die Strasse von Hormuz offen zu halten.

Aufgrund seiner überragenden Rolle steckt der Hegemon im klassischen Freiwilligendilemma. Entweder er übernimmt die Führung oder es gibt keine internationalen öffentlichen Güter. Da er selber sein Territorium vor nuklearen Angriffen schützen will, selber an einer gesicherten Ölversorgung interessiert ist, selber eines globalen Navigationssystems bedarf, wird er derjenige sein, der die entsprechenden Installationen vornimmt. Er kann es sich leisten, das Freeridertum der Gefolgschaft zu tolerieren, zumal es seine Führungsposition festigt. Selbst wenn er die Gefolgschaft zu einer gewissen Lastenteilung veranlasst, wird er den mit Abstand größten Beitrag leisten. Allerdings - in der hegemonialen Abstiegsphase wächst der Druck zu mehr Lastenteilung, weil die Ressourcen des Hegemons schwinden. Damit schwindet aber auch seine Attraktivität aufgrund des Kosten-Nutzen-Kalküls, die durch seine zivilisatorische Ausstrahlungskraft aber noch lange kompensiert werden kann.

Ordnungspolitisch ist der Hegemon der Garant einer liberalen und arbeitsteilig verfassten Weltwirtschaft, weil er als Wettbewerbsfähigster am meisten von einer liberalen Weltordnung und internationaler Arbeitsteilung profitiert. Deshalb muss er selber liberal verfasst sein und sich der Konkurrenz der Gefolgschaft stellen, selbst wenn einzelne ihrer Mitglieder sich der liberalen Ordnung verweigern, sich ggf. bereits in der Aufstiegsphase befinden und den Hegemon herausfordern. Hier lauert eine Ursache des hegemonialen Niedergangs.

Das Imperium hingegen offeriert keine internationalen öffentlichen Güter, von denen niemand ausgeschlossen werden kann, sondern Clubgüter, die nur von den Mitgliedern des Herrschaftsverbands genutzt werden können. Weil das Imperium herrscht und nicht führt, ist es in der Lage, die Finanzierung der Clubgüter ganz oder teilweise von den Beherrschten einzufordern. Dennoch kann es attraktiv sein, Teil eines Imperiums zu werden, weil damit zumindest für die Elite der Beherrschten Privilegien verbunden sind.

Das Dilemma der imperialen Macht besteht in der Niedergangsphase zwischen Aufwand und Ertrag. Wenn die Herrschaftskosten steigen, muss die Abführung des Tributs gesteigert werden. Um dies durchzusetzen, muss ein immer größerer Aufwand an Zwangsmitteln getrieben werden. In beiden Fällen ist die Bilanz am Ende negativ. Werden die Zwangsmittel nicht gesteigert, sinkt die Fähigkeit zur Eintreibung des Tributs, werden sie gesteigert, steigt auch der Aufwand - womöglich sogar überproportional. Das hegemoniale Dilemma[19] resultiert aus der Alternative Positions- oder Statusverlust. Wenn ich an Innovationskraft und internationaler Wettbewerbsfähigkeit einbüße, habe ich die Alternative, die liberale Ordnung aufrecht zu erhalten oder protektionistisch zu werden. Verfolge ich das erste, führt die nachlassende Wettbewerbsfähigkeit zu einem Positionsverlust in der Weltwirtschaft. Der Hegemon ist nicht mehr Nutznießer, sondern Leidtragender der internationalen Arbeitsteilung. Wird er protektionistisch, verliert er seine Rolle als Garant einer liberalen Weltwirtschaft und damit seinen Status als internationale Ordnungsmacht. Seine Akzeptanz geht verloren, weil die internationalen öffentlichen Güter nicht mehr garantiert werden können. Dieses Dilemma erfährt das Imperium nicht, da es nicht liberal und arbeitsteilig, sondern protektionistisch und selbstbezogen, in der Tendenz sogar autarkistisch orientiert ist. Arbeitsteilung wird nicht in der Welt, sondern nur innerhalb des Imperiums verfolgt. Diese orientiert sich nicht nur an komparativen Vorteilen, sondern dient auch als Mechanismus zur Bindung der Beherrschten an die imperiale Macht.

Mitglieder eines Imperiums sind deshalb Untertanen oder Kollaborateure. Um die Untertanen ruhig zu stellen, um die Kollaborateure mit Privilegien zu versorgen, muss das Imperium zusätzliche Herrschaftskosten aufbringen. Die Gefolgschaft des Hegemons besteht nicht aus Untertanen, sondern aus Freiwilligen bzw. nüchtern Kalkulierenden aufgrund der Vorteile, die ein Freerider bzw. Cheaprider erfährt. Der Freerider ist an den Kosten der internationalen Ordnung nicht beteiligt, erfährt aber ihren Nutzen. Der Cheaprider ist nur unterproportional zu seiner Leistungsfähigkeit engagiert. Selbst bei einer echten Lastenteilung, bei der sich jedes Mitglied proportional zu seiner Leistungsfähigkeit beteiligt, ist die

---

19 Vgl. dazu Arthur A. Stein, The Hegemon´s Dilemma: Great Britain, the United States, and the International Economic Order. In: International Organization 38.1984,2. S. 355–386.

Gefolgschaft noch attraktiv, weil die Alternative der Selbsthilfe nicht möglich ist oder zu schlechteren Ergebnissen führt. Die Triebkräfte für das Verhalten der Untertanen des Imperiums sind Furcht oder Opportunismus. Nur wenn der Druck zu groß wird, droht der Aufstand. Die Triebkräfte der Gefolgschaft sind die Faszination, das rationale Kalkül des Eigennutzes, ggf. die Loyalität. Aufgrund der unterschiedlichen Triebkräfte und Motive von Untertanen und Gefolgschaft brechen imperiale Ordnungen rascher zusammen als hegemoniale.

Der imperiale Übergang erfolgt überstürzt und auf gewaltsame Weise, weil das eine Imperium versucht, das andere zu erobern. Der hegemoniale Wechsel erfolgt eher langsam, weil der neue Hegemon Zeit braucht, um im Schatten des alten Hegemons aufzusteigen. Ist diese reif für den Übergang, kann dieser im Zuge eines hegemonialen Ausscheidungskampfes gewaltsam erfolgen. Der hegemoniale Aspirant versucht an die Spitze zu gelangen, während der alte Hegemon seine Position behaupten will. Die Seekriege zwischen den Niederlanden, England und Frankreich im 17. Jahrhundert liefern die Beispiele. Manchmal gibt es auch den lachenden Dritten. Denkbar ist aber auch die Variante des schrittweisen und friedlichen hegemonialen Übergangs wie die Beispiele Niederlande-Großbritannien im Zuge der Glorious Revolution (1688/89) oder Großbritannien-USA im Verlauf des Ersten und vor allem des Zweiten Weltkriegs zeigen.

Da der Wechsel der imperialen Ordnung gewaltsam erfolgt, ist ein imperialer Wiederaufstieg, wenn die Herrschaft einmal verloren ist, ausgeschlossen. Alle diesbezüglichen Versuche sind immer wieder gescheitert. Allerdings können auch Imperien mehrere Zyklen durchlaufen, wenn nach Überschreiten der Augusteischen Schwelle die innere Konsolidierung gelingt, wenn man den ausbleibenden zusätzlichen Tribut von außen durch Reformen im Inneren kompensiert. Das Osmanische Imperium liefert hierfür ein Beispiel. Ein hegemonialer Wiederaufstieg ist prinzipiell möglich und gelingt dann, wenn die Ursachen des Niedergangs frühzeitig erkannt werden und den Innovationsleistungen der aufstrebenden Mächte neue eigene Innovationen entgegengesetzt werden. Großbritannien konnte trotz des Abfalls der nordamerikanischen Kolonien und nach der Behauptung durch den imperialen Herausforderer in den Napoleonischen Kriegen, gestützt auf die Innovationen der Industriellen Revolution und der Freihandelslehre, einen zweiten Zyklus durchlaufen.

6. Die globale Konstellation seit dem Zweiten Weltkrieg

Die Konstellation seit dem Zweiten Weltkrieg lässt sich wie folgt interpretieren: Deutschlands kurzlebiger Versuch, gestützt auf die Armee ein Imperium zu erobern und in Europa eine „neue Ordnung" zu errichten, ist an der imperialen Überdehnung gescheitert, obwohl es gewaltsam und mit äußerster Brutalität versucht hat, die Ressourcen der Unterworfenen in den eigenen Dienst zu stellen.

Der alte Hegemon Großbritannien wurde durch die deutsche imperiale Herausforderung genauso geschwächt wie das sowjetische Imperium. Ein paralleler Vorgang ereignete sich im asiatisch-pazifischen Raum, wo Japan nachholende Kolonialmacht und imperiale Macht werden wollte. „Lachender Dritter" waren auf beiden Schauplätzen die USA, die zur Hegemonialmacht aufzusteigen und in einer Serie von Konferenzen während und im Anschluss an den Zweiten Weltkrieg eine neue Weltordnung zu errichten vermochten. Dazu musste allerdings zuvor der Widerstand der Isolationisten im eigenen Land gebrochen werden. Die Kosten dieser Ordnung wurden von den USA anfänglich nahezu allein getragen.

Die US-Hegemonie fand ihre Grenze allerdings am Machtbereich der Sowjetunion, die ihr Imperium nach 1945 in Europa wie in Asien beträchtlich ausweiten konnte und noch zwischen 1957 (Sputnik-Schock) und 1962 (Kuba-Krise) auf Expansionskurs in der damals sog. Dritten Welt war. Der Ausgang der Kuba-Krise markierte den Wendepunkt. Der Ost-West-Konflikt war so gesehen ein Konflikt zwischen US-Hegemonie und sowjetischem Imperium. Der Kalte Krieg war ein globaler Ausscheidungskampf, in dem sich die USA behaupten konnten, weil die Sowjetunion ihn als Imperium nur militärisch zu führen vermochte, während den USA als Hegemonialmacht alle Dimensionen zur Verfügung standen. Die Asymmetrie des Ost-West-Konflikts versinnbildlicht nichts besser als die deutsch-deutsche Grenze. Der „eiserne Vorhang" war ein Grenzwall gegen den Ausbruch

Abb. 5: Die Grenze von Imperium und Hegemonie an der deutsch-deutschen Grenze.

aus dem Imperium. Die Grenze der US-Hegemonie markierte ein bloßer Grenzpfahl. Imperien sind geschlossene, Hegemonien offene Gebilde.

Die Sowjetunion ist in diesem Ausscheidungskampf unterlegen, das sowjetische Imperium ist überstürzt auseinandergebrochen. Die Reformen Gorbatschows hatten keine Zeit und vermutlich auch keine Chance, sobald der Deckel der Pandora geöffnet und der Druck aus dem Kessel gewichen war. Der anschließende Machtzuwachs der USA war ein relativer aufgrund des Machtverlusts des Konkurrenten. Der Fall der Mauer bedeutete zwangsläufig die Ausdehnung der US-Hegemonie auf die Territorien des ehemaligen sowjetischen Imperiums.

Der Wiederaufstieg des gescheiterten Imperiums Japan ist erklärbar aus der Konstellation des Freeriders, der seine imperialen Ambitionen aufgegeben hat und den Hegemon nur wirtschaftlich herausfordert. In diesem eindimensionalen hegemonialen Ausscheidungskampf haben die USA Blessuren davongetragen. Deshalb sprach man in den 1980er Jahren vom american decline. Japan konnte sich aber nicht als neue Hegemonialmacht etablieren, weil die militärische und die kulturelle Dimension fehlten und weil es seinerseits durch neue Aspiranten, die asiatischen Schwellenländer, herausgefordert wurde, die auch nur Freerider der US-Hegemonie waren. Es gibt immer viele Freerider, die diese Position nutzen.

Seit 1990 sind die USA erstmals in der Weltgeschichte eine wirklich globale Hegemonialmacht in allen Dimensionen, weil sie die militärische Herausforderung von Seiten der Sowjetunion wie die wirtschaftliche Herausforderung von Seiten Japans abgewehrt haben. Die USA konnten nach 1990 einen zweiten Zyklus beginnen und eine „Neue Weltordnung" (Bush) zum Programm machen, die auf alle Dimensionen setzt, die einer Hegemonialmacht zur Verfügung stehen. Sie kontrolliert die neuen Allmenden (Weltraum, Cyberspace) und offeriert immer neue globale öffentliche Güter wie z.B. den Kampf gegen Terrorismus und organisiertes Verbrechen. Auch der Dienst des Weltpolizisten ist ein internationales öffentliches Gut.

Allerdings – der neue Herausforderer steht bereits in den Startblöcken. Auch China nutzt die Konstellation des Freeriders. Im Unterschied zu Japan beansprucht China aber auch die militärische Komponente. Seine Herausforderung ist umfassender. Der zweite american decline ist die Folge. Ein hegemonialer Übergang um das Jahr 2030/35 ist denkbar. Alles hängt an der künftigen relativen Innovationsfähigkeit der beiden Kontrahenten. China ist allerdings noch weit davon entfernt, in gleichem Maße wie die USA internationale öffentliche Güter anzubieten und so für internationale Ordnung zu sorgen. Doch - Ansätze gibt es bereits wie etwa die Rolle des letzten Kreditgebers dank des hohen Leistungsbilanzüberschusses. Auch macht China erhebliche Anstrengungen zur Kontrolle der globalen Allmenden, wie die Indienststellung einer ersten Trägerflotte, das chinesische Raumfahrtprogramm oder der Versuch, eine virtuelle große Mauer zur Kontrolle des Internets zu errichten, unterstreichen. Nicht nur der chinesische Verdrängungswettbewerb auf den Weltmärkten, nicht nur die chinesische Position als Kapitalexporteur, sondern auch die Frage, ob es China gelingt, in die eigentliche Domäne der USA, die Kontrolle der globalen Allmenden, einzudringen, entscheidet darüber, ob es in der Lage sein wird, diese als Hegemonialmacht abzulösen. Ob dies wünschbar ist oder ob ohne die USA die Anarchie der Staatenwelt zurückkehrt, wie Brzezinski in seinem neuen Buch befürchtet, wird sich zeigen.[20]

---

20 Zbigniew Brzezinski, Stratgic Vision: America and the Crisis of Global Power. New York 2012.

Architektur als die Wissenschaft angemessener Wahrnehmung bzw. der Wahrnehmung von Angemessenheit*

JOACHIM GANZERT

Institut für Geschichte und Theorie der Architektur, Leibniz Universität Hannover,
Herrenhäuser Straße 8, D-30419 Hannover

Seine Einleitung zur ‚*Magna Charta Universitatum*', dem Initial-Manifest des sog. ‚Bologna-Prozesses', beschließt der Rektor der ‚*Università di Bologna*', Fabio Roversi-Monaco, im Jahre 1988, aus Anlass des 900-jährigen Bestehens der *Alma Mater*, mit dem Hinweis, dass wir bei diesem Prozess der Wiederentdeckung universitätsspezifischer, aber in den Hintergrund getretener Qualitäten „*consapevoli*" sein können, „*consapevoli di bagnarci in acque impetuose e benefiche che vengono da molto lontano*"[1]; dass wir uns in diesem Prozess also bewusst sein bzw. machen können, dass wir in stürmischen und wohltuenden Wassern nass werden, die von sehr weit her kommen. Einige der Prinzipien der Bologna-Charta, wie sie auch Roversi-Monaco angesprochen hat, seien deshalb kurz in Erinnerung gerufen.

Es geht in der *Magna Charta* nicht um Uniformität bei Institutionen und Statuten (wie so oft dem Bologna-Prozess unterstellt), sondern um Dialogfähigkeit in alle Richtungen aufgrund der Anerkennung folgender Prinzipien:

– Unabhängigkeit von jedweder politischen und wirtschaftlichen Macht und hinsichtlich jedweder Ideologie;

– Untrennbarkeit von Forschung und Lehre bzw. von Wissenschaft und Gesellschaft und Garantie der Freiheit von Forschung und Lehre;

– die Notwendigkeit der gegenseitigen Kenntnis und des Austausches der verschiedenen Kulturen jenseits geographischer oder politischer Grenzen; und daraus folgt der Austausch von Lehrenden und Studierenden; diese Tradition ist durch Nationalismen unterbrochen worden, hier sollen die Universitäten ihren starken Beitrag leisten;

---

* Der hier leicht verändert abgedruckte Vortrag wurde am 11.05.2012 beim Kolloquium anlässlich der Jahresversammlung der Braunschweigischen Wissenschaftlichen Gesellschaft gehalten.

[1] Alma Mater Studiorum Saecularia Nona, Magna Charta Universitatum, Bologna, 18 settembre 1988, Istituto Poligrafico e Zecca dello Stato – Roma 1991, S. 7.

– wenn Einheit angestrebt wird, dann eine der Interdisziplinarität; dabei geht es um ein kritisches Bewusstsein, das den Zweifel privilegiert und das nicht beansprucht, allgemeine Regeln aus *einer* Wahrheit abzuleiten, die immer relativ ist. Es geht um das Bestreben nach einer neuen Synthese des Wissens, das in unserer Epoche allzu sehr zerteilt ist;

– wirkliche Universitäten sind Zentren des Wissens, der Forschung und der Kultur: aber auch Zentren der Veränderung der Gesellschaft; gerade auch angesichts der dramatischen Probleme hinsichtlich Umwelt, Energie und des Überlebens der Menschheit.

Der Bologna-Prozess – auf der einen Seite – und das, was man aus ihm macht – auf der anderen Seite –, sind allerdings zwei sehr verschiedene Paar Schuhe. Aber hier gilt eben auch: wenn man sich inmitten eines Prozesses befindet, dann kann man noch so staubtrocken verbürokratisieren, früher oder später wird es feucht und nass. Denn diese von weit her kommenden Wasser enthalten durchaus bekannte Materialien und Nachrichten, nämlich dass es nichts Neues ist, dass Universitäten Phasen des Überdenkens, der Erneuerung, der Evaluation etc. brauchen; und eine solche Phase war und ist nach den Jahrzehnten der Kriegs- bzw. Nachkriegszeit überfällig gewesen und bleibt es. Die Universität in Bologna hat 1986 mit ihrem Aufruf zu einer Sammlung der europäischen Universitäten lediglich auf einen Gesamtprozess hingewiesen, der unterschiedliche Wurzeln und Ursachen hat und das Resultat verschiedener Bewegungen und veränderter Mentalitäten nicht erst seit den 60-er Jahren des 20. Jahrhunderts ist; und in dessen Verlauf man auch die politischen Geschehnisse der folgenden Jahre sehen muss, Stichwort: 1989.

Aus diesem größeren Kontext herausgegriffen seien sieben ‚Momente' angesprochen, die unterschiedliche Aspekte betreffen und die u. E. bei der Auseinandersetzung mit dem Verhältnis von Architektur und Wissenschaft bedacht werden sollten. Unter dem Begriff ‚Moment' subsummiere ich sowohl *den*, als auch *das* Moment; ich verstehe Moment also sowohl im Sinne von Zeitpunkt, als auch im Sinne von Gesichtspunkt bzw. ausschlaggebendem Umstand.

Moment 1

Wenn bei diesem Braunschweiger Kolloquium über das Verhältnis von Architektur und Wissenschaft nachgedacht wird bzw. wurde, dann u.a. eben auch deshalb, weil im Verlauf der Umsetzung des Bologna-Prozesses Universitäten und Hochschulen sehr viel bewusster in Vergleich zueinander getreten sind und man auch deutlicher nach dem Unterschied zwischen Universität und Fachhochschule fragt. Die Antwort, dass an Universitäten Forschung und Wissenschaft eine entsprechend andere Rolle spielen, als an Fachhochschulen, ließ im Hinblick auf die Architektur die weitere Frage folgen, ob denn an den Architektur-Fachbereichen überhaupt geforscht wird bzw. geforscht werden kann oder muss und ob die Architektenausbildung nicht einfach nur an die Fachhochschulen gehört. Da Forschung und Wissenschaft an Universitäten aber eine irgendwie diffus nobilitierende Aura auszustrahlen scheinen, die den Fachhochschulen angeblich abgeht, mag man das Forschen doch nicht wirklich generell ablehnen. Nur wenige Impulsivitätsdogmatiker tun dies, weil sie die voraussetzungslose Spontaneität – so der inbrünstige Glaube – des Schöpfungs-, ja, Gebäraktes, genannt: ‚Architektonisches Entwerfen', durch Forschung – beargwöhnt als ‚Erforschen eben von Voraussetzungen' – behindert sehen und die Gefahr grassierender ‚Fehlgeburten' befürchten. Weil man ganz so fundamentalistisch im Allgemeinen aber doch nicht sein will, kam bislang geradezu reflexhaft die Schutzbehauptung, die Architekten würden doch seit eh und je Forschung machen, nämlich in ihren Büros. Nun, diese Antwort wird mittlerweile nicht mehr nur von einigen wenigen kritisch hinterfragt. Denn wenn dem so wäre, dass hinsichtlich Architekturforschung der gemeinsame Nenner das Architekturbüro ist, dann kann man nur sagen, dass es nicht nur keinen Unterschied zwischen Universität und Fachhochschule mehr geben muss – denn ein Gutteil der Architektur-Professoren sowohl der einen wie der anderen Hochschulart kommt ja aus Büros –, sondern man müsste konsequenterweise auch folgern, dass man dann ja weder für die Architektenausbildung, noch für die Architekturforschung überhaupt noch Hochschulen brauchte, weil ja eigentlich alles in den Architekturbüros geboten wird.

Eine solch konsequente Alternative wird erstaunlicherweise zwar letztlich doch nicht in Erwägung gezogen, was aber Wissenschaft und Forschung an einer Universität hinsichtlich Architektur denn nun konkret bedeuten bzw. wie und worüber man in Architektur Wissenschaft und Forschung betreiben, ja, wozu sie vielleicht sogar nötig sein könnten, da scheint mir nach wie vor weitgehende Ahnungslosigkeit, ja, Fraglosigkeit und trotzig-kritiklose Selbstzufriedenheit zu herrschen. Statt einer offenen und offensiven Auseinandersetzung mit diesen Fragen, flüchtet man in die vermeintliche *splendid isolation* des Künstler-Architekten-Status bzw. eines Kreativitätsmythos, wo keiner Fragen zu stellen hat, wie z.B. solche: ist das Kunst oder kann das weg? Allerdings fragt man mittlerweile sogar: ist das Baukultur oder kann das weg? Und allzu oft kam und kommt es tatsächlich auch weg.

Es kann nicht im Sinne von ‚Universität' sein, sich der Problematisierung dieser Fragen zu entziehen. Genau hier z.B. würde Wissenschaft in Architektur auch schon eine ihrer ersten Aufgaben finden, nämlich in der Entmythologisierung solch unangemessener Wahrnehmung bzw. viel mehr Wahrnehmungsverweigerung. Es muss um das Verhältnis von Kunst und Wissenschaft in Architektur gehen und um die stets erneut zu beantwortende, aber alte Frage, ab wann *ars sine scientia nihil* ist bzw. umgekehrt *scientia sine arte*. Dies ist natürlich eine Frage, die nicht nur Architektur angeht, es ist eine interdisziplinäre und Interdisziplinarität betreffende Frage, die immer wieder zu problematisieren ist.

Und bei Interdisziplinarität geht es – wie der bereits zitierte Fabio Roversi-Monaco in Bologna anmerkte – um ein kritisches Bewusstsein, das den Zweifel privilegiert und das nicht beansprucht, allgemeine Regeln aus *einer* Wahrheit abzuleiten, die immer relativ ist. Wichtig ist Dialogfähigkeit und Neugier.

Moment 2

Dazu sei ein weiteres Bologna-Prinzip zitiert: Unabhängigkeit[2] von jedweder politischen und wirtschaftlichen Macht und hinsichtlich jedweder Ideologie.

Beziehen wir dafür zunächst ein ‚Moment' aus der Bauhaus-Geschichte in die Diskussion ein; es geht um den sog. „Gropius-Itten-Konflikt"[3]:

Während für Johannes Itten „Grundgesetze der Farb- und Formlehre" sowie „der Komposition und Gestaltung" oder „das Individuum und seine kosmische Einbindung" oder „das Handwerk" bzw. „die Handarbeit im Dienste der Menschenbildung" im Mittelpunkt standen[4], setzte Walter Gropius „die Auffassung dagegen: ‚Das Bauhaus in seiner jetzigen Form steht oder fällt mit der Bejahung oder Verneinung der Auftragsnotwendigkeit', andernfalls werde das Bauhaus zu ‚einer Insel der Eigenbrötler'."[5]

In ähnlich kategorischer Entweder-Oder-Haltung hatte Itten seine Position vertreten: Entweder leiste man in vollkommenem Gegensatz zur wirtschaftlichen Außenwelt individuelle Einzelarbeit oder man suche die Fühlung mit der Industrie.[6]

Der Konflikt wurde 1922/23 mit dem Ausscheiden Ittens aus dem Bauhaus zumindest personell ‚gelöst', „die Gefahr sektiererischer Isolierung", wie Magdalena Droste schreibt, war „gebannt. Der Weg war frei für Kontakte und Aufträge aus Wirtschaft und Industrie, die gleichzeitig eine zusätzliche finanzielle Stütze bildeten."[7] Aus der Einheit ‚Kunst und Handwerk' in der Anfangsphase des Bauhauses wurde nun die *neue* Einheit ‚Kunst und Technik'.[8]

Wo aber blieb das Handwerk und in welchem Verhältnis stand/steht es zur Technik/Industrialisierung? Inwieweit wohnen handwerklicher ‚Auseinandersetzung' aber wissenschaftliche bzw. Wissenschaft kritisch begleitende Potentiale inne?

Inwieweit, so wäre weiter zu fragen, lässt sich Auftragsarbeit bzw. Auftragsforschung mit genanntem Bologna-Prinzip der Unabhängigkeit vereinbaren

---

2   dazu s.a. Jacques Derrida, Die unbedingte Universität, edition suhrkamp 2238, Frankfurt 2001.
3   Magdalena Droste, bauhaus 1919–1933, Köln 2006, S. 46.
4   Droste 2006, S. 46.
5   Droste 2006, S. 46.
6   nach Droste 2006, S. 46; umgestellt.
7   Droste 2006, S. 50.
8   Droste 2006, S. 58.

oder wird man mit Auftragsforschung jenem anderen Prinzip, nämlich dem der Untrennbarkeit von Wissenschaft und Gesellschaft, oder aber dem Leibniz'schen Wissenschaftsprinzip *theoria cum praxi* gerecht? Aber lässt sich dies nicht auch mit auftragsunabhängiger Grundlagenforschung erreichen? Auch solche Fragen könnte sich Wissenschaft in Architektur zur Aufgabe machen, denn mit Johannes Ittens Weggang war der eigentliche Konflikt ja eben nicht gelöst.

Müssen in diesem Zusammenhang nicht auch die ‚Grundlagenforschungen' der russischen Konstruktivisten in die Betrachtung mit einbezogen werden, die, wie Moisei Ginzburg, den „Konstruktivismus als eine Methode der Laborarbeit und Pädagogik"[9] verstanden oder die, wie Jacob Tschernikow, fragen: „welche Faktoren in der zeitgenössischen Technik und unserer modernen Lebensweise die Macht haben, den Charakter der neuen Architektur zu bestimmen? ... Das Austauschen veralteter Formen in der Architektur lässt sich nur durch eine radikale Umformung der elementaren architektonischen Mittel und Projekte erreichen. Die Elemente dieser neuen Architektur werden sich als Ergebnisse des grenzenlosen Variierens aller der Architektur zu Gebote stehenden, abstrakten (nicht objektbezogenen) Formen ergeben. ... Mit Hilfe der sogenannten nicht objektbezogenen Elemente haben wir die Möglichkeit zur Schaffung einer Reihe der phantastischsten formalen Konstruktionen, die nicht durch irgendeine praktische Anwendung eingeengt sind, aber dafür Eigenschaften besitzen, die sie für eine reale, direkte Anwendung in der Zukunft verfügbar machen. Geschult durch die Entwicklung vielfacher Reihen konstruktiver Gebilde und durch das Entwerfen vielfacher verschiedenartiger Kombinationen, werden wir für den Augenblick, an dem die Zukunft von uns eine vollständig neue, selbständige formale Lösung fordert, bestens gerüstet sein."[10] Wenn man diese aus Tschernikows *„Konstruktsiia arkhitekturnyka i mashinykh form"*[11] von 1931 stammenden Sätze liest, dann scheint die Frage nach den Möglichkeiten unabhängiger, nicht objektbezogener - wir könnten auch sagen: nicht auftragsbezogener – Wissenschaft in der Architektur schnell positiv beantwortet zu sein. Trotz des bewundernswerten Impetus und der systematisch-abstrakten Methoden stellt sich aber doch die Frage, ob nicht gerade Architektur-Wissenschaft – als dem generalistisch-enzyklopädischen Charakter von Architektur verpflichtet – solche Faszination an ‚Technik' und ‚Radikalität' und am ‚Austauschen veralteter Formen' zu problematisieren hat. Dem scheinbar ‚grenzenlosen Variieren aller der Architektur zu Gebote stehenden Formen' sind dann offensichtlich doch Grenzen gesetzt, nämlich wenn etwas ‚veraltet' scheint. Was aber heißt ‚veraltet' und aufgrund welcher Kriterien?

---

[9] Catherine Cooke, Die Entwicklung einer Entwurfsmethode konstruktivistischer Architekten, in: Andreas Papadakis (Hg.), Dekonstruktivismus. Eine Anthologie, Stuttgart 1989, S.24.

[10] Cooke 1989, S.32.

[11] ‚Die Konstruktion von Architektur- und Maschinenformen', s. Cooke 1989, S.31 und Anm.82.

Moment 3

Steht dahinter etwa jene „*antitradizione*", d.h. jener „*culto del nuovo, dell'antiborghese, dell'anticlericalismo*"[12] eines Filippo Tommaso Marinetti, der schon 1909, lange vor Konstruktivismus und Bauhaus, das ‚*Manifeste du Futurisme*' veröffentlicht hatte und der „*compagno di Mussolini*" wurde „*al momento della fondazione dei Fasci di combattimento che furono istituiti il 23 marzo 1919 a Milano*"[13]? Liegt diesem ‚fortschrittsgläubischen'[14] Fieber also jener „*titanismo marinettiano*" zugrunde, dessen „*proiezione nel futuro corrisponde alla dimensione esistenziale dell'artista*"? Und Giovanni Lista fährt fort: „*Il futurismo privilegia [...] il momento dionisiaco dell'arte, concretizza la pulsione creatrice allo stato puro, prima che si confronti con il reale, subendo così le costrizioni della materia e di ogni determinismo fisico. Una vera e propria metafisica dell'energia come flusso incondizionato, prorompente ed effimero deve essere introdotta nel campo dell'arte. [...] Non si tratta solo di distruggere la tradizione, ma tutto ciò che può portare allo spirito conservatore. [...] In realtà, Marinetti non è un utopista, cioè un ideologo che disegna la mappa del mondo futuro.*" Und schließlich geht er den Kompromiss mit dem faschistischen Regime ein, der "*non concerne più l'utopia futurista, ma il sogno di un'arte moderna italiana per il quale è pronto a pagare il prezzo più alto.*"[15]

So drängte sich nämlich in den 20er Jahren des 20. Jahrhunderts eine immer agitatorischer werdende Propaganda in den Vordergrund, die mit martialisch-doktrinärer Gebärde zu einem geradezu schicksalhaft polarisierten ‚*Entweder nur noch Für*' (das Neue) oder ‚*nur noch Gegen*' (das Alte) nötigte und schlussendlich mit gezückter Pistole keine Alternative mehr zu Wissenschaft, Technik, Industrie, Typisierung und rationalistischer Sachlichkeit zuließ; und dies mit Kunst gleichsetzte. Mit unversöhnlichem Totalitätsanspruch und Endkampf entschlossen bahnte sich ein einseitig parteiischer Homo-Faber-Typus den Weg zu rigoroser *tabula rasa*: „Heute ist die Tat, wir werden morgen Rechenschaft über sie ablegen. Die Vergangenheit lassen wir wie einen Kadaver hinter uns. Die Zukunft überlassen wir den Wahrsagern. Wir ergreifen das Heute"[16] war z.B. Mies van der Rohes alternativ- und bedenkenlos zwanghafter Schlachtruf, mit dem er den Faden der Geschichte abzuschneiden versuchte und die Wahrnehmung auf den ‚Bauchnabel Gegenwart' fixierte.

---

12 Giovanni Lista - Ada Masoero (curat.), Futurismo 1909-2009. Velocità – Arte – Azione, Mostra Milano 2009, Milano 2009, S.19.
13 Lista-Masoero 2009, S.19
14 Die Endung ‚-isch' (statt ‚-ig') bei ‚fortschritts-/verheißungsgläubisch' nimmt Bezug auf die gleiche Endung bei ‚abergläubisch' und betont die parareligiöse Komponente.
15 Giovanni Lista, Le due anime di Marinetti, in: Lista-Masoero 2009, S.69
16 Fritz Neumeyer, Mies van der Rohe. Das kunstlose Wort, Berlin 1986, S.179.

Was aber heißt hier ‚Kunst' und was ‚Wissenschaft' und inwieweit ist unter solch einseitig ideologisierten Konditionen ‚Unabhängigkeit hinsichtlich jedweder Ideologie', wie in der Magna Charta gefordert, überhaupt auch nur denkbar? Bis heute haben die metaphysisch aufgeladenen Fetische ‚Kreativität', ‚Kunst' und ‚Zukunft' kaum an Faszination verloren, die die parareligiöse Kehrseite der Medaille ist, in deren Vorderseite sich ein exaltierter Technik-Rationalismus eingegraben hat.

Damit erhebt sich die interessante Frage, inwieweit sich sowohl Wissenschaft, als auch Kunst nicht *per definitionem* dadurch auszeichnen müssen, dass sie sich zunächst einmal rechtfertigen hinsichtlich ihrer angeblichen oder tatsächlichen Wahrnehmungsgrenzen bzw. -grenzenlosigkeiten bzw. ob sich Wissenschaft und Kunst nicht überhaupt erst dann als solche bezeichnen sollten und können, wenn sie sich ganz allgemein durch Rechtfertigung innerhalb eines angemessenen Wahrnehmungskontextes legitimiert haben. Und ein solcher Kontext wird stets auch ein historischer sein; oder wann beginnt Geschichte?

Moment 4

Geschichte beginnt gestern, weil es auch hier keinen Sinn hat, sich in ein Entweder-Oder zurückzuziehen, also zu trennen zwischen den angeblich uns heute nicht tangierenden, weit entfernt liegenden Jahrhunderten und unserem Heute bzw. natürlich *vice-versa*. Wie ließe sich – nur z.B. – ‚Stadt' verstehen, wenn man in ihr nur angeblich neue, nicht aber scheinbar alte Gebäude betrachten würde! Dass wir in solch trennenden Kategorien zum Großteil nach wie vor denken und handeln, lässt sich z.B. an dem unseligen Dualismus ‚freier (?) Architekt' – ‚unfreie (?) Denkmalpflege' sehen. Es geht aber um das Bestreben nach einer neuen Synthese des Wissens, das in unserer Epoche allzu sehr zerteilt ist, wie die *Magna Charta* richtigerweise festgehalten hat.

Wissen bzw. Wissensbestände müssen zur Kenntnis genommen, gepflegt, tradiert oder überhaupt erst erarbeitet bzw. rekonstruiert, selbstverständlich interpretiert und bewertet werden. Im Hinblick auf architektur- und kulturgeschichtliches Wissen hat die ‚Bauforschung'[17] bzw. ‚Bauarchäologie' mit der Bau- bzw. Befundaufnahme eine Methode entwickelt, die durch realitätsgetreue, maßstabsverpflichtete und mehrdimensional angelegte Dokumentationen und die darauf aufbauenden Analysen und Interpretationen bzw. Rekonstruktionen wissenschaftliche Standards gesetzt hat, die für die Auseinandersetzung mit Architektur und ihrer (zumindest) Dreidimensionalität in Geschichte und Gegenwart ein Maximum an Angemessenheit aufweisen. Als Grundlagenwissenschaft ermöglicht sie

---

[17] Dazu s. Uta Hassler (Hg.), Bauforschung. Zur Rekonstruktion des Wissens, Zürich 2010.

Grundlagenforschung, die mit Blick auf das Verhältnis von Architektur, Kunst und Wissenschaft eine Pionierrolle spielt. ‚Befundaufnahme' im weitesten Sinne des Wortes als ‚Wahrnehmungsmethode'[18] verstanden erweitert unseren Wahrnehmungshorizont und damit unseren Begriff von Ästhetik, von Architektur und von Architekturgeschichte und deren Methodik. Epochen, Länder und Kulturen übergreifend angelegt leistet ‚Bauforschung' einen essentiellen Beitrag zur ‚gegenseitigen Kenntnis und zum Austausch der Kulturen jenseits geographischer oder politischer Grenzen' (*Magna Charta*); gleichzeitig ist sie mit diesem übergreifenden Ansatz auf Interdisziplinarität geradezu angewiesen. Aus all dem folgt Vergleich und Vergleich schafft Begriffe und ermöglicht Bewertung – auf wissenschaftlicher Grundlage.

Diese Potentiale weist ‚Bauforschung' auf, sofern sie nicht mit zu kleinem Wahrnehmungshorizont betrieben wird. Denn dass auch sie nicht jenseits von Technikbegeisterung, Innovationsrasanz oder Disziplinen-Aufteilung steht, muss gerade für ‚Bauforschung' ein besonderes Problematisierungsanliegen sein.

Moment 5

Das Verhältnis zu Technik und Industrialisierung war damals, wie heute, ein sehr unterschiedlich diskutiertes Thema und wurde aber insbesondere auch von Hugo Häring, dem Architekten des Neuen Bauens bzw. dem Vertreter sog. ‚organischer Architektur', reflektiert. Hinsichtlich der Technik sieht Hugo Häring als des Architekten Aufgabe, „in die auseinandersetzung zwischen dem geistigen und dem technischen menschen von der seite des geistigen menschen einzugreifen", was für ihn nicht heißt, „dass die arbeit an der technischen welt gering zu schätzen sei ..., aber es muß die qualität dieser arbeit von der geistigen seite aus überprüft werden und ihre wirkung im raume des geistigen menschen bemessen werden."[19] Der Erfüllung dieser Bemessensaufgabe stehen, Härings Meinung nach, jedoch große Probleme entgegen, z.B. „die berufserziehung auf unseren technischen hochschulen. Sie sind in der tat technische hochschulen und keine geistigen. ... den studierenden [ist] weder zeit noch raum gelassen, sich überhaupt noch mit den geistigen problemen ihres berufs zu befassen. Die kräfte der jugend werden nicht entflammt, sie werden zugunsten der technischen welt ausgebildet. Die stu-

---

8   Verf., Bauaufnahme als Wahrnehmungsmethode, in: Ulrich Weferling – Katja Heine – Ulrike Wulf, Messen, Modellieren, Darstellen. Von Handaufmaß bis High Tech. Aufnahmeverfahren in der historischen Bauforschung, Mainz 2001, 267ff.

19 Jürgen Joedicke - Heinrich Lauterbach, Hugo Häring. Schriften, Entwürfe, Bauten, Stuttgart 2001, S. 57; sowie: Joachim Ganzert - Katrina Obert, ‚neues bauen' in Biberach/Riß. Das ‚Haus Mettenberger Weg 17'. Guido Schmitz – Hugo Häring – Karl Böttcher, Petersberg 2010, S. 8 ff.

dierenden sind keine studierenden mehr, sie werden in einen fertigen denkraum hineingestellt, um dessen praktiken zu erlernen."[20]

Das stellte er in einem Vortrag 1946 fest und ob sich daran etwas gebessert hat bzw. bessern kann, scheint mir auch mit der Einsicht in die Notwendigkeit verbunden zu sein, Architektur und Wissenschaft nicht zu trennen.

Im Verhältnis zur Landschaft fordert Häring: „...daß man sich der gestaltidee einer landschaft einordne, dass man ihre gestaltqualitäten beachte und sich im übrigen auch taktvoll in ihr betrage. Auch die landschaft hat ihr wesen."[21]

Sowohl diese von japanischer Kultur stark beeinflussten Gedanken sind nun im Hinblick auf die Worte „taktvoll betragen" interessant, als auch jene „bemessensaufgabe", jenes „bemessen" der Wirkung der „arbeit an der technischen welt" „im raume des geistigen menschen".

Moment 6

Wenn auch eher zufällig, als systematisch verwendet, ist es aber doch bemerkenswert, dass Häring von ‚taktvoll betragen' bzw. von ‚bemessensaufgabe' spricht, von Forderungen also, die gerade im Jahrhundert der Extreme, dem 20. Jahrhundert, wenig oder gar keine Konjunktur hatten und keinen Kredit bekamen. Dazu genügt es, darauf hinzuweisen, wie man Architektur glaubte und glaubt bestimmen zu können, nämlich mit der allzu bekannten Trias: *firmitas – utilitas – venustas*'[22].

Es ist interessant, mit welch reduzierter Definitionsform von Architektur wir uns seit Jahrzehnten bescheiden! Und selbst diejenigen Modernisten, die historische Kontexte zu negieren gewohnt sind, sind sich nicht zu schade, diese Begriffe-Dreiheit „Konstruktion – Funktion – Form" mit dem Verweis auf Vitruv als historischer Quelle und also verbürgtem Antike-Sigel zu nobilitieren – ohne jegliches kritisches Hinterfragen allerdings. Diese drei Kriterien gehören aber eher zu den Begriffsgruppen, die sich in Vitruvs – auf weite Strecken im Übrigen recht prosaischem – Werk durch ihre Schlichtheit auszeichnen, wobei sein Werk ja insgesamt an „terminologischen Unklarheiten"[23] leidet.

---

[20] Joedicke (2001) S. 58 (aus seinem Aulendorfer Vortrag im Jahre 1946); sowie: Ganzert-Obert 2010, S. 8 ff.

[21] Joedicke (2001), S. 62

[22] Vitruv (Zehn Bücher über Architektur, Übersetzg. C.Fensterbusch, Darmstadt 1976) I, 3, 2; je nach Übersetzung ist damit ‚Konstruktion' bzw. ‚Festigkeit', ‚Funktion' bzw. ‚Zweckmäßigkeit' und ‚Form' bzw. ‚Anmut' gemeint.

[23] Alste Horn-Oncken, Über das Schickliche. Studien zur Geschichte der Architekturtheorie I., Abhandlungen der Akademie der Wissenschaften in Göttingen, Philologisch-Historische Klasse, Dritte Folge, Nr.70, Göttingen 1967, S. 85

Ohne die Thematik der Bedeutungseinschätzung von Vitruvs ‚Zehn Büchern zur Architektur' an sich, auch im Vergleich z.B. zu Albertis Werk, hier jetzt berühren zu können[24], lässt sich aber sagen, dass Vitruv mindestens sechs ästhetische Grundbegriffe der Baukunst unterscheidet, nämlich im 2.Kapitel seines ersten Buches (I, 2, 1), und dass die drei genannten Begriffe darin gar nicht vorkommen, sondern aus einem anderen Zusammenhang (I, 3, 2) herausgegriffen sind.

Die eigentlich vorrangig bedeutende Thematik der Architekturtheorie aller Jahrhunderte verbindet sich mit einem anderen Begriff, nämlich mit dem der ‚Angemessenheit' bzw. mit dem vitruvianischen Grundbegriff *decor* und das meint das Geziemende (*decet* = es ziemt sich) bzw. das Schickliche.

In einer leider, aber für die 60-er Jahre typischerweise kaum beachteten Arbeit mit dem Titel „Über das Schickliche" hat sich Alste Horn-Oncken bereits im Jahre 1967 ausführlich mit dem *decor*-Begriff auseinandergesetzt[25] und festgestellt, dass der Begriff des ‚Schicklichen' auf Goethes Fragment ‚Baukunst' von 1795 zurückgeht, in dem er ihn als ein Kriterium anwendet[26] und dabei der sinnlichen Erfahrung hohe Bedeutung beimisst. Das ‚Schickliche' meint nicht das ‚Übliche', sondern das ‚Gefühlte'[27], das Angemessene der Gestaltung in jeder Hinsicht.

Für Goethe bezieht sich *decor* ausdrücklich nicht etwa auf Verhältnisschönheit[28], also nicht auf Maßverhältnisse, sondern er weist „der Fiktion als schöpferischer Findung die Hauptrolle bei der Gestaltung"[29] zu und nennt die „Baukunst auf ihrer höchsten, der eigentlich künstlerischen Stufe Poesie"[30].

„Seine Theorie der Architektur als ‚schöne Kunst' kleidet er in das Gewand der Poetik – nicht etwa in jenes der Rhetorik. Rhetorik verfolgt das Ziel der Überredung, Dichtung dagegen kennt keinen ‚Zweck'"[31].

Wenn Goethe von einer Analogie zur Dichtung ausgeht, sieht er darin aber auch das Problem: „Von allem literarischen, ja selbst von dem höchsten was sich mit

---

[24] Ausführlicher dazu s. Verf., Zweimal zur Vitruv-Interpretation, Opuscula Romana XVIII:6, 1990, S. 107–114; sowie: Verf., „Debent habere commensus responsum". Eine Vitruvianismus-Entgegnung, Hephaistos 26, 2008, S. 35–48.
[25] Horn-Oncken 1967.
[26] Horn-Oncken 1967, S. 4
[27] Horn-Oncken 1967, S. 26
[28] Horn-Oncken 1967, S. 156; S. 113: „man begann in der neueren Zeit, wie Goethe kritisiert, den ‚Charakter' zu vernachlässigen und statt dessen ‚die Zahlverhältnisse zu lehren, nach welchen die Ordnungen aufgestellt werden sollen'."
[29] Horn-Oncken 1967, S. 156
[30] Horn-Oncken 1967, S. 157
[31] Horn-Oncken 1967, S. 158

Wort und Sprache beschäftigt, von Poesie und Rhetorik, zu den bildenden Künsten überzugehen, ist schwer, ja fast unmöglich".[32] Zeigt dies die Grenzen von Interdisziplinarität auf oder die Notwendigkeit der gegenseitigen Ergänzung? – so wäre zu fragen. Das ‚Schickliche' sieht er allein durch ‚Geist und Sinn' verwirklicht.[33]

„Vitruv weist ... dem *decor* einen hervorragenden Platz zu."[34] *Decor* „gehört zu den sechs Begriffen, die Prinzipien und Methoden der Architektentätigkeit bezeichnen, und die, als Grundvoraussetzung der Gestaltung, am Anfang stehen"[35]; nach dem Kapitel über ‚Die Ausbildung des Baumeisters' folgen im 2. Kapitel ‚Die ästhetischen Grundbegriffe der Baukunst'. Es sind dies: *Ordinatio, Dispositio, Eurythmia, Symmetria, Decor und Distributio*[36], wobei *Distributio* „vom *Decor*, dem ‚Schicklichen', ... nicht ganz klar geschieden" ist.[37] Auch die *Eurythmia* wird z.T. mit Schicklichkeit gleich gesetzt, „die alle Übertreibung verbietet, jedem ‚Teil' seine Größe gibt und ihn so einrichtet, dass er zum ‚Ganzen' passt."[38]

Dieses Verhältnis der Teile zum Ganzen ist für Vitruv ein zentrales Anliegen, dem er sich vor allem in seinem 3. Buch im Zusammenhang mit Tempel-Proportionen widmet und dies analog zu den Proportionen des menschlichen Körpers sieht. Mit ‚*ad universam totius magnitudinis summam ... debent habere commensus responsum*'[39] unterstreicht Vitruv auf das Deutlichste, dass es ihm um das Verhältnis der Teile zur Gesamtsumme der ganzen Größe geht.

[Übersetzt: Wie beim menschlichen Körper müssen die Glieder der Tempel eine Symmetria (also einen Einklang zwischen dem Ganzen und den Teilen) haben, die von ihren Teilen her der Gesamtsumme der ganzen Größe genau entspricht.]

Viel stärker lässt sich ein unbedingtes Verhältnis von Teilen zu Ganzem nicht fordern. Und so, wie Vitruv – auch für nachfolgende Zeiten faszinierend – den ganzen *corpus hominis*[40] im Auge hatte, so auch die ganze *encyclios disciplina*[41],

---

[32] Horn-Oncken 1967, S. 158

[33] Horn-Oncken 1967, S. 159

[34] Horn-Oncken 1967, S. 67

[35] Horn-Oncken 1967, S. 68

[36] Vitruv I, 2, 1: *Ordinatio* (Festlegung der Größenverhältnisse), *Dispositio* (Fixierung des Entwurfs in Grundriß, Aufriß, perspektivischer Ansicht), *Eurythmia* (anmutiges Aussehen aufgrund abgestimmter Verhältnisse, ‚angenehmer Rhythmus'), *Symmetria* (Einklang zwischen dem Ganzen und den Teilen), *Decor* (das ‚Schickliche') und *Distributio* (Oikonomia, Verteilung von Geldmittel und Material); zu den Übersetzungen s. Horn-Oncken 1967, S. 68–70

[37] Horn-Oncken 1967, S. 70

[38] Horn-Oncken 1967, (Stieglitz zitierend) S. 72/73

[39] Vitruv III, 1, 3

[40] Vitruv III, 1, 2

[41] Vitruv I, 1, 12

also enzyklopädische Bildung, wie er sie gleich zu Beginn seiner zehn Bücher anspricht und die wie ein einheitlicher Körper (*corpus unum*[42]) zusammengesetzt zu denken ist. Es ist vor allem dieser enzyklopädische Gesamtanspruch bzw. generalistische Ansatz, der Vitruvs Büchern stets aufs Neue und zu Recht ihre ganz bestimmte Geltung für ein gesamtkontextuelles Konzept von Architektur verschafft.

Und wenn wir heute die Notwendigkeit von Interdisziplinarität und Kontextualität in der Wissenschaft betonen bzw. neu entdecken müssen, dann deshalb, weil wir zu lange nur den Teil betrachtet haben. Nicht umsonst hat deshalb auch Romano Guardini klugerweise Mies van der Rohe einst empfohlen: „*Nicht ein ganz Neues, sondern ein neues Ganzes.*"[43] Gesamtanspruch heißt allerdings nicht, dass Vitruv ihn auch in allem einlösen würde.

Vitruvs *decor* entspricht dem griechischen *prépon*[44], das einen festen Platz in verschiedenen antiken Kunsttheorien hatte[45] und z.B. von Panaitios auch „zu einem Grundbegriff seiner Ethik" gemacht wurde, an dem er „gleichzeitig die ‚aesthetische' Seite" hervorhebt.[46]

Vom Begriff *prépon* der Griechen über Vitruvs *decor* und Albertis *concinnitas* (=das Ebenmaß) bis hin zu Goethes Begriff des *Schicklichen*, ja sogar bis zu Hugo Härings Begriff *Bemessen* bzw. *taktvolles Betragen* stellt ‚Angemessenheit' stets den eminent zentralen Begriff einer anspruchsvollen, nicht bloß materialistisch-positivistischen Auseinandersetzung mit Architektur dar. Und diese epochenübergreifend zentrale Bedeutung von ‚Angemessenheit' lässt auch etwaige terminologische Unklarheiten hinsichtlich des *decor*-Begriffs in Vitruvs Werk als zweitrangig in den Hintergrund treten.

Dass der Terminus ‚Angemessenheit' allerdings im 20. Jh. praktisch keine Bedeutung bekam – außer, wie gesagt, eine gewisse in Hugo Härings Schriften[47] – und Architektur auf die drei Begriffe ‚Konstruktion – Funktion – Form' definitorisch festgenagelt wurde, ist irgendwie einleuchtend. Denn damit waren alle Maßnahmen getroffen, um eine inhaltlich-kritische Auseinandersetzung mit den vielen Unangemessenheiten, Anmaßungen und Taktlosigkeiten nicht nur der sog. ‚Moderne' und den einst offen gelassenen, in der 1. Hälfte des 20. Jahrhunderts hart

---

[42] Vitruv I, 1, 12: „Enzyklopädische Bildung ist nämlich als ein einheitlicher Körper aus diesen Gliedern zusammengesetzt."; „*...encyclios enim disciplina uti corpus unum ex his membris est composita.*"
[43] Neumeyer 1986, S. 263.
[44] Horn-Oncken 1967, S. 99
[45] Horn-Oncken 1967, S. 94
[46] Horn-Oncken 1967, S. 95
[47] wo er z.B. auch den Hang zu überdimensionierten Anmaßungen im Maßstab 10:1 anprangerte, allerdings nur auf die ‚hitlerianer' bezogen; s. Joedicke 2001, S. 55.

umkämpften Weltanschauungs- und Gestaltexperimentansätzen zu unterbinden. Architektur war damit in einem Nachkriegsniemandsland angesiedelt worden, in dem nur mehr die im Sinne von Wert- und Bedeutungsfreiheit bereinigten Konstruktionen, Funktionen und Formen Geltung hatten bzw. haben.

Solch schwierige Themen wie ‚Angemessenheit' oder gar ‚Takt' zu problematisieren, schien einer Nachkriegsmentalität offenbar eher dem Versuch gleichzukommen, einen Pudding an die Wand zu nageln. Und genau hier dürfte auch das Problem liegen: nämlich in der übertriebenen Liebe zum Festnageln, zu *Hardware*, zu Exaktheit, zu Präzision und Perfektion und eben diese Eigenschaften erwartet man auch von Wissenschaft. Aber: ‚*Hardware without software nothing*', um das bekanntere *ars sine scientia nihil* etwas abzuwandeln. ‚Pudding' muss nicht nur als ‚Pudding' akzeptiert werden, sondern man darf auch kein Festnageln anstreben, sondern angemessenes ‚Fassungsinstrumentarium' finden wollen. Genau hier fände übrigens Wissenschaft in Architektur eine weitere wichtige Auseinandersetzungsaufgabe und könnte von anderen Wissenschaftsbereichen lernen, die ja natürlich auch nicht nur exakt arbeiten können und mindestens genauso viel Kreativität benötigen, wie Architektur. Denn es gibt auch kein Kreativitätsmonopol, auch wenn man diesen Mythos in der Architektur ja allzu gerne pflegt.

Moment 7

Werfen wir deshalb einen interdisziplinären Blick auf einen anderen Wissenschaftsbereich, nämlich die Rechtswissenschaften: Es ist interessant, dass dort die Bedeutung des Begriffes ‚Takt' kürzlich (wieder-)entdeckt wurde, und zwar im Kontext juristischer Überlegungen, wobei man sich auf die „Frage nach dem Zusammenhange der verschiedenen Wissenschaften" des Naturwissenschaftlers Hermann von Helmholtz und andere Autoren des 19.Jahrhunderts bezog.

Hubert Treiber verweist in seinem 2008 erschienenen Beitrag im Zusammenhang mit der „Verwaltungsrechtswissenschaft als Steuerungswissenschaft" auf das „kreative Potential" jenes Vermögens, „das einst mit ‚Takt' bzw. mit ‚Witz' bezeichnet wurde", wobei ‚Takt' „ein noch im 19. Jahrhundert oft gebrauchter Schlüsselbegriff"[48] war. Das Wort ‚Witz' leitet sich übrigens vom althochdeutschen ‚wizzi' ab, das ursprünglich ‚Wissen' bedeutete (z.B. im Sinne von: ‚der eigentliche Witz bei der Sache...')[49]. Hubert Treiber zitiert Rudolph von Jhering

---

[48] Hubert Treiber, Verwaltungsrechtswissenschaft als Steuerungswissenschaft – eine „Revolution auf dem Papier"? Anmerkungen zu einem intendierten Paradigmawechsel und zur „Kühnheit" von Schlüsselbegriffen (Teil 2), www.kj.nomos.de/fileadmin/kj/doc/2008/20081Treiber_S_48.pdf, S. 66.

[49] Duden. Das große Wörterbuch der deutschen Sprache (in acht Bänden), Mannheim 1995, s.v. Witz.

mit seinem Werk ‚Der Zweck im Recht' aus dem Jahre 1883, „weil für ihn [für von Jhering, Verf.] sowohl Geschmack (auf dem Gebiet der Ästhetik) als auch juristischer Takt (auf dem Gebiet des Rechts) ‚Urteile im Spannungsfeld zwischen Gefühl und Verstand' darstellen und es sich in beiden Fällen um ein schöpferisches (kreatives), im Falle des juristischen Takts ein durch Analogie herbeigeführtes Vermögen handelt. Jhering führt hierzu aus: ‚Takt ist nicht die bloße mechanische Anwendung der Regeln, die schablonenhafte Befolgung derselben, zu der es nur der Abrichtung, des äußeren Schliffs bedarf, sondern Takt ist die Bewährung ihrer verständnisvollen Aneignung durch Ergänzung, Fortbildung derselben in Fällen, wo sie ihn im Stiche lassen, der Jurist würde sagen: durch analoge Ausdehnung,' um dann fortzufahren: ‚Der Geschmack wie der Takt ist erfinderisch, er geht über die bloße Nachahmung gegebener Muster, über die bloße Befolgung feststehender Regeln hinaus, er versucht sich selber.'"[50]

Und: „Analogie bezeichnet ein Erkenntnisverfahren, das zur Entdeckung noch nicht erkannter Ähnlichkeiten herangezogen wird und ein Vermögen des Verstandes anspricht, das gern mit ‚Witz' bezeichnet wurde. Der Naturwissenschaftler Hermann von Helmholtz gibt fürs Erste eine anschauliche Charakterisierung dieses Vermögens, auch wenn er auf das kreative Moment besonders abstellt: ‚Die erste Auffindung eines neuen Gesetzes ist die Auffindung bisher verborgen gebliebener Aehnlichkeit im Ablauf der Naturvorgänge. Sie ist eine Aeusserung des Seelenvermögens, welches unsere Vorfahren noch im ernsten Sinne ‚Witz' nannten; sie ist gleicher Art mit den höchsten Leistungen künstlerischer Anschauung in der Auffindung neuer Typen ausdrucksvoller Erscheinung. Sie ist etwas, was man nicht erzwingen und durch keine bekannte Methode erwerben kann.'"[51] Helmholtz sieht „im ‚Witz' eine schöpferische Form wissenschaftlicher Erkenntnisproduktion"[52], wobei „die ‚witzige' Erkenntnis schlagartig zustande kommt.'"[53]

Helmholtz „anerkennt den ‚Witz' als alternative Erkenntnismöglichkeit (zur Induktion) und bescheinigt ihm eine heuristische Funktion, zu einem Zeitpunkt übrigens, als die Entwicklung der Elektrodynamik ihn zwang, seine klassischmechanistische Naturauffassung zunehmend in Frage zu stellen."[54]

Verglichen damit ist so mancher Disziplinen- bzw. Nichtdisziplinen-Fundamentalismus heute und der Mythos von der vermeintlich nur den begnadeten Architekten gegebenen Kreativität geradezu witzlos!

---

[50] Treiber 2008, S. 66
[51] Treiber 2008, S. 66
[52] Treiber 2008, S. 66
[53] Treiber 2008, S. 67
[54] Treiber 2008, S. 67

Fazit

1. Zur ganzheitlichen Bedeutung von Architektur gehören nicht nur der Bau, sondern auch der ‚Überbau'[55] und zudem auch der zumeist gar nicht als existent wahrgenommene ‚Unterbau'[56].

– ‚Unterbau' meint nicht nur Naturgesetze, sondern Zeit-/Kulturen-*unab*hängige, fundamentale, gewissermaßen kulturanthropologisch-konzeptionelle Grundkonstanten, also Universalien/Archetypen; folglich den nicht physischen, sondern eher ‚meta-physischen Unterbau' (z.B. Gerechtigkeits-/Legitimationsbedürfnisse und ihre Rituale, die durch Architektur infrastrukturiert werden); übertragen gesprochen: der ‚Unterbau' stellt das magnetische Kraftfeld dar, das die Eisenspäne (die Bauten) ausrichtet, bzw. meint ein Konzeptionelles, das dann den Aufbau *wesentlich* bestimmt.

– ‚Überbau' meint demgegenüber: Zeit-/Kulturen-*ab*hängige, also zeitgeistig-variable und nicht-baulich-körperliche Faktoren (z.B. gesellschaftliche, wirtschaftliche, ‚materiale', stilistische, bauorganisatorische, politische etc. Verhältnisse bzw. Vorstellungen);

– ‚Aufbau' meint dann schließlich: bau-körperliche Umsetzung von ‚Unterbau' und ‚Überbau', also den physisch sicht- und greifbar zu errichtenden bzw. errichteten Bau.

Der ‚Aufbau' ist gewissermaßen die sicht- und greifbare Spitze des Eisberges, dessen größtes, nämlich gewissermaßen konzeptionelles Volumen allerdings unter der Wasserlinie liegt. Dieser Eisberg als Ganzes jedoch, nicht nur seine Spitze, machen das Ganze von Architektur aus.

Dies immer erneut zu erschließen ist Aufgabe angemessener Wahrnehmung als Wissenschaft und könnte eine angemessene Aesthetik zur Folge haben; *aisthesis* heißt Wahrnehmung.

2. Die Eisberg-Metapher lässt sich auch für das Ganze der Wissenschaften heranziehen: die einen Disziplinen – um es schematisch-verkürzt auszudrücken – befassen sich eher mit dem Sichtbaren, die anderen eher mit den unter der Wasserlinie liegenden Teilen des Ganzen und eine solch disziplinär-aufgeteilte, also begrenzte Wahrnehmung ist auch durchaus auf weite Strecken unerlässlich, weil effizienter.

---

[55] s.z.B. Martin Warnke, Bau und Überbau. Soziologie der mittelalterlichen Architektur nach den Schriftquellen, Frankfurt/M. 1976.

[56] erste Gedanken dazu: Joachim Ganzert in: Rathäuser und andere kommunale Bauten, Jahrbuch für Hausforschung Bd. 60, zugleich Beiträge zur Architektur und Kulturgeschichte, Leibniz Universität Hannover, Bd. 6, Marburg 2010, S. 58 ff.

Helmholtz warnt dabei allerdings eben vor der Selbstüberschätzung[57] der jeweiligen Einzelwissenschaft gegenüber den anderen Wissenschaften, vor dem „Eigendünkel"[58], denn eine jede Wissenschaft leiste einen jeweils eigenen, wertvollen Beitrag zu einem Ganzen, dessen Zusammenhang jedoch verloren geht, wenn man seine eigenen Grenzen und Beschränktheiten vergisst. Denn „in complicierten Fällen"[59], in denen „unser Urtheil ... nur aus einem gewissen psychologischen Tacte, nicht aus bewusstem Schliessen"[60] hervorgeht, werden die Grenzen von Begriffen und Methoden bzw. von Regeln und Gesetzen schnell sichtbar. Hier verweist er auf die eminent wichtige Rolle der „Induction" im menschlichen Leben, „welche nicht bis zur vollendeten Form des logischen Schliessens, nicht zur Aufstellung ausnahmslos geltender Gesetze durchgeführt werden kann. .. Auf ihr beruht die ganze Ausbildung unserer Sinneswahrnehmungen, wie sich namentlich durch die Untersuchung der sogenannten Sinnestäuschungen nachweisen lässt." Er schlägt vor, sie „künstlerische Induction" zu nennen, weil es „ein wesentlicher Theil des künstlerischen Talents" sei, „die charakteristischen äusseren Kennzeichen eines Charakters ... durch eine Art instinctiver Anschauung zu erfassen, wie sich die Seelenzustände fortentwickeln müssen, ohne dabei durch irgendeine fassbare Regel geleitet zu sein."[61]

Die Geisteswissenschaften hätten es „überwiegend mit Urtheilen nach psychologischem Tactgefühl zu thun" bzw. hätten „wesentlich zu entscheiden nur durch psychologische Anschauung"[62], so Helmholtz.

3. So wenig, wie sich die sog. Wissenschaften letztlich voneinander trennen lassen, so wenig auch Wissenschaft und Kunst. Vielleicht hat keiner dies in jüngerer Zeit besser auf den Begriff gebracht, als Paul Feyerabend mit dem programmatischen Titel seiner Inauguralvorlesung an der ETH-Zürich im Jahre 1981, nämlich „Wissenschaft als Kunst"[63].

Programmatisch fasst dieser Titel all das zusammen, was wir soeben/oben angesprochen bzw. zitiert haben: eine Disziplin allein kommt letztlich gar nicht ohne die anderen aus. Inwieweit sie jeweils wahrgenommen werden müssen, ist eine ‚bemessensaufgabe' bzw. kann nur und muss in einer Angemessenheits- bzw. Proportionierungsdiskussion *gesucht* werden. Der große Unterschied zwischen

---

[57] Hermann von Helmholtz, Das Denken in der Naturwissenschaft, Sonderausgabe MCMLXVIII, Darmstadt 1968, S. 11; Hinweis H.Treiber.
[58] Helmholtz 1968, S. 80
[59] Helmholtz 1968, S. 14
[60] Helmholtz 1968, S. 15
[61] Helmholtz 1968, S. 15/16.
[62] Helmholtz 1968, S. 16.
[63] Paul Feyerabend, Wissenschaft als Kunst, edition suhrkamp Neue Folge Band 231, Frankfurt 1984.

Religion und Wissenschaft besteht nach Ansicht der Physikerin Lisa Randall darin, dass Wissenschaftler die Wahrheit nicht schon zu kennen glauben, sondern sie suchen[64] (was, wie wir gehört haben, der *Magna Charta* entspricht: denn bei Einheit der Interdisziplinarität geht es um ein kritisches Bewusstsein, das den Zweifel privilegiert und das nicht beansprucht, allgemeine Regeln aus *einer* Wahrheit abzuleiten, die immer relativ ist; es geht um das Bestreben nach einer neuen Synthese des Wissens); und an dieser Wahrheits- bzw. Synthese-Suche beteiligt sich auch die Kunst, wenn sie nicht zur Ersatzreligion/-ideologie wird. Gerade in komplizierten Fällen kann aber, wie wir gehört haben, eben nur mehr das Überspringen von Methoden- und Regelgrenzen bzw. das ‚Tactgefühl' weiterhelfen. Paul Feyerabends Hinweis auf solche Begriffe wie z.B. Dichtkunst, Redekunst, Heilkunst, Baukunst etc. veranschaulichen die Nähe der Wissenschaften zur Kunst bzw. der Kunst zu den Wissenschaften – bzw. eben die Untrennbarkeit beider.

All dies kann natürlich nicht heißen: *anything goes*, wie man Paul Feyerabends Kritik am Methodenzwang[65] u.U. verstehen wollte und was er ja selbst auch ablehnte[66]. Es kann aber auch nicht in *praescriptiones terminatae*[67], in fest umrissenen Vorschriften, münden, wie dies Vitruv, zumindest z.T., versucht hat und dann auch noch peinlichst genaues Einhalten verlangte[68]. Schutz vor wissenschaftlichen Willkür-Urteilen, unsauberen Methoden oder Kunst-/Architektur-Scharlatanerie muss Rechtfertigung innerhalb eines entsprechenden (u.a. wissenschafts-/kunst-/architektur-historischen/-theoretischen) Kontextes erbringen, denn letztlich können sich Wissenschaft, wie auch Architektur und Kunst, nur aufgrund angemessen sorgfältig gewährleisteter Legitimation als solche bezeichnen.

Vielleicht liegt es an unserer zu radikal auf mechanistische Binär-Logik und ideologisierte Schwarz-Weiß-Dualismen hin konditionierten Wahrnehmung, dass wir zu einfach das Gegensätzliche – hier Wissenschaft, dort Kunst –, das Sich-Ausschließende hören und nicht das Ähnliche, Verwandte, Übereinstimmende, Interdisziplinäre. Gerade eine solche Entweder-Oder-Wahrnehmung aber wäre gänzlich unangemessen für eine das Ganze betreffende Ästhetik bzw. eine ein neues Ganzes wahrnehmende Architektur. Die dazu nötige Angemessenheitsdiskussion zu führen im Sinne umfassender Proportionalität ist Aufgabe von Architektur als der Wissenschaft angemessener Wahrnehmung bzw. als der Wissenschaft der Wahrnehmung von Angemessenheit. Mit welchen Instrumenten und Methoden dies geschieht, ist letztlich unerheblich – vor allem sollte es aber nicht witzlos sein – im weitesten Sinne dieses Wortes!

---

[64] Lisa Randall, Gibt es andere Universen – und wie viele? DIE ZEIT Nr. 19, 3.5.2012, S. 58.
[65] Paul Feyerabend, Wider den Methodenzwang, suhrkamp taschenbuch wissenschaft 597, Frankfurt 1986.
[66] Feyerabend 1986, S. 11
[67] Vitruv I, 1 praef.
[68] Vitruv III, 1,1.

Städtebau, eine Positionsbestimmung
Ein Beitrag zum Thema Architektur – Wissenschaft

FERDINAND STRACKE

Nederlinger Straße 30A, D-80638 München

1. Definitionen

Architektur – Wissenschaft: Der Bindestrich irritiert. Es gibt auch kein Fragezeichen, das weiterhilft. Denn die Frage, ob Architektur eine Wissenschaft ist, Architektur, die man die Mutter aller Künste nennt, die aber zugleich Merkmale von Wissenschaft trägt; dieser Frage soll hier nachgegangen werden. Damit diese Erörterung nach ordentlichen wissenschaftlichen Gepflogenheiten vor sich gehen kann, zuvor einige Definitionen:

Architektur können wir als ein Produkt aus Kunst, Technik und Tektonik bezeichnen. Sie trägt wissenschaftliche Züge, wenn man ihre Aufgabe darin sieht, strukturelle Beziehungen zwischen Teilen und Modulen zu organisieren. Man wird aber skeptisch, wenn festzustellen ist, dass Architektur eine Fülle von individuellen Haltungen und differenzierten Wertsystemen aufweist. Dass sie einerseits Regeln und Bindungen braucht, andererseits subjektiver Deutung und Definition ausgesetzt ist.

Architektur weist ein konsistentes, beschreibbares und begründbares Lehrgebäude auf, mit Geschichte und Eigenart, mit klaren Handlungsanweisungen, Charakteristika, die auf Wissenschaftlichkeit hindeuten.

Um die Irritation zu steigern: Architektur zählt neben Malerei und Bildhauerei zu den klassischen Bildenden Künsten.

Städtebau ist immanenter Bestandteil der Architektur und hat das planvolle Entwerfen der gebauten, menschlichen Umwelt zum Ziel. Umwelt, hier im Sinne eines von Menschen geschaffenen Raums, insbesondere als Ort der ständigen Wechselwirkung zwischen Mensch, Raum und Zeit.

Städtebau (urban design) ist objekt- und damit gestaltorientiert und richtet sich immer enger mit Landschafts- und Freiraumplanung zusammengehend auf das gebaute Ensemble der Stadt und ihrer Teile.

---

*   Der Vortrag wurde am 11.05.2012 beim Kolloquium anlässlich der Jahresversammlung der Braunschweigischen Wissenschaftlichen Gesellschaft gehalten.

Stadtplanung hat sich als eigenständige Disziplin von der Architektur und dem Städtebau in der zweiten Hälfte des 20. Jahrhunderts gelöst, auch wenn die Abgrenzung häufig unscharf bleibt. Sie basiert stärker auf wissenschaftlicher Analyse, auf Ordnungs- und Rechtssystemen, sie bleibt zweidimensional, d.h. unräumlich und ist weder einer Ästhetik noch einer spezifischen Gestaltphilosophie verpflichtet. Stadtplanung (urban planning) oder auch Stadtentwicklungsplanung ist vorwiegend prozessorientiert.

Wissenschaft sei hier nur soweit definiert, als ihr Objektivität, Freiheit von individuellen Werten und Gefühlen, Freiheit von äußeren Bestimmungsmomenten attestiert wird und dass sie verallgemeinerungsfähig und nachprüfbar sei. Sie gewinnt Erkenntnisse aus dem Experiment und artikuliert sich in rationaler Sprache und mathematischen Formeln.

Kunst bezeichnen wir als menschliches Kulturprodukt, ein Ergebnis eines kreativen, individuellen und effizienten Prozesses. Kunst ist im Idealfall frei und nicht anwendungsorientiert. Die so genannten „Schönen Künste" hingegen haben das Ziel, Anregungen und Gefühls-Erlebnisse zu wecken und unterliegen weitgehend individueller Definition und Wertung. Kunst ist nicht an Material und Regelwerke gebunden.

2. Das Objekt

Es ist hochkomplex und vielgestaltig. Lüneburg und BanglaDesh sind gleichermaßen Städte. Die Stadt gilt als das höchste Kulturgut der Menschheit, die Stadt, als räumlich-morphologisches Artefakt, ist Lebenswelt von weit mehr als 50% der Bewohner unseres Planeten. Von der Antike bis in unsere Gegenwart bestimmt ein Kräftedreieck die Lebensbedingungen der urbanen Civitas und das Bild der Stadt: politische Macht, geistige und spirituelle Kräfte, der Markt.

Gesellschaftlicher Wandel, technischer Fortschritt und eine Fülle von Determinanten und Einflüssen, angefangen von Topographie, Klima, verfügbaren Materialien, Bautradition und Lebensgewohnheiten bis hin zur Umsetzung philosophischer und sozialer, nicht zuletzt ästhetischer bzw. gestalterischer Aspekte etc. prägen und verändern in Kontinuität, dieses komplexe Gebilde. Dennoch bleiben die schon von Vitruv (27 v. Chr.) postulierten Konstanten der Stadt wirksam: Firmitas = Stabilität, Utilitas = Nützlichkeit, Venustas = Anmut.

Diese drei Konstanten sind in ihrer Gewichtung und Wirksamkeit in Folge von ständigem Wachstum und Wandel der Stadt ständigen Veränderungen unterworfen.

Weltweit wachsen die Metropolregionen dieser Erde z.B. täglich um 300.000 Menschen. Rechnerisch heisst das, es entstehen 1095 Großstädte pro Jahr. Die Flächen und Ressourcen fressen, während gleichzeitig Räume in Folge klimatischer und wirtschaftlicher Brüche und Migration veröden und Städte schrumpfen. Die

„Firmitas", wenn wir darunter z.B. Wasserversorgung und Sicherheit verstehen, hat in BanglaDesh eindeutig einen anderen Stellenwert als in Lüneburg, wo vielleicht „Venustas" und „Utilitas" beim Neubau eines Kaufhauses am Marktplatz in Konflikte geraten.

3. Die Protagonisten

In Lüneburg gibt es (hoffentlich) noch einen Stadtbaumeister, einen universell, generalistisch ausgebildeten Architekten, in BanglaDesh wird (wahrscheinlich) ein eher anonymer ‚Board of Directors' versuchen, in dem möglicherweise kein Architekt mehr sitzt, sondern Manager, die mehr von Ökonomie und Recht verstehen, Stadtentwicklungsprobleme einschließlich Gestaltfragen auf ihre Weise zu lösen.

In unserem europäischen Kulturraum ist der Städtebau Teil des Architekturstudiums. Wie bereitet sich der Architekt und Städtebauer angesichts der wandelnden Bedingungen seines Objektes auf seine Rolle und auf seine Tätigkeit vor. Es soll hier nicht um die augenblicklichen Probleme des Bachelor- bzw. Masterstudiums an unseren Universitäten gehen, sondern eher über die Betrachtung von Studienfächern und Studienthemen, wiederum zu einer Definition von Architektur und Städtebau zu kommen, um diese, wie uns das Thema aufgibt, nach wissenschaftlicher Dignität zu befragen.

Bemühen wir erneut Vitruv, der uns sagte, welche Fähigkeiten vom Architekten bzw. Städtebauer zu erwarten sind, um seinen hochkomplexen Aufgabenstellungen gerecht zu werden. Er sagt im ersten Kapitel zu seiner „De Aricitectura, Libri Decem", dass die Bildung des Baumeisters mit mehreren Wissenschaftszweigen und mannigfaltigen Elementarerkenntnissen verbunden sei. Die Architekten-Ausbildung entspringe zwei Faktoren: Der Praxis und der Theorie. Die Praxis beruhe auf Erfahrung und Handarbeit, die Theorie erörtere und erkläre aufgrund von innerem Verständnis und der Proportions-Gesetze das handwerklich Gefertigte. Doch dann fordert er, dass der Architekt talentvoll und gelehrig für die Wissenschaften zu sein habe, und nennt neben der Kunde von der Zeichnung die Arithmetik, die Optik, die Akustik, die Philosophie, Geschichte, Musik, Heilkunde und Recht. Der Baumeister durchwandere die Stufen der Wissenschaftszweige und durch Kenntnis mehrerer Wissenschaften steige er auf zum höchsten Tempel der Architektur.

Na bitte. Da ist die erste Positionsbestimmung der Architektur nicht als Wissenschaft, sondern über der Wissenschaft!

Dieser Darstellung brauchen wir nur noch einige Fächer wie Bautechnik, Informatik, Didaktik, Rhetorik oder Kalkulation hinzuzufügen und haben damit schon den idealen Studienplan für Architekten und Städtebauer.

In der gesellschaftlichen Wahrnehmung operiert der Architekt im Grenzbereich von Wissenschaft und Kunst. Sein Habitus zeigt immer noch Spurenelemente von Genialität und Glamour, weniger puristische Wissenschaftlichkeit. Von dem unerträglich eitlen Star-Architekten, der immer noch Stoff für die bunte Presse liefert, soll hier nicht weiter die Rede sein. Und die soziale Realität bildet ihn nicht ab.

Längst ist der Architekt zu einem normalen Dienstleister geworden und besonders als Städtebauer ein zoon kommunalis. Ein interdisziplinärer Teamarbeiter, dem noch eine kreative Nische zugebilligt wird, im übrigen aber ist er jemand, der Planungsprozesse organisiert und, wie wir noch sehen werden, die Fähigkeit zur Moderation besitzt. Anders als bei der Realisierung eines Bauwerks, wo das Zusammenspiel zwischen Architekt und Bauherr zu einem Exempel guter Baukultur führen kann, ist Städtebau eine öffentliche Angelegenheit. Die Kommune hat in unserem Kulturkreis das Recht und die Pflicht zur Daseins-Vorsorge und damit zur Sicherung und Gestaltung der Lebenswelt ihrer Bürger. Rat und Verwaltung als Legislative und Exekutive sind die entscheidenden Protagonisten im Städtebau. Zumindest waren sie es bis dato. Die öffentliche Hand entschied über städtebauliche Entwürfe nach dem „Gott-Vater-Prinzip" auf der Grundlage politischer Mehrheit – immerhin demokratisch. Die Finanzschwäche der öffentlichen Hände jedoch hat zu einer neuen Figur im Kreis der Protagonisten geführt, dem Investor. Noch in den 1970er Jahren des vergangenen Jahrhunderts mit Argwohn betrachtet, wird er heute herbeigebetet und übernimmt wesentliche Teile der Entscheidungsmacht und Deutungshoheit.

Und noch eine Kraft wirkt wie nie zuvor im Planungsgeschehen mit: die Öffentlichkeit. Die Informations- und Anhörungspflicht, wie sie im Bundesbaugesetz verankert ist, wird heute exzessiv ausgelegt. Nicht nur direkt Betroffene und Beteiligte an einem Planungsfall, sondern Bezirksbeiräte, Bürgerinitiativen wie z.B. Stuttgart 21 fordern Alternativen, organisieren Widerstand und führen bisweilen zu plebiszitären Entscheidungen. Das ist so lange prinzipiell zu begrüßen, wie fachlich fundierte Planungen nicht von lokalen Egoismen oder auch diffusen Geschmacks-Aspekten überrollt werden.

4. Städtebauliche Theorie?

Wenn Architektur und Städtebau die Charakteristika von wissenschaftlicher Disziplin beanspruchen wollen, müssen wir sie nach deren Grundelementen befragen: Einerseits nach fundierter Theoriebildung und andererseits nach der Rolle der Forschung um den aus beiden resultierenden Handlungsanweisungen. Der Städtebau des ausgehenden 19. und der des 20. Jahrhunderts weist Phasen auf, die von Leitbildern und ihrem Wandel und dem Grad ihrer gleichzeitigen, gesellschaftlichen Konsensfähigkeit gekennzeichnet sind. Einige sind primär der räumlichen Ordnung und Funktionsfähigkeit von Stadtstrukturen geschuldet, andere der Ästhetik und der Stadtbaukunst, einige stellen soziale Belange in ihren Mittelpunkt. Es gibt ebenso restaurative wie revolutionäre Leitbilder, absolutistische wie ökonomische und leider auch schlichtweg modische. Mit aller Vorsicht können zumindest einige dieser Leitbilder auch als städtebauliche Theorien bezeichnet werden, meistens handelt es sich dabei um Antithesen zu obwaltenden und kritisierten Zuständen.

Die Ordnung der Stadt

Dem überbordenden Stadtwachstum in der zweiten Hälfte des 19. Jahrhunderts infolge der Industrialisierung und den damit verbundenen Migrations-Strömen vollzieht sich ganz im Sinne des vorherrschenden Wirtschaftsliberalismus. Synonym dafür steht die Mietskaserne mit ihrer sozialen und hygienischen Problematik und ihrer gestalterischen Ödnis. Reinhard Baumeister setzt mit seinem 1874 veröffentlichtem Werk „Stadterweiterungen in technischer, wirtschaftlicher und baupolizeilicher Beziehung" feste Ordnungsprinzipien, um dem wilden Wachstum der „degenerierten Stadt" zu begegnen. Es sind Regeln, die einem ingenieurtechnischen Reagieren auf Missstände entspringen, aber zugleich ein pragmatisches Leitbild beinhalten,

Das Bild der Stadt

Camillo Sitte konterkariert diesen ingenieurmäßigen Städtebau 1889 mit seinem Bestseller „Der Städtebau nach seinen künstlerischen Grundsätzen". Ihm geht es um Raumbildung und menschlichen Maßstab, ihm geht es um Schönheit, wie er sie in den Gefügen mittelalterlicher, insbesondere italienischer Städte wieder entdeckt. „Mit seinem Wort hat er die Kunst des Städtebaus vom Schlafe wach geküsst"; er hat eine neue Stadtbaukultur begründet.

Die Auflösung der Stadt

Er ist kein Architekt, sondern ein sensibler und visionärer Beamter. Ebenezar Howard löst 1898 und 1902 mit seinen Büchern „Tomorrow – A peaceful Path to real Reform", "Garden-Cities of tomorrow" ein neues Denken aus. Die Dezentralisierung des Molochs Großstadt durch autonome Stadteinheiten in der freien Landschaft, viel Grün und menschliche Raummaßstäbe aufwiesen, wird zum Motto der Gartenstadt-Bewegung die Europa erfasst und erste Maxime der später sogenannten „Moderne" ahnen lässt.

Von der Stadt zur Großsiedlung

In einem Manifest, der Charta von Athen, formuliert 1922 der CIAM das neue Leitbild der Moderne und damit die schärfste Antithese zur europäischen Stadt des 19. Jahrhunderts: Trennung der Grundfunktionen Wohnen, Arbeiten, Verkehr und Erholung bei Wahrung des historischen Erbes. Die stadträumlichen Elemente

Straßenraum, Platz und Hof gehören der Vergangenheit an, die Wohnung wird zu einem sozialen Gut.

Le Corbusier wird später die neuen Thesen ausformulieren (Vers une architecture), Gutschow „erfindet" die „autogerechte Stadt" bzw. den „organischen Städtebau", Schwagenscheidt entwickelt seine Raumstadt und Göderitz und Hoffmann formulierten 1957 die These von der „gegliederten und aufgelockerten Stadt". Es sind Theorien, die von hoher Sozial-Ethik und Rationalität getragen sind, die aber, gestützt von einem neuen Bundesbaugesetz (1960), das in Wahrheit ein Siedlungsgesetz ist, zu den neuen Großsiedlungen in Europa führen, deren Problematik heute evident ist.

Zeitgleich stand der radikalen Moderne ein eher konservatives Leitbild gegenüber, das sich klassizistischer Formbildung und hoher handwerklicher Qualität verpflichtet sah und sich im „Werkbund" (gegründet 1907) manifestierte. Der Wiederaufbau unserer kriegszerstörten Städte zeigt heute noch die Spuren dieser beiden konfligierenden Theorien.

Innenentwicklung

Wieder stehen zwei Bücher am Anfang eines Richtungswechsels des städtebaulichen Leitbildes: Alexander Mitscherlich mit seinem Traktat „Die Unwirtlichkeit unserer Städte" (1965) und Jane Jacobs mit „The Death and Life of great American Cities" (1961). Hinzu kommt Edgar Salins berühmt gewordener Vortrag über „Urbanität" vor dem Deutschen Städtetag 1960. Der Überdruss, an den zum Teil seelenlosen Großsiedlungen führt zu einer gestalterischen Aufrüstung der historischen Innenstädte, zu einer Suche nach Heimat, Identität, dem „Städtischen". In der irrtümlichen Annahme, Urbanität durch höhere bauliche Dichte zu erreichen, wurden insbesondere in Neubauvierteln unter dem Applaus der Investoren die gebaute Quantität gesteigert, nicht aber die Qualität. Der Prozess der Innenentwicklung, auch im Sinne von Nachverdichtung, insbesondere prosperierender Städte und Regionen ist bis heute ein Thema städtebaulicher Entwicklung.

Ein weiteres, bisher ungelöstes Thema ist die städtebauliche Entwicklung in nicht-properierenden Regionen. Hier geht es um die Bewältigung von Leerstand und Schrumpfung; Phänomene, für die wir bisher kein überzeugendes Leitbild schaffen konnten.

In den 1960er Jahren bildet sich eine ganz andere, neue Planungsphilosophie heraus. Die Beschäftigung mit dem Bestand führt zwangsläufig zu einer direkteren Beziehung zur Population der Stadt. Der Sozial-Wissenschaftler ist gefragt. Sanierungsprojekte verlangen nicht nur Sozialpläne nach dem Städtebauförderungsgesetz (1971), sondern auch neue Planungsinstrumentarien und Praktiken. Man sucht das Heil in datengestützten, subtil durchorganisierten Planungs- und

Entscheidungsprozessen, in wirklichen Theorien, die sich leider am Ende selbst genügen und immer weniger brauchbare Handlungsanweisung anbieten. Die Erfahrung, das eine weitgehend verwissenschaftlichte Stadtplanung an der Wirklichkeit total vorbeilief, sollte mit Blick auf unser heutiges Thema zumindest nachdenklich stimmen.

New Urbanism und Urban Landscape

Auf der Suche nach städtebaulichen gefassten Raumstrukturen, mit der die raumlose Siedlungsstruktur zu überwinden sei, wendet man sich der Stadt des 19. Jahrhunderts mit ihren Blockstrukturen, Straßen- und Platzräumen zu. Gewissermaßen eine „Retro- bzw. Nostalgie-Blaupause". Hier wäre es verfrüht, von einem neuen Leitbild, geschweige einer neuen Theorie zu sprechen, erste neu entstandene Siedlungsstrukturen in diesem Sinn sind jedoch eindeutig als räumlich ästhetischer Gewinn zu bezeichnen.

5. Städtebauliche Forschung

Wenn sich eine Fachdisziplin als Wissenschaft darzustellen versucht, muss sie neben Theoriebildung auf Forschung verweisen können. Das Forschungsfeld von Städtebau hat sich über die klassischen Themen, wie Bau- und Kunstgeschichte, Archäologie, die eher die Historie des Fachgebietes bearbeiten, weit ausgedehnt, auf diejenigen, die eine unerlässliche und wichtige Peripherie bilden und die zumeist im Verbund mit Nachbarwissenschaften betrieben werden. Es geht dabei in der Bauforschung wie in der Stadtforschung um Fragen der Bautechnik, der Stadttechnik, Materialforschung, Tragwerkslehre, Bauphysik, es geht um Fragen der Verkehrs- und Infrastrukturplanung und neue Forschungsfragestellungen auf den Gebieten der Energetik, der Ökologie, der Klimaforschung bis hin zu wirtschaftlichen und prozessualen Fragestellungen.

Doch wenn wir die Stadt mit Henri LéFebre als „Oeuvre", als Resultate vergangenen Handelns verstehen, die zu bezeichnen und zu ordnen sind, die verlangen und die perfomativ realisiert und gelebt werden müssen, dann öffnet sich ein Forschungsfeld, das jenseits von Naturwissenschaft, Technik, Gesundheitswesen und Ökonomie steht.

Ohne Einbindung in Geistes- und Gesellschaftswissenschaften, in die Verhaltensforschung, in Stadtsoziologie, Psychologie und mit steigender Tendenz in die Philosophie ist das hochkomplexe Gebilde Stadt und mit ihm die Stadtgesellschaft, nicht mehr zu interpretieren, nicht mehr zu analysieren und nicht mehr adäquat zu gestalten.

Hier sind wir beim Kern unserer Disziplin angelangt: Dem Entwurf.

Es herrscht kein wirklicher Konsens darüber, ob das Entwerfen genuine Forschung sein kann oder ob es als äquivalent zur Forschung gesehen werden muss, hier ist Eindeutigkeit erforderlich, wenn sich die Fachdisziplinen, Architektur und Städtebau als Wissenschaft verstehen und ausweisen wollen.

In einem Entwurfsprozess werden zahllose Erkenntnisse aus der oben skizzierten wissenschaftlichen Peripherie umgesetzt, doch erhöhte Rechnerleistung, Optimierungsmodelle und raffinierteste Darstellungstechnik führen zwar zu Lösungen, nicht aber unbedingt zu einem guten Entwurf. Dazu braucht es unabdingbar der individuellen Kreativität, der Kunst.

6. Fazit

In Bezug auf „Firmitas" und „Utilitas", um zu Vitruv zurückzukehren, können wir Architektur und Städtebau getrost als Wissenschaft bezeichnen. Die Kunst, die hier für „Venustas", die Anmut, steht, bleibt das Unwägbare. Schon der große Theodor Fischer, ein wahrhaftiger Stadtbaumeister, sagte sinngemäß: „…nach realistischer Prüfung eines jeden Planungsfalles komme die Kunst, oder sie bleibe aus."

Was unterscheidet gelungene Gebäude, Stadtteile oder Städte von anderen Produkten rational-wissenschaftlichen Handelns? Es sind Anmut, es sind Schönheit, es sind Eigenschaften, die Wohlgefühl und Geborgenheit vermitteln, es sind nicht messbare, aber bestimmende Qualitäten unserer Lebenswelt. Da es hier um die individuelle, häufig intuitive Bewertung geht, die das Entwerfen zu einem elementaren Teil der Architektur und des Städtebaus machen, bleibt eine Einordnung in wissenschaftliche Systeme und Schemata ambivalent, aber genau das macht unsere Fachdisziplin originell und interessant.

Architectus omnibus armis ornatus.
Sind die Waffen des Architekten nur Spielzeuge?*

ANTONIO BECCHI

Max-Planck-Institut für Wissenschaftsgeschichte
Boltzmannstraße 22, D-14195 Berlin

Un problema di dimensioni

Tre notizie recenti aiutano a introdurre il tema del nostro incontro, *Architektur-Wissenschaft*, anche se nessun giornalista, probabilmente, le ha interpretate in questa direzione.

Prima notizia. Alla General Motors hanno avviato una pianificazione del lavoro basata sui mattoncini LEGO (Fig. 1): li utilizzano per visualizzare e tenere sotto controllo il processo organizzativo nei servizi d'assistenza al cliente. Lo stesso sistema viene anche impiegato nel settore della sanità, grazie ad una partnership fra General Motors e il gruppo Wellstar. I loro esperti affermano che fra auto e ospedali c'è un denominatore comune: la soddisfazione del cliente e del paziente. Secondo General Motors il nuovo sistema consente di velocizzare del 33% i tempi di riparazione di una vettura. Il sistema LEGO aiuta ad avere una visione globale del problema: ad esempio, quando una vettura ha il cambio rotto, un mattoncino viene piazzato su una tavoletta e, a seconda delle dimensioni e del colore, è subito identificato il tipo di guasto (più grande è, più tempo richiederà la riparazione; v. Fig. 1).

Seconda notizia. La ditta americana *Solidoodle* ha lanciato sul mercato un modello di stampante, dal costo piuttosto contenuto (circa 500 dollari), in grado di produrre copie tridimensionali. In questo modo le stampanti 3D diventano uno strumento a disposizione di tanti, non solo dei grandi studi di architettura o degli ingegneri aerospaziali. Molti, dalla propria scrivania, potranno creare modellini di auto, di case etc., utilizzando un normale computer e la nuova stampante (Fig. 2).

Terza notizia. Al *Science Museum* di Londra è stato inaugurato un *Web Lab*, curato da *Google*, dove vengono presentati cinque esperimenti: *Universal Orchestra*,

---

* Leicht geänderte italienische Fassung des Vortrags, der am 11.05.2012 beim Kolloquium *Architektur-Wissenschaft* anlässlich der Jahresversammlung der Braunschweigischen Wissenschaftlichen Gesellschaft gehalten wurde.

Fig. 1.

Data Tracer, Sketchbots, Teleporter e *Lab Tag Explorer* (www.chromeweblab. com). Tra le varie meraviglie presentate al visitatore, che ha la possibilità di usare gli strumenti sia sul posto sia collegandosi online, vi è il progetto *Sketchbots*, per il quale Google ha messo a punto un elemento denominato *Canvas*, che fa parte del linguaggio HTML (HyperText Markup Language): grazie ad esso è possibile eseguire disegni su un normale *web browser*, realizzando anche immagini 3D in movimento (particolarmente ricercate per i *computer games*). L'utente ha la possibilità di far disegnare il proprio ritratto su un manto di sabbia: il computer acquisisce una foto digitale del volto, che viene poi riprodotta sulla sabbia da un braccio meccanico (Fig. 3).

L'appassionato di architettura che entra nel *Web Lab* non può fare a meno di ricordare un celebre passo del libro IX del *De architectura*, dove Vitruvio descrive il filosofo Aristippo naufrago sulla spiaggia di Rodi. Vedendo alcuni disegni geometrici tracciati sulla sabbia Aristippo esclama[1]: "Bene speremus, hominum enim vestigia video". Qualcosa di analogo, ma di sapore diverso, potrebbe dirsi oggi nelle sale del *Science Museum* di fronte ai volti delineati, un po' schematicamente, dal braccio meccanico istruito da *Canvas*.

---

[1] Vitruvio, *De architectura*. A cura di Pierre Gros. Traduzione e commento di Antonio Corso e Elisa Romano, Einaudi, Torino 1997, vol. II, p. 823. Si tratta della prefazione al libro VI.

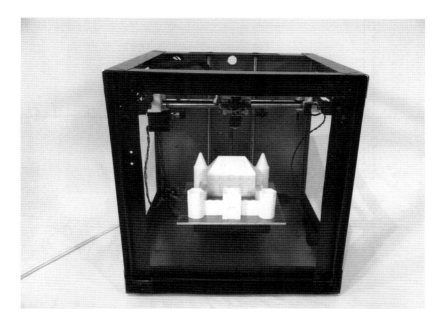

Fig. 2.

Archi, frecce, bersagli

Cosa ci indicano queste tre notizie, che sono in sintonia con il grande entusiasmo per i nuovi gadgets (telefoni, i-pads, televisori) che realizzano e trasmettono immagini in 3D? Per un architetto la risposta è semplice: i mirabolanti frutti della *computer science* confermano quello che si era intuito da tempo, almeno da qualche millennio, ossia che l'uomo è abituato a vedere e a pensare in tre dimensioni. La sua esperienza quotidiana, sin dalla nascita, lo mette a confronto con oggetti, spazi, persone che non sono mai bidimensionali (neppure la pagina di questo libro lo è). Vi è quindi l'esigenza, non appena la tecnologia lo consente, di riportare a tre dimensioni quello che era stato ridotto a due: lo si può fare con un tradizionale *pop-up book* di carta, con *Solidoodle* oppure con *Sketchbots*.

Se anche ci fosse qualcuno rassegnato alle due dimensioni, questi certamente non potrebbe essere un architetto. L'architettura ha dunque qualcosa da dire e da raccontare su questo punto, perché nasce dal desiderio, dalla necessità, dal piacere, di mettere insieme elementi – di pietra e di legno, in primo luogo – per costruire una casa, un riparo, un ponte. Gli elementi costruttivi hanno tre dimensioni, hanno un peso, un colore, una pelle: devono essere assemblati e stare insieme in

Fig. 3.

modo duraturo. Occorre quindi imparare a costruire: ossia a misurare, a valutare i carichi, a scegliere il luogo giusto dove mettere le fondamenta, a distinguere le forme belle da quelle meno belle. In termini vitruviani occorre tenere conto dell'*utilitas*, della *firmitas*, della *venustas*.

Chi ha imparato a costruire trasmette il proprio sapere ad altri, attraverso gesti, parole, scritti: così facendo definisce dei principi – che con le parole si possono facilmente fissare – ma si confronta anche con la materialità, con il 3D della realtà. Il disegno tecnico – piante, prospetti, sezioni, assonometrie – nasce da questa esigenza, la costruzione dei modelli ne è l'ovvia conseguenza. Scavando ancora più a fondo si troverebbe quell'esigenza vitale che Michelangelo esprime in uno dei *Diálogos em Roma* (1548) di Francisco de Holanda[2]: "Talvolta io penso e immagino che tra gli uomini esista una sola arte e scienza, e che questa sia il disegnare o dipingere, e che tutte le altre siano sue derivazioni. Certamente, infatti, ben considerando tutto quel che si fa in questa vita, vi accorgerete che ognuno, senza saperlo, sta dipingendo questo mondo, sia nel creare e produrre nuove forme e figure, come nell'indossare vari abbigliamenti, sia nel costruire e occupare lo spazio con edifici e case dipinte, come nel coltivare i campi, nel fare pitture e segni lavorando la terra, nel navigare i mari con le vele, nel combattere

---

[2] Cfr. Francisco de Holanda, *Diálogos em Roma. Introdução, notas e comentário de José da Felicidade Alves*, Livros Horizonte, Lisboa 1984, Segundo Diálogo, p. 43. Il passo originale è in lingua portoghese. I *Diálogos em Roma* costituiscono la seconda parte dell'opera di Francisco de Holanda *Da Pintura Antiga*, redatta nel 1548.

e dividere le legioni, e finalmente nelle morti e nei funerali, come pure in tutte le altre operazioni, gesti e azioni." Non si potrebbe dir meglio.

Nel *De architectura* Vitruvio aveva già descritto il processo creativo delineato da Michelangelo-de Holanda e da allora molti di noi seguono la sua idea di rendere l'architettura oggetto di discorso. Cos'è, dunque, *architectura*? "Architectura est scientia pluribus disciplinis et variis eruditionibus ornata, cuius iudicio probantur omnia quae ab ceteris artibus perficiuntur opera"[3], afferma Vitruvio nel libro I e aggiunge[4]: "Ea nascitur e fabrica et ratiocinatione. Fabrica est continuata ac trita usus meditatio, qua manibus perficitur e materia cuiuscumque generis opus est ad propositum deformationis. Ratiocinatio autem est quae res fabricatas sollertia, ratione proportionis demonstrare atque explicare potest." Queste parole sono state per secoli il punto di partenza di accese disquisizioni, dedicate alla *fabrica* e alla *ratiocinatio*. Pratica e/o teoria? Cantiere e/o discorso? Tutte e due, naturalmente, gli architetti lo sanno bene. Daniele Barbaro lo dice con chiarezza nel suo commento-traduzione al trattato vitruviano[5]: "Il Discorso [ratiocinatio] come padre; la Fabrica è come madre dell'Architettura." Barbaro spiega anche l'atteggiamento che occorre avere nei confronti del mestiere dell'architetto[6]: "Volendo adunque fabricare, bisogna conoscere il fine, come quello ch'al mezzo impone forza, et necessità. Ma per la cognitione del fine è necessario lo studio, e il pensamento: Et si come il saettatore non indrizzarebbe la saetta alla brocca, se egli non tenesse ferma la mira, così l'Artefice non toccarebbe il fine, se con la mente altrove egli si rivolgesse."

Prassi e teoria, fine e mezzo, nell'architettura come nell'arte del tiro con l'arco. Per capire ancora meglio quanto ci suggerisce Barbaro occorre rileggere un passo de *Il Principe* di Nicolò Machiavelli[7]: "debbe uno uomo prudente intrare sempre per vie battute da uomini grandi, e quelli che sono stati eccellentissimi imitare, acciò che, se la sua virtù non vi arriva, almeno ne renda qualche odore: e fare come li arcieri prudenti; a' quali, parendo el loco dove disegnono ferire troppo lontano, e conoscendo fino a quando va la virtù del loro arco, pongono la mira assai più alta che il loco destinato, non per aggiungere con la loro freccia a tanta altezza, ma per

---

3   La trascrizione *Architectura est scientia* è la più corrente nelle edizioni rinascimentali del *De architectura* ed è riportata, ad esempio, in Daniele Barbaro, *M. Vitruvii Pollionis De architectura libri decem, cum Commentariis Danielis Barbari*, apud Franciscum Franciscium Senensem, & Ioan. Crugher Germanum, Venezia 1567, p. 4 (Barbaro aggiunge un *igitur: Architectura igitur est scientia*). In Vitruvio, *De architectura*, cit., vol. I, p. 12 si legge invece *Architecti est scientia*.
4   Vitruvio, *De architectura*, cit., vol. I, p. 11.
5   Daniele Barbaro, *I dieci libri dell'architettura di M. Vitruvio tradutti e commentati da Monsignor Barbaro, eletto patriarca d'Aquileggia*, F. de' Franceschi & G. Chrieger, Venezia 1567, p. 9.
6   Barbaro, *I dieci libri dell'architettura*, cit., p. 9.
7   Nicolò Machiavelli, *Il Prencipe* [sic], Domenico Giglio, Venezia 1554, cap. VI, c. 10r–10v.

potere con lo aiuto di sì alta mira pervenire al disegno loro." Machiavelli sottolinea la curvatura indotta dalla gravità, la traiettoria indotta dal peso della realtà, dai limiti del nostro fare. Sono gli stessi temi analizzati da Aristotele nell'*Etica Nicomachea* (un testo che molti commentatori di Vitruvio avevano ben presente), dove si descrive il metodo usato dai costruttori di Lesbo[8]: essi non usavano un regolo rigido e rettilineo, ma un regolo fatto di piombo, che si poteva adattare alle irregolarità delle superfici, alla scabrosità dei materiali. Il regolo si piegava alla realtà – sporca, irregolare, imprevedibile –, senza per questo smettere di essere un regolo. Impegno etico, dunque, ma anche impegno tecnico, dove la *prudentia* è una virtù: non la prudenza del linguaggio comune, ma l'abilità e l'accortezza di applicare una regola generale al caso particolare, la scienza del particolare che non rinuncia all'universale e viceversa.

Lo stesso accade all'architetto. Occorre misurare, toccare, disegnare, rappresentare, simulare. Occorre prevedere e rischiare. Prima l'*Anwendung* o prima la teoria? Vecchia questione che i migliori architetti hanno sempre risolto brillantemente: prima l'*Erkennung*. Il motto scelto dalla Max Planck Gesellschaft vale per gli architetti almeno sin dai tempi di Vitruvio: "Dem Anwenden muss das Erkennen vorausgehen". Tradotto in termini vitruviani: occorre abituarsi ad un movimento continuo tra *cogitatio, ratio, inventio*, che a seconda dei casi può invertire il percorso e privilegiare la sequenza *cogitatio, inventio, ratio*. L'*Erkennen* deve essere nutrito, sostenuto, favorito: dal buon cibo o da un buon bicchiere di vino, ma anche dalla *sollertia* e dallo studio, dall'*otium* e dalla disciplina. Disciplina: qualcosa che si può insegnare e che presuppone un sapere perfettibile, che cresce e si consolida. La disciplina – al singolare – l'architetto deve averla, praticarla, conoscerla, ma l'architetto deve anche conoscere e praticare *le* discipline. La *scientia architecturae* si radica nelle discipline, pur non essendo riducibile ad alcuna di esse, l'architettura non sarà mai, essa stessa, una singola disciplina.

Anche su questo aspetto Vitruvio è ricco di spunti preziosi, perché ricca e variegata era la scuola alla quale si era formato, quella di Cicerone: l'architettura è come la retorica, occorre conoscere le cose di cui si parla, la loro storia, ma occorre anche esporle bene, renderle comprensibili. L'architetto deve conoscere i materiali, i pesi, le forme, la gnomonica, ma anche saper indirizzare e giudicare il lavoro degli artigiani, dei tecnici, degli scienziati – che nel singolo campo di loro pertinenza ne sapranno sempre più di lui – al fine di ottenere la costruzione 3D. Sotto la sua guida l'idea deve diventare *idea materialis*[9].

---

[8] Aristotele, *Etica Nicomachea*, libro V, cap. 10, 29–32; cfr. Aristotele, *Opere*, Laterza, Bari 1973, vol. 3, p. 575.

[9] Su questo tema cfr. Werner Oechslin, *Architekturmodell. Idea materialis*, in Wolfgang Sonne (a cura di), *Die Medien der Architektur*, Deutscher Kunstverlag, Berlin 2011, pp. 131–155.

L'isola di Lesbo

La relazione necessaria tra teoria e prassi, tra competenze specifiche e visione d'insieme, tra saperi particolari e visione universale, diventa argomento di intenso dibattito architettonico nel corso del Cinquecento. Una sintesi si trova nell'*Idea dell'architettura universale* di Vincenzo Scamozzi, che raccoglie i frutti del Rinascimento e li consegna ai secoli successivi[10]: "Laonde da coteste autorità di Vitruvio, di Platone, d'Aristotele, di Gemino, di Pappo, e d'altri molti, che non adducciamo, si vede, che l'Architettura indubitatamente, è Scientia speculativa, e precellente nelle dottrine, e nelle eruditioni, e tanto nobile, e singular investigando le cause, e le ragioni delle cose a lei attinenti." Anche in questa definizione non emerge in realtà nulla di nuovo: l'architetto è da sempre un *diver into causes*, come scrive anche Henry Wotton richiamandosi ad Aristotele e Vitruvio[11]: "*Vitruvius* himselfe doth determine many things in his profession; by *Musical* Grounds, and much commendeth in an *Architect*, a *Philosophical* Spirit; that is, he would have him (as I conceave it) to be no superficiall, and floating *Artificer*: but a *Diver* into *Causes*, & into the *Mysteries of Proportion*."

Anche gli scienziati professionisti, i filosofi, i filologi, si sono accorti da tempo di questo ruolo importante e decisivo degli architetti, dei buoni architetti. Nelle *Vite de' matematici*, prima opera dedicata in modo completo e sistematico alle biografie dei matematici, scritta tra il 1587 e il 1595, Bernardino Baldi inserisce le vite di Vitruvio e Leon Battista Alberti. La collocazione sembra strana oggi e suonava bizzarra anche allora, per questa ragione Baldi si sente in dovere di spiegarla[12]: "Taccia dunque la turba de gli Architetti pratici, se io scriverò di Vitruvio e di Leon Battista, e non di loro, poichè eglino, ornati, come si dice, di tutte l'arme, hanno ragione di militia ne l'essercito de' Matematici, de' quali io vo scrivendo le vite. L'istesso dico a' Mecanici semplicemente pratichi, ancorchè per semplice pratica habbiano fatto meraviglie." La frase ad effetto deve molto al *De architectura* vitruviano, dove si ritrova un'espressione analoga in un passo del libro primo, che fa seguito al celebre incipit, già ricordato ("Architectura est scientia pluribus

---

[10] Vincenzo Scamozzi, *Dell'idea della architettura universale*, Venezia 1615, parte I, libro I, cap. I, p. 6. Su questi aspetti cfr. Werner Oechslin, *Premesse a una nuova lettura dell'Idea della Architettura Universale di Scamozzi*, in Vincenzo Scamozzi, *Dell'idea della architettura universale*, Centro Internazionale di Studi Andrea Palladio, Vicenza 1997, pp. XI–XXXVII e Idem, *L'architettura come scienza speculativa*, in Franco Barbieri e Guido Beltramini (a cura di), *Vincenzo Scamozzi* (1546–1616), Marsilio, Venezia 2003, pp. 23–31.

[11] Henry Wotton, *Elements of Architecture. Collected by Henry Wotton Knight, from the best Authors and Examples*, I. Bill, London 1624, p. 55.

[12] Enrico Narducci (a cura di), *Vite inedite di matematici italiani scritte da Bernardino Baldi*, in "Bullettino di Bibliografia e di Storia delle Scienze Matematiche e Fisiche", t. XIX, Settembre-Ottobre 1886, p. 464.

disciplinis et variis eruditionibus ornata...'"): "Itaque architecti qui sine litteris contenderant ut manibus essent exercitati, non potuerunt efficere, ut haberent pro laboribus auctoritatem, qui autem ratiocinationibus et litteris solis confisi fuerunt, umbram non rem persecuti videntur. At qui utrumque perdidicerunt, uti omnibus armis ornati citius cum auctoritate quod fuit propositum sunt adsecuti."[13] Baldi, che al trattato vitruviano aveva dedicato un rinomato *commentarius,*[14] impone all'originale uno slittamento concettuale, basato sull'incompletezza degli *Architetti pratici*, sulla necessità di essere *omnibus armis ornati*, sull'esigenza di distinguere la *res* dalla sua *umbra*.

Un secolo più tardi, all'epoca della nascita della prima accademia 'nazionale' dedicata all'architettura, l'*Académie royale d'architecture* fondata a Parigi nel 1671, viene confermata con fermezza questa connessione scienze-architettura. Il fondatore e primo direttore dell'*Académie* è uno scienziato membro dell'*Académie royale des sciences*, François Blondel, e il suo successore, Philippe de La Hire, confermerà questa tradizione: membro anche lui dell'*Académie royale des sciences* prenderà l'abitudine di presentare alcuni dei suoi *mémoires* prima all'*Académie royale d'architecture* poi all'*Académie royale des sciences*. Stessi argomenti, ma un diverso linguaggio per un diverso pubblico.

Nonostante questo chiaro legame tra scienze e architettura si assiste in quegli anni ad una svolta irreversibile, della quale si avvertono ancora oggi le conseguenze. Se Vitruvio e Alberti, un secolo prima, erano ancora considerati dei matematici, ora la matematica non sembra più la stessa: non solo gli architetti, ma anche molti scienziati si trovano in difficoltà a comprendere il nuovo corso. Già l'algebrizzazione della geometria aveva creato problemi all'architetto (*geo-metra* per definizione) e aveva avviato il progressivo imporsi del *calculemus*, sempre più potente e persuasivo, nei confronti della geometria ereditata dalla tradizione greca. La svolta imposta dal *calcolo degli infinitesimi* e dalla sua declinazione in termini di calcolo variazionale impone un'accelerazione a questo processo: sono richieste nuove professioni, con una formazione specifica che non può essere improvvisata e che poco ha da condividere con il tradizionale apprendistato dell'architetto.

La svolta analitica legata ai nuovi strumenti di calcolo crea un sapere rivolto alle scienze per l'architettura non più necessariamente vincolato alle nozioni apprese

---

[13] Qui la traduzione italiana di Daniele Barbaro (*I dieci libri dell'architettura*, cit., p. 10), ben nota a Baldi: "Dalle dette cose ne segue, che quelli Architettori i quali senza lettere tentato hanno di affaticarsi & essercitarsi con le mani, non hanno potuto fare, che s'habbiano per le fatiche loro acquistato riputatione, & quelli, che nei discorsi, & nella cognitione delle lettere solamente fidati si sono, l'ombra, non la cosa, pare che habbiano seguitato. Ma chi l'una, & l'altra di queste cose hanno bene appreso, come huomini di tutte armi coperti, & ornati, con credito, & riputatione, hanno il loro intento facilmente conseguito."

[14] Bernardino Baldi, *De verborum Vitruvianorum significatione, sive perpetuus in M. Vitruvium Pollionem commentarius*, ad insigne Pinus, Augustae Vindelicorum 1612.

sul cantiere o sulle pagine del *De architectura*: un sapere nel quale gli oggetti e le immagini – così importanti per gli architetti, abituati al disegno e alla rappresentazione – non hanno più alcun ruolo o, tutt'al più, un ruolo marginale. Nel caso di La Hire, ad esempio, il suo interesse per l'architettura nasceva dalla geometria e, in particolare, dagli studi di stereotomia, quindi dall'architettura e dalla sua costruzione, non da uno sviluppo *analitico* di un problema matematico. Fontanelle, segretario perpetuo dell'*Académie royale des sciences*, nota acutamente nel suo *Éloge de M. La Hire*[15]: «Dans tous ses ouvrages de Mathematique il ne s'est presque jamais servi que de la Synthese, ou de la maniere de démontrer des anciens par des lignes & des proportions de lignes, souvent difficiles à suivre à cause de leur multitude, & de leur complication. Ce n'est pas qu'il ne sçût l'Analise moderne, plus expeditive, & moins embarassée, mais il avoit pris de jeunessse l'autre pli.» Per questa ragione La Hire, che per trent'anni aveva lavorato tra matematici, fisici, medici, architetti, diviene il bersaglio di alcune venenose critiche dei colleghi matematici di avanguardia, quelli che ormai usano il calcolo differenziale come prima si usava l'algebra o la trigonometria. Nella disputa tra *Anciens et Modernes* intorno all'*analyse des infiniment petits* egli si trova dalla parte dell'Antico e le sue folgoranti intuizioni nell'ambito della meccanica applicata all'architettura sembrano giovarsi di questa posizione di retroguardia.

A proposito dell'opera di Fontenelle *Éléments de la géométrie de l'Infini* (1727), l'abbé Trublet ricorda che secondo lo stesso Fontenelle[16] «c'était un Livre qui ne pouvait être entendu que par sept ou huit géomètres en Europe, et que l'Auteur n'était pas de ces huit-là». Gli architetti e buona parte degli ingegneri resteranno a lungo (alcuni per sempre) fuori da quel gruppo ristretto. Sul confine tra antica geometria e *nuovo calcolo* si combatte in quegli anni una battaglia che cambierà radicalmente il rapporto tra architettura, scienze, costruzione. Intorno al tema della fisica matematica e del suo ruolo tra teoria e prassi avviene uno dei divorzi – uno dei tanti – tra architetto e ingegnere: la *Mécanique Analytique* (1788) di Louis Lagrange ne sottolinea il significato dirompente e sancisce la definitiva consacrazione del nuovo linguaggio. Scrive Lagrange in un passo della *Mécanique Analytique* che è diventato un manifesto[17]: «On ne trouvera point de figures dans cet ouvrage. Les méthodes que j'y expose ne demandent ni constructions, ni raisonnement géométriques ou mécaniques, mais seulement des opérations algébriques, assujetties à une marche régulière et uniforme. Ceux qui aiment

---

[15] Fontenelle, *Éloge de M. De La Hire*, in «Histoire et mémoires de l'Académie royale des sciences », Année MDCCXVIII, Paris, 1719, p. 88.

[16] Abbé Trublet, *Mémoires pour servir à l'histoire de la vie et des ouvrages de M. de Fontenelle*, chez Marc-Michel Rey, Amsterdam et Desaint & Saillant, Paris 1761, p. 70.

[17] L. Lagrange, *Méchanique Analitique*, chez la Veuve Desaint, Paris 1788, *Avertissement*, p. VI.

l'Analyse, verront avec plaisir la Mécanique en devenir une nouvelle branche, et me sauront gré d'en avoir étendu le domaine.»

Lagrange non vuole figure nel suo libro, la sua meccanica, basata sul calcolo differenziale, non sembra averne bisogno. La matematica rende visibile, amano dire i matematici, scopre la *ratio* dove l'occhio impreparato vede solo la contingenza del caso e la realtà informe. Ma la matematica può anche rendere invisibile. È quello che accade agli architetti che sono costretti a confrontarsi con le applicazioni del nuovo linguaggio: ciò che era chiaro, immediatamente percepibile in termini di proporzioni, di regole dell'arte, di dimensionamenti, diventa ora invisibile e incomprensibile a chi non è in grado di comprendere il nuovo calcolo, di adeguarsi ai nuovi codici. Il dialogo nato sul cantiere si spezza e le nuove scuole (*École des Ponts et Chaussées, Écoles Polytechniques*) sanciscono la separazione delle due tradizioni. Molto si perde su entrambi i fronti a causa dell'incomunicabilità linguistica.

Architectura est scientia pluribus disciplinis et variis eruditionibus ornata... Perde dunque i pezzi, questa *scientia*? Le discipline sono ormai troppo sofisticate per poter essere coltivate dagli architetti? In realtà l'architettura continua a confrontarsi con oggetti tridimensionali che devono essere messi insieme in modo sapiente, per garantire *utilitas, firmitas* e *venustas* al risultato finale. La forza di gravità è sempre la stessa, le mani dell'uomo anche, così come la sua forma complessiva, i suoi occhi, la sua postura. Le discipline che egli deve conoscere sono sempre quelle: la geometria, l'ottica, la statica,... e la storia, naturalmente. Anche la storia di quelle discipline, che tutte insieme hanno consentito all'architettura di essere *scientia*. E l'*analytische Wende*? Deve l'architetto ignorarla e restare vincolato ai vecchi schemi? *Académies des Beaux-Arts* o *Écoles polytechniques*? *Écoles d'architectures* o *Technische Universitäten*? *Nomothetische oder idiographische Forschung*? Quale deve essere la casa degli architetti, quali i maestri?

Potremmo discuterne a lungo, ma credo che su di un punto possiamo, almeno in quest'occasione legata al conferimento della Gauß-Medaille a Werner Oechslin, essere tutti d'accordo: per capire questo rapporto, per toccare con mano la relazione tra architettura e scienza abbiamo, al momento, un solo mezzo infallibile. Il nostro regolo di Lesbo, la nostra isola di Lesbo, è ora sulle montagne: le acque si sono ritirate, le spiagge sono diventate prati alpini, l'isola si trova a qualche centinaio di chilometri da Braunschweig eppure è qui, oggi, ben presente. La nostra Lesbo si chiama Stiftung Bibliothek Werner Oechslin. A chi ha dei dubbi sull'esistenza dell'architettura come scienza, a chi dubita dell'architettura, a chi pensa che la *ratio*, la *cogitatio* e l'*inventio* poco abbiano a che fare con la *fabrica*, a chi si inebria del digitale e dimentica che le dita (*digiti*) fanno parte della mano e che solo le mani – talvolta i piedi – possono accarezzare e disegnare (disegnare/accarezzare il dettaglio di una casa, così come il futuro), a tutti questi increduli consigliamo un pellegrinaggio ad Einsiedeln. Un pellegrinaggio laico come l'avrebbe fatto San

Tommaso, per mettere le dita negli scaffali di quella biblioteca, per non essere più increduli, ma credenti. Per il pellegrino che arriva alla meta l'invito è perentorio e irresistibile: *Tolle lege*!

Architectura est scientia: dobbiamo ringraziare Werner Oechslin per avercelo insegnato e per ricordarcelo ogni giorno. Le armi dell'architetto non sono, non dovrebbero essere, *Spielzeuge*, ma con quelle armi ci si può anche dilettare e far dilettare. Il regolo di Einsiedeln è lì a dimostrarcelo, invitandoci a studiare l'architettura come Werner la intende: senza sfuggire *die Anstrengung des Begriffs* e senza cedere alle lusinghe della cieca *imitatio*. Altrimenti l'architettura dimentica la sua storia millenaria e si riduce a *elende Tautologie: Ich baue, also bin ich*. Hegel lo suggerisce nelle *Vorlesungen über die Ästhetik*, nel racconto che ha come protagonista Alessandro Magno[18]: "Dieser abstrakt nachbildende Wetteifer ist dem Kunststück jenes gleich zu achten, der sich, ohne zu fehlen, Linsen durch eine kleine Öffnung zu werfen eingelernt hatte. Er ließ sich vor Alexander mit dieser Geschicklichkeit sehen, Alexander aber beschenkte ihn zum Lohn für diese Kunst ohne Nutzen und Gehalt mit einem Scheffel Linsen." Nel rapporto scienza-architettura troppo spesso l'architetto ha venduto l'anima per un piatto di lenticchie: per pigrizia, per interesse, per stupidità. La *scientia aedificandi* non si riduce ad una costruzione con i LEGO, ad una stampante *Solidoodle* o a *Sketchbots* che esibiscono bracci meccanici: pur usando questi strumenti l'esperto di architettura dovrebbe essere sempre *omnibus armis ornatus*. Vitruvio ci ricorda che l'architetto Dinocrate[19], presentatosi seminudo e spavaldo al cospetto del re Alessandro, non dimenticò di mettere in mostra le insegne del guerriero. In mano aveva una clava, ma la sua arma più potente era l'ingegno: ad Alessandro non mostrò un gioco di lenticchie, ma il progetto di una città a forma d'uomo da costruire sulle pendici del monte Athos.

---

[18] Cfr. G.W. Friedrich Hegel, *Vorlesungen über die Ästhetik* (1835), in G.W.F. Hegel, *Werke* („neu editierte Ausgabe. Redaktion von Eva Moldenhauer und Karl Markus Michel"), vol. 13, Suhrkamp, Frankfurt am Main 1999, p. 67.
[19] Vitruvio, *De architectura*, cit., vol. I, p. 116. Si tratta dell'introduzione al libro II.

Scienza speculativa oder: das "Geheimnis des Ganzen"
Zur architektonischen Einheit von Wissenschaft, Kunst und Technik*

GERD DE BRUYN

Institut für Grundlagen der modernen Architektur und Entwerfen, Universität Stuttgart
Keplerstraße 11, D-70174 Stuttgart

Gleichviel, wie wir die Architektur heutzutage definieren und in welchen Kontext wir sie stellen, immerzu rennen wir gegen eine Barriere an, die zuvor genommen werden muss, doch ist uns die Sicht vernebelt. Die Barriere, die ich meine, besteht in der schwierigen Frage, in welcher Verfassung die Architektur die Moderne erreichte und ob sie je in ihr angekommen ist? Mit der Rede von der vernebelten Sicht meine ich, dass die meisten bauenden und theoretisierenden Architektinnen und Architekten der Überzeugung sind, es gäbe eine Architektur, die die Moderne spiegelt, fördert und völlig in sich aufnimmt. Man nennt diese Architektur modern, festigt aber nur den Irrglauben, sie sei in der Lage, die Hürde der Moderne zu überspringen. Das Bauen kann das, die Architektur nicht, sie reißt diese Hürde. Notwendigerweise.

Was aber soll mit "der" Moderne gemeint sein? Diese Frage baut sich wie eine zweite Wand vor uns auf, oder besser: wie eine von Gottfried Sempers Barrikaden, die 1849 in Dresden während des Mai-Aufstandes errichtet wurden. Sie waren so gut gefügt, dass einzelne Teile entwendet werden konnten, ohne ihre Stabilität zu gefährden. Hoffen wir, dass die Barrikade der Moderne ebenso stabil ist und klauben uns ein Stück daraus: Robert Musils *Mann ohne Eigenschaften*, der 1913 spielt. Im Jahr zuvor sank die Titanic. Am Beispiel des Untergangs der österreichisch-ungarischen Monarchie wollte Musil zeigen, dass ähnlich wie der große Dampfer im Atlantik die alte Welt in der Moderne verschwand.

Ihr kompletter Untergang war schuld daran, dass der Autor keine vormodernen Menschen unter sein Romanpersonal mischte. Die Polarisierung des Alten und des Neuen gestattete keine durchgängige Personifizierung, da die Moderne keine traditionellen Menschen mehr kennt. Traditionalisten gibt es Zuhauf, doch selbst der altmodischste Kauz war 1913 bereits ein "teilmodernisiertes" Subjekt, an dem das Neue nicht spurlos vorbeigegangen war.

---

* Der Vortrag wurde am 11.05.2012 beim Kolloquium anlässlich der Jahresversammlung der Braunschweigischen Wissenschaftlichen Gesellschaft gehalten.

Musils mehr oder weniger moderne Menschen treffen sich im Salon einer schönen Dame, die in ironischer Replik auf Platons *Symposion* und Hölderlins *Hyperion* Diotima genannt wird. Außerdem handelt es sich um eine Anspielung auf Eugenie Schwarzwald, die in Österreich das erste Mädchen-Gymnasium leitete, dessen Schülerinnen die Matura ablegen durften. Für die musischen Fächer der nach ihr benannten *Schwarzwaldschule* konnte sie einige der berühmtesten Vertreter der Wiener Avantgarde gewinnen. Die Mädchen erhielten Malunterricht von Oskar Kokoschka, Musikunterricht von Arnold Schoenberg und Adolf Loos machte sie mit der Frage des richtigen Wohnens vertraut.

Er war der Meinung, die moderne Frau sei dazu berufen, ihre Augen zu trainieren, zu zeichnen und zu malen. Die Männer hätten hierfür keine Zeit, deshalb müssten ihre Gattinnen sämtliche ästhetischen Entscheidungen treffen, was Loos grundsätzlich begrüßte, denn „Familienräume sollen immer etwas Feminines haben".[1] Um aber die Frauen (und vor allem seine Schülerinnen) vor dem Vorwurf des Dilettantismus zu schützen, der uns noch beschäftigen wird, schrieb er: „Man hat viel über den Dilettantismus der bildenden Künste gespöttelt. Man will sogar einen Schaden für diese Künste darin erblickt haben. Welche Kurzsichtigkeit! Oder hat vielleicht das Clavierspiel Beethoven und Wagner Schaden zugefügt? Höchstens den lieben Nachbarn."[2]

Übrigens hatte Loos die Wohnung des Ehepaars Schwarzwald in der Josefstädterstraße eingerichtet. Dort veranstaltete die Dame des Hauses einen Salon, in dem neben Elias Canetti, Rainer Maria Rilke, Alma Mahler-Werfel und anderer Prominenz auch Musil verkehrte. Selbstverständlich stand ihm der von Loos gestaltete Raum vor Augen, als er den Salon der Diotima beschrieb. In ihm spekulierten die höheren Kreise darüber, wie das 1918 anstehende siebzigjährige Regierungsjubiläum Kaiser Franz Josefs begangen werden könnte. Vom ersten Weltkrieg ahnte noch keiner etwas. Er machte nicht nur das Jubiläum zunichte, sondern fegte die gesamte k. u. k. Monarchie von der politischen Weltkarte.

Natürlich hätte der greise Kaiser als Personifizierung der Vormoderne die ideale Besetzung abgegeben, doch da er im Roman nicht auftritt, bleibt die gute alte Zeit eine Fiktion und lebt nur in der Erinnerung der *dramatis personae* weiter. Man könnte auch sagen, als jene Sentimentalität, die Musils Romanfiguren beim Anblick alter Bauwerke erfasst, bei der Wiederholung überkommener Bräuche und im Festhalten an einem Hofzeremoniell, das der Wiener Regierungsbürokratie wie ein nach Mottenpulver riechendes Tuch übergeworfen ist.

---

[1] Adolf Loos: Die Frau und das Haus, in: ders., *Die Potemkinsche Stadt*. Verschollene *Schriften 1897–1933*, hg. v. Adolf Opel, Wien 1983, S. 73.
[2] a.a.O.=., S. 71

Adolf Loos, Michaelerhaus in Wien, 1909–1911.

Den letzten Repräsentanten der untergegangenen Welt verbirgt die barocke Architektur der Hofburg, die noch mit Plumpsklos aufwartet, während dem Schlosse gegenüber das Haus am Michaelerplatz den Kaiser seit zwei Jahren[3] verärgert. Franz Joseph soll geschimpft haben, als er von seinem Balkon auf die schmucklose Fassade sah. Darum bestürmte man Loos, wenigstens Blumenkästen vor den Fenstern anzubringen. Die unwürdige Affäre um sein erstes Gebäude bescherte ihm ein Magengeschwür, da er gehofft hatte, mit seinem Entwurf an die Leistungen eines Fischers von Erlach angeknüpft zu haben. Man fragt sich aber schon, wie das gehen soll, wo es sich doch um ein "modernes" Haus handelt...

Hierzu will ich nur kurz sagen: selbstverständlich wollte Loos moderne Häuser bauen, die bequem sein sollten, doch er wollte sie auch als Übersetzungsarbeit gewürdigt sehen. Als eine Transformation der Architektur – die er im Unterschied zu seinen Kollegen als genuin vormoderne Disziplin durchschaut hatte – in die Gegenwart. Mit quantifizierenden Methoden konnte das nur dem

---

[3] Der Roman spielt wie schon erwähnt im Jahre 1913, und das von Adolf Loos entworfene Michaelerhaus wurde 1911 fertig gestellt.

Walther Rathenau.

Ingenieurbau gelingen. Er war und ist modernisierbar, ohne sich selbst zu verlieren. Demgegenüber ist das Überleben der Architektur allein unter dem Anspruch der Qualität zu sichern, der sich seit der Antike a) *ästhetisch* stellt: als Gebot der richtigen Maßverhältnisse, und b) *ethisch*: in der Frage nach dem angemessenen Dekor. Das Bauen lässt sich fundamental, die Architektur nur graduell modernisieren, bis zu dem Punkt, an dem ihre ästhetische und ethische Integrität nicht gefährdet ist.

Mit dem Neuen Bauen hat aber nicht nur das quantitative Messen das qualitative Maß, sondern ebenso das Expertentum das enzyklopädische Wesen der Architektur verdrängt. Auch das lässt sich mit Musils Roman zeigen. Einer, der im Salon der Diotima den Ton angibt – er heißt Paul Arnheim – stellt das höchst bewunderte Hassobjekt des Autors dar. „Er war ein Mann großen Formats",[4] lesen wir, doch da wissen wir schon, das dieses Kompliment vergiftet ist. Hinter Arnheim, erfahren wir von den Literaturwissenschaftlern, verbirgt sich der Großindustrielle, Schriftsteller und spätere Außenminister des Deutschen Reichs Walther Rathenau. Sein Vater Emil hatte 1883 die AEG gegründet. Sohn Walther betrieb schon früh in Führungsposition den Ausbau der Firma und war zudem als Autor

---

[4] Robert Musil: *Der Mann ohne Eigenschaften*. Erstes und Zweites Buch, hg. v. Adolf Frisé, Reinbek bei Hamburg 1981, S. 190

kulturkritischer Schriften, in denen er den Kapitalismus zu läutern suchte, ebenso erfolgreich wie als Manager.

Vor allem war er weitsichtig: 1907, im Gründungsjahr des Deutschen Werkbundes, berief er Peter Behrens zum *künstlerischen Berater* der AEG. Beide waren sie Mitglieder des DWB, der die kulturpolitische und geschäftliche Verbindung von Architekten, Designern, Unternehmern und Journalisten betrieb. Sein Ziel bestand in der Modernisierung und ästhetischen Nobilitierung deutscher Industrieprodukte, um sie auf dem Weltmarkt konkurrenzfähig zu machen. Rathenau nahm dies Programm wörtlich und erklärte Behrens für die Produktgestaltung zuständig. Außerdem beauftragte er ihn mit dem graphischen Erscheinungsbild, dem Marketing der Firma und dem Entwurf der unternehmenseigenen Bauten. Wir sprechen von der Geburtsstunde des Corporate Design.

Der lukrative Schulterschluss von Reform und Profit, Kulturkritik und Fortschrittsoptimismus schrieb Unternehmensgeschichte und verfuhr nach dem Motto „ohne Philosophie wagen heute nur noch Verbrecher anderen Menschen zu schaden."[5] Doch fand diese Kumpanei im Ersten Weltkrieg zusammen mit dem deutschen Großmachtstreben ihr unrühmliches Ende. Aus diesem Grund war Musil der viel belesene Walther Rathenau suspekt. Gleichwohl steht er im Roman nicht nur für die "Dialektik der Aufklärung" ein, für den Rückfall fortgeschrittener Rationalität in Gewalt und Zerstörung – die Figur Paul Arnheim macht zugleich deutlich, *was in der Moderne überhaupt noch von der Vormoderne zu verstehen ist.*

Auf den ersten Blick vermutet man, dass der erfolgreiche Manager, Wissenschaftler und Kunstfreund Arnheim ein Paradigma des Neuen Menschen darstellt. Niemand ist so vertraut mit den Protagonisten des Fortschritts, ob es sich nun um Techniker oder Finanzexperten handelt, und keiner steht den Schaltzentren der Macht so nahe wie er. Versuchen wir aber herauszufinden, warum er mit den Vertretern der verschiedenen Disziplinen in ihrer jeweiligen Sprache sprechen kann, egal ob es sich um „Molekularphysik, Mystik oder Taubenschießen" handelt,[6] stoßen wir bei ihm auf eine vormoderne Intellektualität. Damit am antiquierten Habitus dieses Universalgelehrten kein Zweifel aufkommt, malt Musil das Bild eines Stehkragen-Enzyklopädisten, der das Wissen in sich vereinigt, das in der Moderne von unzähligen Experten verwaltet wird. Darum trägt ein Kapitel den viel sagenden Titel: „Was alle getrennt sind, ist Arnheim in einer Person".[7]

---

[5] a.a.O., S. 193
[6] a.a.O., S. 189
[7] a.a.O., S. 188

Wie gelingt ihm das? Musils Antwort lautet: er hat Geld, verfügt aber auch über eine große Aufnahmefähigkeit und nimmt sich trotz seiner Umtriebigkeit die Zeit, seine Eindrücke und Erkenntnisse schreibend zu verarbeiten. Hierbei entstehen Texte, die breite Kenntnisse vermitteln, aber, wendet Musil ein, „der Fachmann fand unweigerlich in ihnen jene kleinen Unrichtigkeiten und Missverständnisse, an denen man eine Dilettantenarbeit so genau erkennen kann (...). Nur darf man durchaus nicht glauben, dass das die Fachleute hinderte, Arnheim zu bewundern (...) er imponierte ihnen als etwas ganz Neuzeitliches, (...) und wenn sie bemerken durften, dass sie auf ihrem eigenen Gebiet doch noch etwas beträchtlich andres darstellten als er, so erwiesen sie sich dafür dankbar, indem sie ihn einen geistvollen Mann nannten, einen genialen oder ganz einfach einen universalen".[8]

Auf die Frage, weshalb all die Experten der modernen Wissenschaften und Künste einem Dilettanten huldigten, den sie für moderner hielten als sich selbst, gibt Musil ebenfalls eine schlüssige Antwort: Arnheim schien ihnen haushoch überlegen, weil er ihre beschränkten Wissenshorizonte miteinander in Beziehung zu setzen und zu einem einheitlichen Horizont zu verschmelzen wusste. Zumindest kam es ihnen so vor, sobald er den Mund auftat. Geduldig Rede und Antwort stehend „war es ihm zur Natur geworden, einer Gesellschaft von Spezialmenschen gegenüber als Ganzes und ein Ganzer zu wirken."[9]

Arnheim befriedigte zwei Grundbedürfnisse der Moderne: zum einen das nach der harmonischen Einigung sämtlicher Sphären, die in der Moderne ausdifferenziert und dichotomisiert wurden; zum andern bediente er in einer Welt, die durch Naturwissenschaft und Technik einer umfassenden Enträtselung unterworfen war, die steigende Nachfrage nach Metaphysik und Sinngebung. Da Walter Benjamin damit Recht behielt, dass die Esoterik in der Moderne sprunghaften Zulauf erlebt,[10] können wir auch sagen: Arnheim erfüllte mit seiner Person und seinen Schriften die Sehnsucht nach dem Numinosen, indem er die Art und Weise, in der er die vorherrschende Vielfalt und Heterogenität zur Einheit bestimmte, „das Geheimnis des Ganzen" nannte.[11] Damit behauptete er nicht einmal etwas Falsches, weil es laut Musil in der Moderne tatsächlich ein Geheimnis ist, warum wir um das unverstandene Ganze stets mehr Aufhebens machen als um seine erforschten Teile.

---

[8] a.a.O., S. 191

[9] a.a.O., S. 193/194

[10] „Eine ganz neue Armseligkeit ist mit dieser ungeheuren Entfaltung der Technik über die Menschen gekommen. Und von dieser Armseligkeit ist der beklemmende Ideenreichtum, der mit der Wiederbelebung von Astrologie und Yogaweisheit (...) Scholastik und Spiritismus unter – oder vielmehr über – die Leute kam, die Kehrseite." (Walter Benjamin: Erfahrung und Armut, in: ders., *Illuminationen. Ausgewählte Schriften*, Frankfurt am Main 1961, S. 314)

[11] a.a.O., S. 194

Paul Arnheim ist nur insofern "neuzeitlich" zu nennen, weil er den Sinn, den er all dem Analysieren und Sezieren unterstellt, das den ökonomischen und technischen Fortschritt antreibt, nicht aus der Religion bezieht. In seinem Habitus als Enzyklopädist, Universalist und Dilettant konserviert er dennoch eine vormoderne Form von Wissenschaftlichkeit, die kommunikativer ist als die vorherrschende und sich wie die Loossche Akkuratesse hinter einem „tadellosen Anzug aus weichem Stoff" verbirgt. Wir merken uns: der Universalgelehrte alten Schlags kleidet sich modern; im Unterschied zu Diotimas Ehemann, dem Sektionschef Tuzzi, der ein moderner Bürokrat, aber altmodisch gekleidet ist, weshalb er sich neben Arnheim wie „ein levantinischer Taschendieb" ausnimmt.[12]

Auf mich wirkt die Charakterisierung Paul Arnheims wie eine Metapher der Architektur. Ihr Auftritt im jungen 20. Jahrhundert geriet triumphal und war doch zum Scheitern verurteilt. Wohl gab sie sich modisch und suchte alle Bereiche des Alltags stilsicher auszuleuchten, doch nur, um ihren vormodernen universalistischen Charakter zu vertuschen. Immer mehr leiden Architektinnen und Architekten unter der Konkurrenz der Spezialisten, die das Bauen bis in seine letzten Winkel ökonomisieren, verwissenschaftlichen und verrechtlichen. Bei diesem unfairen Wettlauf bleiben sie als antiquierte Generalisten und verhöhnte Dilettanten auf der Strecke, obschon die Architektur, wenn sie eine Kunst bleiben will, ihrer ästhetischen Kompetenz bedarf. Und wenn sie überdies die Komplexität unsres Daseins berücksichtigen will, für das gilt, was Conrad Ferdinand Meyer so treffend zum Ausdruck brachte, als er seinen Hutten bekennen ließ: „ich bin kein ausgeklügelt Buch / Ich bin ein Mensch mit seinem Widerspruch", dann muss sich das Planen und Bauen umso mehr auf das vernetzte Wissen der Architekten[13] stützen, das nicht wissenschaftlich im heutigen Sinne ist, dafür aber angereichert mit Kenntnissen und Erfahrungen, die unumgänglich sind, wenn ein Ganzes nicht nur imaginiert, sondern real entstehen soll.

Damit sind wir an einem wichtigen Punkt angekommen. In der Moderne mag die Rede von der verlorenen Einheit eine Sentimentalität darstellen, dennoch bleibt es dabei, dass ein Haus ein aus vielen Teilen und Aspekten gefügtes eigenwilliges und selbstgenügsames Ganzes ist. Es ist keine reibungslose Maschine, sondern ein unmodernes Relikt der Vergangenheit, auf das der "antiquierte Mensch" ein Anrecht hat. Mit dieser Bemerkung will ich nicht Günther Anders aus dem Giftschrank der Kulturkritik kramen, ich möchte nur darauf hinaus, dass man mit dem gleichen Recht, mit dem man sagt, in Musils Roman komme kein durchweg

---

[12] a.a.O., S. 195

[13] Vgl. Gerd de Bruyn u. Wolf Reuter: *Das Wissen der Architektur. Vom geschlossenen Kreis zum offenen Netz*, Bielefeld (transcript) 2011, S. 50 ff.

vormoderner Mensch vor, behaupten kann, dass ja auch im realen Leben nie ein komplett moderner Mensch auftaucht. Die Interaktion mit den Maschinen macht uns zu modernen Wesen, aber unser Leben in den Häusern verwandelt uns zurück in Kelten.[14]

Der Mensch ist weder perfekt, noch will er es sein, und Gleiches gilt für die Architektur. Schon John Ruskin wusste: Perfektion hat mit Architektur nichts zu tun, *firmitas* durchaus, aber das ist auch etwas anderes. Ich habe lange gebraucht, um zu begreifen, dass nicht Vitruv abgeschafft gehört, um die Architektur zu retten. Er sprach nicht vom "Geheimnis des Ganzen", er kannte es, indem er die Einheit von *firmitas, utilitas* und *venustas* behauptete. Mit Durands Primat des Geizes erhielt sie den Todesstoß. Sparsamkeit war der neue Begriff, womit man *utilitas* übersetzte, um die aus der Wirtschaftlichkeit geborene Funktion zur Königstugend des modernen Bauens zu erklären.

Der Architekturtheoretiker Georg Germann machte Semper zusammen mit Durand für das Ende des Vitruvianismus verantwortlich, das ist aber falsch. Man merkt es seinem Text an, dass er seiner eigenen These misstraute.[15] Für Semper war die Architektur weiterhin eine Kunst, sogar die führende, worüber sich Richard Wagner mokierte. Zugleich wusste er sich die Ambitionen seines Architektenfreundes zunutze zu machen, indem er ihn beauftragte, ihm ein Festspielhaus an der Isar zu planen, das er, Wagner, selbstverständlich dem Führungsanspruch seiner Kunst, der Musik, unterworfen hätte.

Beiden stand die Idee des Gesamtkunstwerks vor Augen. Aber Semper stellte sie sich natürlich in räumlicher und Wagner in zeitlicher Perspektive vor. Dennoch wussten sie um die gemeinsamen pythagoreischen Gene ihrer Disziplinen. Ich bin so dreist und behaupte, dass Wagner scheiterte, obschon er der Erfolgreichere und sicher auch der bedeutendere Künstler von beiden war. Aber Semper war der wertvollere Mensch. Sein Werk und sein nicht eben einfacher Charakter profitierten davon, dass Architektur von Hause aus eine enzyklopädische Wissenschaft und ein Gesamtkunstwerk darstellt, während die Musik in Theorie und Praxis viele Formen anzunehmen weiß, ohne ihrem Wesen zu widersprechen.

Aber auch sie kann natürlich ein Gesamtkunstwerk sein, wie schon die barocke Oper beweist. In Wagners Musikdrama fehlt hingegen etwas, das meiner An-

---

14 Oder gar in neolithische Pfahlbauern, wie es Corbusier unterstellte, der seine Häuser Wohnmaschinen nannte und sie dennoch auf „Pfähle" bzw. Pilotis stellte.

15 An entscheidender Stelle spricht Germann nicht vom Ende des Vitruvianismus, sondern von seiner Aktualisierung durch Semper, dessen „Neuerung besteht darin, den von Vitruv an einem einzigen Beispiel geschilderten Wechsel (vom Holz- zum Steinbau, GdB) zu einer allgemeinen ‚Stoffwechseltheorie' auszubauen, welche Textilien, Keramik, Baustoffe und Metalle umfasst." (Georg Germann: Einführung in die Geschichte der Architekturtheorie, Darmstadt 1980, S. 253)

Gottfried Semper.

sicht nach zum Wesen eines Gesamtkunstwerks gehört. Es kombiniert ja nicht nur mehrere Gattungen miteinander und verschmelzt sie unter der Leitung einer übergeordneten Disziplin zu einem Ganzen, sondern sorgt außerdem dafür, dass auf der Ebene der ästhetischen Produktion die Einheit dreier Sphären demonstriert wird, die mit dem Sport die Hauptbetätigungsfelder der Kultur bilden.

Ihr Auseinandertreten kann bereits in der Antike beobachtet werden, doch bildeten sie zunächst eine Einheit, die die alten Griechen τεχνη nannten. Ursprünglich verstanden sie hierunter die Identität von **Kunst**, **Wissenschaft** und **Handwerk**. Die Vorstellung liegt nahe, dass in einer Welt, in der das vom Menschen geschaffene Artefakt ohne Unterschied als Produkt von Wissen, Geschmack und Geschicklichkeit angesehen wurde, die Erfahrung der Ganzheit noch kein Geheimnis war. Sie war keine dem Alltag entzogene, sondern eine gewöhnliche Erfahrung, die sich bei jedem Gegenstand und jeder Verrichtung einstellen konnte. Erst mit der Spaltung der Sphären ging sie verloren. Allein in der Architektur erstritt sich die alte τεχνη ein Bleiberecht, das so lange besteht, so lange sich Architektur und Kunst gegenseitig am Leben erhalten.

Natürlich wollte auch Wagner gravierende Bruchstellen der Moderne mit dem Musikdrama heilen, die Wiederherstellung der alten τεχνη aber war ihm kein Anliegen. Weder kümmerte ihn groß, was die mittelalterlichen Universitäten *ars musica* nannten: der vormoderne Wissenschaftscharakter der Musik, noch das Handwerkliche, das er in den Meistersingern von Nürnberg verspottete (trotz der prominenten Zeile „ehrt Eure deutschen Meister! Dann bannt ihr gute Geister"). Wie die Konstruktion seiner Kompositionen so verleugnete er die Technik insgesamt und deckte den Orchestergraben zu, um die laute Konzertmaschine zu dämpfen und dem Gesang volle Geltung zu verschaffen,[16] der sich zwar ebenfalls einer Technik verdankt, die aber unsichtbar bleibt und ein Geschenk der Natur zu sein scheint.

Semper ging es nicht um Verschleierung, sondern um Bekleidung. Das ist etwas anderes. Architektonische Maskeraden stellten für ihn ästhetische *und* technische Herausforderungen dar. Gerade weil er die Baukunst in einer berühmten Fußnote als karnevalesk entzauberte, verwandelte sie sich unter seiner Hand zum würdigen Schauspiel, während Wagner das Gegenteil bewirkte, als er der Oper den Faschingszauber mit dem *Bühnenweihfestspiel* auszutreiben suchte. Nietzsche sah es so. Er nannte den Parsifal einen „Operetten-Stoff *par excellence*" und stellte die Frage, ob er überhaupt ernst gemeint war? „Dass man über ihn gelacht hat, möchte ich am wenigsten bestreiten, Gottfried Keller auch nicht..."[17]

Als haptische Kunst ist die Architektur davor gefeit, ihre handwerkliche Basis zu leugnen, darum verlegte Semper den Ursprung der Architektur in die Hände: die gestikulierenden, webenden und flechtenden Hände, die erst den menschlichen Körper bemalen, dann das Nomadenzelt besticken und schließlich die monumentale Baukunst ornamentieren. Die kunstfertige Hand und das im Kopf gespeicherte Wissen über die richtigen Proportionen gestatten es der Architektur, die ungeteilte τεχνη in die Moderne hinüberzuretten. Diese wiederum stellt sicher, dass mit ihr so viel Konvention überlebt, wie nötig ist, um die Ganzheit eines Hauses ohne Geheimniskrämerei zu gewährleisten.

Es behaupte nun niemand, mit dieser Aussage seien die Legitimität des architektonischen Experiments und der Avantgarden bestritten. In meinem Buch über die enzyklopädische Architektur hatte ich betont, dass die historischen Avantgarden keineswegs eine "moderne Architektur" intendierten, sondern die Reformulierung der Architektur als vormoderne Kunst und Wissenschaft.[18] Ich bleibe dabei, füge aber hinzu, dass die Architektur nicht nur eine Enzyklopädie ist, sondern dass wir

---

[16] Wagner nannte den Orchestergraben einen „mystischen Abgrund". Das von ihm verdeckte Orchester sollte die „widerwärtige Störung durch die stets sich aufdrängende Sichtbarkeit des technischen Apparates" verhindern (vgl. Richard Wagner: Bayreuth. Das Bühnenfestspielhaus, in: ders.: *Gesammelte Schriften und Dichtungen*. 4. Auflage. Röder, Leipzig 1907, Bd. 9, S. 336).

[17] Weiter heißt es: „Man möchte nämlich wünschen, dass der Wagnersche Parsifal heiter gemeint sei, gleichsam als Schlussstück und Satyrdrama, mit dem der Tragiker Wagner (...) von der Tragödie habe Abschied nehmen wollen, nämlich mit einem Exzess höchster und mutwilligster Parodie auf das Tragische selbst." (Friedrich Nietzsche: Nietzsche contra Wagner, in ders., *Richard Wagner in Bayreuth u.a.*, Stuttgart 1973, S. 141)

[18] Gerd de Bruyn: *Die enzyklopädische Architektur. Zur Reformulierung einer Universalwissenschaft*, Bielefeld (transcript) 2008, S. 66 ff.

uns die in ihr vereinte Wissenschaft und Kunst noch mit der Technik verbunden vorstellen müssen. Hieraus folgt, dass ich mir in Zukunft die Frage stellen muss, ob mit den Reformulierungen des enzyklopädischen Charakters der Architektur auch die Aktualisierung ihres handwerklichen Wesens einhergegangen ist? Derzeit weiß ich noch keine Antwort darauf.

Versteht man die Architektur als vormoderne τεχνη und eine sich ihrer Modernisierung widersetzende Wissenschaft, die das Lebensganze im Auge behalten möchte, wird man sich sagen lassen müssen, dass eine solche Disziplin an unseren Universitäten nichts verloren hat. Sie steht ja auch längst schon auf verlorenem Posten. Heutige Hochschulrektoren, Bildungspolitiker und Bauministerien wissen nicht mehr, wofür ein scheinbar toter, aber unsezierbarer Kadaver wie die Architektur gut sein könnte. Sie verstehen nur, dass sie sich in den auf Drittmittelforschung und Exzellenz schielenden Lehrbetrieb kaum integrieren lässt. Genau dieser Umstand sollte uns deutlich machen, dass die Architektur unersetzbar ist. Nicht obwohl sondern gerade weil sie im modernen Sinn weder Wissenschaft noch Kunst ist. Weil sie ein unzeitgemäßes Phänomen ist, das sich seiner ingenieurtechnischen und soziologischen Dressur widersetzt. Hierbei macht sie ihr epistemologischer Eigensinn genauso kostbar wie die wenigen Baukunstwerke, die ambitionierte Architektinnen und Architekten dem Nachhaltigkeitsgeschwätz und den ökonomischen Diktaten abtrotzen.

Architektur – Wissenschaft:
Glasperlenspiele und das leibhaftige Einhorn*

CORD MECKSEPER

Eisenacher Weg 4, D-30179 Hannover

Πάντες ἄνθρωποι τοῦ εἰδέναι ὀρέγονται φύσει.

Aristoteles, Metaphysik A I, 980 a 21

I.

„*Kat.-Nr. 334. Inv.-Nr.: 2809. Identifikation: Bogenkeilstein. Versturzlage Zuordnung: Westseite, Dg. IIWest. Zustand: Bruch: RS, UL. VO: SG Nordost. B in cm: u. 31 o. 36. H in cm: 70. T in cm: (49). Bemerkung: OL: Mörtelreste, hellgrau, Zuschlag Kalk und Basaltsplitt, UL: Endglättung fehlt, Randschlag B 2,5 cm zur VS und zu den SL, Spiegel in Bosse (Spitzeisen). Archiv: TB 1993, 22 UQ 1989, 59 (Bl. 18)*"[1].

„*So sah er das Errichten des gotischen Zauberpalasts von Fonthill Abbey als höhnische Einlösung und Überwindung des von Walpole zuerst in Szene gesetzten, spielerischen gothic revival an, seine in humoristischem Übermut beschworenen Schreckensszenarien als Auslöschung des als geistreich-pedantisch empfundenen Nachstücks über das Kastell von Otranto und seinen Untergang, die von seiner eigenen Individualität ganz erfüllte Unendlichkeit seiner Gartenanlagen und Traumlandschaften als den Beginn einer neuen Ära nach der auf kleinste Wirkungen bedachten Ästhetik der schönen Unregelmäßigkeit*"[2].

Es ist schon bemerkenswert, was einem an historischer Architektur Interessierten so an unterschiedlichen Wissenschaftstexten auf den Tisch kommt. Das erste Zitat stammt aus dem Steinkatalog eines eingestürzten Gebäudes der antiken Stadt Gadara (dem heutigen Umm Qais im Norden Jordaniens), in dem von 5004

---

[1] Claudia Bührig, Das spätkaiserliche Bogenmonument *extra muros* in Gadara (*Umm Qais*). Städtebauliche Bedeutung und Funktion eines freistehenden Torbaus an der Schnittstelle von Stadt und Umland. Mit einem Beitrag von Klaus Stefan Freyberger und Appendices (Deutsches Archäologisches Institut, Orient-Archäologie, Band 21, Gadara I), Rahden/Westf. 2008, Appendices S. 341.

[2] Norbert Miller, Fonthill Abbey. Die dunkle Welt des William Beckford, München 2012, S. 278.

inventarisierten Steinen 1010 profilierte oder dekorierte Architekturglieder genauer beschrieben werden. Der von westlichen Forschungsreisenden bereits 1812 registrierte Trümmerhügel fand erst seit 1987 seitens des Deutschen Archäologischen Instituts genauere Untersuchung. Allein die Dokumentation und Analyse jedes einzelnen Steins ermöglichte es, das einstige Gebäude als ein monumentales Bogenmonument mittelseverischer Zeit zu identifizieren und zeichnerisch zu rekonstruieren, seine Funktion zu präzisieren und es in die zeitgenössische, römische Architektur einzuordnen.

Im zweiten Zitat geht es gleichfalls um ein heute nur noch relikthaft erhaltenes Bauwerk, das von dem Exzentriker William Beckford (1759–1844) seit 1796 in der englischen Grafschaft Wiltshire erbaute, von einem riesigen, 276 Fuß (= rd. 84 m) hohen Turm dominierte und von einer hermetisch abgeschlossenen, künstlichen Gartenlandschaft umfangene Schloss Fonthill Abbey. Von einem Turm hatte Beckford schon als Kind geträumt und hatte 1786/87 einen Turm, der eine Gruppe von fünf märchenhaft orientalischen Palästen überhöhte und den zu ersteigen es elftausend Stufen zu überwinden bedeutete, in seinem Roman „Vathek" mit Mohammeds Hilfe durch einen jungen Kalifen errichten lassen.

Beide Zitate vertreten Zugriffsmöglichkeiten auf historische Architektur, wie sie nach Absicht, Methode und Darstellungsform kaum unterschiedlicher sein könnten. Mit dem ersten begegnet ein Musterbeispiel dessen, was als Bauforschung oder, um Verwechslungen mit einer technisch-naturwissenschaftlichen Disziplin zu vermeiden, als Historische Bauforschung bezeichnet wird. Das zweite Zitat verdankt sich dagegen der Vergleichenden Literaturwissenschaft. Beide Zugriffsformen sind zweifellos legitim, denn sie entstammen wissenschaftlichen Untersuchungen, folgen also prinzipiell der Definition, nach der das „Hauptziel der Wissenschaft die rationale, nachvollziehbare Erkenntnis der Zusammenhänge, Abläufe, Ursachen und Gesetzmäßigkeiten der natürlichen wie der historisch und kulturell geschaffenen Wirklichkeit" sei[3].

Beziehen wir dies auf Architektur, allgemeiner: auf Bauliches, und verstehen unter „kulturell geschaffener Wirklichkeit" nicht allein real Errichtetes, sondern auch bildlich oder textlich Fiktionales. Es geht also um das Wissen all dessen, was in welcher Richtung auch immer über Bauliches gedacht wurde. Denken wir einerseits an die Darstellung, gar kritische Reflexion von Architektur in der Fachliteratur von Vitruv bis über Matthäus Roritzer, die schreibfreudigen und theoretisierenden Architekten der frühen Moderne und Aufklärungszeit bis hin zum wohl letzten Großtheoretiker Gottfried Semper, aber auch zum scheinbar

---

[3] dtv-Brockhaus-Lexikon in 20 Bänden, Band 20: Wel-Zz, Mannheim 1986, S. 120.

banalen „Neufert". Und denken wir andererseits an Breughels Visionen des Turmbaus zu Babel oder Claude Lorrains Hafenarchitekturen als Rahmung existentieller Aufbruchssituationen, an Ezechiels Tempelvision, Platos Atlantis, des Jüngeren Titurels Gralstempel, an Adalbert Stifters nachsommerliches „Rosenhaus", William Morris' „News from Nowhere" oder auch an die düsteren, teilweise seit undenklichen Zeiten leer stehenden Räume der labyrinthisch weitläufigen Burg Gormenghast eines Mervyn Peake (1911–1968)[4].

Die Wissenschaft von der Architektur, allgemeiner: vom Bauen, stellt sich damit als ein breiter Fächer unterschiedlichster Fragestellungen und methodischer Zugriffe auf Anlass, Vorgang, Ergebnis und Funktion jeglichen Bauens dar. Die Zahl denkbarer Fragestellungen, ausgehend von Form, Funktion, Konstruktion, Bedeutung (Ikonologie) und Proportion, vom Bauherrn, Entwerfer (Baumeister/Architekt), Nutzer und Rezipienten ist schier unbegrenzt. Entsprechend unbegrenzt ist die Zahl methodischer Lösungswege. Und ständig werden neue Zugangsformen entwickelt, wie mit den von Fall zu Fall als Paradigmenwechsel ausgerufenen, gar gefeierten *social, spacial, gender, cultural, linguistic turns*. Sie seien durchaus positiv vermerkt, eröffnen sie doch ständig neue Perspektiven. Messen wir daher auch das *anything goes* Paul Feyerabends (1924–1994) nicht an denkbaren Abstrusitäten, verstehen es vielmehr als einen Akt der Befreiung, wie ebenso den Zusammenbruch teleologischer Geschichtsmodelle seit Ausgang der vergangenen 80er Jahre.

II.

Traditionell diszipliniert wird die Vielfalt an Fragestellungen und Methoden durch die universitären, nach Fakultäten gegliederten Wissenschaftsdisziplinen, deren jede über einen eigenen Kanon an Fragestellungen und Methoden verfügt und in der Entwicklung neuer Ansätze regelhaft disziplinspezifischen Denkkategorien folgt. Da es hier um Bauen, im engeren Sinn um Architektur geht, wäre zunächst diese Disziplin zu nennen, darin der aus ihr kommende „Baugeschichtler". Es ist der Architekt, der dem Bauen physisch am nächsten steht, der weiß, was es einen Ziegelstein in der Hand zu wiegen oder einen Balken aufzurichten bedeutet. Primär auf formale Interpretationen hin ist der Kunsthistoriker orientiert, ihm benachbart der Klassische Archäologe, säuberlich zu trennen vom Archäologen als Grabungswissenschaftler. Bauen ist ein Thema

---

4 Winfried Nerdinger (Hrsg.), Architektur wie sie im Buche steht. Fiktive Bauten und Städte in der Literatur, Regensburg 2006. Mervyn Peake, Gormenghast, Bd. 1–2, Stuttgart 1982–2010.

der Volkskunde und Ethnologie, selbst der Soziologie[5]. Bereits begegnet ist uns der Literaturwissenschaftler. Vergessen wir nicht den Historiker. Weitere Disziplinen lassen sich anschließen. Letztlich berührt die Thematik Bauen jede in irgendeiner Form mit Aspekten menschlicher Kultur befasste Disziplin.

Nicht minder traditionell ist aber auch die fachliche Abschottung zwischen den Disziplinen, selbst innerhalb deren einzelnen Spezialisierungen. Zu beklagen ist nicht die Unkenntnis des Anderen, sondern das daran bisweilen ostentativ zur Schau getragene Desinteresse. Man mag von Interdisziplinarität träumen oder auch von transdisziplinären Netzwerken. Weithin werden sie jedoch nur deklamatorisch beschworen[6].

Traditionell unterliegen schließlich die Disziplinen bestimmten Statushierarchien. Bis heute normative Geltung hat Vitruvs Hierarchisierung nach baulichen Gattungen behalten: Sakralbau – Profanbau, letzterer gegliedert in öffentliches und privates, hier nach städtischem und ländlichem unterschiedenes Bauen. Dem Verfasser klingt es noch in den Ohren: „Promovieren Sie bloß nicht über eine Burg, wenn Sie Karriere machen wollen". Hierarchisiert wird nach Gestalt und Konstruktion, in dieser nach den Materialien Stein und Holz. Dann die Hierarchie der Methoden: Stilkritik, Ikonologie, Bauforschung. Und über der baulichen Wirklichkeit steht, wenn nicht die Ideengeschichte, so doch die „Theorie". Dem Historiker zählt die Architektur quellenbegrifflich zur Sachüberlieferung; zuständig für sie ist ihm der Hilfswissenschaftler. Wie denn sich der solchermaßen zum akademischen Kellerkind gestempelte Bauhistoriker nicht scheuen sollte, seinerseits den schriftquellenfixierten Historiker als Hilfswissenschaftler anzusehen. Die Statushierarchie zwischen den Klassischen Archäologen und Bauforschern ließ letztere 1926 eine eigene wissenschaftliche Gesellschaft, die Koldewey-Gesellschaft, gründen. Imagefragen werden sprachlich ausgetragen, wenn es um Berufungen an Architekturabteilungen geht. Kommt ein Kunsthistoriker statt Architekt zum Zug, ändert er meist die Institutsbezeichnung: Aus „Baugeschichte" wird „Architekturgeschichte".

---

[5] Erinnert sei an die Analyse Pariser Stadthôtels in Norbert Elias' „Höfischer Gesellschaft" (1969) und des indigenen kabylischen Hauses durch Pierre Bourdieu (1970).

[6] Der Verfasser wollte sich bei einem angesehenen Mediävisten der richtigen Übersetzung einer lateinisch überlieferten Baunachricht versichern, wurde von diesem an einen nicht minder angesehenen Kollegen verwiesen (da dieser fachlich der Entstehungszeit der Quelle näher stünde), der seinerseits auf eine Verwandte verwies (da sie eine in der Quelle genannte Person in ihrer Dissertation behandelt habe), die den Verfasser auf die Biographie der genannten Person eines belgischen Gelehrten verwies – für den die Quelle ohne Interesse war, so dass er sie gar nicht erst erwähnte.

III.

Das in den Wissenschaftsdisziplinen entwickelte Wissen ist wohlgeordnet über das Buch und damit die Bibliothek verfügbar. Verlieren wir uns nicht in denkbaren Standortsystematiken, in nicht geringem Maße spiegeln sie die Ordnungen der Disziplinen. Aby Warburg unterwarf seine kulturwissenschaftliche Bibliothek immerhin bisweilen thematischen Neugruppierungen. Das in einer Bibliothek gespeicherte Wissen ist als ein nahezu unendliches, jedenfalls nicht mehr überschaubares denkbar: Jorge Luis Borges (1899–1986) hat es mit seiner „Bibliothek von Babel" (1941) beschrieben, konnte aber auch – *omnis in unum*[7] – „das unfassliche Weltall" in einem einzigen Punkt, dem „Aleph" (1949) unter der Kellertreppe eines Abrisshauses, in unerträglicher Helle „sichtbar" werden lassen. Dass Architektur in ihrer räumlichen Struktur eine Ordnungsform für das Wissen über sie selbst sein kann, erweisen unter anderem in der antiken Rhetorik der Memorialort „Haus" (Cicero „*ars memoriae*"), frühneuzeitlich das Theater (*Theatrum Mundi*) und noch immer das Bild vom „Labyrinth des Wissens".

Bibliotheksbestände werden heute elektronisch erschlossen und damit durch ein Medium, das inzwischen vom Schreibtisch aus nahezu jeden veröffentlichten Text auffindbar macht. Das in den Texten gespeicherte Wissen ist allerdings im chaotischen und somit nunmehr hierarchiefreien, nur über die Algorithmen von Suchmaschinen, gar Metasuchmaschinen erschließbaren Wissensspeicher des Internets nur zu einem Bruchteil greifbar und noch keineswegs, wie der Terminus „digitales Netz" vermuten lassen könnte, inhaltlich vernetzt.

Seien wir immerhin glücklich über das Getty Research Portal. Es macht in Sekundenschnelle Leon Battista Albertis 1443–1452 verfasstes, 1485 erstmals in Florenz gedrucktes Buch „De re aedificatoria" auf dem Bildschirm sichtbar und genügt weithin für wissenschaftliches Arbeiten. Zu sehen sind jedoch nur Abbilder einst gedruckter Seiten, Seiten eines ganz bestimmten Buchexemplars, das als physisches Objekt einem Fertigungs- und einem Verkaufsvorgang unterlag, durch viele Hände gegangen war, dabei einen spezifischen Geruch erhalten hat – und doch nur ein Zeichensystem umfasst, das auf der physischen Realität der noch viel stärkeren Wirklichkeit seiner Thematik „aedificatoria" beruht. Jean Baudrillard (1929–2007) hat schon früh die medial, bisweilen sogar medial mehrfach gebrochen vermittelte Wirklichkeit als hyperreale Scheinwelt charakterisiert.

---

[7] Thomas Hänsli, «Omnis in unum» - Inganno, Argutezza und Ingegno als kunsttheoretische Kategorien bei Emanuele Tesauro und Andrea Pozzo, in: Wissensformen. Sechster Internationaler Barocksommerkurs, Stiftung Bibliothek Werner Oechslin, Einsiedeln (Studien und Texte zur Geschichte der Architekturtheorie. Hrsg. von Werner Oechslin), Zürich-Berlin 2000, S. 166–179. Der Terminus findet sich erstmals in Ovid, *Metamorphoses* VIII, 112: *spes omnis in unum*.

Als Simulation von Wirklichkeit sei sie, inzwischen wirkungsmächtiger als die Wirklichkeit selbst, zu einem *simulacrum* eigener Qualität geworden[8].

IV.

Die hier skizzierte Struktur und Dynamik der Wissenswirklichkeit birgt offensichtlich immer wieder die Gefahr, ihres Objekts, nämlich der realen baulichen Wirklichkeit, abhanden zu kommen.

Hermann Hesse (1877–1962) schildert in seinem Werk „Das Glasperlenspiel" (1943), wie im Rahmen alljährlicher, ritueller Spiele die bis dahin disparate Wissensbewältigung eines „feuilletonistischen Zeitalters" ausgehend von Mathematik und Musik, aber über die bildenden Künste auch die längst zur Mathematik in Beziehung stehende Architektur einschließend, in eine ganzheitlich über den Wissenschaftsfakultäten schwebende „Unio Mystica aller getrennten Glieder der Universitas Litterarum" überführt wurde[9]. Die in einer fiktiven Provinz Kastalien entwickelten Spiele umfaßten sämtliche Inhalte und Werte deren Kultur und folgten Regeln einer Art hochentwickelter Geheimsprache, welche die Inhalte und Ergebnisse nahezu aller Wissenschaften auszudrücken und zueinander in Beziehung zu setzen imstande war. Sie unterlagen denkbar strengster Kontrolle der obersten Spielleitung, einer „Kaste"[!] durch „Geisteszucht von mönchischer Strenge" geprägter „Elite der Geistigen"[10].

Umkreist wurde von den Spielen jeweils ein bestimmtes Thema, zu welchem Josef Knecht, Protagonist des Werks, für sein erstmals als Magister Ludi allein verantwortetes Spiel „das alte, konfuzianisch rituelle Schema des chinesischen Hausbaues"[11] wählte. Es galt „zu verstehen lernen, was ein chinesisches Haus ist und was die Regeln bedeuten, die für seinen Bau vorgeschrieben sind". Das Spiel in seinen „unendlichen, vieldimensionalen Vorstellungsräumen" geriet nachgerade vollkommen. Eine Vollkommenheit, die den Keim zu Zweifel legte und sich in der Folge zu einem „Hunger nach Wirklichkeit" auswuchs, Josef Knecht schließlich eine „Flucht in die Wirklichkeit" antreten und sein hohes Amt aufgeben ließ: „Die Welt und ihr Leben war ja unendlich viel größer und reicher als die Vorstellungen, die sich ein Kastalier von ihr machen konnte, sie war voll Werden, voll Geschichte, voll Versuch und ewig neuem Anfang ..."[12].

---

[8] Jean Baudrillard, Agonie des Realen, Berlin 1978.
[9] Hermann Hesse, Das Glasperlenspiel, Berlin-Frankfurt/Main 1954, S. 47.
[10] Hesse (wie Anm. 9), S. 42f.
[11] Hesse (wie Anm. 9), S. 333f.
[12] Hesse (wie Anm. 9), S. 551–552.

In Umberto Ecos (*1932) zeichentheoretischem Roman „Der Name der Rose" (1980) geht es um ein bestimmtes Wissen; verborgen in einer fiktiven Klosterbibliothek, deren Höchstmaß an räumlicher Ordnung ein Höchstmaß an labyrinthischer Konfusion ihrer Besucher zu Folge hatte. In ihr war es, wo der freigeistige Franziskaner William von Baskerville seinem Adlatus Adson anhand der Überlieferungen zum Einhorn die Ideen als Zeichen der Dinge erläuterte. Die wahre Wissenschaft dürfe sich jedoch nicht mit Ideen begnügen, die eben nur Zeichen seien, „sondern muss die Dinge in ihrer einzigartigen Wahrheit zu fassen suchen." Zeichen können sich als Zeichen von Zeichen in Gestalt von Abdrücken von Abdrücken zu Ketten fügen, „und gerne würde ich immer weiter zurückgehen bis zu jenem leibhaftigen Einhorn, das am Anfang der Kette steht" – und wohl ein plumpes, gemeines, hässliches und schwarzes Rhinozeros ist[13]. Steht am Anfang so mancher architekturgeschichtlichen Kette nur die banale Wirklichkeit eines plumpen, überlästigen, rohen, „unbehülflich großen" dorischen Tempels[14]?

Die Bibliothek geht, wie in der Folge das gesamte Kloster, in Flammen auf. Eine ultimative Katastrophe, die für den Franziskaner William nur das Kommen des von keiner Weisheit mehr gehinderten Antichristen bedeuten musste, seien doch die Zeichen „das einzige, was der Mensch hat, um sich in der Welt zurechtzufinden"[15]. Nichts also gegen Gedachtes, Geschriebenes, gegen Bücher – soweit nach Kant der auf dem „Haus der Erfahrung [der Erscheinungen] aufbauende Verstand" nicht Gefahr läuft, ihm ein „noch viel weitläufigeres Nebengebäude" aus „Hirngespinsten" anzubauen und sich darin zu „versteigen"[16].

Hauptziel der Wissenschaft sei die Erkenntnis der Wirklichkeit, hatten wir eingangs erfahren. Das Aristoteleszitat unseres Mottos „Alle Menschen streben von Natur aus nach Wissen", setzte der Philosoph mit der Feststellung fort, das zeige sich schon in der Freude an den Sinneswahrnehmungen, die auch ohne Nutzen um ihrer selbst willen geschätzt würden; so vor allem die Gesichtswahrnehmung, weil gerade sie am meisten Erkenntnis vom Gegenstand vermittle und viele Differenzierungen ermögliche[17]. Martin Heidegger übersetzte das Motto, nahe

---

13 Umberto Eco, Der Name der Rose (dtv 10551), 5. Aufl. 1986, S. 406.
14 Adjektive nach Goethe, Faust II, 1. Akt, Kaiserliche Pfalz, bezogen auf die Bildprojektion mit einer Laterna magica, deren durch einen Astrologen mit der Absicht, „durch magisch Wort sei die Vernunft gebunden [!]", formulierte Erläuterung, „Der Säulenschaft, auch die Triglyphe klingt, Ich glaube gar, der ganze Tempel singt", immer wieder sinnverfehlend zitiert wird!
15 Eco (wie Anm. 13), S. 625.
16 Werner Oechslin, «… und welche Vernunft speculiert nicht …»: NEBENGEBÄUDE – architektonische und andere!, in: Wissensformen (wie Anm. 7), S. 16–37 (Zitatnachweise S. 16).
17 Horst Seidl (Hrsg.), Aristoteles' Metaphysik, Erster Halbband: Bücher I(A)–VI(E), Griechisch-Deutsch, Hamburg 1989, S. 3.

am griechischen Wort εἰδέναι (wissen=sehen), mit „Im Sein des Menschen liegt wesenhaft die Sorge des Sehens", um unter Bezug auf Parmenides zu formulieren: „Ursprüngliche und echte Wahrheit liegt in der reinen Anschauung"[18]. Sich auf die ursprüngliche und echte Wahrheit von Architektur einzulassen, bedeutet aber, sich immer wieder in aller Bewusstheit der elementaren, auf Anschauung beruhenden physischen Sinneserfahrung von Architektur, ihrer Steine, deren Gewicht und Gestalt auszuliefern, also jenem, von dem schon im 5. und 4. vorchristlichen Jahrhundert bei den Griechen Iktinos, Pytheos und Satyros alles Denken und Schreiben ausging: der konkreten, materiellen Realität von Architektur. Gegenüber der Geschichte meist nur indirekt überliefernden Schriftquelle verkörpert sie authentische Gegenwart von Geschichte. Sie ist damit primärer baulicher Wissensspeicher[19]. Auf ihrer einzigartigen, in so manchem Fall auch durchaus banalen Wahrheit beruht alles Denken über sie, alles Weitere ist davon nur abgeleitet. Allein ihre gewissenhafte Einzelanalyse vermag in so manche Vorstellung von der „Ordnung der Dinge" immer wieder innovative Unordnung zu bringen.

Es ist die Bauforschung, verstanden als das in allen denkbaren Aspekten erkenntnisorientierte, das heißt kritisch analytische Erschließen der realen Wirklichkeit eines Bauwerks aus diesem selbst[20], die am Anfang aller Wissenschaften vom Bauen steht. Die Sinnfrage braucht sich dabei nicht zu stellen. Der einzig unangreifbare Grund, sich mit historischer Architektur zu beschäftigen, ist ihre Existenz:

„*Kat.-Nr. 334. Inv.-Nr.: 2809.* **Identifikation**: *Bogenkeilstein.* **Versturzlage Zuordnung**: *Westseite, Dg. IIWest.* **Zustand**: *Bruch: RS, UL.* **VO**: *SG Nordost.* **B in cm**: *u. 31 o. 36.* **H in cm**: *70.* **T in cm**: *(49).* **Bemerkung**: **OL**: *Mörtelreste, hellgrau, Zuschlag Kalk und Basaltsplitt,* **UL**: *Endglättung fehlt, Randschlag B 2,5 cm zur VS und zu den SL, Spiegel in Bosse (Spitzeisen).* **Archiv**: *TB 1993, 22 UQ 1989, 59 (Bl. 18)... ... .*"

---

[18] Martin Heidegger, Sein und Zeit (Gesamtausgabe, I. Abteilung, Band 2), Frankfurt/Main 1977, S. 227.
[19] Claudia Bührig, Bauforschung – Baugeschichte. Eine ergänzende Perspektive: Der Baubefund als *Wissensspeicher*, in: Bau*forschungsperspektiven* – Neue Ansätze und fachübergreifende Arbeitsweisen. Kolloquium veranstaltet vom Architekturreferat des Deutschen Archäologischen Instituts in Berlin vom 17.–19. November 2005 = Archäologischer Anzeiger 2007,1, S. 215–280, hier S. 269–280.
[20] Bau*forschungsperspektiven* (wie Anm. 19). Uta Hassler (Hrsg.), Bauforschung. Zur Rekonstruktion des Wissens, Zürich 2010.

FESTVERSAMMLUNG IM ALTSTADTRATHAUS

Prof. Dr.rer.nat. Dr.h.c. Joachim Klein
Präsident der Braunschweigischen Wissenschaftlichen Gesellschaft

Begrüßung

Hohe Festversammlung,
meine sehr verehrten Damen und Herren,
sehr verehrte Gäste und liebe Mitglieder,

zu unserer diesjährigen feierlichen Jahresversammlung heiße ich Sie alle im Altstadtrathaus, genauer in der historischen Dornse, sehr herzlich willkommen. Im Namen aller Mitglieder der Braunschweigischen Wissenschaftlichen Gesellschaft, für die ich zu Ihnen sprechen darf, freue ich mich, dass Sie so zahlreich unserer Einladung gefolgt sind, und ich danke Ihnen damit auch für die Wertschätzung, die Sie unserer akademischen Institution entgegenbringen.

Ich werte dies auch als positive Resonanz auf unser Bemühen, als eine Akademie der Wissenschaften nicht im Elfenbeinturm zu verharren, sondern in der Wissenschaftsstadt Braunschweig eine aktive Rolle in der Öffentlichkeit bei der Gestaltung von Wissenschaft und der Vermittlung ihrer Ergebnisse zu übernehmen.

Im Rahmen der mir sicherlich zugestandenen Begrüßung einzelner Persönlichkeiten und Gäste möchte ich als ersten Ehrengast und Empfänger der Gaußmedaille 2012 Herrn Prof. Dr. Werner Oechslin aus Zürich in Begleitung seiner Ehefrau Dr. Anja Buschow Oechslin, die selbst aus Braunschweig stammt, in unserer Mitte sehr herzlich begrüßen. Vielen Dank, dass Sie bereit sind, unsere Ehrung anzunehmen – und dies wird uns ja im Verlaufe des Nachmittags noch intensiver beschäftigen.

Weiterhin freue ich mich, als Ehrengast Sie, lieber Herr Kohl, als Ehrenbürger der Stadt begrüßen zu können. Seitens der Stadt Braunschweig darf ich erstmals Frau Bürgermeisterin Annegret Ihbe herzlich begrüßen und mich für die Einladung in die festlichen Räume der Stadt herzlich bedanken. Herr Oberbürgermeister Dr. Hoffmann hat Sie mit seiner Vertretung beauftragt, und in dieser Funktion werden Sie dann auch das Grußwort der Stadt an uns richten. Herr Oberbürgermeister a.D. Werner Steffens, Sie sind uns als treuer Gast ebenfalls stets herzlich willkommen. Die Fraktionen der CDU und der SPD im Rat der Stadt sind durch Herrn Klaus Wendroth und Frau Annette Schütze vertreten, die ich hiermit herzlich begrüße.

Wiederum freue ich mich besonders, die Vertreter befreundeter Wissenschaftlicher Akademien hier in Braunschweig begrüßen zu können und Ihnen zu danken, dass Sie die teilweise weite Anreise nicht gescheut haben:

In Vertretung der Bayerischen Akademie der Wissenschaften, München, ist dies Prof. Roland Bulirsch (sehr gern erinnere ich mich an unser gemeinsames erfolgreiches Projekt 'Gauß in die Walhalla'). Für die Akademie der Wissenschaften zu Göttingen begrüße ich Prof. Werner Lehfeldt. Als Präsident der Akademie gemeinnütziger Wissenschaften zu Erfurt heiße ich erstmals ihren neuen Präsidenten Prof. Klaus Manger bei uns willkommen: Ich freue mich, dass Sie damit die Tradition Ihres geschätzten Vorgängers Werner Köhler fortsetzen wollen. In Vertretung der Österreichischen Akademie der Wissenschaften zu Wien begrüße ich abermals Prof. Herbert Mang, der auch Träger unserer Gaußmedaille 2007 ist.

Die Bedeutung der Wissenschaft in ihrer inhaltlichen und organisatorischen Breite und Vielfalt spiegelt sich im Verbund der „ForschungRegion Braunschweig". Ich freue mich daher, auch zahlreiche Leiterinnen und Leiter dieser Forschungseinrichtungen in unserer Mitte begrüßen zu können:

- Prof. Georg Backhaus, Präsident des Julius Kühn Instituts, Bundesforschungsinstitut für Kulturpflanzen, Quedlinburg und Braunschweig
- Prof. Gerd Biegel, Institut für Braunschweigische Regionalgeschichte
- Prof. Joachim Block, Leiter des DLR Zentrums Braunschweig
- Prof. Dirk Heinz, Direktor des Helmholtz Zentrums für Infektionsforschung
- Dr. Cecilie Hollberg, Direktorin des Städtischen Museums Braunschweig
- Prof. Ulrich Joger, Direktor des Naturhistorischen Museums Braunschweig
- Dr. Heike Pöppelmann, Direktorin des Braunschweigischen Landesmuseums
- Prof. Helwig Schmidt-Glintzer, Direktor der Herzog August Bibliothek, Wolfenbüttel

Selbstverständlich heiße ich alle namentlich nicht genannten Gäste, die aus Wissenschaft, Wirtschaft, Politik, Verwaltung und anderen gesellschaftlichen Bereichen heute zu uns gekommen sind, herzlich willkommen.

Die gilt natürlich besonders auch für unsere Mitglieder und ihre Begleitungen sowie die Witwen unserer verstorbenen Mitglieder, die auf diese Weise ihre Verbindung zu uns bewahren.

Damit, meine Damen und Herren, darf ich unter dem Stichwort „Grußworte" das Podium an Sie, Frau Bürgermeisterin Ihbe, übergeben – und Ihnen allen für Ihre Aufmerksamkeit danken.

Bericht

Meine sehr geehrten Damen und Herren,

zu Beginn meines Berichtes darf ich Sie bitten, mit mir gemeinsam der Mitglieder der BWG zu gedenken, die der Tod im vergangenen Jahr aus unserer Mitte gerissen hat.

Nachrufe

Am 07.08.2011 verstarb im Alter von 86 Jahren Gerwalt Zinner, Dr.phil. Dr.rer. nat. h.c., Prof. em. für Pharmazeutische Chemie, TU Braunschweig. Ordentliches Mitglied in der Klasse für Mathematik und Naturwissenschaften seit 1971.

Am 30.10.2011 verstarb mit 75 Jahren Helmut Braß, Dr.rer.nat., Prof. für Angewandte Mathematik, TU Braunschweig. Ordentliches Mitglied in der Klasse für Mathematik und Naturwissenschaften seit 1991. Generalsekretär vom 01.01.1995 bis 31.12.1997.

Am 28.01.2012 verstarb im hohen Alter von 90 Jahren Horst Tietz, Dr.phil., Prof. für Mathematik, Gottfried Wilhelm Leibniz Universität Hannover. Ordentliches Mitglied in der Klasse für Mathematik und Naturwissenschaften von 1976 bis 2002; seit 2003 korrespondierendes Mitglied. Vorsitzender der Klasse von 1995 bis 1997.

Mit den drei Verstorbenen hat die BWG besonders treue, pflichtbewusste und liebenswürdige Kollegen verloren, denen wir ein ehrendes Gedenken bewahren werden.

Ich danke Ihnen, dass Sie sich zu Ehren der Verstorbenen von Ihren Plätzen erhoben haben.

Zuwahlen und personeller Stand

Von ihrem Recht zur Ergänzung der Mitgliedschaft hat die BWG durch Zuwahlen wie folgt Gebrauch gemacht:

Klasse für Mathematik und Naturwissenschaften

- Prof. Dr. ès. sci. Antje **Schwalb**
  Professorin für Geologie/Geosysteme an der TU Braunschweig

Zum korrespondierenden Mitglied:

- Prof. Dr. phil. Angela D. **Friederici**
  Professorin für Neuropsychologie und Direktorin am Max-Planck-Institut für Kognitions- und Neurowissenschaften Leipzig, Gaußpreisträgerin des Jahres 2011

Klasse für Ingenieurwissenschaften
- Prof. Dr.-Ing. Marcus **Magnor**
  Professor für Informatik/Computergraphik an der TU Braunschweig
- Prof. Dr.-Ing. Thomas **Turek**
  Professor für Chemische Verfahrenstechnik an der TU Clausthal

Klasse für Geisteswissenschaften
- Prof. Dr. rer. nat. phil. habil. Nicole Christine **Karafyllis**
  Professorin für Philosophie, Schwerpunkt Natur- und Technikphilosophie an der TU Braunschweig

Damit gehören der BWG am 30.04.2012 an: 145 ordentliche Mitglieder, davon 76 unter 70 Jahren, sowie 71 korrespondierende Mitglieder. Sie sehen dabei auch, wie aktiv wir der Rolle der Frauen in der Wissenschaft stärkere Geltung zu verschaffen suchen.

Veranstaltungen

BWG intern fanden 9 Plenarsitzungen in Braunschweig, Clausthal und Hannover statt. In Hannover verbanden wir unsere Sitzung mit einem öffentlichen Vortrag im Landesmuseum, den unser Kollege Helwig Schmidt-Glintzer übernommen hatte.

In den Klassensitzungen wurden 15 Vorträge gehalten.

Am 24.06.2011 fand eine gemeinsame Plenarsitzung der Akademie der Wissenschaften zu Göttingen und der BWG in Göttingen statt. Unter dem Motto „Vermessung der Welt". wurden seitens der BWG drei Vorträge gehalten.

Diese gemeinsame Plenarsitzung in alternierender Jahresfolge könnte sich zu einer schönen Tradition im Sinne einer akademischen Allianz Göttingen – Braunschweig entwickeln.

Öffentliche Veranstaltungen:

Mit dem Ziel, Fragen, Probleme und Lösungsansätze aus dem Bereich der Wissenschaft einer breiteren Öffentlichkeit zu vermitteln, hat die BWG verschiedene Aktivitäten entfaltet.

- Die „Akademie-Vorlesungen im Schloss" finden jährlich an 5 Terminen statt und waren dem Thema „Phänomen Zeit" gewidmet. Partner dieser Reihe ist das Kulturinstitut der Stadt Braunschweig.

- Gemeinsam mit der Akademie der Wissenschaften zu Göttingen gestaltet die BWG im phaeno in Wolfsburg Vortragsreihen, die im Zusammenhang zu aktuellen Ausstellungen stehen. In diesem Jahr standen als Motto „Spiel und Bewegung" sowie „Kugeln und Kugelbahnen" zur Diskussion.
- Im Februar 2012 fand das 8. Bio-Ethik-Symposium im Haus der Wissenschaften in Braunschweig statt. Mit dem Blick auf die zunehmende Bedeutung der Medizin-Informatik im Gesundheitswesen wurde das Thema „Selbstbestimmtes Leben im Alter – Informatik als Segen oder Bedrohung?" gewählt und die vielfältigen damit zusammenhängenden rechtlichen und ethischen Probleme aus der Sicht der Wissenschaft wie auch der medizinischen Praxis diskutiert.
- Traditionell wirkte die BWG als Mitveranstalter an der Verleihung der Braunschweiger Bürgerpreises für herausragende studentische Leistungen am 6. Dezember im Braunschweigischen Landesmuseum mit.
- Schließlich gedachte die BWG gemeinsam mit der TU Braunschweig anlässlich seines 150. Geburtstages des Wirkens des bedeutenden Mathematikers Robert Fricke, der als Nachfolger von Richard Dedekind den hohen Rang der Mathematik an der TU Braunschweig bewahrte und mit seinem Lehrbuch bis heute in der wissenschaftlichen Literatur präsent ist.

Die Dokumentation dieser unserer Arbeit erfolgt bis heute im klassischen Format von Druckschriften, nämlich dem Jahrbuch 2011, ein seit 1983 erscheinender Berichtsband, und der Wissenschaftlichen Zeitschrift „Abhandlungen der Braunschweigischen Wissenschaftlichen Gesellschaft", die seit 64 Jahren erscheinen.

Die Vorbereitung, das Drucken, der Versand dieser klassischen Printmedien fordert Zeit, Material, und vor allem zunehmend Geld. Insofern ist dann schon die Frage berechtigt, ob Aufwand und Nutzen noch in einem angemessenen Verhältnis stehen, oder ob nicht – im Zeichen der elektronischen Kommunikation – neue Dokumentations- und Kommunikationswege beschritten werden müssen – vielleicht sogar mit dem Mehrwert einer breiteren Sichtbarkeit und Resonanz?

Erste Schritte in das Zeitalter der digitalen Publikation haben wir natürlich unternommen: Dies gilt für die Inhaltsverzeichnisse aller Bände der Abhandlungen seit 1949, die über das Internetportal der Bibliothek der TU Braunschweig sowie über die Homepage der BWG abrufbar sind. Damit ist ein Zugang zu den einzelnen Publikationen gegeben, er führt bislang aber nur über das Buch selbst.

Hier wird in Kürze der zweite logische Schritt folgen, nämlich die Digitalpublikation der Artikel im Volltext als sogenannte Zweitpublikation. Auch dazu steht das Portal der TU zur Verfügung.

Die Frage, die uns bewegt, ist die folgende:

- Wie weit ist der Weg zur elektronischen Erstpublikation und für welche Teilbereiche unserer Publikationen ist er gegenwärtig empfehlenswert – mit Blick auf unserer Mitglieder und Empfänger.

Darüber wird im neuen Jahr sicherlich noch intensiver zu diskutieren sein.

Am Abschluss meines offiziellen Berichts steht der notwendige und gern ausgesprochene Dank des Präsidenten!

- Dank für gute stets zupackende Zusammenarbeit an die Kollegen im Präsidium der BWG,
- für eine stets hervorragend funktionierende Geschäftsstelle mit Frau Haubold und Frau Petersen,
- für die perfekte und zeitgenaue Publikation unserer Druckschriften an Frau Jäcker vom Cramer Verlag und Herrn Scheier,
- für die finanzielle Unterstützung unserer Arbeit
    - durch das Land Niedersachsen
    - durch die Stadt Braunschweig
    - durch den Verein der Freunde der BWG mit ihrem Vorsitzenden Prof. Harborth

Meine Damen und Herren,

mit unserer jährlichen festlichen Jahresversammlung erfüllen wir jeweils zwei Zielsetzungen:

Zum einen dient sie – wie soeben vollzogen – dem Bericht über die Arbeit des vergangenen Jahres.

Zum anderen verleiht die BWG seit 63 Jahren die „Carl Friedrich Gauß-Medaille" für herausragende wissenschaftliche Arbeiten – und zwar ohne eine vorgegebene Begrenzung des Fachgebietes.

So kommt es dazu, dass es uns immer wieder gelingt, neue Regionen auf der Landkarte der Wissenschaften für uns zu entdecken und für einen Tag in das Rampenlicht der Öffentlichkeit zu rücken:

In diesem Jahr ist es das Gebiet der Architektur, und zwar nicht im Sinne des aktuellen Entwurfs eines neuen Bauwerkes, sondern der kunsthistorisch-wissenschaftlichen Reflexion über den Beitrag der Architektur zur Kultur- und Geistesgeschichte.

Einen Bezug zwischen Carl Friedrich Gauß – dem Namenspatron unserer Medaille – und der Architektur herstellen zu wollen, ist vermutlich verlorene Liebesmüh – und auch nicht notwendig.

Es bleibt allenfalls zu fragen, wie eng und persönlich der Kontakt zwischen Gauß und dem berühmten Architekten Peter Josef Krahe war, als es um den Entwurf der Sternwarte ging – die den noch jungen aber schon berühmten Gauß zum Verbleib in Braunschweig bewegen sollte. Der Tod des Herzogs beendete diese Hoffnung – und Gauß bezog die Sternwarte in Göttingen. Die Entwurfszeichnungen Krahes gehören zum Schatz des Braunschweigischen Landesmuseums.

Da ist der Bezug des Fachgebiets der Architektur zur BWG schon wesentlich enger: Über viele Jahrzehnte ihrer Geschichte gehörte das „Bauwesen" zu den strukturellen Säulen und bildete – neben den Natur-, Geistes- und Ingenieurwissenschaften – eine eigene Klasse. Erst mit der Satzungsänderung im Jahre 1993 erfolgte die Verschmelzung mit der Klasse für Ingenieurwissenschaften. Und in unserer jetzigen 3-Klassen-Struktur wird die Bedeutung dieser „Ingenieur-Kompetenz" noch darin erkennbar, dass der Klasse für Ingenieurwissenschaften 40 Mitglieder – gegenüber 30 Mitgliedern in den anderen Klassen – angehören können.

Ein Blick auf die Liste der Mitglieder der Klasse für Bauwesen zeigt, dass der Fachbereich Architektur vorwiegend durch die Bereiche Städtebau auf der einen Seite sowie Architektur- und Kunstgeschichte auf der anderen Seite vertreten war: das Gebiet der „entwerfenden" Architektur war nur selten, so z.B. mit Friedrich-Wilhelm Krämer als herausragendem Namen, vertreten. Und heute wird das Bauwesen in der BWG vorrangig durch das Bauingenieurwesen im engeren Sinne repräsentiert.

So ist es auch kein Zufall, dass der Vorschlag für den Träger der diesjährigen Gaußmedaille aus der Klasse für Geisteswissenschaften kommt. Mit der Wahl von Werner Oechslin ehren wir nach meinem Verständnis einen herausragenden Vertreter der „Theoretischen Architektur" – und warum es zu dieser Entscheidung kam, wird uns Herr Thies in seiner Laudatio sicherlich überzeugend begründen.

Architektur wird in Braunschweig und landesweit an Technischen Universitäten als akademisches Studienfach gelehrt, und nicht an einer Kunst- oder Fachhochschule. Aber wie nah oder wie fern steht die entwerfende-schöpferische Architektur den Prinzipien und Mechanismen des allgemeinen Wissenschaftsbetriebes mit Kriterien wie Publikation, Drittmittel, Exzellenzcluster, usw.?

Unter dem Motto „Architektur – Wissenschaft" haben wir heute Vormittag den Versuch unternommen, über das Spannungsfeld „praktische versus theoretische Architektur" zu reflektieren und zu diskutieren. Mein herzlicher Dank gilt daher den Kollegen

– Joachim Ganzert, Leibniz Universität Hannover,

– Ferdinand Stracke, Technische Universität München, früher TU Braunschweig,

– Antonio Becchi, Max-Planck-Institut für Wissenschaftsgeschichte, Berlin,

– Gerd de Bruyn, Universität Stuttgart,

die mit ihren Beiträgen eine so hervorragendes Basis für die Diskussion gelegt haben – und Frau Kollegin Karin Wilhelm danke ich für die umsichtige und zielführende Moderation.

Den wissenschaftlichen Höhepunkt unseres Nachmittages bildet dann der Festvortrag, in dem Sie – sehr verehrter Herr Kollege Oechslin – uns Ihre Sichtweise zu dem Thema „Architektur in ihrem Verhältnis zur Wissenschaft" nahebringen werden. Darauf dürfen wir uns schon jetzt freuen.

Den Übergang in diesen wissenschaftlichen Teil unseres Nachmittages macht ein Musikalisches Intermezzo, das ebenso wie der Musikalische Auftakt von dem Duo Klaus Peter Euen, Trompete, und Karsten Scholz, Klavier, in so prächtiger Weise gestaltet wird. Dafür danke ich Ihnen beiden sehr herzlich, und Ihnen allen danke ich, dass Sie mir zugehört haben.

Laudatio zur Verleihung der Gauß-Medaille der Braunschweigischen Wissenschaftlichen Gesellschaft an Prof. em. Dr. phil. Dr. h.c. mult. Werner Oechslin

Prof. Dr. phil. Harmen H. Thies

Rodeweg 3, D-38162 Cremlingen

Lieber Werner Oechslin! Meine sehr verehrten Damen und Herren!

Als die Braunschweigische Wissenschaftliche Gesellschaft dem Vorschlag ihrer Klasse für Geisteswissenschaften folgte und Werner Oechslin zum Träger der Gauß-Medaille des Jahres 2012 wählte, da hatte sie sich der guten Gründe für diese hohe Auszeichnung längst vergewissert. Der Mensch und der Wissenschaftler, sein Werk und sein Wirken hatten uns so sehr überzeugt, dass es weniger um Begründungen oder Rechtfertigungen im Einzelnen und am Einzelnen, als vielmehr um die angemessene Würdigung Werner Oechslins ging, um ein Lob, das allen Aspekten seiner Person und seiner Arbeit gleichermaßen gerecht werden sollte. Zu bedenken und zu schätzen war das faszinierend vielschichtige Bild eines Menschen, das wir uns voller Achtung und Respekt zu vergegenwärtigen hatten.

Darum soll es auch heute gehen. Lebenslauf und Schriftenverzeichnis liefern jene ersten Hinweise, die durch Phantasie und Vorstellungskraft zu ergänzen sind. Prägend – wie stets – waren das Elternhaus und die Schulzeit. In Einsiedeln im Schweizer Kanton Schwyz ist Werner Oechslin aufgewachsen. Auch heute lebt und arbeitet er dort – gemeinsam mit seiner Frau Anja Buschow-Oechslin, im Hause der Familie oberhalb der Benediktiner-Abtei und in den Räumen seiner direkt daneben nach einem Entwurf Mario Bottas errichteten Bibliothek. Dort hat er das Kloster-Gymnasium bis zur Matura 1964 besucht und seine „humanistische Grundausbildung" erfahren. Das erklärt, weswegen er die alten Sprachen beherrscht, die idealistische Philosophie der Zeit um 1800 schätzt und so, als könnte es gar nicht anders sein, eine präzise Vorstellung von wohl organisierter, Größe, Glanz und Geist versammelnder Barock-Architektur gewinnen konnte. Im Gymnasium und vielleicht mehr noch in der Bibliothek der Abtei ist er in die Welt der Geschichte und der Bücher eingeführt worden. Viele Lebens-, Denk- und Handlungspositionen Werner Oechslins werden dort in Einsiedeln ihren ebenso festen wie sicheren Grund gefunden haben.

Goethe, der nach Werner Oechslins Beobachtung in keinem deutschen Architektur-Vortrag fehlen darf und der in seiner Bibliothek ebenso präsent ist wie Homer, Descartes oder Alexander von Humboldt, Goethe also, dem es dabei um die begriffliche Bestimmung eines Kunstwerks und nicht etwa um die Charakterisierung eines Menschen und seines Lebenswerks ging, hatte zum Verständnis menschlicher

Leistungen drei wahrhaft konstitutive Momente unterschieden: den *Ort*, die *Zeit* und *das individuelle Verdienst*.

Niemand wird Einsiedeln oberhalb des Zürichsees in der deutschsprachigen Schweiz mit irgend einem *Ort* in Deutschland gleichsetzen wollen. Und dennoch (vielleicht auch gerade deswegen) haben die gemeinsame Sprache, ihre Denkbilder und ihre Begriffsbildungen Einsichten in die spezifisch deutschen Obsessionen und Katastrophen des 20. Jahrhunderts liefern können, die einem Nichtdeutschen sonst kaum zugänglich wären. Vor allem kulturgeschichtliche Fragen und Irritationen sind Werner Oechslin vor dem Hintergrund dieser Katastrophen wichtig geworden. Als Schweizer hat er sie ebenso nüchtern wie klarsichtig beobachtet und kommentiert, freier zudem als viele, die sich dem deutschen *Wir* kaum entziehen können. Hinzu kommt, dass die Schweiz eine Brücke zwischen den Welten des Nordens und denen des Südens bzw. Westens bildet, zwischen Italien und Deutschland, zwischen Frankreich und Deutschland, nicht zuletzt auch zwischen Frankreich und Italien. Wer ihn kennt weiß, dass Werner Oechslin ein begnadeter *Brückenbauer* und *Mittler* ist. Und die Feststellung, dass Einsiedeln und seine Bibliothek am, ja auf dem Jakobsweg liegen, bleibt kennzeichnend genug. Ihn und seine Arbeit dadurch ‚verortet' zu sehen, wäre allerdings ein Irrtum.

Ähnliches gilt für den Faktor *Zeit*, das heißt hier und zunächst: für die fünfziger und sechziger Jahre des 20. Jahrhunderts, für zeittypische Prägungen durch den damaligen Schulbetrieb, durch das Leben an einer Universität und durch die politisch-gesellschaftlichen bzw. kulturellen Vorlieben oder Ängste der Nachkriegsjahrzehnte. Dass dieser Epoche eines allgemeinen Wiederaufbaus im Rückblick Züge einer nicht minder allgemeinen Restauration eignen, ist vermutlich auch Werner Oechslins Ansicht. Nur Weniges wird ihm gefallen haben.

Jedoch: weder der Ort noch die Zeit tragen wirklich Entscheidendes zur *Individuation* eines Menschen bei. Das versichern uns eigene Lebenserfahrungen und jede Geschichte. Werner Oechslin hat das Meiste ohne Zweifel seinen Begabungen und (darf ich sagen?:) Lebenstrieben zu verdanken, seinen umfassenden Interessen und frühzeitig ins Auge gefassten Zielen. Das Studium der Mathematik an der ETH Zürich und das der Kunstgeschichte, Archäologie und Philosophie an der Universität dieser Stadt liefern hier erste Hinweise. Mit zwei Romaufenthalten, 1969 bis 70 und 1974 bis 77, vor allem aber mit seinem Promotions-Thema waren Lebensweg und Arbeitsziele vorgezeichnet. Im Zentrum seiner Interessen standen damals und stehen auch heute noch die Kultur und die Architektur der europäischen Neuzeit. Ganz im Sinne des 19. Jahrhunderts, Gottfried Sempers etwa oder Jacob Burckhardts, versteht Werner Oechslin diese Epoche als kulturhistorische Einheit, als ein lebendig Ganzes, das trotz unterschiedlichster Ausprägungen und vielfältigster Brüche von der italienischen Renaissance des 15. und 16. Jahrhunderts bis zur Moderne der ersten dreißig Jahre des 20. Jahrhunderts reicht, im Hinblick auf nachwirkende Positionen und Phänomene bis in die Gegenwart.

Rom und seine berühmten Auslandsinstitute waren es, die zum Ausgangs- und Angelpunkt für alles Weitere wurden, darunter für vielfältigste Kontakte und Freundschaften mit europäischen und nordamerikanischen Kollegen. Wie Werner Oechslin selbst hatte diese bunt gemischte Instituts-Gemeinschaft in Rom die Themen ihrer Arbeit, reichhaltigste Quellen und zudem Anregungen jeder Art finden können. Man sprach italienisch, englisch, französisch oder deutsch – häufig genug durcheinander. Werner Oechslin beherrscht alle diese Sprachen. Was hier verknüpft wurde, hat in vielen Fällen bis heute haltbar bleiben können – an der Biblioteca Hertziana etwa, in der Vatikanischen Bibliothek oder in der Accademia di San Luca. Die *Vita academica* Werner Oechslins ist hier, in Rom, in Fahrt gekommen.

Die Stationen sind rasch aufgezählt: nach seiner Assistentenzeit an der Universität Zürich war Werner Oechslin Forschungsstipendiat des Schweizer Nationalfonds in Rom, Gastdozent am *Massachusetts Institute of Technology* in Boston, Gastprofessor an der *Rhode Island School of Design* in Providence und Lehrstuhlvertreter an der FU in Berlin. Dort hat er sich 1980 für Kunstgeschichte habilitiert. Von 1980 bis 85 war er Professor in Bonn, dann an der *École d'architecture* in Genf und seit 1985 bis zu seiner Emeritierung 2010 am *ETH-Institut für Geschichte und Theorie der Architektur* in Zürich. Aussagekräftig wird diese Auflistung allerdings erst, wenn man sich die seit 1967 in großer Dichte erschienenen, über 600 Titel zählenden Publikationen vergegenwärtigt, seine Mitarbeit an Ausstellungen und Kongressen, seine Mitgliedschaft in wissenschaftlichen Kommissionen, seine Herausgabe und redaktionelle Betreuung von Zeitschriften. Am bekanntesten wohl war hier die von 1981 bis 98 viel beachtete und dann zu unser aller Bedauern eingestellte Architekturzeitschrift *DAIDALOS*. Hatte sie doch Heft für Heft thematische Schwerpunkte gesetzt, die es erlaubten, ja geradezu forderten, aktuelle und substanziell wichtige Fragestellungen mit theoretischen und historischen Reflexionen zu kombinieren. An dieser Konzentration auf einzelne Aspekte des fast unerschöpflich anmutenden Themas Architektur, bei wohlbedachter Öffnung des Blicks und Weitung der Horizonte, ist unschwer die Handschrift Werner Oechslins zu erkennen.

Damit sind wir endlich beim Thema. Geht es doch um *das individuelle Verdienst* und nicht um das Viele, das unser Preisträger einzelnen Stationen seines Lebens oder Vorlieben und Obsessionen, Neuerungen und Nöten seiner oder auch unserer Zeit zu verdanken hat.

1972 ist das Buch „Bildungsgut und Antikenrezeption des frühen Settecento in Rom" mit dem Untertitel „Studien zum Aufenthalt Bernardo Antonio Vittones" erschienen. Hier bereits war angelegt, was Werner Oechslin bis in die Gegenwart beschäftigen sollte. Nie ging es allein um das im Titel genannte Arbeitsthema, in diesem Fall um die Ausbildung und die Bildungserfahrungen des jungen piemontesischen Architekten Bernardo Vittone. Stets sollten zugleich Fragen der Methode und Theoriebildung aufgeworfen und behandelt werden. Zum Einen mit Blick auf die Architekturvorstellungen und Diskussionen der sechziger und siebziger Jahre des 20. Jahrhunderts, zum Anderen aber auch zu den Traktat-Traditionen der europäischen Neuzeit und insbesondere zu den architekturtheoretisch begründeten Entwurfs- und Lehrkonzepten des frühen 18. Jahrhunderts. Denn in Werner Oechslins Darstellung hat sich das Eine am Anderen zu messen. Und es bleibt durchaus offen und ein Gegenstand weiterer Beobachtungen, Überlegungen und Diskussionen, ob den Positionen des 18. oder aber denen des 20. Jahrhunderts der Vorzug zu geben sei.

„Die vorliegende Arbeit (schrieb Werner Oechslin) frägt ... nicht so sehr nach den architektonischen Leistungen, als nach den gleichzeitigen kulturellen Hintergründen, nach der Ausbildung der Architekten an der römischen *Accademia di San Luca* und ihrer Orientierung an neuen Tendenzen und Strömungen insbesondere im Hinblick auf die zunehmende Bedeutung der der Antike zugewandten Formen und Concetti. Dieser Gesichtspunkt verdient um so mehr Beachtung, als seit dem Beginn des Settecento in Rom bei Fontana und Juvarra Formulierungen eines Bildungsgutes sichtbar werden, die sich viel später in den 40ger und 50ger Jahren im Rahmen des internationalen Neoklassizismus bei Piranesi und Adam, Legeay und den jungen französischen Architekten in der ausgeprägtesten Form vorfinden".

Damit war ein Arbeitsprogramm skizziert, das bis heute ergiebig und tragfähig bleiben sollte. Stets ging es um historisch-kulturelle Hintergründe, um akademische Ausbildung, die Bedeutung von Bildungsgut und die Auswirkung dieser Faktoren auf jene entscheidenden Wendepunkte in der neuzeitlich-modernen Architektur, die wir zeitlich mit der Mitte des 18. Jahrhunderts, mit der Jahrhundertwende um 1900 oder mit den fünfziger und sechziger Jahren des 20. Jahrhunderts identifizieren – mit Klassizismus und Palladianismus also, mit Reformarchitektur und ‚klassischer' Moderne und schließlich mit der Ablösung dieser Moderne durch Postmoderne, Dekonstruktion und viele, mittlerweile namenlose Eklektizismen. Schlüsselbegriffe sind internationaler Klassizismus, Orientierung an antiken Concetti, Fortleben der Antike, Palladianismus, vor allem aber jene „l'internazionale del buon gusto" (wie Francesco Algarotti dies Phänomen 1756 nannte) und – vorher schon – jene „Koinè des europäischen Barocks", die Werner Oechslin als Gegenstücke des 18. Jahrhunderts zum „International Style" von 1932 beschrieben hat. Unter diesen Vorzeichen konnte es weder in der Architektur noch in der sie begleitenden Theorie einen, wie auch immer begründeten, radikalen Neubeginn geben, nur: ‚Entwicklungsschritte', ‚Tendenzen' und ‚Evolutionen'. 1994 – in „Stilhülse und Kern" – hieß es ausdrücklich: „Eine der größten Lebenslügen der Moderne ist ihre vermeintliche Geschichtslosigkeit".

So zieht sich ein roter, am Generalthema Architektur ebenso wie an Fragen der Methode, der Theorie und der wissenschaftlichen Systematik orientierter Faden durch die großen Veröffentlichungen Werner Oechslins. Auf „Stilhülse und Kern" von 1994 folgten 1999 „Moderne Entwerfen", 2005 die Einleitung in Peter Eisenmans „Formal Basis of Modern Architecture" (von 1963) und endlich, 2006 bzw. 8, „Palladianismus". Die dort vertretenen Positionen hat er in einer staunenswert großen Zahl von Aufsätzen und Diskussionsbeiträgen thematisch erweitert, aktualisiert und erläutert. Unmöglich, auch nur das Wichtigste zu nennen.

Zwei Punkte wird man jedoch herausgreifen können. Zum Einen zeigt sich Werner Oechslin den Gründungsvätern und Protagonisten der sogenannten ‚historischen Schule' von Giovanbattista Vico und Johann Gottfried Herder im 18. Jahrhundert über Franz Kugler, Johann Gustav Droysen oder Jacob Burckhardt im 19. Jahrhundert bis zu den Kultur- und Kunsthistorikern des frühen 20. Jahrhunderts verpflichtet. Es wäre verfehlt – und Werner Oechslin ohnehin suspekt – die hier in Erinnerung zu rufenden Namen und Positionen ohne Unterschied unter die Überschrift ‚Historismus' zu stellen. Dennoch wird gelten, dass dort alles Einzelne den Bedingungen oder Prägungen seines Ortes und seiner Zeit unterworfen erscheint. Es wird zu einer Frage des ‚Milieus', der ‚Kontexte' oder auch des kollektivanonymen ‚Wollens'. Da es jedoch nicht allein um die Genese, sondern zugleich um das *Verstehen* dieser historisch und kulturell bedingten Leistungen geht, sind Werner Oechslin Einsichten Immanuel Kants wichtig geworden. Sie kennzeichnen die lebendig-schöpferische Seite dieses kultur- bzw. geistesgeschichtlichen ‚Historismus' treffend genug. In der Einleitung zur „Kritik der reinen Vernunft" lesen wir, „dass die Vernunft nur das einsieht, was sie selbst nach ihrem Entwurfe hervorbringt" (2. Auflage 1787, S. XIII), oder – an anderer Stelle, diesmal in der „Kritik der Urteilskraft" – „Nur so viel sieht man vollständig ein, als man nach Begriffen selbst machen und zu Stande bringen kann" (S. 498).

Zum Anderen sind es die *Generalia*, die grundlegenden Prinzipien und Lehrsätze einer systematisch, in einigen Fällen sogar axiomatisch vorgehenden Architekturtheorie. Sie fesseln Werner Oechslin ebenso wie sie ihn beunruhigen. Liefern sie doch das Gegenmodell zu jenen kulturgeschichtlich-hermeneutischen Erklärungsansätzen, die wir mit dem Begriff ‚Historismus' in Verbindung bringen. Die klassische europäische Architekturtheorie, die ausgehend von Vitruv und dann vor allem Leon Battista Alberti im 15. Jahrhundert das Nachdenken, die Lehre und auch die Praxis des Entwerfens bis ins 20. Jahrhundert hinein bestimmt hatte, liefert Vorstellungen und Bilder einer geordneten Welt, die in ihrer Substanz kaum in Frage zu stellen sind. Zweifellos war auch dies ein Resultat kulturhistorischer Konstellationen und Prozesse. Und dennoch scheint der systematische Aufbau dieses Theorie-Gebäudes zeitlose Gültigkeit zu beanspruchen.

Zumal in der Auseinandersetzung mit den ‚Out-of-History-Positionen' der Moderne pocht Werner Oechslin auf die häufig genug verschütteten und durch Kurzformeln entstellten Lehren und Einsichten dieser Theorie. „Die scheinbar paradoxe Forderung (sagt er in der Einführung zu „Moderne Entwerfen"), die das Neue und Zeitgemäße in einem Atemzug mit dem Zeitlosen und ewig Gültigen nennt, ist alt und lässt sich an einem historischen Beispiel besonders gut ablesen. Die große *Encyclopédie* definierte im 18. Jahrhundert den Begriff ‚modern' lapidar folgendermaßen: MODERN, das was neu ist, oder aus unserer Zeit, im Gegensatz zu dem, was alt ist".

Werner Oechslin äußert sich zu diesen Fragen nie apodiktisch. Vielmehr erlaubt ihm seine bewundernswerte Kenntnis der Literatur, der Bild- und Schriftquellen und aller hier in Frage kommenden Bauten und Personen, dass Argumente für das Eine oder Andere ausgetauscht und wägend zu einem Bild und Begriff des ohnehin nie Einfach-Ganzen zusammengeführt werden. Wie in einem gelehrten Gespräch fühlt sich der Leser in den Kreis der Diskutierenden eingebunden. Spätestens hier finden die schon genannten Worte *Brückenbauer* und *Mittler* ihre Begründung. Jede Aussage, jedes Argument wird bedacht, belegt und begründet, in einem opulenten Verweisapparat gleichsam, der das Vorgebrachte nicht nur substantiell erweitert, sondern den Gesprächsteilnehmer zugleich auffordert, die Beschäftigung mit diesem oder jenem Aspekt des Themas aufzugreifen und selbständig weiterzuführen. Wie die Genese eines kulturhistorischen Phänomens oder das Entwerfen einer Architektur wird auch das Verstehen und begriffliche Erfassen als ein *Prozess* gedacht, als eine schrittweise, Um- und Irrwege in Kauf nehmende Näherung an den ins Auge gefassten und begrifflich umkreisten Gegenstand.

Gespräche und Symposien, Kongresse und Seminare liefern also jene Formen der Wissensvermittlung und Wissensbewährung, die dem Temperament Werner Oechslins besonders entgegenkommen. Sich und uns für diese Zwecke und Ziele eine eigene, ebenso anschaulich wie klug zusammengetragene und aufgestellte Forschungs- und Seminar-Bibliothek geschaffen zu haben, gehört vielleicht zu den größten Leistungen, die wir hier zu würdigen haben. Die *Stiftung der Bibliothek Werner Oechslin*, das Lebenswerk von Werner und Anja Buschow-Oechslin, folgt jener Ordnung der Dinge, die jeden Besucher dieses faszinierenden Ortes der Wissenschaften und Lehre, jeden Teilnehmer an einem der Barock-Sommerkurse in ihren Bann schlagen. Die Ordnung der Dinge steht in dieser Bibliothek vor Augen. Sie ist dort mit Händen zu greifen. Wir alle haben für dies ganz und gar außergewöhnliche Geschenk zu danken.

Und ich für Ihre Aufmerksamkeit und Geduld.

Der Drang der Architektur zur (strengen) Wissenschaft*

„*Architectura [Architecti] est scientia pluribus disciplinis et variis eruditionibus ornata...*".
Vitruv, Zehn Bücher, I, I, 1.

„*Die Menschen sind überhaupt der Kunst mehr gewachsen als der Wissenschaft.*"
J.W. von Goethe, Zur Farbenlehre (WA II, 3 S. 120).

WERNER OECHSLIN

Luegeten 11, CH-8840 Einsiedeln

I. Diesseits der Regel

„*Laonde considerando piu adentro quanto ogni nostro senso si compiaccia in questa proportione, et le cose spiacevoli essere fuori di quella, come ben provano li Musici nella lor scienza sensatamente, ho presa questa fatica piu anni sono di ridurre sotto una breve regola facile et spedita da potersene valere li cinque ordini di Architettura detti.*"
Iacomo Barozzio da Vignola, Regola Delli Cinque Ordini D'Architettura (1562).
„*Tout n'est pas dit sur l'Architecture*"
Marc-Antoine Laugier, Observations sur L'Architecture, La Haye: Desaint 1765, S.v.

Eines der bekanntesten, der Theorie der Architektur zugerechneten Bücher, dessen Autor selbst dem modernen Architekten geläufig ist, stellt der 1753 erstmals erschienene „Essai sur L'Architecture" des Abbé Laugier dar.[1] Schon damals suchte ein prominenter Kritiker den Erfolg des Buches mit dem verführerischen Duktus, der ihm inneliegenden „séduction", die es kennzeichne, zu erklären, was er dann mit dem Vorgehen von „demi-sçavans vains" und deren „petit esprit" zusammenbrachte; für sie gilt gemäss La Font de Saint-Yenne, dass sie nicht sicheren Regeln und anerkannten Prinzipien, sondern nur dem *Schein* der Wahrheit folgen: „[Ils] établissent des maximes non sur des règles solides & des principes universellement approuvés, mais sur des apparences de vérité."[2] Laugier wehrt sich

---

* Der Vortrag wurde in verkürzter Form am 11.05.2012 anlässlich der Verleihung der Gauß-Medaille durch die Braunschweigische Wissenschaftliche Gesellschaft gehalten.

[1] Cf. [Marc-Antoine Laugier], Essai sur L'Architecture, Paris: Duchesne 1753.

[2] Cf. [Etienne La Font de Saint-Yenne], Examen d'un Essai sur L'Architecture; Avec quelques remarques sur cette Science traitée dans L'Esprit des Beaux-Arts, Paris: Michel Lambert 1753, S.iii ff. (Avant-Propos). – Die Drucklegung der spontan verfassten Schrift hatte sich verzögert; doch der Verleger liess – auf der Rückseite des Titels – die Leser wissen: „Mais l'Ouvrage a fait assez de bruit pour qu'on ne l'ai point encore oublié...".

1755 – mittlerweile unter Nennung seines Namens – in der zweiten Ausgabe seines „Essai" gegen die Anwürfe von „petit génie" und „Ecrivain obscur & inconnu", und bestärkt, was er schon zwei Jahre zuvor in der „Préface" betont hatte.[3] Es gäbe zwar Traktate zu all den Abmessungen und Proportionen einzelner Glieder der Architektur, doch fehle es an einem Werk, das die Prinzipien und mittelbar ein verbindliches Regelwerk festlege: „[...] qui en manifeste le véritable esprit, qui propose des régles propres à diriger le talent & à fixer le goût."[4]

Die Argumente sind auf dem Tisch: Wissenschaft, Prinzipien, Regeln und selbst die – herbeigesehnte -Verbindlichkeit von Geschmack, und dies alles in einem „véritable esprit" zusammengefasst! Doch die Diskussion wird dadurch nur noch mehr angeheizt. 1765 lässt Laugier die „Obsérvations sur l'Architecture" folgen und beginnt diesmal sein „Avertissement" mit dem Satz: „Tout n'est pas dit sur l'Architecture".[5] Laugier sucht nach einer alles erfassenden Erklärung der Architektur, forscht nach der „raison des formes", die er dann offensichtlich in der Proportion findet. Die Schwierigkeiten der Theorie will er mit dem Hinweis auf die Praxis überwinden („Joignons nos réfléxions à leur expérience...".)[6] Und er drängt umso entschiedener auf eine eindeutige Antwort und Lösung, denn ohne Kenntnis der Proportionen sei man vielleicht „appareilleur habile" oder „décorateur ingénieux", aber nie wirklich Architekt.[7] All das ruft neue Kritiker auf den Plan.

Der damals noch junge Charles Axel Guillaumot, später „Architecte des Bâtiments du Roi" und Mitglied der Architekturakademie, kritisiert 1768 Laugiers Ansicht, der bauende Architekt und der „Artiste Philosophe" liessen sich nicht vereinen; er sieht ihn als einseitigen Parteigänger rein theoretischer Betrachtung und macht ihm den Vorwurf, er wolle alle Grundsätze „à la même simplicité" zurückführen, wie das vielleicht in der Musik erfolgreich gelungen sei.[8]

Zwei Dinge verbinden sich mit dieser Aussage. Seit Aristoteles ist die Ansicht bekannt, dass eine Wissenschaft umso genauer und verlässlicher ist, je einfacher ihre Gegenstände sind.[9] Das fördert deren Reduktion auf Linien und Prinzipien

---

[3] Cf. [Marc Antoine Laugier], Essai sur L'Architecture. Nouvelle Edition, revue, corrigée, & augmentée... Par le P.Laugier, de la Compagnie de Jesus, Paris: Duchesne 1755, S.vii (Avertissement).

[4] Cf. Laugier, Essai, op.cit., 1753, S.iii; 1755, S.xxxiii.

[5] Cf. Abbé Laugier, Obsérvations sur L'Architecture, La Haye: Desaint 1765, S.v.

[6] Id., S. xi.

[7] Id., S. 1 f.

[8] Cf. [C.A.Guillaumot] Remarques sur un livre intitulé, Obsérvations sur l'Architecture, De M. l'Abbé Laugier, Par M. G**** Architecte, Paris: De Hansy, 1768, S. 2.

[9] Cf. Aristoteles, Metaphysik, XIII, 3, 1078 a.

ganz unabhängig davon, wie geartet und in welchen Kontext verwoben sie in Wirklichkeit sind. Der vereinfachende Klimmzug, ein „erkünsteltes Verfahren" (Wittgenstein) taugt allemal zur Gewinnung der Begriffe einer ästhetischen Theorie. Damals hat Charles Batteux das Stichwort und Modell dazu geliefert: "Les Beaux Arts réduits à un même Principe".[10] Der Abbé Batteux richtete sich 1746 gegen zu viele und zu komplizierte Regeln und wies den Weg der „Physiciens", die aus ihren Erfahrungen *ein* System bildeten, um dieses dann auf ein Prinzip zurückzuführen, „réduire en principe"![11] Die alte Hoffnung, alles in einer einzigen Regel zu fassen taucht wieder auf. Zumindest soll der Weg dorthin vereinfacht werden, auch wenn unter den wegweisenden Prinzipien von Symmetrie und Proportion dann doch beides, „variété" *und* „unité", Platz finden und sich alles zu einem „concert agréable" vereinigen soll.[12] „Rendre le fardeau plus léger, & la route plus simple"[13], das ist das Gebot der Stunde. Und das hat Tradition.

Der Autor des berühmtesten architektonischen Regelwerkes, der die verschiedenen Säulenordnungen unter *eine* Regel gestellt hat, Giacomo Barozzi da Vignola, bleibt insofern die stets gültige Referenz. Einleitend („Ai lettori") zu seiner „Regola Delli Cinque Ordini D'Architettura" (1562) hält er fest, er hätte auf der Suche nach einer Regel und der damit verbundenen „sicurezza" all das weggelassen, was bloss auf die „differenze fra loro non picciole" verwiesen hätte. Er orientiert sich stattdessen an dem in der Musik offensichtlichen – mit „scienza" qualifizierten – Zusammenhang von angenehmer Sinneswahrnehmung und Proportion („come ben provano li musici nella lor scienza sensatamente"). Nach dieser Massgabe will er die einfache Regel finden, unter der sich die architektonischen Ordnungen zusammenfassen liessen. Die Formulierung lautet lange vor Batteux: „ridurre sotto una breve regola facile e spedita". Schnell und einfach soll es dabei gehen.

François Blondel, der seinen Auftrag als Lehrer an der 1671 neugegründeten Architekturakademie in Paris mit dem ausdrücklichen Wunsch des Königs verband, es sollten „les regles les plus justes & les plus correctes de l'Architecture"[14] unterrichtet werden, hat alle Mühe darauf verwendet, die Säulenordnungen bis in jedes kleinste Glied hinein zu definieren und mit präzisen Massen zu versehen. Der mathematisch gebildete Blondel hatte dabei nur gerade Vignola von seiner

---

[10] Cf. Charles Batteux, Les Beaux Arts réduits à un même Principe, Paris: Durand 1746; hier zitiert nach der Ausgabe Paris: Durand 1747.

[11] Cf. Batteux 1747, op.cit., S. i f. (Avant-Propos); hier auch die Formulierung der Zusammenführung „à des principes communs".

[12] Id., S. 89.

[13] Id., S. i.

[14] Cf. François Blondel, Cours d'Architecture enseigné dans l'Académie Royale d'Architecture. Première Partie, Paris: Lambert Roulland 1675, Préface (o.S.)

Kritik ausgenommen: „Ie n'ay rien changé dans l'ordre que Vignole a tenu pour ses mesures particulieres."[15] Doch erst am Ende des 1683 erschienenen zweiten Bandes seines „Cours" kommt Blondel mit Bezug auf die kurz zuvor, 1679, publizierte „Architecture Harmonique" von René Ouvrard[16], den er als „un des plus sçavans Hommes de nôtre siecle"[17] bezeichnet, auf die musikalischen Proportionen und deren Bedeutung für die Architektur zu sprechen. Allein, ob diese Regeln der Natur entstammen oder bloss Konventionen gehorchen, einen Automatismus will Blondel in jedem Fall ausschliessen, so wie Genie für sich allein auch nicht ausreiche. Lange Erfahrung, der mühsame Erwerb von Regeln und der gekonnte Umgang mit Proportion sind notwendig, um aus der „connaissance parfaite des regles de son Art & des proportions" die Kompetenz und die „science" zu gewinnen, die umgekehrt bei der Beurteilung und Umsetzung in die Praxis notwendig sind.[18] Darauf kommt es letztlich an.

Guillaumot nennt demzufolge die Akademie als die Institution, die am ehesten befähigt und befugt sei, Gesetze zu erlassen, „le Corps le plus propre à donner aux Artistes des loix".[19] Und gleichwohl ist die Problematik von Regel und Prinzip mit dem blossen Verweis auf eine Autorität nicht gelöst. Mit dem Parallelismus von Architektur und Musik zwecks verbindlicher Festlegung von Proportionsgesetzen hat Laugier, so Guillaumot, den Bogen überspannt, was ihn formulieren lässt: „Dès-là tout le système de M. l'Abbé Laugier croule."[20]

Die Vorzüge der Regel, ihre Verlässlichkeit („sicurezza"), ihre Einfachheit und – ganz modern – ihre ‚Benutzerfreundlichkeit', wie es schon Vignola herausgestellt hat, verlieren allerdings nichts von ihrer Verlockung und Verführungskraft. Die Praxis, zeigt noch andere Facetten, diejenigen der Methode, auf. Gemäss der Encyclopédie ist die Regel nicht nur ausdrücklich auf das Handeln ausgerichtet („regarde proprement les choses qu'on doit faire"[21]); sie ist mit Methode und Vorschrift gleichzusetzen: „REGLE, signifie aussi une méthode ou un précepte,

---

[15] Ibidem.

[16] Vgl.dazu immer noch: Wolfgang Herrmann, The Theory of Claude Perrault, London: Zwemmer 1973, S. 39 ff.

[17] Cf. François Blondel, Cours d'Architecture, Quatrième, Cinquième et Dernière Partie, Paris: Nicolas Langlois 1683, S. 756.

[18] Id., S. 787.

[19] Cf. Guillaumot, op.cit., S. vi.

[20] Id., S. 4.

[21] Cf. [Goussier] Règle, in: Diderot/d'Alembert, Encyclopédie ou Dictionnaire Raisonné des Sciences, des Arts et des Métiers, tome XIV, Neufchastel: Samuel Faulche 1765, S.20.

qu'on doit obsérver dans un art ou dans une science."[22] Und das betrifft, wie diese Definition deutlich hervorhebt, Kunst genauso wie Wissenschaft.

Doch gerade hier hat sich eine Kluft aufgetan. Guillaumot stellt schon in der Einleitung seiner Kritik an Laugier fest, dass allein die Fragen der Konstruktion einem Regelwerk zugeführt und die vageren Bereiche der Architektur davon ausgespart worden seien: „La partie de la construction seule, a été soumise à des regles [...]; mais on n'est pas encore parvenu à fixer par des principes certains cette partie vague de l'Architecture connue sous le nom de goût, que chacun se pique de posséder supérieurement, & que si peu de personnes sont en état de sentir."[23]

Diese Unterscheidung oder gar Trennung hat sich bis in unsere Zeit fortgesetzt. Man ist also kaum überrascht, dass bezogen auf Architektur ‚wissenschaftliche Ansprüche' vermehrt dort angemeldet wurden, wo Technik und Konstruktion im Vordergrund stehen. Jean Baptiste Rondelet, der seiner Zeit vorwirft, ihre Architekten seien mehr „décorateurs" als „constructeurs"[24], passt die vitruvianische Definition den veränderten Umständen an: „C'est une science vaste, qui a pour objet la sûreté, la commodité et la magnificence."[25] Er lässt keinen Zweifel offen, dass dies auf der Grundlage von „expérience" und „raisonnement" beruhe, denen die Prinzipien der Mathematik und der angewandten Physik zur Verfügung stünden.[26] César Daly will „Art", „Histoire" und „Science" zusammenführen; aber auch er geht 1840 ganz offensichtlich von der durch die Parallelführung von Ecole Polytechnique und Académie des Beaux-Arts längst sanktionierten Trennung von Architekt und Ingenieur aus und mahnt deshalb zu regelmässigem Austausch („des rapports habituels").[27] Schliesslich wird Le Corbusier 1923 – in dieser Folge und Tradition – die doppelte Ausrichtung und Wurzel universaler Bautätigkeit in seiner seltsam verschlungenen Definition „Esthétique de l'Ingénieur, Architecture" auch für die Moderne festschreiben, dem Ingenieur die „loi d'Economie", das Kalkül und daraus resultierend die Harmonie, dem Architekten die „ordonnance des formes" und die seinem eigenen Geist entspringende, „émotions plastiques"

---

22 Cf. [Boucher d'Argis], Règle, in: Encyclopédie, op.cit., tome XIV, S. 21.

23 Cf. Guillaumot, op.cit., S. v.

24 Cf. Jean Baptiste Rondelet, Traité Théorique et Pratique de l'Art de Bâtir, Tome Premier, Paris: chez l'Auteur 1808, S. 6 f. – Vgl. Werner Oechslin, Der Architekt als Theoretiker, in: Winfried Nerdinger hg., Der Architekt. Geschichte und Gegenwart eines Berufsstandes, Band 2, München: Prestel 2012, S. 576–601; hier S. 594 ff.

25 Cf. Rondelet, op.cit., S. 2. .- Rondelet schreibt es den Griechen zu, aus der Baukunst eine „science" entwickelt zu haben.

26 Id., Avant-Propos (o.S.).

27 Cf. César Daly. Introduction, in: Revue Générale de l'Architecture et des Travaux Publics, I, Paris, 1840, col. 1 ff.: col. 3.

und letztlich Schönheit erzeugende Ordnung.[28] Man ist kaum überrascht, dass damals führende Architekturtheoretiker wie Leo Adler und Hermann Sörgel die Loslösung der ästhetischen Frage als gottgegeben akzeptieren und fortschreiben. Beide sahen – wie schon Laugier – die Gesetzmässigkeit der Architekur vordringlich an die ästhetische Frage gebunden. Sörgel sprach von der „Ehe zwischen Ästhetik und Geschichte"[29] und Leo Adler erkannte in diesem Zusammengehen „in letzter Synthese die Theorie der Baukunst als geschlossenes System"[30]. Das Bauen, die τεχνη – das Ingenieurmässige und Wissenschaftliche – blieben aussen vor.

II. Wissenschaft vs. Kunst

„Da im Wissen sowohl als in der Reflexion kein Ganzes zusammengebracht werden kann, weil jenem das Innre, dieser das Äußere fehlt; so müssen wir uns die Wissenschaft nothwendig als Kunst denken, wenn wir von ihr irgend eine Art von Ganzheit erwarten."
    J.W.von Goethe, Zur Farbenlehre, Historischer Theil, WA II, 3, S.121.

„In der Regel ist der ausübende Künstler nicht derjenige, welcher über die Principien seiner Kunst die rechte Auskunft zu geben vermag. Er schafft nicht nach Principien und werthet nicht nach Principien. Schaffend folgt er der inneren Regsamkeit seiner harmonisch gebildeten Kräfte, und urtheilend dem fein ausgebildeten künstlerischen Tact und Gefühl."
    Edmund Husserl, Logische Untersuchungen, Erster Theil. Prolegomena zur reinen Logik, Halle a.S.: Max Niemeyer 1900, S.9.

„Der wissenschaftliche Inhalt bringt sich selbst seine Form hervor. Nur in dieser Hinsicht kann von Kunst in der Wissenschaft die Rede sei...".
    Karl Rosenkranz, Psychologie oder die Wissenschaft vom subjectiven Geist, Königsberg: Gebrüder Bornträger 1837, S. xiv (Vorrede).

Selten haben diese Welten von Wissenschaft und Kunst wirklich wieder zusammengefunden. Laugier glaubte – in der Erfüllung seines Satzes *„Tout n'est pas dit sur l'Architecture"* – alle Mängel einer früheren Zeit und „les desordres & les irrégularités d'une imagination licencieuse" überwinden und in die Disziplin eines „raisonnement juste" und ‚in eine Regel' stellen zu können.[31] Das blieb so

---

[28] Cf. Le Corbusier, Vers une Architecture, Paris: G.Crès [1923], S.vii.

[29] Cf. Hermann Sörgel, Grundsätzliches zur Geschichtsdarstellung der Baukunst im Verhältnis zur Ästhetik und Stillehre, in: Wasmuths Monatshefte für Baukunst, V, 1920/21, S. 28–33: S. 31.

[30] Cf. Leo Adler, Zur Methodik der Architekturtheorie, in: Wasmuths Monatshefte für Baukunst, V, 1920/21, S. 45–48: S. 46.

[31] Cf. Abbé Laugier, Obsérvations sur l'Architecture, op.cit., S. v (Avertissement).

abstrakt wie das alte „more geometrico". In moderner Zeit versuchte man umsomehr, *das Ganze* der Architektur weniger durch ‚Wissenschaft' als vielmehr durch Kunst zusammenzuhalten. Gropius, der 1925 in „Internationale Architektur" von objektiver Weltgeltung sprach und wie viele andere versuchte, den wuchernden Individualismus zu überwinden, schrieb 1914 im Zusammenhang mit dem „stilbildenden Wert industrieller Bauformen" von der zu erreichenden „harmonischen Kongruenz" von technischer Form und Kunstform. Das entsprach der Absicht des Deutschen Werkbundes, der in der „Durchgeistigung" der Form den Fortschritt und den (wirtschaftlichen) Erfolg suchte und aus diesem Blickwinkel den Gleichgang im Zusammenspiel von „Denken und Schaffen in einem letzten Endziel" anstrebte. Hermann Muthesius hatte es als Schattenseite der „einseitigen Anspannung der Geisteskräfte" beschrieben, die der aus der Mathematik und den Naturwissenschaften geborenen Technik zuteil geworden war; er forderte deshalb Massnahmen gegen den „Rückgang des Kunstempfindens", rief nach einer „architektonischen Kultur" und forderte, „der Form wieder zu ihrem Recht zu verhelfen".[32] Gropius nahm es als selbstverständlich an, dass dieser Prozess allein durch die „Kunst des Architekten" zu bewerkstelligen sei. Die künstlerische Durchdringung der *bloss* industriellen, technischen und konstruktiven Gegebenheiten sollte zu erkennbaren, sinnenhaften Formen führen, die Gropius – aus diesem Grunde – zudem als „Formen in dichterischer Übertreibung" in besonderer Weise herauszustellen trachtete, „so dass jedwedem Beschauer die Grundidee des Ganzen sinnfällig offenbar" würde."[33] Gropius war mit dieser Argumentation bei der *Darstellung* angelangt, die natürlich stets der Kompetenz der Kunst zugewiesen wurde.[34] Und so stehen sich die Welten der Kunst und der Wissenschaft deutlicher als je zuvor in klarer Kontrastsetzung gegenüber.

Damit war man weit entfernt von der alten Habituslehre, die dem Architekten eine *Tätigkeit*, den „habitus faciendi" zuordnete, dem von Aristoteles wie später von Leonbattista Alberti das „cum ratione" als integrierter Bestandteil hinzugefügt wurde. Das wiederum entsprach dem vitruvianischen Begriff der „ratiocinatio", die zusammen mit „fabrica" die „scientia" der Architektur bilde-

---

[32] Cf. Hermann Muthesius, Wo stehen wir? Vortrag gehalten auf der Jahresversammlung des Deutschen Werkbundes in Dresden 1911, in: Die Durchgeistigung der deutschen Arbeit. Jahrbuch des deutschen Werkbundes 1912, Jena: Eugen Diederichs 1912, S. 11–26; hier: S. 11 f. und S. 18 f.

[33] Cf. Walter Gropius, Der stilbildende Wert industrieller Bauformen, in: Der Verkehr. Jahrbuch des Deutschen Werkbundes 1914, Jena: Eugen Diederichs 1914, S. 29–32: S. 30.

[34] Dazu die klassische Definition: „Die Kunst ist eine Darstellung (μιμησις) d.h. eine Thätigkeit, durch welche ein Innerliches äusserlich wird." Cf. K.O.Müller, Handbuch der Archäologie der Kunst, Breslau: Josef Max und Komp., 1830, S. 1.

te.³⁵ Vitruv forderte eindringlich das Zusammengehen beider Befähigungen, der handwerklichen und der intellektuellen.³⁶ Auch diese notwendige, wechselseitige Ausrichtung von Denken und Handeln ist zum Topos geworden und hat natürlich auch ausserhalb kunsttheoretischer Traditionen einen bedeutenden Platz eingenommen.³⁷ Doch bei der Gewichtung der Anteile gingen die Meinungen stets auseinander. Palladios Mentor, Daniele Barbaro, hält an der Erklärung der Architektur als Tätigkeit – als „ars" im alten Sinn – fest.³⁸ Sie ist von ihren Leistungen her betrachtet in der äusseren Welt menschlicher Handlungen („nelle cose fatte da gli huomini"³⁹) angesiedelt und wesentlich mit dem Machen und der Erfahrung verknüpft: „Nasce ogni Arte dalla Isperienza". Mit Gedächtnis ausgestattet hat sie aber auch Zugang zu den „propositioni universali", den Prinzipien der Kunst. Auch bei Barbaro wird das entscheidende „cum ratione" („con la cognitione") bedacht, das, vorerst mit der einzelnen Erfahrung verbunden, in grundsätzlicher Absicht verfolgt zur Einsicht der „ragione universale delle cose" wird.

Die Kunst entsteht so aus der Erfahrung, überflügelt sie jedoch schnell; sie ist „vicina al sapere" und gewinnt Einsicht in die Ursachen und Gründe der Dinge („intendendo le cause, & le ragioni della cosa, là dove la Isperienza opera senza ragione"⁴⁰). Insofern hat der Architekt eben doch am Habitus des „intelletto", „che è habito de i principij, & delle prove", und am Habitus der „scienza", „che è habito di conclusione per vera, & necessaria prova acquistato", teil.⁴¹

In unzweideutiger Weise beansprucht dies – und darauf aufbauend den wissenschaftlichen Charakter der Architektur - Vincenzo Scamozzi in seiner „Idea della

---

35   Cf. Vitruv I, I, 1.

36   Cf. Vitruv, I, I, 2: „Itaque architecti, qui sine litteris contenderant, ut manibus essent exercitati non potuerunt efficere, ut haberent pro laboribus auctoritatem; qui autem ratiocinationibus et litteris solis confisi fuerunt, umbram non rem persecuti videntur."

37   So, besonders prominent, der zweite Aphorismus der „Instauratio Magna" von Francis Bacon: „Nec manus nuda, nec Intellectus sibi permissus, multum valet; Instrumentis & auxilijs res perficitur; quibus opus est, non minus ad intellectum, quam ad manum." Cf. Francis Bacon, Instauratio Magna (1620), in: Id., Operum Moralium et Civilium Tomus, London: Edward Griffin 1638, S. 47 (Paginierung der aufgebundenen Restauflage von 1620).

38   Cf. [Daniele Barbaro], I Dieci Libri Dell'Architettura Di M.Vitruvio Tradutti Et Commentati Da Monsignor Barbaro Eletto Patriarca D'Aquileggia, Venezia: Francesco Marcolini 1556, S. 6 (Proemio).

39   Ibidem: „....l'Arte è habito nella mente humana, come in vero suggetto riposto, che la dispone fermamente à fare, & operare drittamente, & con ragione fuori di se, cose utili alla vita".

40   Ibidem.

41   Ibidem.

Architettura Universale" (1615).[42] Er geht vom Anspruch der Wissenschaft als „indagatrice delle cause" aus, attestiert der Architektur, dass sie in diesem Sinne nach Ursachen suche und an Begründungen interessiert sei. Er übersetzt deren doppelte Ausrichtung auf „fabrica" und „ratiocinatio" in die Lehre von Akt und Potenz: „il sapere con potenza, e il redur anco le cose in atto per via delle cause, e delle regioni".[43] Er bemerkt jedoch auch die Differenz zur „purità della scienza" und spricht so auch von den „Scientie fattive".[44] Die praktische Ausrichtung des Architekten richtet sich insofern nach dem „Fisico pratico" der Physik, während jedoch auch – mit dem Verweis auf die aristotelische Metaphysik – die Architektur „sublime nella speculatione" ist und an den „prime scientie", insbesondere an der Mathematik teilhat.[45] Wiederum von der Praxis und dem Bauprozess, dem Entwurfsvorgang und der Gestaltwerdung der Idee her betrachtet, bezieht Scamozzi die aristotelischen Überlegungen ganz konkret auf die Zeichnung.[46] Schon Vitruv hatte die Forderung des „Deinde graphidos *scientiam* habere" mit ausdrücklicher Verwendung des Begriffs ‚scientia' verbunden, und so spricht nun auch Scamozzi von der „scientia del Disegno".[47] Mittelbar stellt er sich in die Tradition Albertis, der das vitruvianische „ratiocinatio" durch die *„lineamenta"* ersetzt hatte und damit die Orientierung des entwerfenden Architekten hinsichtlich seiner ‚geistigen' Befähigung am Instrument, der (geometrischen) Zeichnung vorweggenommen hat: „la [=la fabrica] disegna con lineamenti", formuliert und präzisiert Scamozzi.[48] Das künstlerische Tun bis auf den Grund kausaler Erklärung zu verfolgen, weil dieser Weg allein (gemäss Scamozzi die „[via] perfettissima, e colma d'ogni certezza") die hohen Erwartungen erfüllen kann, erachtet damals auch Federico Zuccari in seiner „Idea de'pittori, scultori, et architetti" (1607) als

---

[42] Cf. Vincenzo Scamozzi, L'Idea Della Architettura Universale, Venezia: Expensis Auctoris 1615. – Weiterführend zum Folgenden: Werner Oechslin, Premesse a una nuova lettura dell'Idea della Architettura Universale di Scamozzi, in: L'Idea della Architettura Universale di Vincenzo Scamzzi, reprint, Vicenza: CISA 1997, S. xi–xxxvii; Id., L'Architettura come scienza speculativa, in: Franco Barbieri/ Guido Beltramini hg., Vincenzo Scamozzi, Austellungskatalog Vicenza: CISA 2003, S. 23–31; Id., „L'idea della architettura universale: Vincenzo Scamozzis Grundlegung einer Theorie der Architektur". In: *Riha Journal* 0060, Sonderausgabe „Vincenzo Scamozzi: Lektüren eines gelehrten Architekten" (13 November 2012). URL: http://www.riha-journal.org/articles/2012/2012-oct-dec/special-issue-scamozzi/oechslin-lidea-della-architettura-universale.

[43] Cf. Scamozzi, 1615, op.cit., S. 6.

[44] Id., S. 7 und S. 1 (Proemio).

[45] Id., S. 7 und passim.

[46] Id., S. 2 (Proemio) und S. 24 f.

[47] Id., S. 24.

[48] Id., S. 52.

unabdingbar; für ihn sind sämtliche bildenden Künste von der Zeichnung „come da causa di tutte l'operazioni nostre" abhängig.[49]

Umfassender als bei Scamozzi ist kaum je eine *wissenschaftliche* Grundlegung der Architektur in Vorschlag gebracht worden. Das Entscheidende dabei ist, dass dies nicht sosehr kraft Anleihe bei anderweitiger Autorität und Kompetenz (bei der Mathematik beispielsweise) geschieht, sondern am Kerngeschäft architektonischer Formfindung, in der Zeichnung (und modern gesagt am ‚Entwurf') festgemacht wird, die dementsprechend als „scientia del Disegno" hervorgehoben und nobilitiert wird.[50] Scamozzi hat dies in der Erweiterung der vitruvianischen Grundlage aristotelisch unterlegt und „per via delle cause" begründet. Er berief sich zudem auf kulturgeschichtliche Vorstellungen, die schon immer mit Architektur, notabene mir ihrer ordnenden Kraft und Kompetenz, dem „dar ordine à tutte le cose"[51], in Verbindung gebracht worden sind.

Ob das ausreicht, der Architektur den Status einer Wissenschaft – ausserhalb solch grundsätzlicher Betrachtung - zu verleihen, ist fraglich. Dort allerdings bildet Architektur mehr als nur eine zufällige Referenz. Kant hat in jener – kurz zuvor bei J.H. Lambert besonders in Erscheinung getretenen – Tradition „Architektonik" als „Kunst der Systeme" definiert und dabei durchaus die Möglichkeit der Herausbildung einer Wissenschaft gesehen, weil die „Zusammenfassung mannigfaltiger Erkenntnisse unter einer Idee" und in der Vorstellung eines Ganzen gegeben ist, sodass „entspringen" kann, „was wir Wissenschaft nennen".[52] Allein hier - wie in der an Bildern des Bauens und Wohnens reichen Einleitung zu diesem Teil der „Kritik der reinen Vernunft", nämlich zur „Transcendentalen Methodenlehre" – geht es um die *Metaphern* zur Architektur, deren häufige Verwendung in der philosophischen Argumentation natürlich nicht in erster Linie Verbindliches über Architektur und architektonische Tätigkeit aussagt. Und doch wird niemand übersehen können, dass der Architektur ein systematischer Charakter – in vielfältigster Weise – zuerkannt worden ist, und sie selbst immer mal wieder gerade darin die entscheidende Differenz gegenüber den andern Künsten festgestellt und geltend gemacht hat.

---

[49] Cf. Werner Oechslin, Die universale Zeichnung („disegno") des Künstlers und/versus die „graphidis scientia" des Architekten, in: Véronique van de Kerckhof/Piet Lombaerde hg., The Notion of the Painter-Architect in Italy and the Southern Netherlands, Turnhout: Brepols (im Druck)

[50] Vgl. dazu: W.Oechslin, Geometrie und Linie. Die Vitruvianische ‚Wissenschaft' von der Architekturzeichnung, in: DAIDALOS, 1, 1981, S. 20–35.

[51] Cf. Scamozzi, 1615, op.cit., S. 6.

[52] Cf. Immanuel Kant, Critik der reinen Vernunft, Riga: Hartknoch 1781, S. 832 f.

Allein, die Differenz bleibt. Die Frage nach einer Wissenschaft Architektur, die auf das Ganze bezogen und von der Autorität Vitruvs gestützt dem Problem in grundsätzlicher Hinsicht nachgeht, Prinzipien und System zu erreichen sucht, und die andererseits den Sachverhalt im Einzelnen zu überprüfen und dort die Regel und die Methode zu finden sucht, teilt sich immer wieder, je gründlicher man der Sache auf den Grund zu gehen bereit ist. Die „scientia", im ersten Satz des vitruvianischen Traktats eingeführt, und der aristotelische „habitus faciendi" weisen auf vielfältigste Weise abgewandelt in unterschiedliche Richtungen und konkurrieren sich immer wieder. Der Konflikt übersteigt die engeren Kreise der Architektur.

Woher nehmen wir unsere Vorstellung von Wissenschaft, zumal da auch noch das Wörtchen „streng" in verschärfender Absicht seine Aufwartung macht? Ist auch die Architektur mit dem – von Rudolf Virchow in seiner Rede vom 3. August 1893 ausgerufenen – „Uebergang in das naturwissenschaftliche Zeitalter" aus dem „Bann der philosophischen Systeme" ‚befreit' worden?[53] Andere Massstäbe werden angelegt; doch welche? Als Franz Brentano am 22. April 1874 in Wien seine Antrittsvorlesung zum Thema „Ueber die Gründe der Entmuthigung auf philosophischem Gebiete" hielt und dabei den Siegeszug der modernen Naturwissenschaft zur Darstellung brachte – allerdings ohne gleich in Euphorie bezüglich ihres wissenschaftlichen Charakters zu fallen -, referierte er auch die folgende Ansicht: „Man sagt: Jede allgemeine Wissenschaft trägt Früchte für das Leben. Die Philosophie aber thut es nicht. Also ist sie keine Wissenschaft."[54] Nein, kurzsichtigem Interesse an einem unmittelbaren Nutzen dient vertieftes Nachdenken und Grübeln wohl nicht. Andererseits hat gerade die Architektur – so insbesondere Leonbattista Alberti in der Einleitung zu seinem „De Re Aedificatoria" (1452) – mit dem Nutzen argumentiert, den sie für die Gesellschaft erbringt, um sich ihre Position zu sichern. Doch niemand käme auf die Idee, ihr deshalb den Rang einer Wissenschaft zuzubilligen, während doch jedermann dies für die Leistungen des Ingenieurs voraussetzt. In ihm, so scheint es, hat man schon immer denjenigen gesehen, der mit Scharfsinn die Angelegenheit der Architektur forschend vertieft. So führt es Emanuele Tesauro in seinem „Cannocchiale Aristotelico" aus: „... Architettura: gli cui studiosi son chiamati INGEGNERI, per l'argutezza delle ingegnose lor'opre."[55]

---

[53] Cf. Rudolf Virchow, Die Gründung der Berliner Universität und der Uebergang aus dem philosophischen in das naturwissenschaftliche Zeitalter, Berlin: August Hirschwald 1893, S. 20.

[54] Cf. Franz Brentano, Ueber die Gründe der Entmuthigung auf philosophischem Gebiete, Wien: Wilhelm Braumüller 1874, S. 15.

[55] Hier zitiert nach der Ausgabe: Emanuele Tesauro, Il Cannocchiale Aristotelico, Venezia: Stefano Curti 1688, S. 53.

In modernen Zeiten hat sich dies zur Schnittstelle von Kunst und Wissenschaft gebildet und verfestigt. Auf mühsame Weise versuchen Architekten heute wieder Forschung mit der Entwurfstätigkeit – mit Schlagworten wie „research by design" – zusammenzuführen, um an Forschungsgelder heranzukommen. Allein die Polarisierung von Kunst und Wissenschaft hat sich spätestens seit der Neuordnung der Ausbildung und der Aufteilung in *Académie des Beaux-Arts* und *Ecole Polytechnique* mit Nachwirkung bis auf den heutigen Tag eher verstärkt als aufgelöst. Vitruvs Definition der Architektur als einer „scientia", die Scamozzi noch zu ausführlicher Begründung auf der Grundlage aristotelischer Lehre angeregt hat, verliert sich in Anbetracht dieser modernen Festlegung.

Mittlerweile liest man jenen ersten Satz Vitruvs heute meist: „Architec*ti* est scientia..."![56] Mehr als eine Zuordnung oder Affinität soll es in Sachen Wissenschaftlichkeit nicht sein. Immerhin sind der Architektur gemäss dieser Betrachtungsweise wissenschaftliche Verfahren und Kenntnisse zugeordnet und stehen ihr zur Verfügung. Und umgekehrt lässt sich auch feststellen, dass der Begriff der Wissenschaft wohl zu eng ist, um alle die Architektur betreffenden vielfältigsten Gesichtspunkte in einem organischen Ganzen zusammenzufassen. Das ist wohl auch der tiefere Grund, weshalb man immer wieder dazu tendierte, gewisse Aspekte herauszulösen, statt den Schein einer alles umfassenden Wissenschaft aufrechtzuerhalten. Es lohnt sich allemal, in der Architektur nach den ganz konkreten Möglichkeiten wissenschaftlicher Vorgehensweisen zu fragen, statt sie pauschalisierend vorauszusetzen. Man gelangt auf diesem Wege noch zu andern, vielleicht überraschenden Einsichten.

Es gelten demnach Feststellungen wie diese, „dass jeder Gegenstand seine eigenthümliche Methode habe"; oder man folgt dem – durchaus ähnlich ausgerichteten – Satz: „Der wissenschaftliche Inhalt bringt sich selbst seine Form hervor." Karl Rosenkranz, der auf diese Weise argumentiert, sieht darin den Grund, dass „von *Kunst* in der Wissenschaft die Rede sein" könne. Ganz offensichtlich kommt hier etwas *hinzu*, was sich über das einzelne wissenschaftliche Vorgehen oder die einzelne Kompetenz legt und womöglich jene Teile in ein Ganzes fügt. Rosenkranz begnügt sich mit der Feststellung, „die Wissenschaft zum Kunstwerk erheben" sei gleichzusetzen mit dem die „Systematik der Wahrheit" auf eine „ihrer würdige Weise offenbar machen."[57]

---

[56] Diese Unterscheidung, weil in älteren – für unseren Interpretationszusammenhang entscheidenden – Ausgaben der erste Satz mit „architectura est scientia...." gegeben wird, heute jedoch meist als „architecti est scientia...." ediert wird.

[57] Cf. Karl Rosenkranz, Psychologie oder die Wissenschaft vom subjectiven Geist, Königsberg: Gebrüder Bornträger 1837, S. xiv f.

Form und Darstellung erweisen sich somit durchaus als Ingredienzien, die dem Wissenschaftlichen zuträglich sind und ihm hilfreich erläuternd zur Seite stehen. Dass damit verbunden die Vorstellung von einem „Kunstwerk" auftaucht, zeigt nur, wie reich verwoben diese unterschiedlich gearteten menschlichen Befähigungen – ganz im Widerspruch zu allen voreiligen Trennungen und Loslösungen ‚strenger' Wissenschaft – sind. Die hinzugewonnene Einsicht und weiterführende Erkenntnis drängt zur *Darstellung*; sie ‚überhöht' den einzelnen Forschungsgegenstand und bildet ein Neues. Weshalb sollte hier nicht auch die Vorstellung von einem Kunstwerk ihre Aufwartung machen!

Das erweitert unsere Sicht auf den Wissenschaftshaushalt erheblich. In Kants „Metaphysischen Anfangsgründen der Naturwissenschaft" (1786) stösst man auf die folgenden, überraschenden Feststellungen: „Eigentliche Wissenschaft kann nur diejenige genannt werden, deren Gewißheit apodictisch ist; Erkenntnis, die blos empirische Gewißheit enthalten kann, ist ein nur uneigentlich so genanntes Wissen. Dasjenige Ganze der Erkenntnis, was systematisch ist, kann schon darum Wissenschaft heißen, und, wenn die Verknüpfung der Erkenntnis in diesem System ein Zusammenhang von Gründen und Folgen ist, so gar rationale Wissenschaft."[58] Kant ist bei der Anwendung dieser Kriterien durchaus streng. Weil die Chemie ihre Gesetze auf Erfahrungen aufbaut, diese also „Erfahrungsgesetze" – und keinerlei „Naturgesetze – sind, „so führen sie kein Bewustseyn ihrer Nothwendigkeit bey sich (sind nicht apodictisch-gewiß) und alsdenn verdient das Ganze im strengen Sinne nicht den Namen einer Wissenschaft, und Chymie sollte daher eher systematische Kunst, als Wissenschaft heißen."[59]

Goethe scheint in seiner Farbenlehre bei durchaus verschiedener Lage von Argumentation und Gegenstand den Gedanken in ähnlicher Weise weiterzuspinnen: „Da im Wissen sowohl als in der Reflexion kein Ganzes zusammengebracht werden kann, müssen wir uns die Wissenschaft nothwendig als Kunst denken, wenn wir von ihr irgend eine Art von Ganzheit erwarten." Und er präzisiert: „Und zwar haben wir diese nicht im Allgemeinen, im Ueberschwänglichen zu suchen, sondern wie die Kunst sich immer ganz in jedem einzelnen Kunstwerk darstellt, so sollte die Wissenschaft sich auch jedesmahl ganz in jedem einzelnen Behandelten erweisen."[60] Es geht also nicht um Verallgemeinerungen, sondern – ob Kunst oder Wissenschaft – um die Auffindung und Darstellung des Ganzen im Einzelnen, wofür Goethe alle menschlichen Kräfte mobilisieren möchte, die „Abgründe der

---

[58] Cf. Immanuel Kant, Metaphysische Anfangsgründe der Naturwissenschaft, Riga: Johann Friedrich Hartknoch 1786, S. v (Vorrede).
[59] Ibidem.
[60] Zur Farbenlehre, Historischer Theil (II, I), WA II.3, S. 121.

Ahndung" genau so wie „ein sicheres Anschauen der Gegenwart, mathematische Tiefe, physische Genauigkeit, Höhe der Vernunft, Schärfe des Verstandes, bewegliche sehnsuchtsvolle Phantasie, liebevolle Freude am Sinnlichen."[61]

So betrachtet sind sich Kunst und Wissenschaft sehr nahe gekommen, sie konvergieren und Kunst erscheint dabei wie eine hocherwünschte Bereicherung und Überhöhung ‚bloss' wissenschaftlicher Tatsachen, weil sie imstande ist, sie als Ganzheit zusammenzufassen. Goethe hat schon kurz zuvor die passende Beobachtung mitgeteilt: „Die Menschen sind überhaupt der Kunst mehr gewachsen als der Wissenschaft."[62] ‚Formfindung' und das Herausstellen des Systematischen in der Darstellung ist Menschenwerk und ein kreativer (künstlerischer) Akt, und „Architektonik" gemäss der Kantschen Definition „die *Kunst* der Systeme", wozu das „Scientifische" und ein gegliedertes Ganzes, eine Idee und ein Schema und die Ausrichtung auf einen Zweck gehören, die ‚architektonisch' zur Einheit geführt, das erst ermöglichen, „was wir Wissenschaft nennen".[63] Kant lässt den entsprechenden Ausführungen den Satz folgen: „Niemand versucht es, eine Wissenschaft zu Stande zu bringen, ohne daß ihm eine Idee zum Grunde liege."[64]

Le Corbusier steht also in einer guten Tradition, wenn er für den Architekten die besondere Kompetenz im Umgang mit der „ordonnance des formes" reklamiert; er verbindet damit eine menschgemachte Ordnung, die „pure création de son esprit" ist, „émotions plastiques" und die Empfindung von Schönheit erzeugt.[65] Die Kunst ist näher beim Menschen, bei der Sinneswahrnehmung und auch bei der *Anschauung*, die selbst dann noch als „richtungsgebende Kraft" wirksam ist, wenn man sich schon längst auf dem Weg in die Abstraktion befindet. „Harmonie zwischen Anschauung und Denken" bleibt, so beschwört es David Hilbert, eine Tugend der Geometrie.[66] Und Geometrie, so Le Corbusier, ist die einzige Sprache, die der Architekt beherrscht. Das illustriert die Mittlerrolle, die der Architektur ‚zwischen Kunst und Wissenschaft' zukommt.

---

[61] Ibidem.

[62] Id., S. 120.

[63] Cf. Kant, Critik der reinen Vernunft, op.cit., S. 832 f. – Vgl.oben.

[64] Id., S. 834.

[65] Cf. Le Corbusier, Vers une architecture, op.cit., S. vii.

[66] Cf. David Hilbert, Geleitwort (Juni 1932), in: Paul Alexandroff, Einfachste Grundbegriffe der Topologie, Berlin: Julius Springer 1932, o.S. – Vgl.auch: David Hilbert, Vorwort (Juni 1932), in: D.Hilbert/S. Cohn-Vossen, Anschauliche Geometrie, Berlin: Julius Springer 1932, S. v f.

III. Geometrie – die Sprache des Architekten

„Adeo ut, si bene & rite Mathematicorum hypotheses ponderentur, non aliud sint quam modi, quibus res distincte considerantur quae res, quamvis simul insint aliis, & eas imaginari possimus in corporibus, tamen, Mathematici supponunt, unamquamque rem seorsim considerari."

> Rrasmus Bartholin, De Naturae Mirabilibus Quaestiones Academicae, Kopenhagen: Peter Haubold 1674, S.113 („De Hypothesibus Physicis, quaestio octava.")

„Géométrie: langage humain."
„La géométrie qui est le seul langage que nous sachions parler, nous l'avions puisée dans la nature car tout n'est chaos qu'au dehors; tout est ordre au dedans, un ordre implacable."

> Le Corbusier, Une maison – un palais, Paris: G.Crès [1928], S.3 uns S.12.

„Harmonie zwischen Anschauung und Denken".

> David Hilbert, Geleitwort, in: Paul Alexandroff, Einfachste Grundbegriffe der Topologie, Berlin: Julius Springer 1932, o.S.

Auch Gottfried Semper hat die Absicht verfolgt, „Gesetzlichkeit und Ordnung im Einzelnen aufzusuchen", um so ein Ganzes, letztlich eine „empirische Kunstlehre" zu bilden.[67] Nachdem er sich dann in den „Prolegomena" zu seinem „Der Stil" (1860) gegen alle Irrwege der „Materiellen", der „Historiker" und „Schematiker" abgegrenzt hat, um der „modernen Kunstzerfahrenheit" zu entkommen, und nachdem er auch noch die „Naturformen" und deren Autorität in der Kunst behandelt hat, beginnt er sein Werk mit dem erstaunlichen Satz: „Die Kunst hat ihre besondere Sprache, bestehend in formellen Typen und Symbolen, die sich mit dem Gange der Culturgeschichte auf das mannichfachste umbildeten, so dass in der Weise, sich durch sie verständlich zu machen, fast so grosse Verschiedenheit herrscht, wie diess auf dem eigentlichen Sprachgebiete der Fall ist."[68] Die Kunst in ihrer Aufgabe der Zusammenführung und der ganzheitlichen Betrachtung wird uns hier als Sprache vorgeführt. Die Mannigfaltigkeit der äusseren Welt, die „varietas", die ja schon Alberti zum Ausgangspunkt nahm, um die Aufgabe der im Dienste der Menschen stehenden Architektur zu umschreiben, soll einer einheitlichen Betrachtungsweise unterzogen werden und in ein Ganzes münden. Die Kunst soll es richten. Und diesmal ist es die in den „formellen Typen und Symbole" festgestellte Sprache, die als Kunst der Wissenschaft hinzugefügt wer-

---

[67] Cf. Gottfried Semper, Der Stil. Erster Band. Textile Kunst, Frankfurt a.M.: Verlag für Kunst und Wissenschaft 1860, S. vi.

[68] Id., S. 1.

den soll, um das Verbindende und Ganze erkennbar zu machen. Dazu passen die Bemerkungen Nietzsches, mit denen er vorerst die „Sprache als vermeintliche Wissenschaft" entzaubert.[69] Der Mensch stelle in ihr vielmehr eine eigene Welt neben die andere, um von hier aus „die übrige Welt aus den Angeln zu heben und sich zum Herrn derselben zu machen": „Der Sprachbildner war nicht so bescheiden, zu glauben, dass er den Dingen eben nur Bezeichnungen gebe, er drückte vielmehr, wie er wähnte, das höchste Wissen über die Dinge mit den Worten aus." Im Nachsatz wird dann hinzugesetzt: „in der That ist die Sprache die erste Stufe der Bemühung um die Wissenschaft".

Die Sprache des Architekten ist von dieser Art. Schon bei Vitruv sind die Hinweise vielfältig. Dort werden zu Beginn des ersten Buches mit dem „quod significatur et quod significat"[70] gleichsam Saussure'sche Erklärungsmodelle vorweggenommen. Daniele Barbaro verbindet 1556 in seinem Kommentar jenes ‚significatur/significat' mit „le ragioni, le prove, le cause", mit dem, was beim Architekten Ursache und Wirkung, Idee, Vorstellung und das daraus hergeleitete Werk erklären; er fordert deshalb den Architekten auf, Zeichen zu setzen, „per segni dimostrare, & segnare, e imprimere il segno".[71] Als ob hier eingelöst würde, was Kant mit der apodiktischen Gewissheit als Bedingung von Wissenschaftlichkeit beschreibt. Vitruv hat in demselben Abschnitt die für den Architekten notwendige Bildung, das Beherrschen des Zeichnens und – gleich anschliessend – die Kenntnis der Geometrie gefordert. Die „graphidis scientia", die Geometrie und die zuvor eingeführte „ratiocinatio" sind schon bei Alberti zusammengelesen und seinen „lineamenta" de facto integriert worden. So wird eine architektonische Sprache aus der Geometrie geboren, die beides, Wissenschaft und Kunst verbindet. Und dank der geometrischen Grundlegung der Architekturzeichnung gilt für sie, was Condillac in grundsätzlicher Absicht schon im ersten Satz seines postumen Werkes „La Langue des Calculs" festhält: „Toute langue est une méthode analytique, et toute méthode analytique est une langue."[72] Die Notwendigkeit der Sprache für die Wissenschaft betont damals auch Antoine Laurent de Lavoisier, der sich in seinem „Traité élémentaire de Chimie" ausdrücklich auf die *Logik* Condillacs beruft. Weil sich die Nomenklatur genauso wenig von der Wissenschaft trennen

---

[69] Cf. Friedrich Nietzsche, Menschliches, Allzumenschliches. Ein Buch für freie Geister, Chemnitz: Ernst Schmeitzner 1878, S. 11.

[70] Vitruv, I, I, 3.

[71] Cf. Barbaro, op.cit., S. 9.

[72] Cf. Etiennen Bonnot, Abbé de Condillac, La Langue des Calculs, Paris: Charles Houel An VI (1798), S. 1.

liesse, wie die Wissenschaft von der Nomenklatur, bedürfe es dreier Dinge: „la série des faits qui constituent la science; les idées qui les rappellent; les mots qui les expriment."[73]

So sind die Aufgaben verteilt. Der Vorteil, der nun der geometrischen Sprache des Architekten eigen ist, liegt darin, dass sie in sich selbst das Wissenschaftliche verkörpert und gleichzeitig Darstellungsform ist. Der besondere Vorzug der Geometrie und der ‚geometrischen Sprache', die ‚Anschaulichkeit', bleibt bei aller (mathematischen) Abstraktion erhalten. Wenn sich Le Corbusier zur Geometrie als der einzigen vom Architekten beherrschten Sprache („le seul langage que nous sachions parler") bekennt, so tut er dies im vollen Wissen um diese besondere Koinzidenz von Sinnlichkeit und Abstraktion, dem Zusammenfallen künstlerischer und wissenschaftlicher Kennzeichnungen.[74] Und er knüpft daran all jene ausgreifenden Vorstellungen, die ihn auch schon mal im Architekten den Demiurgen, „le dieu qui est en nous", evozieren liessen.[75] „Géométrie: esprit clair et mystère infini des combinaisons."[76] „La géométrie qui, au milieu du spectacle confus de la nature apparente, a établi des signes merveilleux de clarté, d'expression, de structure spirituelle, des signes qui sont des caractères." „Géométrie: langage humain."[77]

Das Lob der Geometrie fällt bei Carlo Cesare Osio etwas nüchterner aus.[78] Er ist nur einer von vielen, die gleichzeitig Architekt und Mathematiker sind. Seine 1661 im Mailand publizierte „Architettura Civile" präzisiert im Untertitel „demostrativamente proportionata et accresciuta di Nuove Regole" und führt die Verwendung eines neuen (mathematischen) Instruments, „d'un nuovo Strumento Angolare", vor. Die geometrische Grundlegung, die wissenschaftliche Verlässlichkeit garantiert, wird hier aus einem alten Selbstverständnis heraus mitgeführt und weiterentwickelt. Und ebenso selbstverständlich wird die euklidische Axiomatik der Architektur als Regelwerk einverleibt und der Praxis überstellt. „Ordinat in-

---

[73] Cf. Antoine Laurent de Lavoisier, Traité élémentaire de Chimie, présenté dans un ordre nouveau et d'après les découvertees modernes, Paris: Cuchet 1789, S. vi (Discours préliminaire).

[74] Cf. Le Corbusier, Une Maison – un palais. A la recherche d'une unité architecturale, Paris: G.Crès [1928], S. 12.

[75] Id., S. 2.

[76] Id., S. 14.

[77] Id., S. 3.

[78] Cf. Carlo Cesare Osio, Architettura Civile demostrativamente proportionata et accresciuta di Nuove Regole. Con l'uso delle quali si facilita l'Inventione d'ogni dovuta proportione nelli Cinque Ordini. E Col Ritrovamento d'un Nuovo Strumento Angolare. Si da il modo à gl'Operarij medesimi di prati-camente stabilire le Sacome in ogni loro necessario contorno, Milano: Stampa Archiepiscopale 1661.

certis ars renovata metris" steht als Motto auf dem Frontispiz. Wissenschaft und Kunst sind zusammengeführt und treffen sich in der gemeinsamen Aufgabe der Schaffung einer Ordnung. Bei Osio ist jede einzelne Form eines Profils mathematisch präzis beschrieben und definiert. Hier scheinen Kunst und Wissenschaft in einem kulturellen Ganzen zusammengeführt und beides gelangt in jeder einzelnen Form zur Darstellung.

Trauern wir solchen ‚Synthesen' nach oder haben wir das einfach verlernt? Konrad Fiedler schrieb zu Sempers „Der Stil": „Hier zeigt sich deutlich, daß nur derjenige, der den eigentümlichen Kräften, die sich in einer Kunstform ihren Ausdruck schaffen, nahe steht, befähigt ist, dem Entstehen, dem Wandel und dem Vergehen der Kunstformen mit einiger Aussicht, dabei des wahren Zusammenhangs der Tatsachen inne zu werden, zu folgen."[79] Vielleicht liegt unserer modernen Schwierigkeit, Kunst und Wissenschaft in ihrem Zusammenhang und ihrer gegenseitigen Befruchtung zu verstehen, die Entfremdung von Theorie und Praxis zugrunde, die sich so merkwürdig über unseren ‚Wissenschaftsbetrieb' gelegt hat.

---

[79] Cf. Konrad Fiedler, Bemerkungen über Wesen und Geschichte der Baukunst, in: Id., Schriften zur Kunst II (1913/14), München: Fink 1971, S. 437.

DIE BRAUNSCHWEIGISCHE WISSENSCHAFTLICHE GESELLSCHAFT

VERLEIHT DIE

CARL FRIEDRICH GAUSS-MEDAILLE

HERRN

PROF. DR. PHIL. WERNER OECHSLIN

ZÜRICH

IN WÜRDIGUNG SEINER PHÄNOMENE, BEGRIFFE UND IHRE KULTURGESCHICHTLICHEN HINTERGRÜNDE INTEGRIERENDEN FORSCHUNGEN ZUR NEUZEITLICH-MODERNEN ARCHITEKTUR UND ARCHITEKTURTHEORIE.

IN SEINER AUSEINANDERSETZUNG MIT HISTORISMUS UND MODERNE HAT WERNER OECHSLIN DAS TRADITIONSREICHE LEHRGEBÄUDE DER KLASSISCHEN AUF VITRUV UND ALBERTI FUSSENDEN ARCHITEKTURTHEORIE AUF NEUE WEISE LEBENDIG UND AUSSAGEKRÄFTIG WERDEN LASSEN. DIE SYSTEMATISCHE LEHRE UND ENTWURF EINENDE STRUKTUR DIESER KONZEPTE IST DANK SEINER WEGWEISENDEN FORSCHUNGEN ZU EINEM WICHTIGEN THEMA KRITISCH VERGLEICHENDEN BETRACHTENS, VERSTEHENS UND URTEILENS GEWORDEN. DASS DIES NICHT ALLEIN FÜR DIE RENAISSANCE UND DEN BAROCK, SONDERN EBENSO FÜR DEN KLASSIZISMUS IM 18. JAHRHUNDERT, DEN EKLEKTIZISMUS IM 19. JAHRHUNDERT UND DIE VERMEINTLICH AHISTORISCHE MODERNE UND NACHMODERNE IM 20. JAHRHUNDERT GILT, ZÄHLT ZU SEINEN HERAUSRAGENDEN LEISTUNGEN. ALS UNTERSTÜTZUNG DIESER AUFS GANZE DER ARCHITEKTUR UND DES STÄDTEBAUS ZIELENDEN BEMÜHUNGEN HAT ER EINE DER BEDEUTENDSTEN LITERATURSAMMLUNGEN ZUR EUROPÄISCHEN KULTUR DES BAUENS UND DEREN WISSENSGRUNDLAGEN ZUSAMMENGESTELLT UND DER ÖFFENTLICHKEIT ZUGÄNGLICH GEMACHT: DIE STIFTUNG BIBLIOTHEK WERNER OECHSLIN IN EINSIEDELN, EIN STUDIEN- UND SEMINARZENTRUM EUROPÄISCHEN RANGES.

Braunschweig, den 30. April 2012

Präsident
der Braunschweigischen
Wissenschaftlichen Gesellschaft

Oechslin, Werner, Dr. phil., Dr. h.c. mult, Prof. em., Luegeten 11, 8840 Einsiedeln/Schweiz

1944	geb. in Einsiedeln
	Studium der Kunstgeschichte, Archäologie, Philosophie und Mathematik in Zürich und Rom
1970	Prom. Univ. Zürich
1971–74	Ass. an der Univ. Zürich
1975–1980	Massachusetts Institute of Tecnology (MIT), Rhode Island School of Design (RISD), FU Berlin
1980	Hab. an der FU Berlin
1980–1985	Rhein. Friedrich-Wilhelms-Univ. Bonn
1981–1998	Mithg. von „Daidalos"
1985	École d'Architecture, Univ. Genf
1985–2009	Ordinarius für Kunst- und Architekturgeschichte, ETH Zürich
1987–2006	Direktor des Inst. f. Gesch. und Theorie der Architektur (gta), Zürich
1987	Gastprof. an der Harvard Univ.
1996–2002	Leiter der Auswahlkomm. des Study Center am CCA Montréal, Mitgl. des Board of Trustees
	Mitglied des consiglio scientifico des Centro Internazionale di Studi di Architettura Andrea Palladio, Vicenza; in der Gründungsphase Mitgl. des consiglio scientifico der Accademia di Architettura, Mendrisio
2006	Eröffnung der Bibliothek Werner Oechslin, Einsiedeln (Gesamtbest. über 50.000 Bücher)
2007	Innerschweizer Kulturpreis für die Forschungs- und Lehrtätigkeit im Bereich der Kunst- und Architekturgeschichte
2011	Dr. h.c., Univ. Antwerpen, Univ. der it. Schweiz, Lugano, TU München

Forschungsschwerpunkte: Architekturtheorie, Architektur der Moderne, Architekturzeichnung, Architekturtypologie und ephemere Architektur (Festarchitektur). Beteiligung an einer Reihe von Ausstellungen, zahlreiche Publikationen zur Architektur- und Kunstgeschichte vom 15. bis 20. Jh.

Schlußwort zur Jahresversammlung der BWG am 11. Mai 2012

Von Hegel, meine sehr verehrten Damen und Herren, ist uns das schöne Wort überliefert, die Architektur lasse „eine Umschließung emporsteigen für die Versammlung der Gesammelten". Wir haben uns heute im Braunschweiger Altstadtrathaus zusammengefunden, um uns zu sammeln auf die denkende Architektur. Und wie etymologisch Denken und Danken zusammengehören – Denken meint Erwägen, etwas als „wichtig" nehmen, und Danken meint Andenken –, darf ich zunächst Professor Werner Oechslin herzlich danken für den Festvortrag, Professor Harmen Thies für die Laudatio sowie Professor Joachim Ganzert von der Leibniz Universität Hannover, Professor Ferdinand Stracke von der TU München, Dr. Antonio Becchi vom Max-Planck-Institut für Wissenschaftsgeschichte Berlin und Professor Gerd de Bruyn von der Universität Stuttgart für die Gestaltung unsres vormittäglichen Carl-Friedrich-Gauß-Kolloquiums, das dem Erwägen des Verhältnisses von Architektur und Wissenschaft gewidmet war. Professor Cord Meckseper, den Frau Professorin Karin Wilhelm freundlicherweise in der Moderation vertrat, wünsche ich eine rasche *restitutio in integrum*.

Eine Umschließung, meine sehr verehrten Damen und Herren - wir leben nicht im Raum, sondern in und an Orten. Deshalb bedürfen wir des Bauens von Anfang an. Bauen ist nicht nur essenziell, es ist existenziell. Sechs Jahre nach dem Ende des zweiten Weltkriegs, in der Zeit der Wohnungsnot, hat Heidegger dies bedacht in seinem Vortrag *Bauen Wohnen Denken*. "Das althochdeutsche Wort für bauen, 'buan'", heißt es da, "bedeutet wohnen: Dies besagt: bleiben, sich aufhalten. Die eigentliche Bedeutung des Zeitwortes bauen, nämlich wohnen, ist uns verlorengegangen. Eine verdeckte Spur hat sich noch im Wort 'Nachbar' erhalten. Der Nachbar ist der 'Nachgebur', der 'Nachgebauer', derjenige, der in der Nähe wohnt". Aber wo "das Wort bauen noch ursprünglich spricht, sagt es zugleich, *wie weit* das Wesen des Wohnens reicht. Bauen, buan, bhu, beo ist nämlich unser Wort 'bin' in den Wendungen: ich bin, du bist".

Aber wer und wie sind wir, wie wohnen wir in unsrer von Grund auf wissenschaftlich-technischen Welt? Müssen wir nicht Bauten und Bauwerke unterscheiden? Bauten helfen unsern Bedürfnissen ab, wir „kommen darin unter", und doch sind sie nicht wohnlich im Sinn des alten „buan". In „Bauwerk" hingegen klingt das griechische *ergon/(F)ergon* mit, auf das achtend Aristoteles das Kunstwort *enérgeia* prägte – die Wirklichkeit, die „Werklichkeit": Was Bauten nicht haben, das zeichnet Bauwerke aus: sie haben Energie. Zwar ist Architektur nach Oswald Mathias Ungers ohnehin immer nur „partielle Schöpfung", der bloße Bau aber nurmehr „Teil eines allgemeinen Fertigungsprozesses". Und dieser? „Fortschritte in Technik und Wissenschaft", erinnert Helmut Schulitz, „zeigen Wege zu einer neuen Baukultur auf, aber gerade bei Architekten scheinen Technik und Wissenschaft zu widersprüchlichen Positionen zu führen. Nur wenige der häufig in den Medien präsenten Architekten nützen die Fortschritte [...] für ein integrales, zukunftsorientiertes und ressourcenschonendes Bauen. Im Gegenteil"...

Um die Mitte des 15. Jahrhunderts schrieb Leon Battista Alberti eine Satire auf die Regierung, wo er den unordentlichen Juppiter, der gern eine bessere Welt erfände, in ein Theater treten läßt: Da staunte er, „klagte sich im stillen seiner Albernheit an und ärgerte sich über seine blöde Urteilskraft, weil er nicht solche Architekten wie die, die dieses wunderbare Werk geschaffen hatten, eher zu Rate gezogen habe als die Philosophen, um mit *ihnen* den Plan des zukünftigen Werks zu entwerfen". Der Philosoph freilich hört Juppiters Weisheit gern und zieht sich zurück, ist seine Sache in der Tat doch nicht die Zukunft, sondern die Gegenwart. Die heutige war ein Tag schöner Perspektiven, und in diesem Sinn wünsche ich Ihnen einen guten Weg nach Hause.

Todesfälle

28.01.2012 Horst Tietz, Dr. phil., Prof. für Mathematik, Gottfried Wilhelm Leibniz Universität Hannover. Ordentliches Mitglied in der Klasse für Mathematik und Naturwissenschaften von 1976 bis 2002; seit 2003 korrespondierendes Mitglied. Vorsitzender der Klasse von 1995 bis 1997.

19.11.2012 Hans-Joachim Kanold, Dr. rer. nat. habil., Prof. em. für Mathematik, TU Braunschweig. Ordentliches Mitglied der Klasse für Mathematik und Naturwissenschaften seit 1971. Generalsekretär vom 01.01.1986 bis 31.12.1988.

25.11.2012 Hans Kuhn, Dr. phil., Dr. rer. nat. h.c., Prof. für Biophysikalische Chemie und vormals Direktor am Max-Planck-Institut, Göttingen. Korrespondierendes Mitglied der Klasse für Mathematik und Naturwissenschaften seit 1983. Träger der Gaußmedaille 1980.

Nachrufe*

HORST TIETZ

* 11.03.1921 † 28.01.2012

Horst Tietz wurde am 11. März 1921 als Horst Willy Julius Amandus Tietz in Hamburg geboren. Sein Vater Willi Tietz betrieb einen Holzgroßhandel, den dessen Großvater David in Driesen in Pommern gegründet hatte. Der Vater von Willi Tietz, Julius Tietz, und dessen Frau stammten aus jüdischen Familien, konvertierten aber bei der Geburt des ersten Kindes zum evangelischen Glauben. Auf einer Hochzeitsfeier in Marburg lernte Willi Tietz Amanda Cornils kennen, deren Vater an der Westküste Schleswig-Holsteins in Garding ein Sägewerk betrieb. Amanda Cornils und Willi Tietz verlobten sich. Zu dieser Zeit lebte Amanda bei Ihrer geschiedenen Schwester Anna und deren 1915 geborenen Sohn Rolf Christiansen in Hamburg. Als durch den Versailler Vertrag Driesen polnisch wurde (heute Drezdenko), folgte Willi seiner Verlobten nach Hamburg und baute ab 1919 ein Holzkommissionsgeschäft in der Straße Raboisen auf. Amanda und Willi heirateten am 3. April 1920 in Hamburg.

Die Familienbande blieben sehr eng und so wuchsen Horst Tietz und Rolf Christiansen wie Brüder auf. Wie Rolf vor ihm wurde Horst in die private Grundschule des jüdischen Ehepaars Moosengel in Eilbeck eingeschult. Später besuchte er das Kirchenpauer-Realgymnasium am Hammer Steindamm. Obwohl die Familie der evangelischen Kirche angehörte, trafen sie schon in den 1920er Jahren antijüdische Vorbehalte, und das sogar aus der eigenen Familie. Am 1. Januar 1930 trat Amandas Bruder Walter Cornils in die NSDAP ein und auch Rolf fühlte sich von den Nazis angezogen, was zu einer Isolation der Familie Tietz führte. Auch die Geschäfte gingen immer schlechter. Willis Bruder Hermann, der in Berlin eine Apotheke betrieb, musste diese durch politischen Druck aufgeben und nahm sich daraufhin das Leben. Es ist wohl nur Amanda zu verdanken, dass Willi Tietz dem Beispiel des Bruders nicht folgte.

Mit Erreichen der Volljährigkeit übernahm Horst Tietz am 13. März 1942 als neuer Inhaber die Firma des Vaters, um ihm weitere Demütigungen zu ersparen. Natürlich führte der Vater die Geschäfte weiter, denn seiner Meinung nach konnte sein Sohn „eine Birke nicht von einer Primel unterscheiden". Horst Tietz beschäftigte sich derweil mit Mathematik und erhielt vom Vater auch die Erlaubnis, Mathematik zu studieren.

---

*Der Nachruf wurde verlesen bei der Sitzung am 8. Juni 2012.

Um seine eigene „Stellung zu stabilisieren" hatte sich Horst Tietz als „Mischling ersten Grades" freiwillig zum Wehrdienst gemeldet. Er wurde zum Reichsarbeitsdienst einberufen, erfuhr dann aber von einem Erlaß, der Soldaten, die Medizin oder Chemie studieren wollten, freistellte. Da die Universität Hamburg wegen der Sorge um Luftangriffe geschlossen war, zog Horst Tietz nach Berlin, um das erste Trimester in Chemie dort zu studieren. Er lebte bei der Witwe seines Onkels Hermann, besaß aber keinen Ahnenpass. Bei der Immatrikulation konnte er das glücklicherweise durch die Frontkämpferbescheinigung des Vaters kompensieren.

Im Januar 1940 begann dann das Mathematikstudium in Hamburg bei Erich Hecke. Wie Tietz berichtete, sollen es ein gutes Dutzend Studenten und Studentinnen gewesen sein, also eine kleine Schar. Viele Studenten und auch einige Dozenten trugen Uniform und es wurde besonders „zackig" gegrüßt, natürlich mit dem „deutschen" Gruß. Erich Hecke war kein Nazi, im Gegenteil, und er grüßte erst recht nicht mit erhobenem rechten Arm. Als Horst Tietz ihn einmal zur Hochbahn begleitete stellte er überrascht fest, dass Hecke vor allen Trägern des Judensternes den Hut zog. „Für mich ist der Judenstern ein Orden: der Pour-le-Semite!", meinte er leise. Als mitten in der Vorlesung Fliegeralarm gegeben wurde sprangen die Uniformierten auf und wollten alle in die Luftschutzkeller schicken. Hecke sagte: „Tun Sie, was Sie müssen; ich bleibe hier, vielleicht landet ja einer und nimmt uns mit ...". Bereits im Dezember wurde Horst Tietz vom Studium ausgeschlossen. Ein Geheimerlaß Hitlers ließ nun auch keine „Mischlinge ersten Grades" mehr zu. Ein Gnadengesuch an den Reichskanzler fruchtete nichts, auch nicht eine Eingabe seines Vetters Rolf Christiansen. Für Rolf hatte die Eingabe jedoch schreckliche Konsequenzen. Er wurde degradiert und zur Partisanenbekämpfung nach Russland geschickt, wo er im Februar 1942 fiel. Als seine Mutter Anna die Nachricht seines Todes am 9. März 1942 erhielt, nahm sie sich das Leben. Horst Tietz konnte nach Absprache mit Erich Hecke sein Studium als „Schwarzhörer" noch eine Weile fortsetzen. Er hörte auch bei dem Algebraiker Hans Zassenhaus und dem Physiker Lenz. Hecke versprach auch, Kontakt mit Baertel van der Waerden in Leipzig aufzunehmen, der schon mehrmals gefährdete Wissenschaftler in seiner Gruppe aufgenommen und damit geschützt hatte. Van der Waerden war bereit, Tietz aufzunehmen, aber dann hätte der Vater den Judenstern tragen müssen – das kam nicht in Frage.

In dieser Vorweihnachtszeit des Jahres 1940 gab es aber auch Lichtblicke. Zu diesen gehörte die Freundschaft mit den Chemiestudenten Hans Leipelt und Gerd-Günther Grau. Leipelt wurde als Mitglied der Weißen Rose 1945 in Stadelheim enthauptet; mit Grau, der später zur Philosophie wechselte und ebenfalls Professor in Hannover wurde, verband Horst Tietz lebenslang eine tiefe Freundschaft.

Im Sommersemester 1942 wurde Horst Tietz durch einen Anruf von Hans Zassenhaus aufgeschreckt. Es stehe eine Denunziation wegen des illegalen Besuchs von Vorlesungen bevor, aber Zassenhaus wollte versuchen, „diese Leute" noch von ihrem Vorhaben abzubringen. Dazu müßte allerdings Tietz versprechen, nicht mehr in die Universität zu kommen. Einen Tag später konnte Zassenhaus Entwarnung geben. Hecke hatte auf Grund der Nachricht, Tietz würde nicht mehr in die Vorlesung „Zahlentheorie" kommen können, diese mitten im Semester abgebrochen und den Hörern das Kolleggeld zurückgezahlt. Zassenhaus lud Tietz einmal wöchentlich zu einem privaten Literaturstudium ein, bei dem van der Waerdens „Moderne Algebra" studiert wurde.

Inzwischen hatte die Deportation der Hamburger Juden begonnen. In dem Feuersturm der Nacht vom 27. auf den 28. Juli 1943 verlor Familie Tietz ihre Wohnung und allen Besitz. Da Willi Tietz in einer „privilegierten Mischehe" lebte, brauchte er noch keinen Judenstern zu tragen. Die Eheleute beschlossen, in dem Wirrwarr nach dem Feuersturm mit Horst nach Marburg zu gehen, wo sie sich kennengelernt hatten. Nach wiederholtem Wechsel der Unterkunft wurden sie schließlich von einer Vermieterin denunziert und mussten sich am Morgen des 24. Dezember 1943 bei der Gestapo melden.

Die Gestapo legte Amanda in stundenlangen Verhören nahe, ihren Mann zu verlassen, um selbst die Freiheit zu erlangen. Sie kommentierte dieses Angebot damit, dass sie vor den Beamten auf den Boden spie. Willi Tietz hatte vergeblich versucht, sich während der Verhöre das Leben zu nehmen, um seine Frau zu schützen.

Am 6. März 1944 wurden Amanda, Willi und Horst Tietz als „Schutzhäftlinge" dem Arbeitserziehungslager Breitenau überstellt, das als Sammelort für den Weitertransport in Konzentrationslager diente. Über die Zwangsarbeit von Amanda Tietz in Breitenau ist nichts bekannt, Vater und Sohn arbeiteten in der Landwirtschaft. Unter den unmenschlichen Bedingungen des Lagers erkrankte Willi Tietz schwer. Als Horst Tietz nach vergeblichen Bitten um medizinische Hilfe für den Vater am 22. April 1944 in die Zelle verlegt wurde, in der sein Vater lag, war dieser schon nicht mehr bei Bewußtsein. Auf dem Weg zu der Zelle sah Horst Tietz im Nebenhof weibliche Gefangene, die auf ihren Abtransport warteten. Eine kahlgeschorene Frau winkte ihm weinend zu; es war seine Mutter. Willi Tietz starb am Morgen des nächsten Tages in den Armen seines Sohnes, der sich nun einem Transport ins KZ Buchenwald anschließen musste.

Amanda Tietz hat vermutlich nie vom Tod ihres Mannes erfahren. Sie kam über Leipzig und Fürstenberg in das KZ Ravensbrück. Horst Tietz hatte in der MG-Produktion der Gustloff-Werke zu arbeiten, wo er die Erlaubnis für einen Sonderbrief an seine Mutter nach Ravensbrück erhielt. Mit Datum vom 20. Juli 1944 erhielt er von dort die Nachricht, dass seine Mutter am 5. Juni 1944 verstorben war.

Am 11. April 1945 wurde Buchenwald von den Amerikanern befreit, für Horst Tietz begann nun eigentlich erst das Leben.

Er schlug sich nach Marburg durch, dann aber wieder nach Hamburg, weil dort die Universität den Betrieb schon am 6. November 1945 wieder aufnahm. Erich

Hecke war sterbenskrank, las aber noch „Lineare Differentialgleichungen". Zu einer Spezialvorlesung über Heckes eigene Forschungen zu Modulformen, die mit der Ankündigung „Nur für Erwachsene" versehen war, wurde Horst Tietz zu seiner großen Freude von Hecke persönlich eingeladen. Er hörte auch „Raumgruppen" bei Zassenhaus, „Integralgleichungen" bei Weissinger, bei Noack die „Wahrscheinlichkeitsrechnung" und „Zahlen und Figuren" bei Maak. Über den skurrilen Humor Maaks hat Tietz in seinen Erinnerungen mit warmer Zuneigung geschrieben.

In Hamburg fand dann 1946 auch die Verlobung von Horst Tietz mit seiner geliebten Lotti statt. Dass Lotti seine ganz große Liebe war, konnte man noch im Alter deutlich spüren. Sie und die beiden gemeinsamen Töchter wurden sein größtes Glück.

Hecke konnte bald darauf nicht mehr lesen; er starb 1947 bei Harald Bohr in Kopenhagen; Zassenhaus stand kurz vor der Auswanderung. So ging Horst Tietz zum Sommersemester 1946 nach Marburg, wo er Vorlesungen bei dem warmherzigen Herbert Grötzsch hörte. Grötzsch hatte 1935 seine Privatdozentur in Gießen verloren, weil er sich den Nazis verweigert hatte und nicht an einem NS-Dozentenlager teilgenommen hatte. In Marburg wurde er gerne in den Lehrkörper aufgenommen, aber nur auf einer Hilfskraftstelle. 1947 wurde er zum außerplanmäßigen Professor befördert, allerdings änderten sich seine Bezüge nicht! Grötzsch ging 1948 an die Universität Halle, von der er einen ordentlichen Ruf erhalten hatte. Andere Persönlichkeiten in Marburg waren Kurt Reidemeister und Maximilian Krafft, der spätere Doktorvater von Horst Tietz. „Krafft und Grötzsch haben in dieser Hungerzeit Übermenschliches geleistet!", schrieb Horst Tietz später.

Sein Staatsexamen machte Horst Tietz in den Fächern Mathematik, Physik und Chemie 1947 – man konnte damals nicht mehr einfach mit der Promotion abschließen, sondern brauchte vorher einen Abschluß. Die Chemiker wußten schon seit einiger Zeit, Tietzens mathematische Kenntnisse zu nutzen. Häufig wurde ihm in ihren Arbeiten für seine „wertvolle Beratung" gedankt, dann übernahm er aber ihr Prinzip „man muß nicht nur Eier legen, man muß auch gackern", und reichte seine ersten mathematischen Arbeiten ein. Die Bekanntschaft mit Erich Hückel, Leiter der Abteilung für Theoretische Physik und Begründer der Quantenchemie, brachte Tietz eine Hilfsassistentenstelle ein. In seiner Autobiographie fasste Hückel die Beziehung der beiden Männer zusammen: „Tietz wurde mein treuester Helfer und bester Freund!". Von 1948 bis 1951 blieb Tietz der Assistent Hückels, promovierte bei Krafft 1950 über „Faberentwicklungen auf geschlossenen Riemannschen Flächen" und ging dann an die Technische Hochschule Braunschweig, wo er sich bei Rudolf Iglisch habilitierte. Im Jahr 1956 ging er als Dozent nach Münster, dem damaligen Mekka der Funktionentheorie und 1962 erhielt er einen Ruf nach Hannover, wo er bis zu seiner Emeritierung 1989 blieb. Dort hat er tiefe Spuren hinterlassen. So wurde die „Zentrale Einrichtung für Wissenschaftstheorie und Wissenschaftsethik" auf seine Initiative hin gegründet.

Ich begegnete Horst Tietz erstmalig im Wintersemester 1981/82 als ich in seiner Vorlesung „Lineare Geometrie" saß. Das war die von ihm bevorzugte Bezeichnung der linearen Algebra und der Titel eines seiner Bücher, nach dem er die Vorlesung hielt. Er kam stets ohne Skript in den Hörsaal und benutzte nur wenige Male einen Spickzettel. In Beweisen blieb er oft hängen, improvisierte, versuchte einen anderen Weg, und kam schließlich frei, meist allerdings nur durch die Hilfe des Assistenten Dr. Steffen Timman. Unvergeßlich sind mir die Momente, in denen er sich mit einem zusammengekniffenen Auge von der Tafel umdrehte und fragte: „Herr Timmann, sehen SIE was?" Nur einmal war es anders. Es ging nicht vor und zurück - er saß fest, und zu allem Überfluß fehlte ausnahmsweise der Assistent. Also griff er in die Tasche, holte sein Buch heraus, blätterte kopfschüttelnd ein paar Minuten, um es dann in die geöffnete Aktentasche zurückzuwerfen mit den Worten: „Welcher Trottel hat eigentlich dieses Buch geschrieben?".

Seine Vorlesungskunst war einzigartig, sie zwang uns zur Mitarbeit. Gemerkt haben wir das allerdings erst bei der Vorbereitung auf das Vordiplom. In seinen Vorlesungen hatten wir viel mehr mitgearbeitet als in anderen. In der Funktionentheorie kamen wir zu Aussagen über Familien gewisser Funktionen, als er innehielt und sagte: „Als Student war ich entsetzt über den Satz: Alle beschränkten Familien sind normal. Entspannt habe ich mich erst als ich erfuhr, dass die Umkehrung nicht gilt." Im Vordiplom ließ ich mich in Linearer Geometrie, Funktionentheorie und Topologie bei ihm prüfen. In seinem Dienstzimmer mit der linksherum gehenden bayerischen Uhr stellte er mir kurz vor Ende der Prüfung die Frage: „Was ist denn eigentlich ein Hilbert-Würfel?". Ich wurde nervös, denn von einem solchen Würfel hatte ich noch nie gehört, was ich ihm auch sagte. In gespielter Empörung rief er: „Was, aber Sie müssen doch wissen was ein Hilbert-Würfel ist!". Mir lief der Schweiß von der Stirn, dann kam mir der Beisitzer zur Hilfe: „Bitte entschuldigen Sie, Herr Professor, aber ich kenne den Hilbert-Würfel auch nicht." Tietz war noch empörter, dann begann er mit der Erklärung, die aber nicht recht vorankam. Wie sich herausstellte, wußte er nämlich selbst nicht so genau, was ein Hilbert-Würfel ist!

Gerne übernahm er die Mathematikveranstaltungen für die Ingenieure, zu denen er auch ein zweibändiges Werk verfasste. Gerade die Ingenieurstudierenden trugen ihn auf Händen und überreichten ihm aus Anlaß seiner Emeritierung Geschenke aus Dankbarkeit für seinen Einsatz. Auf ihren Antrag hin hat die Abteilung Mathematik Horst Tietz gebeten, die zweisemestrige Ingenieurvorlesung noch einmal nach seiner Emeritierung zu lesen, was er sehr gerne übernommen hat.

Trotz seiner Erfahrungen in der Nazizeit war er ein großer Humanist und Menschenfreund mit noch größerem Herzen. Als eine fachlich hervorragende Lehramtskandidatin nicht mehr in die Vorlesungen kam und Horst Tietz erfuhr, dass sie das Studium wegen einer chronischen Krankheit abbrechen wollte, wegen der sie sowieso nicht in den Schuldienst kommen würde, da bat er die Studentin zu einem persönlichen Gespräch und rief danach direkt im Ministerium an. Die damalige Studentin wurde ohne Probleme in den Schuldienst übernommen.

Bewundernswert war auch seine Beherrschung der deutschen Sprache. Es war ihm gelungen, Goethes Faust (und Band 63 der „Mathematischen Annalen"!) ins KZ Buchenwald zu schmuggeln. Um nicht verrückt zu werden, lernte er den Faust auswendig und konnte noch im Alter mühelos daraus zitieren. Während eines studentischen Boykotts hatte der AStA zu einer Wahl aufgerufen und Plakate mit der Aufschrift „wählt massenhaft!" geklebt. Auf einer studentischen Versammlung durfte Tietz dann sprechen und bat darum, genau zu überlegen, was man damit eigentlich zum Ausdruck brachte.

Aus der Münster Schule um Heinrich Behnke kommend hat er sich in Hannover sehr für die Ausbildungsbelange von Lehramtsstudierenden eingesetzt, nichtsdestotrotz stand er der modernen Didaktik mehr als skeptisch gegenüber und sprach von dem „eisernen Vorhang". Da heute stromlinienförmiges Auftreten bei Berufungen hoch im Kurs steht und auch die Studierenden die Vortragskünste des Bewerbers beurteilen, hätten einige seiner geliebten Lehrer – und vielleicht wohl auch er selbst – kaum noch Chancen auf eine Professur. Wie sehr sind die Universitäten doch geistig verarmt!

Noch im Alter aus Anlass seines 80. Geburtstages gründete er auf Initiative seines Schülers Peter Preuss den „Horst Tietz Fund", um seinem geliebten Mathematischen Forschungsinstitut in Oberwolfach bei der Finanzierung zu helfen. Jeder gespendete Betrag wird dabei von der *Preuss Foundation* noch einmal durch einen Betrag in gleicher Höhe ergänzt.

Nach meinem Studium brach der Kontakt vorerst ab. Ich traf ihn wieder 1990 oder 1991, als er an der Universität Stuttgart einen Vortrag über seine Biographie hielt, der später publiziert wurde. Als ich 1996 meine erste Professur an der Universität Hamburg angetreten hatte, schrieb ich ihm einen langen Brief, und wir blieben von da an in Kontakt. Er wurde mir zu einem väterlichen Freund, der meine weitere Karriere interessiert begleitet hat. Stolz bin ich auf die Widmung in seinem Sonderdruck „Erlebte Geschichte: mein Studium – meine Lehrer": „Meinem Freund und Schüler ...". So kam er auch nach Hamburg und hielt einen vielbeachteten Vortrag über seine Erlebnisse beim Studium. Natürlich wurde er von seiner geliebten Lotti begleitet. Nach einer schweren Operation des Wirbelkanals besuchte ich ihn mit Jürgen Dehnhardt im Krankenhaus. Er übte in einem Gestell das Gehen, war aber guter Dinge und wir erlebten einen zauberhaften Nachmittag in der Cafeteria des Krankenhauses. Sein Geist war ungebrochen und sein subtiler Humor schimmerte immer wieder durch. Auch nachdem er mit seiner Frau in eine Wohnung im Altenheim gezogen war, besuchten meine Frau und ich die beiden, auch wenn weitere Spaziergänge nicht mehr ohne weiteres möglich waren. Untröstlich war er, als er beim Ausparken seines Autos seiner Frau aus

Versehen über den Fuß fuhr und sie daraufhin mehrere Operationen zu erdulden hatte. Der Tod seiner Lotti hat ihn schließlich furchtbar getroffen.

Horst Tietz war ordentliches Mitglied der BWG von 1976 bis 2002, im Jahr 2003 ließ er sich auf eigenen Wunsch aus Altersgründen als korrespondierendes Mitglied führen, da er nicht mehr nach Braunschweig kommen konnte. Von 1995 bis 1997 fungierte er als Vorsitzender der Klasse für Mathematik und Naturwissenschaften. Er war *Chevalier dans l'Ordre des Palmes Académiques* (höchste Auszeichnung der Republik Frankreich für Verdienste um das französische Bildungswesen), *Chevalier de la Légion d'Honneur* (Ritter der Ehrenlegion) und Ehrenmitglied der Mathematischen Gesellschaft in Hamburg. Über 40 Jahre lang war er im Lions Club Hannover-Tiergarten aktiv.

Horst Tietz verstarb am 28. Januar 2012 im Alter von 90 Jahren in Hannover. Seine Asche wurde am 16. Februar auf dem Friedhof von Hamburg-Nienstätten im Familiengrab der Familie Cornils-Tietz beigesetzt.

Als ich am Tag der Beerdigung einige meiner damaligen Kommilitonen informierte, erhielt ich wunderbare Antworten. Ein Kommilitone schrieb zurück: „Horst Tietz hat mich maßgeblich geprägt – auch wenn ich nur marginal mit ihm Kontakt hatte!"

Wir werden diesem großen Mann stets ein ehrendes Andenken bewahren.

Thomas Sonar

Literatur

http://www.stolpersteine-hamburg.de/index.php?MAIN_ID=7&BIO_ID=3212 Eine Lebens- und Leidensbeschreibung der Familie Tietz.

TIETZ; H.: Student vor 50 Jahren. DMV Mitteilungen 3/96, 1996.

TIETZ, H.: Begegnung mit Hamburger Mathematikern. Mitteilungen der Mathematischen Gesellschaft in Hamburg, Band XVII, pp. 5–13, 1998.

TIETZ, H.: Erlebte Geschichte: mein Studium – meine Lehrer. Publikation der Universität Stuttgart.

http://www.quantum-chemistry-history.com/Tietz1.htm Ein Interview von Udo Anders mit Horst Tietz vom 16. November 1998 über Hückel und seine Bedeutung für die Quantenchemie.

HÜCKEL, ERICH: Ein Gelehrtenleben. Ernst und Satire. Wiley-VCH, 1983.

HANS-JOACHIM KANOLD
* 29. 7. 1914   † 19. 11. 2012

Am 19. November 2012 verstarb in Braunschweig im Alter von 98 Jahren Herr Dr. rer. nat. Hans-Joachim Kanold, emeritierter Professor für Mathematik an der Technischen Universität Braunschweig.

Am 29. 7. 1914, also zu Beginn des Ersten Weltkrieges, ist Hans-Joachim Kanold als einziges Kind des Kaufmanns Bruno Kanold und seiner Frau Hedwig, geborene Stasch, in Breslau geboren, wo seine Eltern ein Herrenartikelgeschäft führten. Er war zart und kränklich und wog mit sechs Monaten nur etwa sechs Pfund. Mit knapp sechs Jahren hatte sich die Gesundheit stabilisiert, so dass er klein aber stämmig in der Volksschule starten konnte.

Nach bestandener Aufnahmeprüfung wechselte er nach vier Jahren zum Reform-Real-Gymnasium über, wo er zu Ostern 1933 sein Abitur ablegte. In der Schule trieb er viel Sport. Zusätzlich besuchte er eine private Boxschule.

Nach einem halben Jahr beim freiwilligen Arbeitsdienst im Stahlhelmarbeitslager startete er sein Studium an der TH Breslau. Dann wechselte er wegen mehr Mathematik an die Universität Breslau. Er wählte die Fächer Sport, Mathematik und Physik mit dem Lehramt als Ziel. Nach einigen Semestern musste er Sport wegen Lungen TB aufgeben und als drittes Fach dafür Chemie wählen. Er hatte im Studium sehr engen Kontakt zu den Professoren Georg Feigl, Johann Karl August Radon und Clemens Schäfer.

In den höheren Semestern wandte er sich mehr der Mathematik zu. Schon 1938 reichte er eine kleine Arbeit über ungerade vollkommene Zahlen bei der Zeitschrift Deutsche Mathematik ein, die 1939 erschien. Von Clemens Schäfer wurde diese als Staatsexamensarbeit anerkannt. Die mündliche Prüfung wurde wegen Prüfungsangst noch etwas hinausgeschoben. Im Sommersemester 1939 legte er Professor Feigl weitere Ergebnisse über vollkommene Zahlen vor und dieser riet ihm daraufhin vom Staatsexamen ab und zu einer sofortigen Promotion. Bereits am 20.9.1939 war dann die mündliche Prüfung. Die Doktorarbeit wurde später umgearbeitet und erschien erst 1941 im Crelle Journal.

Nach dem Doktorexamen wollte Feigl ihn an der Universität halten, aber 80 Mark für eine Hilfsassistentenstelle waren zu wenig, um den Eltern nicht mehr auf der Tasche zu liegen, und eine mögliche Assistentenstelle an der TH Berlin scheiterte an einem zu langen Postweg von sieben Wochen zwischen Breslau und Berlin. So nahm er am 1.1.1940 eine Stelle als Mathematiker und Aerodynamiker bei der Firma Messerschmitt in Augsburg an, wo er bis Kriegsende blieb. Nebenbei hat er weiter mathematisch geforscht und auf Tagungen darüber vorgetragen. Anfang 1944 reichte er dann seine Habilitationsschrift in Breslau ein. Im Sommersemester bestand er das wissenschaftliche Kolloquium vor der Fakultät. Wegen der Kriegslage, da er nicht NSDAP-Mitglied war und da seine Verlobte Halbjüdin war, wurde aber zu diesem Zeitpunkt von der Probevorlesung abgeraten, so dass er die venia legendi noch nicht erhielt.

Noch vor dem Krieg lernte Hans-Joachim Kanold seine Frau Hermine, geborene Friedenthal, als seine Nachhilfeschülerin kennen. Nach der Verlobung 1942 heirateten sie am 6.6.1945 in Bad Kohlgrub im Oberammergau, wohin die Dienststelle nach ihrer Ausbombung in Augsburg verlegt worden war.

Von 1946 bis 1950 kamen sie bei einer Tante von Frau Kanold in Heidelberg unter. Hier wurde am 16.7.1946 der einzige Sohn, Hans-Wilhem, geboren. Herr Kanold hielt Vorsemesterkurse an der Universität und unterrichtete an einem Mädchengymnasium. Seine Habilitation wurde von der Universität Heidelberg wegen der fehlenden Probevorlesung jedoch nicht anerkannt.

In Gießen wurde ihm 1950 dann eine Assistentenstelle mit der Aussicht auf Umhabilitation angeboten. Noch im Januar 1950 konnte er die fehlende Probevorlesung nachholen. In Würzburg nahm er 1950/51 dann als Privatdozent eine Vertretung war. Bei einem DMV-Tagungsbesuch erhielt er 1954 eine Stelle an der TH Braunschweig angeboten. Verzögert durch eine schwere Magenoperation trat er diese am 3.5.1955 an.

In Braunschweig war er zunächst außerplanmäßiger, dann außerordentlicher, danach persönlicher außerordentlicher und schließlich ordentlicher Professor. Bis zu seiner Emeritierung im Jahre 1980 war er Direktor des Instituts B für Mathematik. In den Jahren in Braunschweig hat er Ende der fünfziger Jahre einen Ruf nach Halle abgelehnt und nach dem Tod von Ostmann eine Vertretung an der FU Berlin wahrgenommen. Er war eine Periode lang Abteilungsleiter der damaligen Abteilung für Mathematik und Physik. Für die Studienstiftung war er 20 Jahre und für Villigst 10 Jahre Vertrauensdozent.

Herr Kanold hat bis in die neunziger Jahre regelmäßig an zahlentheoretischen Problemen gearbeitet und seine Ergebnisse in etwa 80 Arbeiten publiziert. Er hat 10 Doktoranden, und er hat bei 5 Habilitationen mitgewirkt.

Seine Mitarbeiter und Schüler erinnern sich sehr gerne und dankbar an die persönliche und familiäre Betreuung durch das Ehepaar Kanold mit Institutsausflügen und Semesterabschlussfeiern.

In der BWG ist Hans-Joachim Kanold seit 1971 ordentliches Mitglied. In den Jahren 1986 bis 1988 war er Generalsekretär. Bei den Sitzungen der BWG war er bis zum Tode seiner Frau vor vier Jahren ein regelmäßiger Teilnehmer. Viele Mitglieder werden sich noch an seine lebendigen Tafelvorträge und an seine launigen Dankesreden erinnern.

Wir werden unseren verehrten Kollegen, unseren wissenschaftlichen Lehrer und unseren väterlichen Freund stets in sehr guter und dankbarer Erinnerung behalten.

Als eine spezielle Möglichkeit der Erinnerung sollen zum Abschluss noch diese beiden gerahmten Plakate von David Hilbert und Carl-Friedrich Gauß erwähnt werden. Diese hingen im Dienstzimmer von Herrn Kanold. Als er dieses räumen musste, schlug er vor, sie in den Räumen der BWG aufzuhängen, damit vor allem Gauß in diesen Räumen zu sehen ist, wo doch die jährlich von der BWG vergebene Medaille seinen Namen trägt. So können uns auch diese beiden Bilder stets an Herrn Kanold erinnern.

Heiko Harborth

Zuwahlen

Zum ordentlichen Mitglied wurde am 13.04.2012 gewählt:

in der Klasse für Geisteswissenschaften

Karafyllis, Nicole Christine, Prof. Dr. rer. nat. phil. habil., Institut für Philosophie, Bienroder Weg 80, TU Braunschweig.

Zu ordentlichen Mitgliedern wurden am 14.12.2012 gewählt:

in der Klasse für Mathematik und Naturwissenschaften

Baumann, Knut, Prof. Dr. rer. nat., Institut für Medizinische und Pharmazeutische Chemie, Beethovenstraße 55, TU Braunschweig,

Kreiß, Jens-Peter, Prof. Dr. rer. nat., Institut für Mathematische Stochastik, Am Fallersleber Tore 1, TU Braunschweig,

Löwen, Rainer, Prof. Dr. rer. nat., Institut für Analysis und Algebra, Rebenring 31, TU Braunschweig.

in der Klasse für Ingenieurwissenschaften

Dilger, Klaus, Prof. Dr.-Ing., Institut für Füge- und Schweißtechnik, Langer Kamp 8, TU Braunschweig,

Rausch, Andreas, Prof. Dr. rer. nat., Institut für Informatik, Julius-Albert-Straße 4, TU Clausthal, Vizepräsident für Informationsmanagement und Infrastruktur,

Rolfes, Raimund Prof. Dr.-Ing. habil., Institut für Statik und Dynamik, Appelstraße 9 A, Leibniz Universität Hannover.

in der Klasse für Geisteswissenschaften

Lässig, Simone, Prof. Dr. phil., Direktorin des Georg-Eckert-Instituts für Internationale Schulbuchforschung, Celler Straße 3, Braunschweig, Professorin für Neuere und Neueste Geschichte, TU Braunschweig.

Zum korrespondierenden Mitglied wurde am 14.12.2012 gewählt:

in der Klasse für Geisteswissenschaften

Oechslin, Werner, Prof. em. Dr. phil. Dr. h. c. mult., ETH Zürich/Schweiz, Träger der Gaußmedaille 2012.